唐宋词学批评史论

孙克强 著

河南大学出版社
HENAN UNIVERSITY PRESS
·郑州·

图书在版编目(CIP)数据

唐宋词学批评史论/孙克强著.—郑州:河南大学出版社,2017.5

ISBN 978-7-5649-2912-1

Ⅰ.①唐… Ⅱ.①孙… Ⅲ.①唐宋词—诗词研究 Ⅳ.①I207.23

中国版本图书馆 CIP 数据核字(2017)第 124363 号

责任编辑　范　昕
责任校对　李　羚
封面设计　翟淼淼

出　版	河南大学出版社
	地址:郑州市郑东新区商务外环中华大厦 2401 号　邮编:450046
	电话:0371—86059701(营销部)　　网址:www.hupress.com
排　版	郑州市今日文教印制有限公司
印　刷	河南瑞之光印刷股份有限公司
版　次	2017 年 12 月第 1 版　　印　次　2017 年 12 月第 1 次印刷
开　本	650mm×960mm　1/16　　印　张　26.75
字　数	336 千字　　定　价　75.00 元

(本书如有印装质量问题请与河南大学出版社营销部联系调换)

目 录

序 ································· 张惠民（1）

上编：唐宋词学思想与批评理论

第一章　词体绮艳风格的形成 ··················（3）
  第一节　乐工歌妓对词体风格的选择 ············（3）
  第二节　晚唐诗歌的"词化"——以韩偓诗歌为例
   ·····································（10）
第二章　唐宋词的兴盛原因 ····················（23）
  第一节　时代精神与词体特色 ···············（25）
  第二节　城市格局功能的变化与词体传播空间的
         扩大 ·····························（30）
  第三节　词体展示词人才能的特点 ············（45）
第三章　唐宋词坛词体观的演进 ··················（53）
  第一节　欧阳炯《花间集叙》：文人雅化词的宣言
   ·····································（54）
  第二节　李清照《词论》：诗性的别是一家 ·······（58）

第三节　沈义父《乐府指迷》：区别于诗、曲的词
　　　　　　体观 …………………………………………（63）

第四章　宋代词学与诗学 …………………………（71）
　　第一节　以诗教批评词体 ………………………（72）
　　第二节　以诗教诠释词体 ………………………（76）
　　第三节　以诗学观念论词 ………………………（81）
　　第四节　融入诗学理念的词体观 ………………（87）

第五章　唐宋人的诗词之辨 ………………………（93）
　　第一节　儒家诗教观对词体的批评 ……………（93）
　　第二节　音乐特性与词体风格 …………………（96）
　　第三节　《乐府指迷》《词源》的诗词之辨 ………（101）

第六章　词学史上的"清空论" ……………………（104）
　　第一节　"清空"的内涵 …………………………（104）
　　第二节　"清空"对词风词派的影响 ……………（108）
　　第三节　郑文焯的"清空论" ……………………（113）

第七章　论柳永俗词 ………………………………（118）
　　第一节　题材内容之俗 …………………………（119）
　　第二节　语言之俗 ………………………………（123）
　　第三节　表现方法之俗 …………………………（128）

第八章　论清真词 …………………………………（135）
　　第一节　宋元明清初：音律和诗性 ……………（135）
　　第二节　浙西词派：乡邑先贤和守律 …………（144）
　　第三节　常州词派：寄托的浑化境界 …………（151）
　　第四节　词学史上的批评之声 …………………（159）

第九章　论白石词 …………………………………… (167)
第一节　词学史上的白石词 ………………………… (167)
第二节　唐宋词坛的"第三派" ……………………… (173)
第三节　清雅与诗性 ………………………………… (176)
第四节　白石词在词学史上的意义 ………………… (178)

第十章　论梦窗词 …………………………………… (182)
第一节　词学史上的梦窗词 ………………………… (183)
第二节　"涩"的意义 ………………………………… (187)
第三节　梦窗词与比兴寄托 ………………………… (194)

第十一章　论《草堂诗余》 …………………………… (200)
第一节　尚北宋婉丽柔靡 …………………………… (200)
第二节　明代《草堂诗余》盛行 ……………………… (202)
第三节　浙派对《草堂诗余》的批评 ………………… (208)
第四节　《草堂诗余》影响衰微词坛风尚转变 …… (212)

第十二章　论《乐府指迷》 …………………………… (216)
第一节　从音乐到文字的理论总结 ………………… (216)
第二节　斟酌于雅俗之间 …………………………… (220)
第三节　《乐府指迷》的意义 ………………………… (227)

下编：清人论析唐宋词

第十三章　清代词学的南北宋之争 ………………… (235)
第一节　对南北宋词认识的历史发展 ……………… (235)
第二节　清代南北宋之争的特点 …………………… (239)
第三节　清人对南北宋词的认识 …………………… (244)

第四节　对清代南北宋之争的反思…………………(251)
第十四章　浙西词派倡南宋词………………………………(256)
　　第一节　曹溶、朱彝尊的倡南宋之论………………(256)
　　第二节　慢词特性与南宋时代风格…………………(260)
　　第三节　对浙派尚南宋的反思………………………(266)
第十五章　常州词派的南北宋之辨…………………………(270)
　　第一节　张惠言对南北宋词的认识…………………(270)
　　第二节　周济、陈廷焯论南北宋……………………(273)
　　第三节　常州词派论南北宋的意义…………………(279)
第十六章　谢章铤论析南北宋之争…………………………(283)
　　第一节　论析南北宋的意义…………………………(283)
　　第二节　对浙派尚南宋的批评………………………(287)
　　第三节　南北宋的特色………………………………(293)
第十七章　清末民初的南北宋之论…………………………(299)
　　第一节　"尚南"之论…………………………………(299)
　　第二节　"尊北"之论…………………………………(305)
　　第三节　不分轩轾之论………………………………(310)
第十八章　清人对唐宋词风格流派的划分…………………(318)
　　第一节　词学史上的两派说…………………………(318)
　　第二节　清人的三派说………………………………(323)
　　第三节　清人的四派说及其他分法…………………(326)
第十九章　晚清四大家推尊吴文英…………………………(333)
　　第一节　词学史上的梦窗词论………………………(334)
　　第二节　晚清重新认识梦窗词………………………(338)
　　第三节　改变词风的意图……………………………(341)

第二十章　郑文焯论柳永词 ……………………………… (350)
第一节　词学史上的黜柳论 ……………………………… (351)
第二节　郑文焯论析柳永词 ……………………………… (355)
第三节　郑氏翻案论的意义 ……………………………… (360)

第二十一章　况周颐的唐宋词史观 ……………………… (367)
第一节　论唐五代词 ……………………………………… (368)
第二节　论南北宋词 ……………………………………… (372)
第三节　南宋词与梦窗词 ………………………………… (380)

第二十二章　清人论词绝句的唐宋词史观 ……………… (388)
第一节　对词史的构建 …………………………………… (388)
第二节　论唐五代北宋词史 ……………………………… (392)
第三节　论南宋词史 ……………………………………… (398)

附　录
《花间集》现代意义读本的奠基之作 ……………………… (404)

后　记 ………………………………………………………… (415)

序

张惠民

今年,在"月上柳梢头,人约黄昏后"的时节,我的最后一部词学著作《江山风雨寄词心》杀青,克强兄愿为之付梓。我欣然答应,唯一的条件就是请他为此书作序。以文字为生涯者,一腔心血变为铅字之时,总会请求业内高贤或前辈师友赐序,几句揄扬,几句慰勉,一经品题,倍增声价。我的几本小书,为之作序者均为学界泰斗,如金启华先生、邱世友先生、王水照先生、王富仁先生。而今请克强兄为此书作序,也出于同样目的。我以为近十年,克强兄在词学界之声望随着其著作之批量问世,厚积而薄发,人所共见,已成为词学界我们这一代人中的佼佼者,特别是在清代词学领域中更是绝无争议的领军人物,为拙著作序,自合我心中之标准。克强兄于此半推而半就,推者,谦也;就者,欲为其主事之出版社作新书广告也。不意,在这"但愿人长久,千里共婵娟"的时节,克强兄却给我邮来他刚杀青的新著《唐宋词学批评史论》,并以不可商量的口气要我为其大著作序。我愕然后而大笑,佛说一报还一报,且是当年的现报,儒说来而不往非礼也,商品经济叫作等价交换。我说"市道也"。他说"友道也!知我者惠民兄也"。我坚拒、峻拒、婉拒于千里之外,最终满脸无奈不得已而允之。

孔子之友道,推崇交友三益,友谅友直友多闻,益人益己益于世。其实，当今之世，人心不古，市道交易，相互利用，时过境迁，文人相轻，遑论人生知己之交！人间万事，聚散随缘，而人之相交，首在互相赏爱。男女之间的赏爱，叫作一见钟情，两个汉子之间的赏爱，谓之一见如故。往事并不如烟，二十五年前，汕大校园日月湖边，初识孙君，一言定交，以至于今，友情弥笃，相知弥深，而坚实之基础在同行同道，在学问之道。所谓使君与操话头多合，二十余年中每逢古文论学会、韵文学会、宋代文学会、词学会在各地举行，多相约赴会，论万卷书行万里路。张家界的金鞭溪、恩施的大峡谷，似听到当年刘禹锡的竹枝词。西夏的银川，落日苍茫，似听到范仲淹笔下的羌笛悠悠。我们一起灞桥折柳，看秦时明月汉家陵阙。记得那年韵文学会在潮州召开，我邀其前来，他有些犹豫，我嘲其信韩愈左迁诗而生畏。我说，即有天命之事，有我在，好收汝骨瘴江边。他也终于悲壮地赴会了。我们也曾应张宏生兄之邀共赴香江，对床夜语，天南地北，三教九流，人情世态，文坛逸事，忧国忧民，愤世嫉俗，嬉笑怒骂，妙趣横生。

二十年来，克强兄于学术一途，可说多端，余以三语概之：孟子云，学问之道，立其大者。《尚书》云：功崇惟志，业广惟勤。诗云：靡不有初，鲜克有终。

当今学术分科，文理分科，文史哲分科，文学内部也分科，即古代文学中，有终生只业一书如众多红楼学者然，基础单薄何以言大。立其大者，始在打通，词学通于诗学，文学通于史学，西方哲学通于中国经学。古以经史子集分科，而实应以四阶段而熟习之，这是我与克强兄高度认同并终生行之且以教授学生的重要方法。先秦元典，他深得孟子的影响，而我则多得《左传》的沾溉。而史学一门，对治文学者尤为重要，一代有一代之文学，更重要的是某一时代始能产生某一文学，历史乃是依托，是渊源，是本体。即如此书所论北宋词之繁荣与唐宋城市坊市制的变迁之关系，有理有据，新见卓然。通才之学,始能成其大者,来龙去脉,由当下溯其渊源而见其通变之所自。左邻右舍之比较,即为空间的思维,同中有异,我中有你,精彩纷呈而洋洋大观矣。本书论唐宋至明清各家论唐宋词之异同,即深得此法之方便。陆游云,汝果欲学诗,功夫在诗外。吾亦云,汝欲治词学,功夫在词外。

人生贵在立志,而治学也贵在立志。二十年前,我出版了《宋代词学资料汇编》与《宋代词学审美理想》。这两本书于当时词学界小有影响,而刘扬忠先生勉之曰,《宋代词学资料汇编》一书,可以传世,而《宋代词学审美理想》一书,也当有三十年之学术生命。而今先生西去,容犹在目,声犹在耳。而当时克强兄即发愿穷尽清代词话以研究全清词学。予甚伟之,壮哉此志。今日其功之广,乃前日立志之高,而欲使事业之广,则维勤一事。为达此目的,其用力之勤,用心之细,秉持之坚,利用公私收藏,上至国家府库,下至县镇方志,遍寻遗珠,竭泽而渔,终使存于天壤间的论词材料,十得七八。而今一一付梓,嘉惠学林,流泽后世,功莫大焉。我辈当年初治此业而感恩于唐圭璋先生之词集与《词话丛编》,而唐老之后,克强兄当不愧前哲矣。扬忠先生许我之《宋代词学资料汇编》可以传世,予不敢自信,而信克强兄之清代词学资料之必可传世,而其对词学理论的发明也将有更长远的学术生命。

诗之所云"靡不有初,鲜克有终",克强兄之其始初至于今日之"终",心无旁骛,坚执一心,唯词学是求,故能成其功,也能成其大。与其相形,见我之绌,小大之别,即源于予二人性情之异。我爱苏轼而学之,于学术一途,多不十分用心,过于随性。三十年来,十年治词,十年学苏,近十年又用力于先秦两汉,沉浸于华夏元典而流连不返。学问著述之道,若即若离,渐行渐远,成为一个纯粹的读书人,学而思之,述而不作,故于克强兄之学术路上一骑绝尘而望尘莫及,唯于远处祝其一路风光。

至于克强兄在学术上之创获与此书之价值，学界所共知，也非小序所能尽言。要之，其学得复旦王运熙、顾易生诸公之真传，视野宏通，规模宏远，局段严整，体系严密，坚确精深，新见迭出，是极规整之学术著作而具大家风范。至于未厌人心处，即在太过规整而学术派头太足，语言也妥帖有余而稍欠灵动，只见学力而不见性情，也不见才情。愚以为，词为天地间最美丽最深情的文学，即其词学理论也应是最美丽的理论，文章可抒性灵之处，不妨漏泄春光偶露峥嵘，于可使才处，不妨使气任才，使学术著作也具可读性而有美感，能动人。这一点，大概不能苛求古人，也不必苛求克强兄。其实，学术著作也不必尽陈干货，适当加水，光彩或异。水之灵动，水之轻盈，水中之月，月下之水，光景迷离，空明澄澈，妙处不须吾说！

吾自前年离开汕大，也就离开学界，淡出江湖，做清风明月的闲人，读风花雪月的闲书，享受生活，乐乎天命。收藏起生命的记忆，包括学界的前辈和后辈，不将不迎，无思无虑。很多的故人，早相忘于江海，而心中却仍有几位时时思忆的知交，克强兄即是其中之一。虽云故人不必重逢，但我想，一些约定还须了结。克强兄曾约我到黄河边吃鲤鱼，黄河的黄水，黄河的黄沙，还有黄河边黄昏的风，吃着跳不过龙门的鲤鱼，喝几杯中原的浊酒，听黄河船公的号子，让生命体会别样的境界与气象。什么时候怦然心动，将像嵇康之千里命驾，徽之的雪夜访戴，登车揽辔浩然北去。克强兄，请在黄河边等我。

乙未年仲秋于岭南故里

上 编
唐宋词学思想与批评理论

第一章　词体绮艳风格的形成

"香而软"是五代词人孙光宪对温庭筠词风格的概括①,亦成为后世对以《花间集》为代表的唐五代文人词的风格特征的认识,同时又被视为词体的当行本色的特征。所谓"香而软"的当行本色,后人解释"柔情曼声"②,"婉娈而近情"③,乃指词题材内容多写男女之情、相思离别、闺怨怀人;情致语言风格绮艳柔婉缠绵。词体当行本色风格的形成是一个值得探究的课题,决定文体风格的因素有多种,而文体的存在环境、使用目的以及此种文体对他种文体风格的借鉴均是十分重要的因素。本章拟从乐工歌妓对词体风格的选择和中唐诗风对词体的影响等方面加以探讨。

第一节　乐工歌妓对词体风格的选择

词亦称曲子词,是配合音乐歌唱的歌词。在词体发展的初期,

---

①　孙光宪:《北梦琐言》:"(温)词有《金荃集》,盖取其香而软也。"《历代词话》卷二引,中华书局,1986年版。按:此则不见今本《北梦琐言》。
②　何良俊:《草堂诗余序》,《类编草堂诗余》,嘉靖二十九年顾从敬刻本。
③　王世贞:《艺苑卮言》,《词话丛编》,中华书局,1986年版,第385页。

词与乐配合演唱。乐工歌妓是曲子词演唱的主体,在词体初期的歌词创作和选择过程中起着重要的作用。曲子词的欣赏如同商品的消费,欣赏者的要求通过乐工歌妓对词体的内容和风格表现出很强的选择性,这种特点在唐五代表现得尤为突出。

一、《云谣集》的题材特点

二十世纪初发现的敦煌词代表了词体的初始形态,在敦煌文献中保存有一部词选《云谣集杂曲子》(简称《云谣集》),据考证,《云谣集》的编纂年代要早于《花间集》,应为词学史上第一部词选。然而如果将敦煌词的整体面貌与《云谣集》的风格相比较,则会发现面貌迥异。这其中的原因或许会对我们认识词体当行本色风格的形成有一定的启发。

敦煌词作者的身份多样,既有帝王大臣,也有当时著名的诗客词人,更多的则是民间无名氏①。敦煌词的内容丰富而芜杂,王重民先生《敦煌曲子词集叙录》概括敦煌词的内容说:"有边客游子之呻吟,忠臣义士之壮语,隐君之怡情悦志,少年学子之热望和失望,以及佛子之赞颂,医生之歌诀,莫不入调。"任二北先生《敦煌曲初探》进一步将敦煌词分为二十类:疾苦、怨思、别离、旅客、感慨、隐逸、爱情、伎情、闲情、志愿、豪侠、勇武、颂扬、医、道、佛、人生、劝学、劝孝、杂俎。可以看出敦煌词的题材十分广泛,这与后来以《花间集》为代表的以男女恋情、相思离别为主要题材的现象形成了鲜明的对照。风格多样也是敦煌词的显著特点。敦煌词大多为民间创作,"感于哀乐,缘事而发",填词唱曲不像后世文人那样有明确的题

---

① 参阅刘尊明:《敦煌歌辞、敦煌词、民间词与文人词之考辨》,《湖北大学学报》,1996年第2期。

材、风格取向,而呈现出多种风格形态。在敦煌词中,后世词史上所出现的各种风格,诸如婉约、豪放、艳丽、清泚,等等,皆可找到源头。此与花间词所形成的婉丽绮艳风格的取向形成了鲜明的对比。

虽然敦煌曲子词题材广泛风格多样,但作为敦煌词的一部分的《云谣集》却并非如此,而与稍后的《花间集》相类似,表现的内容多与女性有关,或者出于女子之口吻,或者以女性为描写对象。赵尊岳《读词杂记》云:

> 缅维当日,此三十首或出于歌楼酒人之口吻,或即为伎家操索之群工,见有旧谱,为撰新歌,率意取男女爱悦,伤离惜别之情事,纬之以音节,被之于歌筵,推其用心,正不在文字之求工,而务合于管色。

唐圭璋先生也说:"其间有怀念征夫之词,有怨恨荡子之词,有描写艳情之词,与《花间》《尊前》之内容相较,亦无二致。"[①]"云谣"之典出于古小说《穆天子传》所载西王母于瑶池宴为穆王歌云谣之事,具有艳情色彩,唐五代人诗词中用此典多具此义。如曹唐《小游仙诗》:"玉童私地夸书札,偷写云谣暗赠人。"后唐庄宗《水调歌头》云:"长宵宴,云谣歌皓齿,且行乐。"更值得注意的用例是欧阳炯《花间集叙》:"唱云谣则金母词清,挹霞醴则穆王心醉。""云谣"一词所具有的艳情意味则是显见的,那么,以《云谣集》为名则为这部词选的内容作了明确的说明。

从《云谣集》的内容和编排来看,应与《花间集》一样,同为侍宴应歌的唱本。《云谣集》的存在说明了曲子词这种配乐歌唱的文学

---

① 唐圭璋:《〈云谣集杂曲子〉校释》,《词学论丛》,上海古籍出版社,1986年版,第749页。

形式,从产生之初就与娱宾佐欢的娱乐相联系。正是这种侍宴的场合和娱宾的用途,决定了《云谣集》的题材、风格指向。这种指向很容易使人联想到南宋的另一部词选《草堂诗余》。

《草堂诗余》,《直斋书录解题》题为《书坊编集》,所收词作的风格指向亦十分鲜明,独尚婉丽柔靡,其他风格均遭排斥。《草堂诗余》亦是为了适应歌伎们应歌之需,是宾燕娱乐应景选题的歌本。清人宋翔凤指出:"《草堂》一集,盖以征歌而设,故别题春景、夏景等名,使随时即景,歌以娱客。题吉席庆寿,更是此意。其中词语,间与集本不同。其不同者,恒平俗,亦以便歌。以文人观之,适当一笑,而当时歌伎,则必需此也。"①"娱客""使歌"可谓抓住了《草堂诗余》分类本的实质,《云谣集》的性质亦是如此。正是这种宴集的场合和"娱宾"的目的使《云谣集》的风格趋于绮艳。

二、声诗的离情内容

在词体发展的初期,声诗曾扮演着重要的角色。声诗是指入乐的齐言近体诗。隋唐时期,燕乐逐渐完善并流行开来,但与燕乐配合的歌词创作却一时滞后,在演唱市场需求的推动下,乐工歌妓就取用现成的诗歌作品填入曲中,以备一时之需。李清照《词论》说:"乐府、声诗并著,最盛于唐。"王灼《碧鸡漫志》卷一举例加以说明:"李益诗名与贺相埒,每一篇成,乐工争以赂求取之,被声歌供奉天子。又称,元微之诗,往往播乐府。旧史亦称,武元衡工五言诗,好事者传之,往往被于是管弦。……以此知李唐伶伎,取当时名士诗句入歌曲,盖常俗也。"②文人的诗篇"被声歌""播乐府""被

---

① 宋翔凤:《乐府余论》,《词话丛编》,中华书局,1986年版,第2500页。
② 王灼:《碧鸡漫志》,《词话丛编》,中华书局,1986年版,第77～78页。

于筭弦""诗句入歌曲"就成了"声诗"。关于声诗的研究,任半塘先生的《唐声诗》最为著称,该著下编著录唐五代一百五十四个诗调,并举出典型例证及详细资料,考订其入乐使用及沿革情况。通过对唐声诗的考察,我们发现这样一个现象:乐工歌妓在选择近体诗入乐时,于题材风格亦有偏好,多取相思离别的内容和缠绵哀婉的风格,与后世词体的当行本色相近。《碧鸡漫志》卷一记云:

> 沈亚之《送人序》云:"故友李贺,善撰南北朝乐府古词,其所赋尤多怨郁凄艳之句。诚以盖古排今,使为词者莫得偶矣。惜乎其中亦不备声歌弦唱。"然唐史称,李贺乐府数十篇,云韶诸工皆合之弦管。

可知李贺诗作常常作为声诗谱入乐曲之中,乐工之所以偏爱李贺的诗歌,在于其诗"多怨郁凄艳之句"。

郭茂倩《乐府诗集》卷七十九至卷八十二为《近代曲辞》四卷,其中载录了大量声诗①,所载声诗虽然亦不乏其他风格,但与词体当行本色相近者数量最多。试举数例:

> 《叹疆场》:"闻道行人至,妆梳对镜台。泪痕犹尚在,笑靥自然开。"
>
> 《塞姑》:"昨日卢梅塞口,整见诸人镇守。都护三年不归,折尽江边杨柳。"
>
> 《婆罗门》:"回乐峰前沙似雪,受降城外月如霜。不知何

---

① 《近代曲辞》中的部分作品是否声诗尚有争议,参阅阴法鲁:《关于词的起源问题》,《北京大学学报》,1964 年第 5 期;王昆吾:《隋唐五代燕乐杂言歌辞研究》,中华书局,1996 年版。

处吹芦管,一夜征人尽望乡。"

《镇西》:"天边物色更无春,只有羊群与马群。谁家营里吹羌笛,哀怨教人不忍闻。"

《回纥》:"曾闻瀚海使难通,幽闺少妇罢裁缝。缅想边庭征战苦,谁能对镜治愁容。久戍人将老,须臾变作白头翁。"

《长命女》:"云送关西雨,风传渭北秋。孤灯然客梦,寒杵捣乡愁。"

《一片子》:"柳色青山映,梨花雪鸟藏。绿窗桃李下,闲坐叹春芳。"

《甘州》:"欲使传消息,空书意不任。寄君明月镜,偏照故人心。"

《濮阳女》:"雁来书不至,月照独眠房。贱妾多愁思,不堪秋夜长。"

《相府莲》:"夜闻邻妇泣,切切有余哀。即问缘何事,征人战未回。"

《簇拍相府莲》:"莫以今时宠,宁无旧日恩。看花满眼泪,不共楚王言。闺烛无人影,罗屏有梦魂。近来音耗绝,终日望应门。"

《离别难》:"此别难重陈,花深复变人。来时梅覆雪,去日柳含春。物候催行客,归途淑气新。剡川今已远,魂梦暗相亲。"

《山鹧鸪二首》:"玉关征戍久,空闺人独愁。寒露湿青苔,别来蓬鬓秋。"

"人坐青楼晚,莺语百花时。愁多人自老,肠断君不知。"

《鹧鸪词》:"湘江斑竹枝,锦翼鹧鸪飞。处处湘阴合,郎从何处归。"①

从以上歌诗的内容来看,多表现相思离别、乡思闺怨。

中唐薛用弱《集异记》卷二曾记载了著名的"旗亭画壁"的故事,即当时的歌妓名伶演唱名诗人王昌龄、高适、王之涣三人诗作之事。我们来看由歌妓演唱的诗作:

> 寒雨连江夜入吴,平明送客楚山孤。
> 洛阳亲友如相问,一片冰心在玉壶。
>
> (王昌龄《芙蓉楼送辛渐》)

> 开箧泪沾臆,见君前日书。
> 夜台何寂寞,犹是子云居。
>
> (高适《哭单父梁九少府》)

> 奉帚平明金殿开,强将团扇共徘徊。
> 玉颜不及寒鸦色,犹带昭阳日影来。
>
> (王昌龄《长信秋词》其三)

> 黄河远上白云间,一片孤城万仞山。
> 羌笛何须怨杨柳,春风不度玉门关。
>
> (王之涣《凉州词》)

其中王昌龄《芙蓉楼送辛渐》为送别,高适《哭单父梁九少府》

---

① 郭茂倩:《乐府诗集》卷八十《近代曲辞》,人民文学出版社,2010年版,第1128~1132页。

为怀人,王昌龄《长信秋词》其三为闺怨,王之涣《凉州词》为羁旅思乡。将以上四首诗作与《花间》词相比,其题材内容皆大致相同。

  由取悦受众的性质所决定,歌妓的演唱内容必定有所取舍。送别、怀人、闺怨、羁旅的内容是最宜于在演唱者与听者之间沟通的介质。当然,如果细考以上四诗所表现出的思想情感,与《花间集》的纯粹男女之情尚有一些差异,但声诗在当时不过是以诗代词的权宜之计,这种差异也正体现了声诗和词的区别。如果将声诗作品与唐人诗歌整体风格面貌作比,再将声诗与词体的当行本色作比,前者的反差和后者的相似都是显而易见的。

第二节　晚唐诗歌的"词化"——以韩偓诗歌为例

  词与诗本有血缘关系,特别是作为"诗客"的文人词作者,填词不可避免地会受到诗歌传统的影响,也会自觉或不自觉地从诗歌中汲取营养。风格具有时代性,一定时期,随着政治经济文化的变化,审美风气也会随之变化,诗风必然会因之而变化。吴可《藏海诗话》云:"晚唐诗失之太巧,只务外华,而气弱格卑,流为词体耳。"[1]清人田同之也说:"诗词风气,正自相循。贞观、开元之诗,多尚淡远。大历、元和后,温、李、韦、杜,渐入香奁,遂启词端。"[2]晚唐诗风与盛唐相比产生了很大的变化,"时代精神已不在马上,而在闺房,不在世间,而在心境。"[3]晚唐诗风的变化对于醉心于"盛唐气象"的人来说是一种悲哀,但对于正处于快速成长期的词

---

  [1]　吴可:《藏海诗话》《历代诗话续编》,中华书局,1983年版,第331页。

  [2]　田同之:《西圃词说》,《词话丛编》,中华书局,1986年版,第1452页。

  [3]　李泽厚:《美的历程》,安徽文艺出版社,1999年版,第154页。

体来说,则是难得的营养之源。我们注意到,唐五代两宋词人经常从诗歌中或袭用语词,或借鉴景象,或套用情节。如花间词人牛峤"尝自言窃慕李贺长歌,举笔辄效之"。①贺铸尝言:"吾笔端驱使李商隐、温庭筠,常奔命不暇。"②"义山(李商隐)之诗,宋初为词馆所宗,优人内燕,至于'挦撦商隐'之诮。"③周邦彦中的词"多用唐人诗语隐檃括入律,浑然天成"。④王安石《桂枝香》"结用杜牧《秦淮》绝句语意"。⑤晏几道《蝶恋花》"红烛自怜无好计,夜寒空替人垂泪"化用杜牧"蜡烛有心还惜别,替人垂泪到天明"之句。杜牧的《清明诗》"借问酒家何处有,牧童遥指杏花村"诗意为宋祁《绵缠道》词所取。⑥凡此种种,皆表明五代北宋词人借鉴晚唐诗句已经成为颇为普遍的现象。

在晚唐五代两宋词人借鉴的诗人之中,韩翃、李贺、李商隐、韩偓等人尤为引人注目。明代许学夷的《诗源辩体》曾论及:"韩(翃)七言古,艳冶婉媚,乃诗余之渐。"(卷二十一)"李贺乐府、七言,声调婉媚,亦诗余之渐。"(卷二十六)"商隐七言古,声调婉媚,大半入诗余矣。"(卷三十)关于中晚唐诗歌对词体的影响,研究者的关注并不太多,刘学锴教授的《李义山诗与唐宋婉约词》⑦与袁行霈教

---

① 吴任臣:《十国春秋》,冯金伯:《词苑萃编》卷三引。《词话丛编》,中华书局,1986年版,第1819页。
② 叶梦得:《贺铸传》,《石林居士建康集》卷八。
③ 钱谦益:《注李义山诗集序》,《有学集》卷十五。
④ 陈振孙:《直斋书录解题》卷二十一,上海古籍出版社,1987年版,第618页。
⑤ 许昂霄:《词综偶评》,《词话丛编》,中华书局,1986年版,第1551页。
⑥ 贺裳:《皱水轩词筌》,《词话丛编》中华书局,1986年版,第706页。
⑦ 刘学锴:《李义山诗与唐宋婉约词》,《安徽师范大学学报》,1988年第6期。

授的《长吉歌诗与词的内在特质》①分别探讨了李商隐、李贺的诗歌对词体的影响,给人以良多启示。刘学锴教授将李商隐诗的词化特征概括为五点:"题材的细小化,内容的深微化,意境的朦胧化,意象的纤柔化,语言的圆润化。"袁行霈教授概括词的内在特质的四个特点:第一,词是一种都市的娱乐性的文学;第二,词是女性的软性的文学;第三,词是抒情细腻的文学;第四,词是感情低徊感伤的文学。本节则以晚唐韩偓的诗歌为例,对此问题加以探讨。

韩偓(844~923)字致尧,一作致光,小字冬郎,号玉山樵人,京万年(今陕西西安)人。有诗集《韩翰林集》和《香奁集》,其《香奁集》名气远大于《韩翰林集》。"香奁"为妇女梳妆镜匣,以此命名,意在指诗集的题材内容具有香闺秀襜的特点。严羽《沧浪诗话·诗体》云:"香奁体,韩偓之诗,皆裾裙脂粉之语。"无论是在创作中还是在文学观念上,女性生活往往与男女情爱的内容和绮丽香艳的风格相联系,后人常将"香奁体"与六朝艳体诗如《玉台新咏》、宫体诗,以及晚唐温庭筠、李商隐的"绮靡"之诗相提并论。《石洲诗话》卷二云:"韩致尧香奁之体,溯自玉台"。《唐音癸签》卷八云:"韩致尧冶游情篇,艳夺温李。"韩偓的香奁诗因与诗道传统不相合而为诗论者所批评②,然而香奁诗的体貌风格恰恰适合于词体。南宋张侃曾说:"偓之诗淫靡,类词家语。前辈或取其句,或剪其字,杂于词中。"③可见韩偓的诗歌是后世词家借鉴、采摘的对象。以下从三个方面考察韩偓诗歌与词体的关系。

---

① 《第一届词学国际研讨会论文集》,台湾中央研究院中国文哲研究所筹备处印行,1994年版。

② 纪昀:《书韩致尧香奁集后》:"香奁一集,词皆淫艳,可谓百劝而并无一讽矣。"

③ 张侃:《拙轩词话》,《词话丛编》,中华书局,1986年版,第194页。

第一章　词体绮艳风格的形成

一、都市女性生活的题材

中国上古以来的诗歌多以山乡农村为背景,抒情主人公多为农妇村姑,从《诗经》十五国风,到汉魏六朝乐府民歌莫不具有这种特点。形成这种特点的原因不仅是基于中国乃农业大国的现实,而且与朝廷"采诗观风"的传统以及诗人的创作观念密切相关。《国风》和乐府民歌采自乡村,一方面朝廷观民风以改善朝政,一方面文人从民歌中汲取营养,为了"移风易俗"的目的而创作出具有民歌风味的诗歌。正如中唐刘禹锡《竹枝词序》中谈到的,其创作《竹枝》词是听到"里中儿联歌《竹枝》,吹短笛,击鼓以赴节,歌者扬袂睢舞",感其"伧伫""鄙陋","亦作《竹枝》九篇,俾善歌者扬之"。以使"后之聆《巴渝》,知变风之所自焉"。说明其《竹枝》词采自民间,加以雅化。刘禹锡此言颇具代表性。隋唐以前,无论是采自民间的诗歌,还是文人诗歌,其诗中的生活背景多为乡村,乃是文学史的事实。词体乃配合燕乐的歌词,本是都市娱乐文艺形式。燕乐成熟于隋唐,文人填词渐盛于中晚唐,这个时期正是都市快速发展的时期,词大多由聚集于都市娱乐场所的乐工歌妓加工演唱,题材集中于都市,尤以女性生活为主。[①]韩偓的香奁诗虽非燕乐歌词,但题材却与词体非常相似:诗中描写的社会环境是"酒楼"(《咏灯》)、"秦楼"(《青春》),主人公生活的室外环境是"深院"、"池塘"、"亭台"(《春尽日》)、"廊柱"(《绕廊》)、"玉阶"(《夏日》)、"鸾桥"、"香径"(《寒食日重游李氏园亭有怀》)、"花坞"(《秋千》),主人公室内的器物是"罗帐"(《闻雨》)、"绣笼"、"屏山"(《懒起》)、"锦褥"

[①] 参见袁行霈:《长吉歌诗与词的内在特质》,《第一届词学国际研讨会论文集》,台湾中央研究院中国文哲研究所筹备处印行,1994年版,第26页。

(《已凉》)、"绣幔"(《咏手》),主人公的衣饰是"白罗"、"绣屟"(《屟子》)、"罗袜"、"锦衣"(《懒起》)、"玉钗"(《闻雨》),这一切与晚唐五代词中女性主人公的环境器物衣饰几乎完全相同,都具有典型的都市特征。生活在这种环境中的都市女性,或为富家女子,或为青楼歌妓。亭台楼阁、锦衣玉食的精致环境和富贵条件不仅是现实生活的写照,而且也为营造这些女性怀春、幽怨、相思的气氛提供了物质基础,从而与词体特有的韵致相和谐。试看韩偓的《忍笑》:

宫样衣裳浅画眉,晚来梳洗更相宜。
水精鹦鹉钗头颤,举袂佯羞忍笑时。

"宫样衣裳"和"浅画眉"的装饰皆是都市女性时髦的表现。又如《袅娜》:

袅娜腰肢淡薄妆,六朝宫样窄衣裳。
著词暂见樱桃破,飞盏遥闻豆蔻香。

诗中的主人公身材苗条,化妆时尚,衣着款式时髦,生活环境雅致,具有典型的都市特征。再如《中庭》:

夜短睡迟慵早起,日高方始出纱窗。
中庭自摘青梅子,先向钗头戴一双。

这首短诗描写一位女子起床后的生活片断,晚睡迟起,慵懒无聊,可以看出其都市女子的身份。末句"戴一双"点出女子相思的心绪,与温庭筠笔下《菩萨蛮》(小山重叠金明灭)中孤寂无聊的女主人公十分相似。

第一章　词体绮艳风格的形成

韩偓《偶见》《懒起》二首诗因被南北宋之际的著名女词人李清照改写而闻名,《偶见》如下：

> 秋千打困解罗裙,指点醒醐索一尊。
> 见客入来和笑走,手搓梅子映中门。

诗中描写闺中少女荡秋千后的生活片断,秋千是都市女性尤其是闺中少女的娱乐工具,荡秋千是藏于深闺的都市女子非常喜好的活动。韩偓还有一首《秋千》诗:"池塘夜歇清明雨,绕院无尘近花坞。五丝绳系出墙迟,力近才瞬见邻圃。下来娇喘未能调,斜倚朱阑久无语。无语兼动所思愁,转眼看天一长吁。"由诗中可见,荡秋千不仅是闺中少女娱乐和锻炼的重要方式,而且给她们提供了一个瞬间窥见墙外世界的机会,荡秋千以及由此引起的情绪变化极具都市女性生活的典型特征。李清照袭用此中意趣写成《点绛唇》(蹴罢秋千)①,成为脍炙人口的名篇。

韩偓《懒起》诗的后四句为：

> 昨夜三更雨,今朝一阵寒。
> 海棠花在否,侧卧卷帘看。

李清照《如梦令》(昨夜雨疏风骤)②与其意旨几近相同。《偶见》《懒起》二诗表现的都是都市女性的生活片段,易安之所以对此有所偏爱,应与她都市闺阁的日常生活环境和切身经历有密切关系。

---

① 李清照:《点绛唇》:蹴罢秋千,起来慵整纤纤手。露浓花瘦,薄汗轻衣透。见客入来,袜划金钗溜。和羞走,倚门回首,却把青梅嗅。
② 李清照:《如梦令》:昨夜雨疏风骤。浓睡不消残酒。试问卷帘人,却道海棠依旧。知否。知否。应是绿肥红瘦。

二、绮艳、"淫靡"的内容

词体被称为"艳体"是因为其内容多以女性为描写对象。欧阳炯《花间集叙》曾描绘词的创作场面:"绮筵公子,绣幌佳人,递叶叶之花笺,文抽丽锦,举纤纤之玉指,拍按香檀,不无清绝之辞,用助娇娆之态。"词不仅由具有"娇娆之态"的歌妓演唱,而且歌唱的内容也是女性的"娇娆之态"。《花间集》乃"倚声填词之祖"①,其风格特色被概括为"婉媚"②,有些《花间》词作甚至有露骨的床笫之欢的描写,如欧阳炯《浣溪沙》:"兰麝细香闻喘息,绮罗纤缕见肌肤。此时还恨薄情无?"被晚清况周颐称为"自有艳词以来,殆莫艳于此矣"③,这些词句被斥为"淫言媟语"④。词体这种"婉媚"风格与"淫言媟语"的特点在韩偓诗歌中表现得十分充分。南宋张侃称韩偓诗"淫靡",田况亦曾用"淫靡"论韩诗⑤,可见这是宋人对韩偓香奁诗相当普遍的认识。所谓"淫靡"是指对女性的艳态描绘以及超出一般限度的男女之情的表现。此类描写在词作中属本色当行,在诗坛上虽不乏其踪,但被视为"异类",而韩偓《香奁集》中的诗歌则表现出典型的趋艳嗜情的词体特色。

---

① 王又华:《古今词论》,《词话丛编》,中华书局,1986年版,第579页。
② 黄昇:《花庵绝妙词选序》:"(赵鼎)中兴名相,词婉媚,不减《花间集》。"黄昇:《花庵词选》,中华书局,1958年版,第187页。
③ 况周颐:《蕙风词话》卷二,《词话丛编》,中华书局,1986年版,第4424页。
④ 元好问:《新轩乐府引》中引屋梁子语云:"《麟角》、《兰畹》、《尊前》、《花间》等集,传播里巷,子妇母女交口教授,淫言媟语,深入骨髓,牢不可去,久而语(与)之俱化。"
⑤ 田况:《儒林公议》卷下,《丛书集成初编》,中华书局,1985年版,第41页。

第一章 词体绮艳风格的形成

香奁诗的词体特色首先表现为对女性身体、衣饰、姿态等能够引起人们情色联想的艳态的描写。如《偶见背面是夕兼梦》：

酥凝背胛玉搓肩，轻薄红绡覆白莲。
此夜分明来入梦，当时惆怅不成眠。
眼波向我无端艳，心火因君特地然。
莫道人生难际会，秦楼鸾凤有神仙。

该诗描写的是男主人公偶然见到一个女子的背影，意乱情迷乃至当晚入梦的情形。诗的首句集中刻画女子的身体："背胛""肩"分别用"酥凝""玉搓"比拟，显得极为香艳；次句写女子的衣饰，"红绡""白莲"不仅富贵且又鲜艳，给人以极强的感官刺激，后文的"惆怅""心火"，乃至"秦楼""鸾凤"，更突出了情欲色彩。又如《昼寝》：

碧桐阴尽隔帘栊，扇拂金鹅玉簟烘。
扑粉更添香体滑，解衣唯见下裳红。
烦襟乍触冰壶冷，倦枕徐欹宝髻松。
何必苦劳魂与梦，王昌只在此墙东。

这首诗描写一位女子的睡态，视点也集中在这位女子的身体和衣饰上：施粉后嗅觉之"香"，触感之"滑"，发髻因睡眠而松乱，尤其是"解衣唯见下裳红"一句，镜头直摄外衣之下露出的红色内衣，颇具情色意味。再看下面一首《意绪》：

绝代佳人何寂寞，梨花未发梅花落。
东风吹雨入西园，银线千条度虚阁。

脸粉难匀蜀酒浓,口脂易印吴绫薄。
娇饶意态不胜羞,愿倚郎肩永相著。

颈联"脸粉难匀蜀酒浓,口脂易印吴绫薄"刻意描写女子的面庞和口红,突出其"娇饶意态"。《香奁集》中还有一些颇似花间词人欧阳炯《浣溪沙》"兰麝细香闻喘息,绮罗纤缕见肌肤"之类的诗,描写男女幽会的色情场面。如《半睡》:

眉山暗澹向残灯,一半云鬟坠枕棱。
四体著人娇欲泣,自家揉损砑缯绫。

此诗写男女相会喜极而悲,描写女性的形体动作可谓无所忌讳。又如《六言三首》其一:

春楼处子倾城,金陵狎客多情。
朝云暮雨会合,罗袜绣被逢迎。
华山梧桐相覆,蛮江豆蔻连生。
幽欢不尽告别,秋河怅望平明。

直接写"狎客"、妓女的云雨会合,措辞之直露,场面描写之真切,置于花间词中亦可谓突出。韩偓的《五更》诗则可谓"淫靡"之甚者:

往年曾约郁金床,半夜潜身入洞房。
怀里不知金钿落,暗中唯觉绣鞋香。
此时欲别魂俱断,自后相逢眼更狂。
光景旋消惆怅在,一生赢得是凄凉。

这首诗写男女幽会场面,尤其是前四句写深夜赴约的过程,格调颇近狎亵,《瀛奎律髓》评曰:"前四句太猥、太亵,后四句始是诗。"在诗论家的观念中,诗即使写男女之情,亦应以形而上出之;而这种"猥""亵"的格调恰与词体相近。

三、"男子作闺音"的表现手法

所谓"男子而作闺音"是清代词论家田同之对唐宋词表现手法的概括①,即指唐宋词的男性作者在词中代女性发言,模拟女性的心理、性情、口吻、声腔的表现方法。王灼《碧鸡漫志》卷一记云:"今人独重女音,不复问能否。而士大夫所作歌词,亦尚婉媚,古意尽矣。"由于士大夫所作之词是由"女音"来演唱,所以作词要考虑到闺音的"婉媚"特点,正如李方叔《品令》所说:"唱歌须是,玉人檀口,皓齿冰肤。意传心事,语娇声颤,字如贯珠。"此为词体的典型特征。晚唐诗中已出现了这种为女性代言,模拟女性心理和声腔的表现方式。吴世昌先生说:"唐人诗多闺怨,乃代思妇之言;词亦多闺怨,但未标题,又多为歌女行酒令时所写。"②指出了唐诗与词体在内容和表现方法上代女性发言的一致现象。

韩偓的《香奁集》中亦有不少"代思妇之言"的诗歌,或表现女性的心理活动,或以女子的声腔倾诉,传达出一种具有女性特征的婉媚缠绵的情调,与词体特点并无二致。如《袅娜》诗:"春恼情怀身觉瘦,酒添颜色粉生光。此时不敢分明道,风月应知暗断肠。"写一位女子感怀春情又无人倾诉的烦恼。《春闺》其二云:"氤氲帐里

---

① 田同之:《西圃词说》,《词话丛编》中华书局,1986年版,第1449页。
② 吴世昌:《词林新话》,北京出版社,2000年版,第21页。

香,薄薄睡时妆。长吁解罗带,怯见上空床。"诗中孤寂女子叹息的声音和幽怨的心理真切可感。《半睡》诗:"抬镜仍嫌重,更衣又怕寒。宵分未归帐,半睡待郎看。"女主人公夜半等待爱人,和衣半睡,失望而又期望,形象地传达出独守空房女子寂寞惆怅的心理。

  用第一人称来模拟女子的声腔口吻,是"男子而作闺音"中最生动、演出效果极强的表现手法,北宋的柳永和周邦彦皆长于此道。如柳词:"系我一生心,负你千行泪。"(《忆帝京》)"但愿我,虫虫心下,把人看待,长似初相识。""待这回,好好怜伊,更不轻离拆。"(《征部乐》)"愿奶奶兰心蕙性,枕前言下,表余深意。"(《玉女摇仙佩》)通过揣摩歌妓性情,模拟歌妓声口,把歌妓的内心淋漓尽致地表露出来。对于此种能够增强演出效果、赢得俗众热烈欢迎的表现方法,正统的词论家持严厉的批评态度。张炎云:"词欲雅而正,志之所之,一为情所役,则失其雅正之音。耆卿、伯可不必论,虽美成亦有所不免。如'为伊泪落',如'最苦梦魂,今宵不到伊行',如'天便教人,霎时得见何妨',如'又恐伊,寻消问息,瘦损容光',如'许多烦恼,只为当时,一晌留情',所谓淳厚日变成浇风也。"①张炎批评周邦彦学习柳永词的例句,皆是为歌妓代言拟声的词句。韩偓《香奁集》中亦有不少用第一人称代女子运腔发言的诗作。如《意绪》写一位"绝代佳人","娇饶意态不胜羞,愿倚郎肩永相著。"末句即代女子之言。又如《不见》:"动静防闲又怕疑,佯佯脉脉是深机。此身愿作君家燕,秋社归时也不归。"亦以女子口吻表达心意。韩偓另一首《惆怅》云:

    身情长在暗相随,生魄随君君岂知。
    被头不暖空沾泪,钗股欲分犹半疑。

---

  ① 张炎:《词源》卷下,《词话丛编》,中华书局,1986年版,第266页。

第一章　词体绮艳风格的形成

朗月清风难惬意,词人绝色多伤离。
何如饮酒连千醉,席地幕天无所知。

诗中所表现出的女性对男人的眷恋,"生魄随君君岂知"以向对方倾诉的口吻表现女性主人公的痴情和执着。施蛰存先生说:"《香奁集》虽属歌诗,然其中有音节格调宛然如曲子词者,且集中诸诗,造意抒情,已多用词家手法。"①而模拟女子的声腔口吻则是最典型的"词家手法"。

韩偓《香奁集序》称"所著歌诗不啻千首,其间以绮丽得意者亦数百篇,往往在士大夫口,或乐官配入声律,粉墙椒壁,斜行小字,窃咏者不可胜纪。……柳巷青楼,未尝糠粃;金闺绣户,始预风流。咀五色之灵芝,香生九窍;咽三危之瑞露,美动七情。"此序有二点值得注意:其一,香奁诗在当时已由"乐官配入声律",成为声诗;其二,香奁诗在"柳巷青楼""金闺绣户"广受欢迎,此二点都与词体的形成和传播极为相近。韩偓《香奁集》中的诗歌,对后世词人产生了广泛影响,前引李清照的小令即是模拟韩偓诗的显例。此外张侃曾指出欧阳修词借用韩诗之语,清初王士禛在《花草蒙拾》中也举出欧阳修和柳永袭用韩诗的例子:"欧文忠'拍堤春水四垂天',柳员外'目断四天垂',皆本韩句。"②清初另一位词论家贺裳也提到:"'无凭谙鹊语,犹得暂心宽。'韩偓语也。冯延巳去偓不多时,用其语曰:'终日望君君不至。举头闻鹊喜。'虽窃其意,而语加蕴藉。"③周邦彦《清真词》中引用、化用香奁诗有十多处,如《荔枝香近》中"尽日恻恻轻寒,帘底吹香雾"一句,取自《夜深》诗中的"恻恻

---

① 施蛰存:《读韩偓词札记》,《中华文史论丛》,1979年第2期。
② 王士禛:《花草蒙拾》,《词话丛编》,中华书局,1986年版,第676页。
③ 贺裳:《皱水轩词筌》,《词话丛编》,中华书局,1986年版,第695页。

轻寒翦翦风,小梅飘雪杏花红";《法曲献仙音》中的"时闻打窗雨"取自《效崔国辅体四首》中的"欲明天更寒,东风打窗雨";《少年游》(荆州作)中"南都石黛扫晴山。衣薄奈朝寒。一夕东风,海棠花谢,楼上卷帘看",其中"衣薄"一词取自"六铢衣薄惹轻寒","海棠"两句,化用《懒起》诗"海棠花在否,侧卧卷帘看";还有《诉衷情》《残杏》中"齿软怕尝酸"取自《幽窗》中的"手香江橘嫩,齿软越梅酸"。周邦彦的《六丑》(正单衣试酒)更是承袭韩偓《哭花》诗而来。

　　风格具有时代性,晚唐的时代审美风尚有着显著的特点,晚唐时期的审美主旋律由社会转向文人自身,他们关注并反映内心深处的感受,因而闺阁生活、爱情主题成为这一时期诗歌创作的主流;词体是受时代审美潮流感召而兴起的文体,因而词体的本色当行特性与同样体现时代审美风尚的晚唐诗风非常一致,从而使词体获得了向晚唐诗歌借鉴的时代机遇。从某种意义上说,韩偓诗歌体现了晚唐的审美风尚,于是香奁诗便成为词体借鉴的重要对象。

　　文体风格的定位取决于该文体存在的环境。为适应环境,文体不仅会对自身进行重铸和再造,还会积极地从各种渠道汲取营养。《云谣集》风格的形成即是重铸再造的结果,而声诗内容风格的选择和对中晚唐诗歌的借鉴则是汲取营养的重要渠道。词体正是在不断的自身选择重铸和不断汲取外部营养的进化中逐渐形成了自身的当行本色的特点,成为区别于其他文体、具有独特风格特征的韵文体裁。

第二章　唐宋词的兴盛原因

作为"一代之文学"的宋词兴盛的原因,是文学史家必须研究的问题,各种文学史、词史著作对此多有探讨,较有代表性的如胡云翼《宋词研究》,其中《宋词发达的因缘》一节将宋词兴盛的原因总结为五项:第一,诗体之蔽;第二,五代词的成功;第三,君主之提倡;第四,音乐关系;第五,时代背景。① 胡云翼进一步解释说自己"略略叙述了几条宋词发达的原因,自是很简略的。本来一种文体的原因和结果,是最复杂的,不是简单几条可以解释明白的。并且文体的发展和发达,有的经过有意的提倡,有的也是无意的发展;有的是有原因可以指明,有的是无法解释的。况且离掉宋代很远的我们,更感觉历史材料作证明的缺乏。要想完全发掘宋词的何以发达作系统的解释,真是满身困难。"② 近期对宋词繁盛原因阐述较为系统的是郭预衡教授主编的《中国文学史》,其第五编《宋代文学》第一章《宋代文学总论》的第二节《宋代文学分体、分期概说》,从四个方面概括宋词发达的原因:其一,"就历史因革考察,诗在唐人笔下已臻于至善,难乎为继了,富于创新精神的诗人们便抓

---

① 胡云翼:《宋词研究》,巴蜀书社,1989年版,第26～29页。
② 胡云翼:《宋词研究》,巴蜀书社,1989年版,第29页。

住词这种要渺宜修、轻灵活泼、委宛言长的新诗体继续驰骋他们的天才。"其二,"就美学因素考察,诗这种体裁,由于形式过于整齐,有时难免影响它的表现力,……词正弥补了这种不足。它可以用各种长短句或疏或密、灵活多变地表达深长、细腻、丰富的情感。"其三,"就认识原因考察,词在初起时,多被当作言情的诗体加以应用,且多局限于男欢女爱的范围","(宋人在创作时)将严肃的论道言志的内容就用诗文来写",而将"欢愉愁怨"的男女之情用词来写。其四,"就时代背景考察,两宋经济发达,城市繁荣,市民文娱为之勃兴,……为词的普及和推广提供了最充分的社会条件。"①

　　以上分析阐述有可取之处,亦有可议之处。可议之处主要有两方面:其一,沿袭其他文体繁盛原因之说,例如"君主之提倡"一条,如说唐诗则是,如说宋词则非。北宋时期,在人们观念中,词为"小道""卑体",与当时的"主旋律"相悖,君主怎能提倡?即使有个别君主私下爱好②,无论如何也达不到"提倡"的程度。其二,所论过于浮泛化,或未明其详,或未明其深。如说"诗这种体裁,由于形式过于整齐,有时难免影响它的表现力",如此说来,诗应该寿终正寝了,事实上,唐代之后诗歌依然是文坛的主流样式,宋诗、清诗不仅洋洋大观,且多有精品。探讨一种文体的兴盛原因,应将影响此种文体发展的个性因素从产生影响的诸多共性因素中剥离出来,以往对唐宋词兴盛原因的探讨常有"放之诸种文体而皆准"的感觉,尤其与唐诗兴盛原因相近或相似,换言之是对词体个性的繁盛

---

　　① 参阅郭预衡主编:《中国文学史》,第五编《宋代文学》第一章《宋代文学总论》第二节《宋代文学分体、分期概说》。上海古籍出版社,1998年版。

　　② 如唐宣宗好《菩萨蛮》,孙光宪《北窗琐言》卷四:"宣宗爱唱《菩萨蛮》"。孙光宪:《北梦琐言》,中华书局,2002年版,第89页。宋仁宗喜柳永词,陈师道:《后山诗话》:"仁宗颇好其(柳)词"。陈师道:《后山诗话》,《历代诗话》中华书局,1981年版,第311页。

原因探讨不足。本章拟从时代精神的变化、城市格局功能的变化和词体展示词人才能的特点三个方面进行探讨,以期对唐宋词繁盛原因的探讨有所助益。

第一节 时代精神与词体特色

文学风格具有时代性,一定时期,随着政治经济文化的变化,审美风气也会随之变化,这种风气的变化又会反映在文学作品的风格上。王国维说:"凡一代有一代之文学",某一时代必有其特有的时代风貌和精神,此种精神又有特别适宜于表现的文体,因而此种文体就成为这个时代的代表性文体,这个时期则成为这种文体史上取得最高成就的时期,这种文体即为"一代之文学"。词体是晚唐五代时期逐渐成熟起来、在两宋取得辉煌成就的文学体裁,它的产生和发展也需要适宜的时代精神和审美风气。

讨论时代精神对唐宋词的影响应从唐诗风格的变化谈起。诗歌是唐代文学的代表性文体,也是诗歌史上的高峰。研究者一般将唐诗分为初盛中晚四个时期,每个时期的思想主旋律和主导风格皆有所不同,从盛唐到中唐再到晚唐,时代精神和审美风尚发生了深刻的变化,尤其是晚唐时期的时代审美风气与前此时期有着显著的差异。明人许学夷云:"唐人之诗,虽主乎情,而盛衰则在气韵,如中唐律诗、晚唐绝句,亦未尝无情,而终不得与初盛相较,正是其气韵衰飒耳。"[①]这里所说的"气韵"与本文所说的"时代精神"内涵相近。许氏论唐诗尚初盛而轻中晚,但他指出初盛到中晚的变化是由气韵即时代精神造成的,确是很有眼光的。

[①] 许学夷:《诗源辩体》卷三十二,人民文学出版社,1987年版,第303页。

论及唐代时代精神的变化及对诗风的影响,李泽厚和罗宗强二先生均有精当的阐述。李泽厚先生说:

(晚唐五代)的审美趣味和艺术主题已完全不同于盛唐,而是沿着中唐这一条线,走进更为细腻的官能感受和情感彩色的捕捉追求中。

拿这些共同体现了晚唐五代时尚的作品与李白杜甫比,与盛唐的边塞诗比,这一点便十分清楚,时代精神已不在马上,而在闺房;不在世间,而在心境。

盛唐以其对事功的向往而有广阔的眼界和博大的气势;中唐是退缩和萧瑟,晚唐则以其对日常生活的兴致,而向词过渡。①

罗宗强先生说:

(晚唐时期)诗歌创作的主要倾向是转向写个人情思。视野内向,很少着眼于生民疾苦、社会疮痍,而主要着眼于表现矛盾复杂的内心世界,表现个人生活情趣。

这个时期诗歌创作倾向的又一明显变化,是大量的写闺阁生活、爱情主题以至歌楼舞榭。

把闺阁生活、爱情主题以至歌楼舞榭的生活大量入诗,并形成一种主要创作倾向,表现出特色来的,是这个时期。这种倾向,与文学思想的变化关系甚大。不少诗人,已经更明确、更有意识地把诗歌当作个人抒怀和消遣的手段,把生活视野

---

① 李泽厚:《美的历程》,安徽文艺出版社,1999年版,第154页。

从广阔的社会缩回到自己生活的狭窄圈子里来了。①

李、罗二位先生的阐述皆是着眼于中晚唐,尤其是晚唐诗风的变化的,概括起来有二点应特别注意:其一,晚唐时期的审美风气的主旋律为反映自己内心深处的感受,因而闺阁生活、爱情主题成为这一时期的诗歌创作的主流;其二,正由于词体特性与时代审美风气相一致,词体得到了发展成熟的空前机遇。

试从唐诗风格的变化透视时代精神的变化。从中唐时期开始,诗歌风格已开始发生变化,盛唐的雄健诗风就开始趋弱,由阳刚转向阴柔,晚唐诗风则更为婉约绮丽。中晚唐诗歌的这种特点表现在许多方面,这里试从三个方面加以说明。

第一,"男子而作闺音"。这是后世对词创作特点的概括,即指男性词人为使歌词由女性歌唱时谐婉动听,在词中模拟女性的声腔口吻的现象。在中晚唐诗中"男子而作闺音"的现象已不乏存在,正如王季思先生所指出的,"那时候诗人都喜欢拿女子来自比"②,王季思还举了张籍的《节妇吟》和朱庆余的《近试上张籍水部》(一作《闺意献张水部》)二例加以说明,张诗云:"君知妾有夫,赠妾双明珠。感君缠绵意,系在红罗襦。妾家高楼连苑起,良人执戟明光里。知君用心如日月,事夫誓拟同生死。还君明珠双泪垂,恨不相逢未嫁时。"这本是诗人婉拒另一节度使邀其入幕府的表白。诗中以一有夫之妇自喻,以男女之情喻主宾之义。朱诗云:"洞房昨夜停红烛,待晓堂前拜舅姑。妆罢低声问夫婿,画眉深浅入时无。"这是一首问卷诗,用新嫁娘口吻,以新婚宴尔初拜公婆的新娘,喻

---

① 罗宗强:《隋唐五代文学思想史》,上海古籍出版社,1986年版,第348、351页。
② 王季思:《词的正变》,《战时中学生》,1939年第1卷第11期。

应试之后小心询问成绩的考生。这二首诗是唐诗中的名篇,皆以刻画人物心理的细腻而广为人们赞誉。值得特别注意的是,诗人以女子自喻的手法,恰恰与其后词体"男子而作闺音"的模式相合。

第二,都市女性生活的题材作品增多。中国上古以来的诗歌多以山乡农村为背景,抒情主人公多为农夫村姑,从《诗经》的十五国风到汉魏六朝乐府民歌莫不具有这种特点。燕乐成熟于隋唐,文人填词渐盛于中晚唐,这个时期正是都市快速发展的时期。词创作于都市,由聚集于都市的乐工歌妓演唱于都市的娱乐场所,因而词的题材大多集中于都市,表现都市女性的生活。晚唐诗歌中描写都市女性生活的作品大量增加,与同时的歌词内容十分相似。本书第一章曾以晚唐诗人韩偓的诗歌为例,以显示晚唐诗歌题材的这种特点。韩偓诗中所描写的女性主人公的环境、器物、衣饰与晚唐五代词中的描写几乎完全相同。生活在这种环境中的都市女性,或为富家女子,或为青楼歌妓。亭台楼阁、锦衣玉食的富贵精致生活环境和条件不仅是真实的写照,而且也为词中营造都市女性怀春、幽怨、相思的氛围提供了基础,从而与词体特有的韵致相和谐。

第三,绮艳、"淫靡"的内容的增加。词体被称为"艳体"是因为词的内容多以女性为描写对象。欧阳炯《花间集叙》称词的创作乃"不无清绝之辞,用助娇娆之态",词不仅由具有"娇娆之态"的歌妓来演唱,而且歌唱的内容也是女性的"娇娆之态",因而作为"倚声填词之祖"①的《花间集》的风格特色被概括为"婉媚"②,有些词句

---

① 王又华:《古今词论》引徐伯鲁语,《词话丛编》中华书局,1986年版,第597页。

② 黄昇:《中兴以来绝妙词选》卷二:"(赵鼎)中兴名相,词婉媚,不减《花间集》。"黄昇:《花庵词选》,中华书局,1958年版,第187页。

甚至被斥为"淫言媟语"①。词体的这种"婉媚"风格和"淫言媟语"的特点在晚唐诗歌中亦表现得十分充分。如杜牧的诗,杨慎曾批评其"淫媟":"牧之诗淫媟者,与元白等耳。"②杜牧诗《遣怀》云:"落拓扬州载酒行,楚腰纤细掌中轻。十年一觉扬州梦,赢得青楼薄幸名。"是他放浪形骸沉湎酒色的写照。李商隐也多作"艳诗",如《席上作》:"淡云轻雨拂高唐,玉殿秋来夜正长。料得也应怜宋玉,一生唯事楚襄王。"用巫山神女旦为朝云、暮为行雨的传说及其与楚襄王之间的故事暗示艳情。

对于晚唐艳体诗盛行,前人多有批评,宋人张戒《岁寒堂诗话》卷上云:"李义山诗只知有金玉龙凤,杜牧之诗只知有绮罗脂粉。"释惠洪《冷斋夜话》卷一云:"唐末之诗近于鄙俚"。其实晚唐诗的绮艳倾向是时代精神的体现,时代精神不仅促使诗风的变化,还催生出一种更为与之相适应的文体——词。宋人吴可《藏海诗话》云:"晚唐诗失之太巧,只务外华,而气弱格卑,流为词体耳。"缪钺先生说得更为透彻:

> 中国诗发展之趋势,至晚唐之时,应产生一种细美幽约之作,故李义山以诗表现之,温庭筠则以词表现之。体裁虽异,意味相同,盖有不知其然而然者。长短句之词体,对于表达此种细美幽约之意境尤为适宜,历五代、北宋,日臻发达,此种意境遂几为词体所专有,义山诗与词体意脉相通之一点,研治中

---

① 元好问:《新轩乐府引》中引屋梁子语云:"《麟角》、《兰畹》、《尊前》、《花间》等集,传播里巷,子妇母女交口教授,淫言媟语,深入骨髓,牢不可去,久而语(与)之俱化。"元好问:《元好问全集》下册,山西人民出版社,1990年版,第40页。
② 杨慎:《升庵诗话》卷九,《历代诗话续编》,中华书局,1983年版,第821页。

国文学史者亦不可不致意也。①

概而言之,晚唐五代时代精神的变化带来了诗歌风格的变化,同时也催化了词体的诞生。

第二节　城市格局功能的变化与词体传播空间的扩大

《文学遗产》2009年第2期发表了诸葛忆兵教授的《宋初词坛萧条探因》,近期沈松勤教授又发表《词坛沉寂与南词北进——论宋初百年词坛的演进历程》②也对宋初词坛沉寂萧条的原因加以探讨,说明北宋初年词坛沉寂原因再一次成为关注的焦点。宋初词坛沉寂的原因以及为何北宋词坛在建国七八十年之后才繁盛起来,是词史研究者都曾注意到并亦试图加以解释的问题,各种词史或文学史著作亦有各种各样的说法。所谓"宋初"指宋代建国(公元960年)至仁宗朝的前期(大约为公元1030年前后),其下限如以作家为标志,则是指晏殊、柳永登上词坛。"北宋初期"时间跨度大约七十年,在两宋三百六十余年的历史发展过程中约占近五分之一。诸葛忆兵据《全宋词》统计这一时段有作品留存的词人一共十一位,保留至今的词作共三十四首。与《全宋词》收录的二万余首作品相比,极不成比例。宋初词坛相当萧条沉寂,词人词作极少,这种局面相对于之后的

---

① 缪钺:《论李义山诗》,《诗词散论》,上海古籍出版社,1982年版,第34页。
② 沈松勤:《词坛沉寂与南词北进——论宋初百年词坛的演进历程》,《2012词学国际学术研讨会论文集(唐宋卷)》,马来西亚大学出版社,2012年版。

繁盛兴旺形成了鲜明的对比,在宋词的发展史上也显得十分特异,造成这种局面的原因自然会引起研究者的思考。本节拟从一个新的角度——宋初城市格局特别是北宋都城开封的城市格局的变化及其对词坛的影响来探讨这个问题。

文学作品的创作和传播都与社会生活环境密不可分,一种文体的产生和繁荣亦与社会生活环境相关联,这种联系在词体上尤为显著。词为音乐文学,是配合乐曲的歌词。与单纯书面文字的诗歌不同,词体在成熟之后相当一段时期主要靠歌妓的演唱实现传播,词体的兴盛与否,不仅在于填写歌词的作者,更依赖演唱歌曲的歌妓,也就是说,歌妓的生存状态以及她们演出的条件和环境在相当程度上成为词体兴盛的基础。词体萌芽于隋朝初唐,成型于中唐,成熟于晚唐五代,然而真正繁盛起来则在宋代,故而,"一代之文学"的荣誉只能是两宋而不是唐五代。词体在宋初的沉寂以及建国七十年之后的繁盛,与宋代城市的格局功能的特点有直接的关系;换言之,北宋城市(首部东京最为典型)格局功能的新变为歌妓的生存状态、演出的条件带来了极好的发展空间,进而为词体的发展创造了极为有利的条件,成为词体创作、传播繁盛的重要原因。

一、坊市制度损毁,新型城市面貌出现

考察北宋初期词坛萧条冷落的原因,可以从宋代坊市制度的破坏得到启发。北宋初期七八十年恰好是坊市制度由局部损毁到全面崩溃的过程,在这个过程中都市的面貌发生了深刻的变化。从空间上看,城市坊市分置的格局慢慢发生了变化,沿街开店经商遍布全城,商业空间得到极大扩展;从时间上看,唐代以来实行的宵禁制度废弛,夜市出现,城市居民的夜生活丰富多彩,消费时间

成倍增加,为商业活动在时间上得以扩容;以上的变化给歌妓的生存和经营提供了空前的机会,歌妓队伍急速膨胀,歌词的创作随之繁盛。宋初词坛沉寂的局面成为历史,宋词的发展翻开了崭新的一页。

宋代以前不论大都市或州县城镇,基本上皆实行坊市制度,即严格地将坊和市分离开来的制度。"坊"是居住区,"市"是商业贸易区。坊市分离,各有不同的功能。如唐代的都城长安城内有一百〇八个坊,另独立设有东、西两市。洛阳城内有一百一十二坊,另有北、南、西三市。坊或市四周都有围墙,设有坊门和市门,朝廷任命专职门吏实行管理,管理官员称为坊正和坊佐。坊和市形成了城中之城的格局。这种大城套若干小城的城市设计所体现的理念,一是传统军事堡垒形态的余绪,乃出于安全的考虑,正如宋代朱熹所说:"唐……官街皆用墙,居民在墙内,民出入处皆有坊门,坊中甚安。"①二是与当时经济水平相适应,是城市经济不发达、商品流通不充分的体现。作为商业贸易区的市有诸多限制,如入市交易有固定的地点和时间的限制,唐朝景龙元年(707)规定:"诸非州县之所,不得置市。其市当以午时击鼓二百下,而众大会,日入前七刻,击钲三百下,散。"②商品交易的市场只能设置在州、县所在的城市之中,不能设在小集镇和农村;设在大中城市之中的"市"之门有严格的开闭时间,市中的交易活动仅限于白天,日落闭市,交易活动停止。这样做便于管理,便于控制尚不丰裕的货物商品流通。而都市之中的大街小巷仅有交通功能,两边皆为森严的坊墙,没有商业活动。

唐代确立的坊市制度对后世产生了深远的影响,五代时期各

---

① 朱熹:《朱子语类》卷一三八《杂类》。
② 王溥:《唐会要》卷八六,中华书局,1955年版,第1581页。

朝坊市制度一直被延续实行。北宋初期沿袭旧制,仍试图严格实行坊市制度,与唐代的长安、洛阳大致相同。开封城也以坊市规划布局,据《宋会要》记载北宋开封城的旧城、新城以及新城之外共有一百三十六坊。但随着经济的发展,商品的丰富,交易的需要,原来设计封闭式的坊市结构逐渐被突破,城市内部布局发生了变化,商业店铺不再局限在"市"中,而是在大街小巷乃至桥头河岸广为布点,出现了街市、桥市,坊市不再以墙作为界限。坊、市的围墙拆除之后,带来了城市生活的一系列变化,工商业者和居民都可以自由选择他们的地点,商人可以在城内随处设置店肆,不仅在市民居住的胡同、小巷面街开设,甚至在御街通衢两侧也可以面临大街开设,"自大街至诸小巷,大小铺席连门俱是,即无空虚之屋,每日凌晨,两街巷门上行百市,买卖热闹"①。商业经营场所由唐代集中的"市",扩散至全城,居民购物消费更为方便,由此促进了商业的发展和繁荣。透过时空的间隔我们可以加以对比:唐代长安街道两边的森严的坊墙变成了宋代东京街上大小错落、装饰各异的商铺。从《东京梦华录》记载的商店酒楼位置可见东京城市大街的情况:如"遇仙正店"的位置在曲院街街南,"至朱雀门街西过桥,即投西大街,谓之曲院街,街南遇仙正店,前有楼子,后有台,都人谓之'台上'。"又如"清风楼酒店"位于龙津桥西,"龙津桥南西壁邓枢密宅,以南武学巷内曲子张宅、武成王庙。以南张家油饼、明节皇后宅。西去大街,曰大巷口。又西曰清风楼酒店,都人夏月多乘凉于此。"又如"白矾楼"位于"马行街东西两巷","白矾楼,后改为丰乐楼,宣和间,更修三层相高。五楼相向,各有飞桥栏槛,明暗相通,珠帘绣额,灯烛晃耀。初开数日,每先到者赏金旗,过一两夜,则已

---

① 吴自牧:《梦粱录》卷一三,《丛书集成初编》,商务印书馆,1939年版,第114页。

元夜,则每一瓦陇中皆置莲灯一盏。内西楼后来禁人登眺,以第一层下视禁中。大抵诸酒肆瓦市,不以风雨寒暑,白昼通夜,骈闐如此。"以上所说的"遇仙正店""清风楼酒店""白矾楼"等这些著名的商店酒楼,皆坐落在东京开封的大街两侧,完全没有市墙的阻隔。

  北宋开封的都市格局制度从规整的坊市设置到坊市制度的废止恰恰经过了北宋初年的七十年左右的历程。北宋建国之后,朝廷多次颁发政令强调坊市的重要性,意在通过强化坊市制度以加强治安。然而由于商品增加,市场繁荣,流通需要的急速膨胀,坊市制度对城市商业的限制与城市经济的高速发展之间形成了尖锐的矛盾。都市里破墙开店、临街摆摊、坊中开铺的现象逐渐增多起来,这种打破坊墙市墙限制的举动拉开了新型城市模式的序幕。拆毁坊墙市墙开店经商不仅破坏了城市格局,造成治安隐患,并且难免要侵占道路,阻碍交通,这种现象当时被称之为"侵街",即侵占街道之谓。客观来看,"侵街"出于私利,在城市中建"违章建筑",市容、治安和交通均会受到影响,自然会受到朝廷和官府的干预,市民私人利益与官府所代表的公众利益发生了冲突,必然招致官府的禁止乃至处罚。这种出自朝廷官府禁止"侵街",以及巩固坊市制度的举措屡屡见诸文献,如:

  太宗太平兴国五年(980)"乙巳,宴从臣于会节园,还经通利坊,以道狭撤侵街民舍益之。"①

  至道元年(995)"诏张洎改撰京城内外坊名八十余,分定布列。"②

  真宗咸平五年(1002)"京城衢巷狭隘,诏右侍禁、合门祗

---

① 李焘:《续资治通鉴长编》卷十七,中华书局,2004年版。
② 《宋会要·方域一》之一二。

候谢德权广之。……德权因条上衢巷广袤及禁鼓昏晓,皆复长安旧制。乃诏开封府街司约远近置籍立表,令民自今无复侵占。"①

祥符元年(1008)"始分置九厢及诸坊"②。

"侵街"与反"侵街",实质是突破坊市制还是沿袭巩固坊市制。这种矛盾冲突在北宋初的七十年间乃至更长的时间反复较量。宋仁宗(1023～1063年在位)登基之后,面对汹涌澎湃的商业潮流,朝廷无奈地承认城市的变化,允许市民商户临街开设邸店,实际上是默许坊市制的废弛。

北宋开封城坊市制度废弛的时间正是本文所讨论的"北宋初年"的下限。

据文献记载:熙宁七年(1074)"司农寺乞废户长、坊正"③,废除坊正之职,说明作为行政管理单位的"坊"不存在了,坊的行政官员"坊正"自然也没有存在的必要。事实正是如此,坊墙拆毁,坊门洞开,里坊的封闭管理已经不再可能,坊正一职形同虚设,已经没有意义,最终正式撤销。从实际情形来看,城市行政单位的建立、完善、强化,逐渐变为弱化,再到形存实亡,最终予以正式取消,这是一个漫长的过程,熙宁七年(1074)由朝官提出正式废除"坊正",说明此职早已荒弛,上推几十年正是"北宋初年"的下限。

街鼓制度(详下文)是坊市制度的一部分,街鼓制度也是在仁宗时期彻底废除的。写成于宋神宗熙宁三年至七年(1070～1074)的宋敏求《春明退朝录》记述:"二纪以来不闻街鼓之声,金吾之职

---

① 李焘:《续资治通鉴长编》卷五一,中华书局,2004年版。
② 《东京记》卷六《坊名》。
③ 马端临:《文献通考》卷十二《职役考》一。

废矣。"街鼓是城市作息时间规定性的信号,是城门、坊门、市门开闭的号令。街鼓不闻,说明坊市制的时间规定不复存在。所谓"二纪"即二十四年,由神宗熙宁上溯三十余年,时间与上文所说的"北宋初期"的下限大致相合。

还可以作为补充证明的是,元丰二年(1079)朝廷开始正式征收"侵街钱"①,表面看这是对破坏坊墙临街开店侵占街道的商户人家经济上的处罚,实际上它意味着朝廷对"侵街"现象的默许,是对坊里制度解体的无可奈何的接受。

宋代城市的布局发生了变化,坊市制度被破坏,新兴城市制度建立。西方学者将这种变化称之为"革命性的变化",施雅坚将宋代"城市制度革命"概括出五个特点,其中第三个特点是"坊市分隔制度消灭,而代之以自由得多的街道规划,可以在城内和四邻各处进行买卖交易"②。城市坊市制度的破坏是中国城市发展史中一个重要的转折标志。中外学者称宋代出现的城市为近代型城市,或曰具有现代意义的都市。这种"城市制度革命"对于宋词的发展来说具有极为重要的意义。从晚唐时期流行开来的词体是一种极具娱乐特性的新型音乐文学,是需要综合填词、演唱、市场诸种条件的艺术形式,具有很强的商品性质。词体只有在满足商品流通的条件下才能兴盛繁荣。经过北宋初年七十年的发展,以开封为代表的城市格局发生了根本性的变化,词体繁荣的条件已经具备,宋初词坛沉寂的面貌开始改观。

---

① 李焘:《续资治通鉴长编》卷二九七,中华书局,2004年版。
② 参阅:施雅坚主编,叶光庭等译:《中华帝国晚期的城市》,中华书局,2000年版,第24页。

二、夜市出现,歌妓膨胀

坊市制度的废弛不仅开阔了商业活动的空间,还增加了商业经营和消费娱乐的时间。据唐代城市坊市制的管理制度,城门、坊门早晚都要定时开闭,长安、洛阳等坊门开闭以击鼓六百下为号,称为"街鼓",天明首先承天门击鼓,随即街鼓响起,坊门开启,街上允许通行;日落承天门击鼓,街鼓继起,坊门关闭,街上断绝行人。宋人程大昌《雍录》卷三载:"市井邑屋各立坊巷,坊皆有垣有门,随昼夜鼓声以行启闭。……启闭有时,盗窃可防也。"这正是这种唐代城市制度的描述。城门、坊门关闭之后,实行宵禁,街上禁止行人,违者即为"犯夜",按《唐律》,犯夜笞二十①,可见宵禁的管理是十分严格的。《新唐书·温庭筠传》记载温"丐钱扬子院,夜醉,为逻卒击折其齿",即是因为犯夜所致。在北宋初年的相当长时间内宵禁仍然实行,开封城内的夜晚也与唐代长安一样寂静。

然而,随着宋代东京坊市制的逐步废弛,宵禁无法执行,逐利的商人将经营时间扩展到夜晚,夜市应运而生。《东京梦华录》专列《州桥夜市》一节:

> 出朱雀门,直至龙津桥。自州桥南去,当街水饭、爊肉、干脯。王楼前獾儿、野狐、肉脯、鸡。梅家鹿家鹅鸭鸡兔肚肺鳝鱼包子、鸡皮、腰肾、鸡碎,每个不过十五文。曹家从食。至朱雀门,旋煎羊、白肠、鲊脯、爊冻鱼头、姜豉䴷子、抹脏、红丝、批

---

① 参见《唐律》卷二十六"犯夜"条:"诸犯夜者,笞二十。"注:闭门鼓后,开门鼓前,行者,皆为犯夜。《疏议》:"《宫卫令》:五更三筹,顺天门击鼓,听人行。昼漏尽,顺天门击鼓四百槌讫,闭门。后更击六百槌,坊门皆闭,禁人行。"

切羊头、辣脚子、姜辣萝卜。夏月麻腐鸡皮、麻饮细粉、素签沙糖、冰雪冷元子、水晶角儿、生淹水木瓜、药木瓜、鸡头穰沙糖、绿豆、甘草冰雪凉水、荔枝膏、广芥瓜儿、咸菜、杏片、梅子姜、莴苣笋、芥辣瓜儿、细料馉饳儿、香糖果子、间道糖荔枝、越梅、锢刀紫苏膏、金丝党梅、香枨元、皆用梅红匣儿盛贮。冬月盘兔旋炙、猪皮肉、野鸭肉、滴酥水晶脍、煎角子、猪脏之类,直至龙津桥须脑子肉止,谓之杂嚼,直至三更。

  北宋开封城内的州桥就在直通皇宫的"御街"上,州桥夜市以经营饮食小吃为主,其食客游客也是普通市民百姓,可以说北宋开封的夜市是市民休闲娱乐消费的乐园。州桥夜市"直至三更",开封城内还有更多的夜市通宵达旦营业,从时间上给服务业提供了充分的条件。宋史专家周宝珠教授指出:"东京的夜市在我国城市经济发展史上具有重要意义,它为商品交换开创了新路子,增加了时间,扩大了交易量,促进了城市经济的发展。同时也丰富人们生活、娱乐,改变了城市夜间的面貌,是东京城市发展的重要表现之一。"[1]与唐代长安入夜之后的寂静、黑暗相比,宋代东京的夜晚华灯璀璨、人群熙攘、市声鼎沸。夜生活的繁荣是宋代都市新面貌的重要标志。

  娱乐业的活动主要在夜间,北宋东京夜市的出现给娱乐业提供了蓬勃发展的空间。蔡绦《铁围山丛谈》卷四载:

马行街者,都城之夜市酒楼极繁盛处也。蚊蚋恶油,而马行人物嘈杂,灯火照天,每至四鼓罢,故永绝蚊蚋。上元五夜,马行南北几十里,夹道药肆,盖多国医,咸巨富,声伎非常,烧

---

[1] 周宝珠:《宋代东京研究》,河南大学出版社,1992年版,第257页。

灯尤壮观。故诗人亦多道马行街灯火。

《东京梦华录》载：

> 凡京师酒店，门首皆缚彩楼欢门，唯任店入其门，一直主廊，约百余步，南北天井，两廊皆小子，向晚灯烛荧煌，上下相照，浓妆妓女数百，聚于主廊槏面上，以待酒客呼唤，望之宛若神仙。（卷二）
>
> 御街东朱雀门外，西通新门瓦子以南杀猪巷，亦妓馆。以南东西两教坊，余皆居民或茶坊。街心市井，至夜尤盛。（卷十）

值得注意的是在以上夜市的描述中多有妓女的身影。事实上无论是卖艺的还是卖身的妓女，其营业接客的时间多是在夜晚，这是消费者多利用夜晚休闲时间进行娱乐的缘故。北宋之前唐五代的城市，夜晚来临，坊市门关闭，宵禁实行，意味着妓女生意的消歇；北宋的开封，降临的夜幕同时又拉开了夜市帷幕，也点燃了妓女营业的烛火，夜晚的烛火更能映照妓女的色艺，熙攘的游客带来滚滚的金钱。可以说夜生活是歌妓演艺的助燃剂。

在唐代，里坊制度还有划分行业、职业居住区的功能，也就是说，里坊中要求居住同行业、同职业或同类身份的人，娱乐业的歌妓自然也要集中居住，长安的妓女集中住在平康里，平康里正是长安的一个坊。孙棨《北里志》载："诸妓皆居平康里"，"平康里，入北门，东回三曲，即诸妓所居之聚也。"唐代其他城市也有这样布局的特点，如成都的富春坊也是妓女聚集之地。妓女集中居住便于管理和治安，但集中居住则在空间上对妓女的经营有很大的限制，无法扩大布点，实际上限制了这种娱乐业的规模和发展。宋代初年的后期,情况完全不同了,由于没有坊墙的限制,妓女的居住地和营业场所的选择十分自由,从史料文献来看,宋代东京的歌妓不再集中居住,而是遍布全城各处,这样一来,无论营业场所的分布还是规模均得到了充分的发展,妓女的人数大为膨胀,舞榭歌楼遍布全城。试以《东京梦华录》的记载为例:

> 至朱雀门街西,过桥即投西大街,谓之曲院街,街南遇仙正店,前有楼子,后有台,都人谓之"台上"。……向西去皆妓馆舍,都人谓之"院街"。
>
> 出朱雀门东壁亦人家。东去大街麦秸巷、状元楼,余皆妓馆,至保康门街。其御街东朱雀门外,西通新门瓦子。以南杀猪巷,亦妓馆。
>
> 出旧曹门朱家桥瓦子。下桥南斜街、北斜街,内有泰山庙,两街有妓馆。桥头人烟市井,不下州南。以东牛行街下马刘家药铺,看牛楼酒店,亦有妓馆,一直抵新城。自土市子南去铁屑楼酒店、皇建院街、得胜桥郑家油饼店,动二十余炉,直南抵太庙街高阳正店,夜市尤盛。土市北去乃马行街也,人烟浩闹。先至十字街,曰鹁鸽儿市,向东曰东鸡儿巷,向西曰西鸡儿巷,皆妓馆所居。①
>
> 寺东门大街,皆是幞头、腰带、书籍、冠朵铺席,丁家素茶。寺南即录事巷妓馆。绣巷皆师姑绣作居住。北即小甜水巷,巷内南食店甚盛,妓馆亦多。向北李庆糟姜铺。直北出景灵宫东门前。又向北曲东税务街、高头街,姜行后巷,乃脂皮画

---

① 孟元老:《东京梦华录》卷二,《东京梦华录注》,中华书局,1982年版,第52、59、70页。

曲妓馆。①

可见东京开封的妓馆遍及全城,无论是通衢大街还是幽曲小巷都有妓馆分布。妓女的人数也极为膨胀,竟达有数万之巨:"诸妓馆……所谓花阵酒池,香山药海。别有幽坊小巷,燕馆歌楼,举之万数,不欲繁碎。"②北宋人陶谷亦描绘当时东京开封的烟花之所:"今京师鬻色户将及万计,……遂成蜂窠巷陌,又不止烟月作坊也。"③陶谷是北宋初年人,当时东京开封的情形当是其亲历亲见,可信度甚高。从文献的记载来看,当时大型的酒楼有妓女数百人,如前引《东京梦华录》记载"任店……浓妆妓女数百";小型妓馆也应有数人,以此推算,东京妓女的人数至少有数万人,甚至超过十万。

歌妓的数量与词曲创作有直接关系。歌妓数量的激增说明词曲表演的繁荣,词曲消费者、演唱者的增加就需要更多的词曲作品,尤其需要"新声"来满足市场。自然促进了词曲创作的繁荣。

三、城市格局变化与词体的繁盛

晚唐五代至北宋,以燕乐为基础的词曲逐渐发展成熟起来。词曲"此种新音乐,曲调丰富,乐器繁多,旋律和节奏活泼而多变化,格调多姿多彩,既有中土韵味,亦兼容异域风情,更明显的一个

---

① 孟元老:《东京梦华录》卷三,《东京梦华录注》,中华书局,1982年版,第102页。
② 孟元老:《东京梦华录》卷五,《东京梦华录注》,中华书局,1982年版,第131页。
③ 陶谷:《清异录》卷上,朱易安、傅璇琮主编《全宋笔记》第一编第2册,大象出版社,2003年版,第22页。

特点是它的许多曲调迥然有异于传统庙堂那种典重乃至沉闷的基调,而充溢着世俗性的欢快冶荡心音,因而赢得了朝野士庶各阶层众多接受者的普遍喜爱。"①与传统音乐文学的雅乐、清商乐所强调的教化、移风易俗的功能不同,新兴的燕乐词曲是世俗性的、娱乐性的,甚至是具有色情色彩的,是以迎合受众为主要特点的。可以说新型词曲就是一种特殊商品,就传播过程而言,这种新型音乐文学词曲与中土传统诗歌相比最大的特点就是如同一般商品一样在市场上流通。这种特殊商品受到消费者、生产者、营销者等各个环节的影响。就北宋时期词曲的消费情况来看,有以下三个方面值得注意。

第一,词曲消费群体庞大。北宋的东京是当时世界人口最多的城市,宋太宗晚年时已经"居人百万"②。之后人口持续快速增长,《宋史·地理志》载,东京开封的人口在北宋末年已达26万余户,按每户五口计,人口已达130万以上。周宝珠先生在《宋代东京研究》中认为,汴京最盛时人口已达150万左右,此外还要加上数量相当可观的外来临时旅客,生活在城市的人口十分庞大。除了京师开封之外,其他大都市也蓬勃发展,如杭州在北宋初年已有十万户、数十万市民人口,成都、扬州、长安、洛阳也是人口繁多的大城市。众多的城市居民构成庞大的消费群体,刺激着消费品的增加,词曲也与其他消费品一样得以迅速发展。五代之前在城市中词曲仅仅流传于"西园英哲"式的上层贵族的欣赏群体,北宋词曲开始走入普通市民之中,消费群体的无限膨胀意味着商品需求的无限膨胀。

第二,词曲的营销队伍庞大。词曲的一个重要特点是要由歌

---

① 刘扬忠:《唐宋词流派史》,福建人民出版社,1999年版,第48页。
② 李焘:《续资治通鉴长编》卷三二,中华书局,2004年版,第716页。

妓演唱,由歌妓的现场演出实现商品营销。从某种意义来说,歌妓的数量标志着营销的规模和这种娱乐行业的繁荣度;歌妓的生存环境又决定着歌妓的数量。宋代的妓女服务的内容主要有三项:才艺表演、陪酒助兴和皮肉营生,根据妓女的不同等级,三项服务中又有不同的侧重,或兼而有之。演唱艳曲是妓女主要的才艺表演形式。北宋的东京开封,妓女的人数可达数万,她们在各种酒店旅舍、歌榭舞台乃至大街小巷演唱词曲,已经没有任何以往城市管理造成的限制和束缚,只要有市场、有消费需要就蓬勃发展。歌妓一方面直接面对消费者,一方面又要从词作者那里获取(购买)新的、适应市场需要的作品填入曲中。可以说歌妓的繁盛必然带来词曲创作的繁盛。

第三,词曲演唱市场促进词人词作的繁荣。北宋时期,外来音乐与中土音乐素材相结合,已经形成相对稳定的"燕乐"系统,曲调词牌丰富多样,为歌词的创作提供了广阔的空间。曲调虽然好听,但是陈辞旧语难以长期吸引消费者。词曲的消费市场和演唱者歌妓的群体都需要"新词"创作来满足,于是那些善于填写"新词"的各个阶层词作者应运而生,乘势而起,如柳永"善为歌辞,教坊乐工每得新腔,必求永为辞,始行于世,于是声传一时"。[①] 像柳永这样的一大批词人,兼具文人才能和市场眼光,他们在文化修养上远高于民间的乐工歌妓,又较一般文人更熟悉曲调声情,他们的作品更适应都市消费者的口味。正是由于他们投入到词曲创作(或曰商品制造)的热潮之中,歌词的创作开始繁荣起来。

生活在北宋初年东京的柳永是当时城市生活的亲历者,这位

---

① 叶梦得:《避暑录话》卷下,《丛书集成初编》,中华书局,1985年版,第49页。

"能道嘉祐中太平气象","太平气象,柳能一写于乐章"①的词人笔下生动展现了当时东京的夜间娱乐繁荣景象,其《看花回》写道:

> 玉城金阶舞舜干。朝野多欢。九衢三市风光丽,正万家、急管繁弦。凤楼临绮陌,嘉气非烟。　雅俗熙熙物态妍。忍负芳年。笑筵歌席连昏昼,任旗亭、斗酒十千。赏心何处好,惟有尊前。

这首词极写开封的繁华,灯红酒绿,流光溢彩,欢歌笑语。同时这首词将北宋开封酒店歌楼妓馆经营布局和时间作了最好的说明,"九衢三市",可见遍布大街小巷,非集中设置;"凤楼临绮陌",乃坊墙拆除之后临街开设的景象;"笑筵歌席连昏昼",通宵达旦,夜晚的经营更为繁盛,不再有时间限制;"正万家、急管繁弦",遍布全城,举目皆是。可以想见,北宋东京的新型城市面貌给歌妓提供了多么广阔的舞台,同时也为像柳永这样的词人提供了充分展示才能的机会。事实上,像柳永这样的词人只能产生于新的城市面貌的背景下,而不可能产生于唐五代及宋初坊市制度约束的城市格局中。从某种意义上来说,柳永的出现标志着宋初词坛沉寂状况的终结。

宋初七八十年,城市繁荣扩张,人口激增,城市格局功能产生了新变。仅就与词体发展相关的社会环境考察,商业的繁荣为娱乐业的勃兴提供了条件,酒楼妓馆遍布全城,歌妓于此展示才艺,消费者在此听歌赏艳。消费需求不仅促进了歌妓人数的膨胀,也带来了消费品之一的歌词需求的膨胀,词体正是在这种需求膨胀

---

① 黄裳:《书乐章集后》,《演山集》卷三十五。

之中繁盛起来。宋初的词坛由于旧的城市格局而沉寂,又由于新的城市面貌而走向繁盛。

第三节 词体展示词人才能的特点

文学创作是心灵性情的表现,除了一些显性情感的表达,如喜怒哀乐,还有一些隐性的表达,如个人才华的展示。可以说,展示本领和才华既由社会生活竞争使然,也是人的本能的体现。古语云:女为悦己者容,实际上还要另加上一层意思:女容为吸引悦己者。其实男性何尝不是如此?女性之"容"通常是通过衣饰和化妆来实现;男性亦有"容",男性之"容"却常常是通过展示本领和才华来实现的。正像女人都渴望别人夸其漂亮那样,男人都希望被人赞为有才,文人士大夫尤其如此。在晚唐五代两宋,填写歌词正是男性文人展示其才或证实其才的重要方式。一方面填词被斥为"小道""卑体",受到正统思想的打压;一方面文人冒着道德批判的风险趋之若鹜,①正是文人这种特殊心理使然。换言之,正是词体这种需要特殊才艺的文体与文人士大夫急欲展示自己才华的心理相结合,有力地促进了词体的创作,创造了词体的繁盛。

---

① 孙光宪:《北梦琐言》卷六:"晋相和凝少年时,好为曲子词,布于汴洛,洎入相,专托人收拾焚毁不暇。然相国厚重有德,终为艳词玷之。契丹人夷门,号为曲子相公。所谓好事不出门,恶事行千里,士君子得不戒之乎!"中华书局,2002年版,第135页。魏泰《东轩笔录》:"王荆公初为参知政事,闲日因阅晏元献公小词而笑曰:'为宰相而作小词可乎?'平甫曰:'彼亦偶然自喜而为尔。顾其事业岂止如是耶!'时吕惠卿为馆职,亦在坐边,曰:'为政必先放郑声,况自为之乎。'"中华书局,1983年版,第52页。胡寅《题酒边词》:"名之曰曲,以其曲尽人情耳,方之曲艺犹不逮焉,其去曲礼则益远矣。然文章豪放之士鲜不寄意于此者,随亦自扫其迹,曰谑浪游戏而已也。"施蛰存主编《词籍序跋萃编》,中国社会科学出版社,1994年版,第168页。

一、精于音律的填词与词人之"才"

同样是韵文形式,填词与写诗有所不同,正如李清照所说:"诗文分平侧,而歌词分五音,又分五声,又分六律,又分清浊轻重,……乃知词别是一家。"歌词乃配合曲调的文字,填词不仅要有文字功夫,还要有较高音乐修养和技巧,要通晓声情,会择腔选调,要将歌词与乐曲谐婉地结合起来,以使歌妓婉转动听地演唱。清人尤侗曾云:"词之异于诗者,非以其句之有长短也,盖因调之高下、音之清浊、风格之浅深浓淡而分之。"①所以填词的专业要求是比较高的,没有一些天分是很难驾驭的。正缘于此,通晓音乐的诗人就比一般的诗人显得"有才",如唐代诗人元稹因擅长乐府歌诗而被称为"元才子"②。

清人孙麟趾引蔗乡之语云:"无才固不可作词"③,可见认为填词之人为有才乃古今的共识。北宋时期被称为"独可追逼《花间》,高处或过之"④的晏几道因长于作词而被视为"有才"。他父亲的门生曾告诫他:"才有余而德不足者,愿郎君捐有余之才,补不足之德"。⑤将其"才"与其长于词艺直接相联系。南宋人刘克庄在谈及秦观、柳永两位词人所受到的毁誉加以评论云:"此事在人赏好,

---

① 尤侗:《南耕词序》,《清词序跋汇编》,凤凰出版社,2013年版,第248页。
② 《旧唐书》卷一百六十六《元稹本传》载:"穆宗皇帝在东宫,有妃嫔左右尝诵稹歌诗以为乐曲者,知稹所为,尝称其善,宫中呼为元才子。"
③ 孙麟趾:《词迳》,《词话丛编》,中华书局,1986年版,第2554页。
④ 陈振孙:《直斋书录解题》卷二十一,上海古籍出版社,1987年版,第618页。
⑤ 邵博:《邵氏闻见后录》卷十九,《宋元笔记小说大观》,上海古籍出版社,2007年版。

坡、谷亟称少游,而伊川以为亵渎,莘老以为放泼。半山惜耆卿谬用其心,而范蜀公晚喜柳词,客至辄歌之。余谓坡、谷怜才者也;半山、伊川、莘老卫道者也;蜀公感熙宁、元丰多事,思至和、嘉祐太平者也。今诸公贵人怜才者少,卫道者多。"①也是将填词与"才"相联系。

在北宋,以填词为有才的最典型例子是柳永,柳永毫不掩饰地称自己为"才子词人",试看其下面三首词:

> 黄金榜上。偶失龙头望。明代暂遗贤,如何向。未遂风云便,争不恣狂荡。何须论得丧。才子词人,自是白衣卿相。(《鹤冲天》)

> 当时。绮罗丛里,知名虽久,识面何迟。见了千花万柳,比并不如伊。未同欢、寸心暗许,欲话别、纤手重携。结前期。美人才子,合是相知。(《玉蝴蝶》其三)

> 我不求人富贵,人须求我文章。风流才子占词场。真是白衣卿相。(《西江月》)

柳永精通音乐,长于填词。宋人叶梦得《避暑录话》卷三说:"柳耆卿为举子时,多游狭邪,善为歌辞,教坊乐工,每得新腔,必求永为辞,始行于世,于是声传一时。"柳永的"才子"之名由填词而得,并在"词场"盛传。即使对柳永持批评态度的正统论者也承认其填词之"才",如严有翼《艺苑雌黄》在论及柳永擅长填词而又"日与狎子纵游娼馆酒楼间,无复检约"时议论道:"小有才而无德以将之,亦士君子之所宜戒也。"②《扪虱新话》下集卷四记载了这样一

---

① 刘克庄:《汤野孙长短句跋》,《后村先生大全集》卷一百十一。
② 郭绍虞辑:《宋诗话辑佚》,中华书局,1980年版,第579页。

则故事:"世传王元泽一生不作小词,或者笑之,元泽遂作《倦寻芳慢》一首,时服其工。其词曰:……此词甚佳,今人多能诵之,然元泽自此亦不复作。"①这位王元泽本来不喜爱作词,但不作词却成了别人嘲笑的缘由,无外乎是讥其正统呆板,缺乏才气和情趣。听到别人的议论,这位王元泽填了一首词,并得到了很高的评价,证明了自己。这则故事从一个侧面反映了当时的社会风气:不会作词竟会受到嘲笑,也间接说明了人们热衷作词的社会心理,填词是证明自己才华的最好的方法。

不仅仅在唐宋时期,后世也常有以填词为"才"的说法。如清代的朱彝尊为汪懋麟《锦瑟词》题词云:"锦瑟新词凤阁成,赢得才名,不减诗名,风流异代许推并,是柳耆卿,是史邦卿。"②这里把"才名"与"诗名"相对而称,可见所谓"才"专属填词之"才"。明末清初的陈子龙因写艳词受到时人的非议,曾发表了下面的一段议论:

> 吾等方少年,绮罗香泽之态,绸缪婉娈之情,当不能免。若芳心花梦,不于斗词游戏时发露而倾泻之,则短长诸调与近体相混;才人之致不得尽展,必至滥觞于格律之间,西昆之渐流为靡荡,势使然也。故少年有才,宜大作词。③

在陈子龙看来,填词是"才人之致"得到发挥的最好载体。少年时期是才华蓬勃的时期,更应该通过多填词加以发挥。陈子龙

---

① 唐圭璋编:《宋词纪事》,中华书局,2008年版,第92页。
② 朱彝尊:《一剪梅·题汪季角舍人锦瑟词》,《曝书亭集》,商务印书馆,1935年版,第308页。
③ 彭宾:《二宋倡和春词序》引陈子龙语,《彭燕又文集》卷二,《四库全书存目丛书》集部第197册,齐鲁书社,1997年版,第345页。

的看法在明清时期颇有代表性。清初人毛奇龄曰:"唐时温、韦称才子,而韩、柳、李、杜反不与焉,以其独能艳也。"①毛氏推测当时人们的心理:能诗不过乃文人的基本功,即使如韩愈、柳宗元、李白、杜甫可以为"大家"、为"仙"、为"圣",但从"才子"的角度衡量还是有所不足,因为没有以特别展示才能的"词"而闻名。

二、即席填词与"捷才""急才"

填词之才的表现除了精通音乐,文辞音律兼擅之外,还有即席填词的"捷才""急才"的方面。唐宋时期,填词往往是在大庭广众之下即席或即兴创作,更有"捷才"的要求。李之仪曾记载苏轼即席写歌词的故事:

> 方从容醉笑间,多令官妓随意歌于坐侧,各因其谱即席赋咏。一日,歌者辄于老人之侧作《戚氏》,意将索老人之才于仓卒,以验天下之所向慕者。老人笑而颔之。邂逅方论穆天子事,颇摘其虚诞,遂资以应之。随声随写,歌竟篇就,才点定五六字尔。②

苏轼文豪之名遐迩闻名,歌妓想用即席填词来验证东坡的才华,结果当然是名不虚传。这则故事值得特别注意的是"意将索老人之才于仓卒",即席的"仓卒"之间填词正是考验"才"的机会。可见填词为"有才",即席填词为"有捷才"是当时人们的共识。另举

---

① 毛奇龄:《吹香词弁首》,《清词序跋汇编》,凤凰出版社,2014年版,第326页。
② 李之仪:《跋〈戚氏〉》,《姑溪居士文集》,《丛书集成初编》,中华书局,1985年版。

一例:在南宋初人蒋璨的墓志铭中特意记载这样一段文字:"客至命酒,即席赋长短句,畀歌者持杯劝信,巧丽清新,不袭蹈前人一言一句"。① 这同样是显示即席填词之才的记载,为何将即席填词写入彰显墓主人生"亮点"的墓志铭中?主要是为了突出蒋氏之才,不仅有填词之才,而且有即席填词的"捷才"。对于文人来说,才华是人生最值得夸耀的内容。杨湜《古今词话》记载了这样一段故事:

> 白云先生之子张才翁,风韵不羁,敏于词赋。初任临邛秋官,邛守张公庠不知之,待之不厚。临邛故事,正月七日有白鹤之游,郡守率属官同往,而才翁不预焉。才翁密语官妓杨皎曰:"此老子到彼,必有诗词,可速寄来。"公庠既到白鹤,登信美亭,便留题。曰:"初眠官柳未成阴,马上聊为拥鼻吟。远宦情怀销壮志,好花时节负归心。别离长恨人南北,会合休辞酒浅深。欲把春愁闲抖擞,乱山高处一登临。"杨皎录此诗以寄,才翁得诗,即时增减作《雨中花》一阕,以遗杨皎,使皎调歌之。曰:"万缕青青。初眠官柳,向人犹未成阴。据征鞍无语,拥鼻微吟。远宦情怀谁问,空劳壮志销沉。好花时节,山城留滞,又负归心。　别离万里,飘蓬无定,谁念会合难凭。相聚里、莫辞金盏。酒浅还深。欲把春愁抖擞,春愁转更难禁。乱山高处,凭栏垂袖,聊寄登临。"公庠再坐晚筵,皎歌于公庠侧。公庠怪而问,皎进禀曰:"张司理恰寄来,令杨皎歌之,以献台座。"公庠遂青顾才翁,尤加礼焉。②

---

① 孙觌:《宋故右大中大夫敷文阁待制赠正议大夫蒋公墓志铭》,《鸿庆居士集》卷三十七,文渊阁《四库全书》本。
② 杨湜:《古今词话》,《词话丛编》,中华书局,1986年版,第38页。

这位叫张才翁的地方官僚属,为了改变新任长官不重视自己的现状,巧设机会,将长官的律诗快速改编为词《雨中花》,有效地展示了自己的才华,赢得了长官的器重。从这段故事可以看出当时人们对能写歌词者才华的肯定。

王兆鹏教授论文《宋词的口头传播方式初探——以歌妓唱词为中心》①,论析了文人聚会时各种填词演唱的模式,如:有主人请客人填词者,意在表示对客人才华的赞赏;有主人请在座各位嘉宾一同赋词者,兼有比试才情之意;有主人自赋者,既为娱宾附带自赏。凡此种种都与才情展示相关。填词的场合以及由词到歌的合作又为展示"捷才"增加了别样的情调。填词的场合往往在花间樽前,在唐宋时期,尤其是在唐五代北宋初年,曲词的主要功能是娱乐,词曲的创作和表演在娱乐场所,即宴厅、歌楼、酒肆、娼馆,皆为男性词作者和女性演唱者相结合的场所,也是女性表演、男性欣赏的场所,总之是士女杂处众人聚集的场所。面对异性,激情很容易得到促发。很多时候歌女又会主动索要歌词,如柳永《玉蝴蝶》所描写的场面:"珊瑚筵上,亲持犀管,旋叠香笺。要索新词,殢人笑含立尊前。"宋词中有许多明确记载是由歌妓索求而作的,如苏轼的《满江红》(东武城南)也是应歌妓之请而作,词成,"俾妓歌之,坐席欢甚。"②又如管鉴的《桃园忆故人》小序云:"郑德舆饯别元益,

---

① 王兆鹏:《宋词的口头传播方式初探——以歌妓唱词为中心》,《文学遗产》,2004年第6期。
② 杨湜:《古今词话》:"东坡自禁城出守东武,适值霖潦经月,黄河决流,漂溺钜野,及于彭城。东坡命力士持畚锸,具薪刍,万人纷纷,增塞城之败坏者。……水既退,坡具利害屡请于朝,筑长堤十余里,以拒水势,复建黄楼以厌之。堤成,水循故道分流,城中上巳日,命从事乐成之。有一妓前曰:自古上巳旧词多矣,未有乐新堤而奏雅曲者,愿得一阕歌公之前。坡写《满江红》曰:……(词略)俾妓歌之,坐席欢甚。"《词话丛编》,中华书局,1986年版,第28~29页。

余亦预席。醉中诸姬索词,为赋一阕。"①赵长卿《朝中措》小序云,"坐前数妓乞词而歌,以劝大白。因有所感,再和前韵。"②这种歌妓索要歌词的行为与索要财物有很大的不同,歌妓的潜台词是给你一次展示才华的机会,有恭维对方之意。上文提到歌妓向苏轼索要歌词,虽然本意是"将索老人之才于仓卒,以验天下之所向慕者",其实这种做法非不唐突,还有恭维之意,所以苏轼才"笑而领之"。当然,苏轼的"捷才"更赢得了歌妓的倾慕。在女性面前,尤其是在美丽娇艳的歌妓面前,词人充分展示才情;如果在众词人同席之时,更要一较才情之高下。这种展示才华的机会,既是挑战,更充满了诱惑。这种诱惑将文人吸引到花间樽前,在珠环翠绕、莺声燕语之中浅吟低唱。词人们冒着政治声望有损,甚至仕途受挫的风险,也乐此不疲,这正是填词的魅力所在,也说明了词体繁盛的原因。

本章第一节探讨了词体兴起的时代因素,从时代精神变化的角度说明社会氛围对文体风格和作品风格的深刻影响,作为一种具有独特文体风格的词体,在中晚唐时期特殊的时代精神影响下应运而生;第二节探讨了词体在北宋时期繁盛的社会物质条件因素。与其他文体相比,由歌妓演唱来实现的词体创作受到的社会物质条件影响更为直接,坊市制的崩溃解放了对词体的束缚,直接催生了宋词的繁盛;第三节从心理层面探讨了词体创作持续兴盛的原因,音乐文学创作的特性,男女杂处的创作环境给词人一种特殊的心理刺激,乐此不疲就成为词人的自然选择。唐宋词繁盛的原因有许多,既有物质条件方面的,也有风气氛围方面的;有词体文体风格的因素,也有作者创作心理的因素。

---

① 管鉴:《桃园忆故人》,《全宋词》,中华书局,1965年版,第1570页。
② 赵长卿:《朝中措》,《全宋词》,中华书局,1965年版,第1796页。

第三章　唐宋词坛词体观的演进
——以《花间集叙》《词论》《乐府指迷》为中心

　　文艺批评理论既是文学创作的反映和总结，又对创作产生引导和促进作用。优秀的文艺批评理论的突出特征是对创作倾向的准确把握和深刻认识，因其见微知著、有的放矢并且富于远见而在文艺批评史上产生深远的影响。在唐宋词学史上有三篇词学文献即具有这个特点：在词史发展的关键节点上，准确地把握了词体发展的新变，对已经形成的当代词体新的特质加以分析概括，并对今后的创作发表了指导性的意见，这三篇文献是欧阳炯的《花间集叙》、李清照的《词论》和沈义父的《乐府指迷》。三篇文献产生于唐宋词史的三个不同时期，正值词史三个重要发展阶段，或称为转折期，这三篇文献针对现实，有感而发，见解深刻，影响深远。

　　《花间集叙》《词论》《乐府指迷》本是词学史上的名篇，词学史研究界一直高度关注，且不乏相当精深的研究成果。本章在前贤研究的基础之上，将三部名著放置词学史的大背景上，从关联的角度加以关照，试图揭示唐宋词学史发展的阶段性及其发展规律，同时彰显三部名著的词学史价值。

第一节 欧阳炯《花间集叙》：文人雅化词的宣言

欧阳炯《花间集叙》是现存最早的一篇论词专文，也是一篇具有重要文献价值的词学论文。《花间集叙》撰写于《花间集》编成的后蜀广政三年（940）。词体经过隋唐漫长的发展、蜕变、借鉴、融合，至晚唐大体成熟，以温庭筠（812？～866）为代表，文人词已经破茧成蝶。《花间集》是第一部文人词总集，它的出现标志着此前民间词一统天下局面的结束，文人词已经成为词坛不可忽视的存在，且有日益壮大的趋势。《花间集叙》正于此时问世，它代表的是词坛文人的声音，其旨趣所在体现了区别于民间词的文人词的词体意识，是文人词体观的宣言。可以说《花间集叙》是词学批评理论领域讨论词体特征的第一篇文献。

《花间集叙》首先表现了作者、欣赏者、演唱者的高雅品格。曲子词长期流传于所谓"胡夷里巷"的民间，乐工歌妓一直是创作的主体。而《花间集叙》中自称己作为"诗客曲子词"，这种称谓具有特别的意义：虽然同样是作"曲子词"，但自己的身份则是"诗客"，即具有较高文化修养和品味，擅长写作高雅的诗歌的人，以此区别于居于社会下层的乐工歌妓和民间词人。《花间集叙》又称"将使西园英哲，用资羽盖之欢；南国婵娟，休唱莲舟之引。""西园英哲"用曹丕集文学侍从游宴、赏月西园的典故，极言参与欣赏词曲的受众身份高雅；"南国婵娟"形容歌者的美丽和风度。这里歌词作者、演唱者和赏歌者皆高贵风流，气度不凡。《花间集》要为文人雅士的娱宾佐欢提供应歌的唱本，而摒弃俚俗的民间小调，如"莲舟之引"之类。表现出花间词人避俗趋雅的意识。正如龙榆生先生所说："既美其名曰'诗客曲子词'，又取'阳春白雪'相况，是由'胡夷里巷之曲',经多方面之装饰,且进登大雅之堂矣。"①刘尊明教授分析温庭筠词的意义时指出:"(温词)使得文人词具有了一种既区别于民间词又区别于文人诗的独特个性,并得到了后世广大文人的接受和认同。"②温庭筠是花间词人的典范,上述评价完全可以概评花间词。

其次,表现作品的高雅。《花间集叙》首句便称"镂玉雕琼,拟化工而迥巧",以"玉""琼"为喻极言词体的高贵。又称"名高白雪",所谓"白雪",即宋玉《对楚王问》中的"阳春白雪"。《下里》《巴人》与《阳春》《白雪》接受者(欣赏者)的多寡说明了作品的雅俗差异,俗者众而雅者寡。后世则以《阳春》《白雪》代高雅,而《下里》《巴人》则为低俗的代称。清代词论家宋翔凤说:"《白雪》之歌,自存雅音;《薤露》之唱,别增俗乐"③,明确指出了这种差异。《花间集叙》用"名高白雪"表现了明确的意识:以高雅的品格与民间词的低俗相区别。据龙榆生先生研究,《花间集》中所用的词调已经过筛选:

  《花间》诸贤所用曲调,其题号已多近雅者。如《教坊记》中所载《柳青娘》《别赵十》《忆赵十》《煮羊头》《唐四姐》《黄羊儿》《措大子》《醉胡子》《麻婆子》《刺历子》《刬碓子》《胡攒子》《唧唧子》《平翻》《大宝》《大姊》《舞一姊》一类,里巷鄙俚之曲,悉已汰去不用。④

---

① 龙榆生:《词体之演进》,原载《词学季刊》创刊号,后收入《龙榆生词学论文集》,上海古籍出版社,1997年版,第34页。
② 刘尊明:《试论温庭筠词的艺术成就与审美特色》,《湖北大学学报》,2001年第6期。
③ 宋翔凤:《乐府余论》,《词话丛编》,中华书局,1986年版,第2498页。
④ 龙榆生:《词体之演进》,原载《词学季刊》创刊号,后收入《龙榆生词学论文集》,上海古籍出版社,1997年版,第38页。

上述词牌今内容不传，仅存调名，但由调名亦可以看出内容俚俗之一斑。《花间集》中所用词牌与敦煌词、教坊曲这些民间词所存留词牌相比有明显的雅俗之别。在晚唐五代，词牌与词作内容往往密切相关。元代的王礼说："自《花间集》后，雅而不俚，丽而不浮，阖中有开，急处能缓，用事而不为事用，叙实而不至塞滞。"①此语指出了《花间集》之后形成的文人词的审美新面貌。清初人王士禛云："《花间》字法，最着意设色，异纹细艳，非后人纂组所及。如'泪沾红袖黦'，'犹结同心苣'，'豆蔻花间趁晚日'，'画梁尘黦'，'洞庭波浪飐晴天'，山谷所谓古蕃锦者，其殆是耶。"②则具体指出了《花间》词在语言"设色"方面的讲究，这也正是清人纪昀所称赏《花间》词"精善"③的一个方面。在艺术表现方面，后人给予《花间集》以很高的评价："《花间》逸格，原以少许胜人多许。"④"在文辞、风格、意境方面更有所提高，增强其艺术性，摆脱原始民间词的粗糙率直之弊，遂奠定了以后词体发展的基础。"⑤

再次，《花间集叙》强调了声律的规范和讲究，亦是高雅的主要体现。《花间集叙》称"名高白雪，声声而自和鸾歌；响遏行云，字字而偏谐凤律"，标明花间词的语言和音律追求典雅规范，以区别于民间词的俚俗随意。"和鸾歌""谐凤律"是针对民间词音律和语言的随意性而有意提出的雅化标准和理想境界。

在唐五代，声律规范与否是文人词与民间词的重要区别。试

---

① 王礼：《胡涧翁乐府序》，《麟元文集·前集》。
② 王士禛：《花草蒙拾》，《词话丛编》，中华书局，1986年版，第673页。
③ 纪昀：《四库全书总目提要·类编草堂诗余四卷提要》。
④ 杨芳灿：《纳兰词序》，道光十二年刻本。
⑤ 缪钺：《花间集平议》，缪钺、叶嘉莹《灵谿词说》，上海古籍出版社，1987年版，第65页。

以敦煌词为代表的民间词的特点为例:唐圭璋先生将敦煌词特点其概括为七条,其中与声律有关的有有衬字、有和声、字数不定、平仄不拘、叶韵不定。① 凡此种种都表现出民间词的特点。民间词人、乐工歌妓受演唱形式以及文化水平、审美习惯的制约,在创作演唱词曲时,于文字、语言、格律、押韵等方面相当随意。《云谣集》中的词调"字数不定"的表现,如《凤归云》有 82 字者,亦有 85 字者;《竹枝子》有 57 字者,有 64 字者;《洞仙歌》有 76 字者,有 74 字者;《内家娇》有 104 字者,有 96 字者;《拜新月》有 84 字者,有 86 字者。与民间词形成鲜明对比的是,《花间集》基本上没有衬字,同一词调字数相同,平仄和押韵大体规范。吴世昌先生说:"《花间》所收,则几乎首首在格律方面已有定型,趋于规范化,而在文字的艺术性方面则珠圆玉润,无懈可击。这些'诗客'都有高度的艺术修养,本来就能作很好的诗,现在把民间新兴的和前代遗传下来的乐府歌辞重加修饰整理,使之格律化、规范化。"②五代之后,文人词正是沿着《花间集》所开创的格律化、规范化的方向前行,正如北宋人李之仪所说:"至唐末,遂因其声之长短句而以意填之,始一变,以成音律,大抵以《花间集》中所载为宗。"③

五代时期在词史上是一个关键时期,此为文人词发展史上的第一个时期。在此时期,文人词异军突起,开始与民间词分庭抗礼。词坛面临的主要问题,是词体内部雅俗分野,文人词与民间词异趣而行,形成了影响后世深远的文人词风。作为文人词批评理论的代表,《花间集叙》受时代感召而闪耀亮相,首次对文人词的特质加以阐述,同时也宣告了一个新时代的到来。

---

① 唐圭璋:《敦煌唐词校释》,《中国文学》第 1 卷第 1 期,1943 年。
② 吴世昌:《花间集简论》,《文史知识》,1982 年第 10 期。
③ 李之仪:《跋吴思道小词》,《姑溪居士文集》卷四十。

第二节 李清照《词论》：诗性的别是一家

李清照的《词论》展示的是唐宋词学发展史上第二次辨体之论。

北宋末年，距《花间集》的时代已经走过150年，词坛面貌已经大为改观，词学家的观念也发生了深刻的变化。考察这一时期的词坛轨迹，最为值得重视的就是"以诗为词"的实践及引发的讨论，以及由此带来的词坛主流风格的变化。这正是李清照《词论》产生的背景。在北宋词坛上，曾出现过不少涉及诗词之辨的讨论，然而李清照的《词论》却是最系统的。《词论》以诗词之辨为核心论题，强调词体的音乐特性，以区别于诗文，努力避免词体受到外部文体的濡染。然而也应看到，李清照努力坚守词体特性排斥诗体的理论武器却已经受到"诗性"的浸染，这一点也许是李清照所没有想到的。

"以诗为词"的论题有显性和隐性两个层面的表现。

显性层面的"以诗为词"是由苏轼引发的。苏轼不仅在创作上引诗的题材、语言、风格入词，而且在批评理论层面明确提出诗词同理，诗为词源的观念。① 苏轼特立独行的豪放词风是北宋词坛上最为引人注目的风景，因迥异于传统的词体风格引起时人的非议。苏门弟子陈师道云："退之以文为词，子瞻以诗为词，如教坊雷

---

① 苏轼《与陈季常书》："又惠新词，句句警拔，诗人之雄，非小词也。"《祭张子野文》："清诗绝俗，甚典甚丽。搜研物情，刮发幽翳。微词婉转，盖诗之裔。"《与蔡景繁书》："颁示新词，此古人长短句诗也。得之惊喜，试勉继之。"

大使之舞,虽极天下人之工,要非本色。"①又云:"苏子瞻词如诗,秦少游诗如词"②,指出苏词具有诗的品格和气质,与本色当行的词有着明显的不同,其批评之意显而易见。晁补之也说:"苏东坡词,人谓多不谐音律,然居士词横放杰出,自是曲子中缚不住者。黄鲁直间作小词,固高妙,然不是当行家语,是著腔子唱好诗。"③晁氏对苏轼的评论颇可玩味,"横放杰出"看似褒扬,而"曲子中缚不住者"已隐有微词。对黄庭坚词的批评则是直截了当,指出其词似诗非当行本色。苏门弟子对苏词风格向诗体靠近的倾向多持否定态度。应该说,苏轼"以诗为词"的主张在北宋受到的批评多于肯定。

隐性的"以诗为词"更应该引起重视。

词继诗而兴,又称为诗余,与诗体有着千丝万缕的联系,词体在擅长诗歌的文人手中发展嬗变,很快即被诗体强大的磁场所吸引,走上以诗为词的道路,词体开始体现诗歌的功能,扮演诗歌的角色。花间词人韦庄,将身世之感打入词中,已开始偏离"男子而作闺音"的代言模式。李后主的词"眼界始大,感慨遂深,遂变伶工之词而为士大夫之词"④,将抒发感慨的作诗传统引入词中。北宋的文人词,如晏、欧,如苏门学士莫不将诗情诗思寓于词中。北宋末年的周邦彦的词更是具有诗性特质。袁行霈先生曾指出:"周邦彦的词是一种诗味很浓的词,或者说是文人气很浓的词。"⑤时代

---

① 陈师道:《后山诗话》,《苕溪渔隐丛话》前集卷四十九引。按:此则不见《历代诗话》本《后山诗话》。
② 陈师道:《后山诗话》,《历代诗话》,中华书局,1981年版,第312页。
③ 吴曾:《能改斋词话》卷一,《苕溪渔隐丛话》后集卷三十三、《侯鲭录》卷八亦载晁氏此语,文字稍有异同。
④ 王国维:《人间词话》,《词话丛编》,中华书局,1986年版,第4242页。
⑤ 袁行霈:《拂水飘绵送行色——周邦彦的〈兰陵王·柳〉》,《文史知识》,1983年第9期。

变化了,填词主体的文化身份、审美品位也发生了重要变化。

在"以诗为词"思潮的冲击下,北宋末年词坛无论是创作还是观念皆显得繁盛而迷乱。在新的形势下,词体原始形态的本色当行多有与时代不相和谐之处,唐五代北宋初年词学家所持的诗词之辨显然已经不合时宜。如何重新认识词体,或者说将词体进行新的审美认识是面临的新课题。尤其是如何认识词体与诗体的关系,亟须一种适应新时代精神的词体观。李清照的《词论》在此背景下应运而生。

李清照所处的时代,词坛的主要问题是诗词之辨,也就是说应该怎样处理词与诗的关系。《词论》主要即为此而发。李清照《词论》的核心观点是"词别是一家"①,即强调词是音乐文学,是配合乐曲演唱的歌词,与诗文等其他体裁的书面案头的文体不同,由此明确诗词之辨。同时,《词论》又是一部融入诗学理念的词学文献,在阐述题材内容、语言风格等方面的主张时,摒弃了《花间集叙》所强调的"艳",已经融入诗学的元素。

词体具有显著的歌唱特性,有口头表现的特殊要求。李清照"别是一家"辨析诗词差异的基本论据是:"诗文分平侧,而歌词分五音,又分五声,又分六律,又分清浊轻重"。所谓"五音""五声""六律""清浊轻重"皆为发声方法。《词论》罗列词体种种特殊的要求,旨在说明一个问题:诗文分平仄仅仅具有语言抑扬顿挫的效果,而词体因与音乐相结合,则有更为复杂的变化,这些因素的综合使用直接影响到演唱效果是否和谐动听。填词的基础是词调,而词调本身具有音乐的声情特色,不同的宫调宜于表达不同的情感、体现不同的风格,自有其内在规律。词体对与音乐相配合的语

---

① 李清照:《词论》,胡仔:《苕溪渔隐丛话》后集卷三三。本节下引《词论》不再注明出处。

言要求很高,非精于此道者所能掌握,这些都体现了与诗体的差异。"晏元献、欧阳永叔、苏子瞻,学际天人,作为小歌词,直如酌蠡水于大海,然皆句读不葺之诗尔,又往往不协音律"的原因亦在此。晏、欧、苏三人,本为著名的诗人,其词在风格上亦能体现本色的委婉,但如果以词体的配乐可歌、音律和谐的专业要求来衡量,则仍有较大的差距。

除了阐述"词别是一家"的核心理论之外,李清照对词体的思想审美品格也加以阐述,批评了当时词坛的种种弊病,其批评理念和方法多融入诗学的因素。李清照将诗学的雅正思想引入批评之中,首先是思想的雅正,批评唐代之后"郑、卫之声日积,流靡之变日烦",南唐词人"语虽奇甚,所谓亡国之音哀以思。"所谓"亡国之音"即荒淫误国的"流靡"音乐。正如谢桃坊先生所说:"她论词仍主传统的'温柔敦厚'的诗教,在论唐五代词时,既反对郑卫之声,也不称赏亡国之音。"①晚唐以来词为艳科的观念已经深入人心,欧阳炯《花间集叙》明确歌词就是"裁花剪叶,夺春艳以争鲜","不无清绝之词,用助娇娆之态"。花间词人更是绮靡词风的代表,如温庭筠词"香而软"②,牛希济的词"芊绵温丽极矣"。李清照对绮靡这种词体所谓"本色"提出批评,否定词体的艳科色彩,其思想方法深受诗教因素的浸润。其次李清照提倡语言的文雅,批评柳永的词"词语尘下"。柳永是北宋俗词的代表,"冶游之作居其半,率皆轻浮猥媟,取誉筝琶"③,"以其鄙曼之辞,缘饰音律以投时好。"④柳词迎合了受众和时尚的需要,因而赢得了下层的广泛爱

---

① 谢桃坊:《中国词学史》,巴蜀书社,2002年版,第67页。
② 孙光宪评温庭筠词语,《历代词话》卷二引《北梦琐言》,《词话丛编》,中华书局,1986年版,第1110页。
③ 邓廷桢:《双砚斋词话》,《词话丛编》,中华书局,1986年版,第2528页。
④ 董士锡:《餐华吟馆词叙》,《齐物论斋文集》卷二。

好。《艺苑雌黄》说柳永词"言多近俗,俗子易悦"①。黄昇《花庵词选》也说:"耆卿长于纤艳之词,然多近俚俗,故市井人悦之。"尚雅黜俗是诗学的重要内容,强调诗歌在思想内容和语言形式等方面合乎规范,注重作品的社会效果。

  在《词论》中提出了新的词学审美范畴。李清照批评北宋晏几道、贺铸、秦观等人的词:"晏苦无铺叙,贺苦少典重。秦即专主情致,而少故实。譬如贫家美女,虽极妍丽丰逸,而终乏富贵态。"谢桃坊分析《词论》提出的系列范畴:"主张既要铺叙,又须典重;既主情志,又尚故实。这样的要求是极高的艺术境界。"②这些均是由诗学审美范畴借鉴转化而来。彭玉平教授曾对"故实"一词在含义上的变迁进行追溯,指出刘勰《文心雕龙》、钟嵘《诗品序》等诗学著作皆曾使用"故实",并进一步分析:"由故实而带来的富贵态所针对的反面情形应该是尘俗和村野,所以所谓'富贵态'其实也是一种大雅的艺术表现。"③诗学范畴的借鉴运用,使李清照《词论》呈现出词体特征论新时代的亮色。

  李清照《词论》所呈现出的词体观念——即努力保持词体音乐文学的审美特色,又适度融入诗体的审美品质——在南宋词坛上成为引人注目的潮流。如辛弃疾的词不仅诗情澎湃又有合于音律的"当行"之誉④,正如叶嘉莹先生所说:"辛氏乃是一个能以英雄豪杰之手段写词而却表现了词之曲折含蕴之特美的一位杰出的词

---

① 胡仔:《苕溪渔隐词话》,《词话丛编》,中华书局,1986年版,第172页。
② 谢桃坊:《中国词学史》,巴蜀书社,2002年版,第68页。
③ 彭玉平:《中国分体文学史》,山西教育出版社,2013年版,第97、98页。
④ 周济:《介存斋论词杂著》:"辛之当行处,苏必不能到。"陈廷焯《云韶集》卷五:"苏、辛千古并称。然东坡豪宕则有之,但多不合拍处。稼轩则于纵横驰骋中,而部伍极其整严,尤出东坡之上。"《白雨斋词话全编》,中华书局,2013年版,第127页。

人。"①又如姜夔以"知音"闻名,其词又最具"诗性",刘熙载说:"姜白词幽韵冷香,令人挹之无尽,拟诸形容,在乐则琴,在花则梅也。"②以琴和梅比喻白石词是对其诗性意味的最好说明。这里需要说明,本文并非要说《词论》对辛、姜二人产生了直接影响,而是要指出:词体发展到一定阶段,必然会在创作及理论上有所表现;辛、姜在创作中表现之,李清照的《词论》则是在批评理论领域表现的突出代表。

李清照的《词论》在词学史上具有重要意义,它是继欧阳炯《花间集叙》之后对词体特性系统表述的第二篇重要文献。如果说《花间集叙》表述的是以花间词人为代表的唐五代词学家的词体观,那么,李清照的《词论》则是对花间词后词体经过一百余年的发展所做的一次新的历史性总结,是经历了北宋百余年发展之后,对词坛现实的批评。《词论》对《花间集叙》所强调的艳体特色加以修正,用诗学理念熔铸了新的词体观。可以说李清照的《词论》是宋代词学史上第一个融入诗学理念的系统词学著作。

第三节 沈义父《乐府指迷》:区别于诗、曲的词体观

《乐府指迷》是南宋的一部重要的词话,是南宋中后期词发展到又一个新阶段的理论总结。《乐府指迷》作者沈义父的具体生卒年不详,从其生平事迹考察,主要生活于南宋理宗时期,此时距北宋灭亡已有一百二十余年。此时词坛又呈现新的面貌,概括起来主要有两个特点:其一,词体已经由音乐口头文学逐渐演变为案头书面文学;其二,民间新兴的曲艺文学对词体的浸润渗透日益显

---

① 缪钺、叶嘉莹:《灵谿词说》,上海古籍出版社,1987年版,第429页。
② 刘熙载:《词概》,《词话丛编》,中华书局,1986年版,第3694页。

著。如何面对这种变化,如何认识新形势之下的词体特性,《乐府指迷》提出了新的见解。需要强调的是,《乐府指迷》是南宋词坛唯一准确认识以上所说的"新面貌"的理论表述。这些理论见解使之成为唐宋词学史上的第三座里程碑。

沈义父的理论见解主要指向两个方面。

第一,音乐与文字之间。词是配合燕乐的歌词,在相当长的时期,词的文本被视为音乐的附庸。随着词体的演进,由音乐形态渐变到与音乐脱离的文学体裁。南宋之后,"以诗为词"的进程加速,歌词逐渐成为远离音乐"不可歌"的案头书面文字。沈义父正是在这种背景下提出自己的看法,主张既要正视词体已经基本上成为书面文学形式的现实状况,又要尽可能地保持词体传统的音律特性,表现出宏通的词体观念。

《乐府指迷》十分注意诗词之辨,开篇就强调"音律欲其协,不协则成长短之诗"[1],在他看来,是否协律是词体与诗体的重要区别。沈义父主张重视词腔、词律这些与诗歌相区别的具有音乐特性的词体因素。同时沈义父也看到当时词的创作现实状况为"腔律岂必人人皆能按箫填谱",很多填词的人并不精通音律,与以往填词以配乐的传统方式完全不同了。面对这种状况,既属无奈,又须正视。为了能够继续体现词体的音乐特性,沈义父主张采取变通的办法,"将古知音人曲,一腔三两只参订"。词的腔律失传,但在精通音律的古人的词作中,文字四声的搭配还是渗透浸润了音律的因素,沈义父主张由文字推求音律,可以最大程度保持词体的音乐特性。虽然不再用于歌唱,但也尽可能地保持词体原本具有的流畅婉转的某些歌曲特点。

---

[1] 沈义父:《乐府指迷》,《词话丛编》,中华书局,1986年版,第277页。

沈义父论及的"音律"指的是词的字声,而不是词乐。沈义父说:"盖音律欲其协,不协则成长短之诗。"这点李清照《词论》中也曾谈到,但二人的切入点是不同的,李清照讲的是词合乐的问题,而沈义父讲的是格律。沈义父很清醒地看到了当时已经有许多人写词已经不再合乐,唱词的时代已是一去不复返,所以沈义父讲的所谓"知音""音律",其实只是在强调词的"格律",即所谓平上去入,这种对字声的强化其实是强调案头化词的写法,而不是按词乐填词。

在努力保持词体音律特性的同时,沈义父对词体书面文学的新特点进行了深入的探讨。尤为值得注意的是《乐府指迷》提到"词法":

> 壬寅秋,始识静翁于泽滨。癸卯,识梦窗。暇日相与倡酬,率多填词,因讲论作词之法。

这是首次在词学文献中提到"词法",是词学史上的值得重视的现象。词法范畴借鉴于"诗法"。在诗学领域,"诗法"是具有特定内容的诗学著作,主要讨论诗体内在形式的特点。《乐府指迷》引入诗法的理念来谈论词的作法,实际上表现出沈义父新的词学观:正视词体已经成为书面文字的现实,借鉴论诗的理念论词。《乐府指迷》中开始大量关注词的文学的一面,他遍论"词的作法",即字法、句法、章法、词作风格等,专论达八条之多,另外在其他条中也多涉及怎样安排词的结构、怎样遣词造句、强调词要古雅、咏物词最忌说出题字、强调词风清劲而不生硬的特点,等等。这些具体而微的指导都是针对词的文学层面的写作,说明当时词体已非常案头化,词被当成了一种案头的文学作品来阅读、来欣赏,而并不像北宋之前仅仅被当成流行音乐来对待。

南宋之后词体实际上已经成为诗体的一种,除了少数民间艺人通过口耳相传还保留词的演唱曲调之外,文人填词仅仅是依据格律而不是乐谱,词成了文人们案头欣赏的一种文学体裁。《乐府指迷》是第一部正视这种变化而且作出理论总结的词学著作。

第二,古诗与缠令之间。南宋中期以后,词坛的雅俗分化日益显著。一方面"以诗为词"向极致发展,有些词甚至有古诗之风;一方面一些新的俗文艺演唱形式,如嘌唱、缠令、缠达、唱赚等开始大量流行,不仅赢得了下层受众的欢迎,还影响到部分文人填词的风气。面对词坛的这种雅俗分流、各趋极端的局面,沈义父明确指出二者皆不可取。

首先,沈义父反对俚曲化的倾向,强调在作词时"下字欲其雅,不雅则近乎缠令之体。用字不可太露,露则直突而无深长之味",明确反对把词写成不雅的缠令。所谓缠令是新兴起的俗曲形式,又简称"缠",有引子,有尾,中间可以组合同一宫调不同曲牌的若干支曲子而构成一个套曲,这与元散曲的结构大致相同。北宋刘颁《中山诗话》提到"缠声","近世乐府为繁声加重叠,谓之缠声,促数尤甚,故不容一唱三叹也。"①与此相关联的还有"唱赚",南宋耐得翁《古杭梦游录》记云:"唱赚,在京师日,有缠令、缠达。有引子、尾声为缠令,引子后只以两腔互迎,循环间用者为缠达。中兴后,张五牛大夫因听动鼓板中,又有四片太平令,或赚鼓板,遂撰为赚。赚者、误赚之意也;令人正堪美听,不觉已至尾声;是不宜为片序也。"②南宋吴自牧《梦粱录》卷二十载:"凡唱赚最难,兼慢曲、曲破、大曲、嘌唱、耍令、番曲、叫声,接诸家腔谱也。"③可见唱赚是融

---

① 刘攽:《中山诗话》,《历代诗话》,中华书局,1981年版,第295页。
② 耐得翁:《古杭梦游录》,《说郛》,上海古籍出版社,1989年影印本,第66页。
③ 吴自牧:《梦粱录》,浙江人民出版社,1980年版,第193页。

汇众家之长的歌舞伎艺,它的音乐范围很广,既包含有传统艺术歌曲,也有当时汉族和少数民族的民间歌曲。唱赚的伴奏乐器为鼓、板、笛等,与词体的伴奏乐曲也有所不同。现在独立的缠令已不存在。《刘知远诸宫调》用缠令三套,董解元《西厢记诸宫调》用了四十三套。① 如《西厢记诸宫调》中的《中吕调·香风和缠令》大量使用口语俗语,如"儿""个""不"等,内容直白浅露,曲辞非常鄙俗,这正是当时流行于瓦肆民间小调的特色。南宋中后期一些填词者受新兴的唱赚、缠令的影响,表现出俚俗的倾向,《乐府指迷》对此表示反对:

> 秦楼楚馆所歌之词,多是教坊乐工及市井做赚人所作,只缘音律不差,故多唱之。求其下语用字,全不可读。甚至咏月却说雨,咏春却说秋。如《花心动》一词,人目之为一年景。又一词之中,颠倒重复,如《曲游春》云:"脸薄难藏泪。"过云:"哭得浑无气力。"结又云:"满袖啼红。"如此甚多,乃大病也。

他认为教坊乐工与市井赚人所作虽是合乐,但下语用字,全不可读。甚至连基本的文义都不通。沈义父反对为了协律、可歌而采用非常鄙俗的语言,更强调词要保持"文雅"。

沈义父还强调严格遵守"调有定句,句有定字"的填词规则,反对在词中混入与此规则相悖的"嘌唱"一类俗曲:

> 亦有嘌唱一家,多添了字。吾辈只当以古雅为主,如有嘌唱之腔不必作。且必以清真及诸家目前好腔为先可也。

---

① 参阅廖美英、龙建国:《缠令与唱赚考论》,《江西财经大学学报》,2001年第3期。

"嘌唱"艺人在现场演唱时往往随意增添衬字,以求得各种效果;但也破坏了词体的规范性。沈义父在这里强调词要"定句""定字",反对学习"嘌唱之腔",其实是词体格律化的表现,是尚"雅"避"俗"的表现。

　　其次,沈义父反对填词的另一极端——过度追求古雅。把词写得生硬、晦涩。沈义父以姜夔词为例指出:"姜白石清劲知音,亦未免有生硬处。"姜夔之词正如清人周济所说:"白石词如明七子诗,看是高格响调,不耐人细思。"①认为姜词有追求古雅的色彩。谢章铤认为姜夔词:"字雕句炼,雕炼太过,故气时不免滞,意时不免晦。"②可见姜夔词的确有太过雕饰之处。沈义父认为过度运用经史入词可能会造成生硬,即用典不够浑融,使整首词有支离破碎之感。

　　沈义父同时反对词"下语太过晦涩",他认为吴梦窗词有的地方太晦涩,令人不可晓。南宋末年的张炎也认为吴文英词有凝涩晦昧处,《词源》指出:"吴梦窗词如七宝楼台,眩人眼目,碎拆下来,不成片段。此清空质实之说。梦窗《声声慢》云:'檀栾金碧,婀娜蓬莱,游云不蘸芳洲。'前八字恐亦太涩。"③清人周曾锦《卧庐词话》亦曾指出"梦窗词雕琢太过,致多晦涩,实是一病。"④张伯驹《丛碧词话》甚至评论:"只就字面饾饤雕饰,自首至尾,使人不解,

---

　　① 周济:《介存斋论词杂著》,《词话丛编》,中华书局,1986年版,第1637页。
　　② 谢章铤:《赌棋山庄词话》,《词话丛编》,中华书局,1986年版,第3475页。
　　③ 张炎:《词源》,《词话丛编》,中华书局,1986年版,第259页。
　　④ 周曾锦:《卧庐词话》,《词话丛编》,中华书局,1986年版,第4651页。

亦不知其自己解否。"①吴文英词意象奇特浓密且时空多加转换跳跃,使事用典冷僻而又独具阐释,语言艳丽又深加锻炼雕琢,语句转折多用实词而使气息塞室,因而读梦窗词往往会有晦涩难懂之感。《乐府指迷》对这种过求古雅而堕入生硬晦涩的词风表示反对。

沈义父一方面提出"下字欲其雅,不雅则近乎缠令之体。用字不可太露,露则直突而无深长之味",一方面又指出"发意不可太高,高则狂怪而失柔婉之意"。在反对俚俗和古奥两种极端倾向的同时,举出了理想的典范——周邦彦:

> 凡作词,当以清真为主。盖清真最为知音,且无一点市井气。下字运意,皆有法度,往往自唐宋诸贤诗句中来,而不用经史中生硬字面,此所以为冠绝也。②

沈义父对周邦彦的称赞正是着眼于雅俗之际:既"无一点市井气",指其远离俚俗;又"不用经史中生硬字面",又避免陷于古奥之失。近人陈匪石说:"周邦彦集词学之大成,前无古人,后无来者。凡两宋之千门万户,清真一集,几擅其全,世间早有定论矣。"③清真词在词律、词法、词意等方面奄有众长,可谓词学领域内"集大成"的经典。

沈义父的《乐府指迷》对词体的重新审视、对词坛弊端的批评,以及对周邦彦的推崇等一系列的词学见解在词学史上具有重要意义,他所面对的是南宋中后期词坛的新局面,主要矛盾已不同于五

---

① 张伯驹:《丛碧词话》,《词学》第一辑,华东师范大学出版社,1981年版,第65页。
② 沈义父:《乐府指迷》,《词话丛编》中华书局,1986年版,第277页。
③ 陈匪石:《声执》,《词话丛编》,中华书局,1986年版,第4969页。

代时期的文人词勃兴和北宋末年的诗词之辨,而是远离传统词乐并受到俗乐影响的词体现实,《乐府指迷》对词坛现实的分析和批评,在南宋词学史上可谓高屋建瓴。

需要说明的是,本章以《花间集叙》《词论》《乐府指迷》为研究中心,乃着眼于唐宋词学史上对词体特性认识的理论标度,并非泛指词学批评理论的价值高低及影响大小。如王灼的《碧鸡漫志》、张炎的《词源》等均有很高理论价值和影响,但其批评理论中心和重心并不在对词体特性的认识上,故而没有纳入本章的主要讨论范围。

词史发展有其规律,不同时期会呈现出不同的主流审美特征,并且会涌现出引领时代的大家,这些大家往往会被视为具有里程碑意义的大词人。词学史的发展也是如此,一定时期的词坛风貌和趋势会引发一些词学家的思考,并会发表自己的见解。在词史发展的重要节点上往往会产生一些重要的批评理论文献,这些文献分析透彻,见解深刻,特别是还具有引领未来的意义,因而这些文献就被视为词学史上的里程碑。欧阳炯的《花间集叙》之于文人词勃兴的五代,李清照《词论》之于诗词之辨关键时期的南北宋之际,沈义父《乐府指迷》之于词体定型于案头且受到民间曲艺影响的南宋后期,也都具有里程碑的意义。可以说这三座里程碑清晰地勾画出唐宋词学史的发展路径。

第四章　宋代词学与诗学

　　词学理论的兴起、繁荣与文学理论整体繁荣的大背景是分不开的。词与传统文学体裁的诗歌，本具有千丝万缕的联系，诗学理论或直接或间接，或显或隐地对词学观念、词学批评、词学理论产生着影响。宋代诗学十分发达，不仅诗学著作繁盛，而且在著述种类、批评实践、理论范畴和体系，乃至思想深度等方面都达到了历史的高峰。相较于诗体，词体产生的时代较晚，词学批评理论在唐五代仅仅萌芽，入宋才开始加速发展，在词学发展的进程中，诗学的影响是十分明显的。

　　中国古代诗学具有悠久的传统和深厚的积淀，汉代以来，以儒家思想为统治思想，诗学染上了浓重的儒家色彩。词体晚出，在晚唐、五代的初期，词体被视为花间尊前的艳科，自然与正统的政治伦理观念不相关涉，诗学理念尚未正式引入词体。但随着"以诗为词"实践的深入和扩大，用诗学观念审视词体的现象也随之增加。到了南宋，诗学观念已在词学领域贯彻得相当普遍，因而在思想观念批评方法等方面，诗、词已经几乎没有差别。

　　词体是唐宋时期兴起的一种韵文形式，有其独特的文体特征，在词体发展过程中，这种文体特征所焕发出来的审美魅力延绵不息。然而就宋代诗学与词学的整体关系来看，虽然在一定时期词体对诗体也会产生影响①,但总体来看是一个诗学对词学影响日益深化的过程,词人、词学家自觉或不自觉地受诗学思想的影响,进而逐渐改变了自己的创作风格和词学观念。就诗学影响词学的过程来看,则经历了以诗教思想批判词体、以诗学理念解释词体,进而形成了融入诗学思想而又注意到词体特征的新词体观的过程。在这个过程中,词学家对词体的认识逐渐刷新且深化,至南宋中后期新的词体观念基本成熟,并对后世产生了深远的影响。

第一节 以诗教批评词体

唐五代北宋时期词体逐渐进入文人的视野,这种以娱乐为主要特点的新文体很快引起了深受诗教影响的文人的警惕,进而分析诗词之辨,用诗学的理念分析词体,将词体区别于诗体而加以排斥。

北宋时期随着介入词体文人的增多,词创作的繁荣,词体已是不容忽视的存在,批评家开始表达对词体的态度,不少持正统观念的论者对词体完全排斥。魏泰《东轩笔录》记载:

> 王安国性亮直,嫉恶太甚。王荆公初为参知政事,闲日因阅晏元献公小词而笑曰:"为宰相而作小词可乎?"平甫曰:"彼亦偶然自喜而为尔。顾其事业岂止如是耶!"时吕惠卿为馆职,亦在坐边,曰:"为政必先放郑声,况自为之乎。"②

---

① 参阅许芳红:《南宋前期诗词之文体互渗研究》,中国社会科学出版社,2012年版。
② 魏泰:《东轩笔录》,中华书局,1983年版,第52页。

这是一段关于词体的对话。在以上的对话中，反映了两种有差异的词体观：王安石、王安国（平甫）虽认为词体非可登大雅之堂的正统文体，但亦非完全不可染指，作为政事之外的娱乐还是应予宽容的，这从王安石的"笑曰"，及王安国的答语中可以看出。吕惠卿则代表了完全否定词体的极端态度，他将词体视为"郑声"，从道德层面对词体加以完全否定。与吕惠卿所持态度相似的还有北宋宋理学家程颐，他看到秦观的《水龙吟》(小楼连苑横空)中有"天还知道，和天也瘦"之句时竟然斥责秦观"（天）高高在上，岂可以此渎上帝"！① 表现出理学家对词体完全排斥的态度。在我们今天看来，理学家们的说法十分迂腐顽固，但放置当时的语境来看，则是坚持正统思想的政治家对有违思想原则的文艺形式的义正词严的斥责。宋代诗学家论诗功用主流意见是教化说，如范仲淹云："羽翰乎教化之声，献酬乎仁义之醇，上以德于君，下以风于民，不然何以动天地而感鬼神哉。"② 强调诗歌的教化功能，反对娱乐化倾向。以此观念看待词体，对词体这种完全脱离教化轨道的新形式难以接受。

与上面理学家的简单否定的态度相比，另有一些论者思考得更为深入一些，将词体与已纳入儒家诗教传统文体的诗歌作比，以儒家的诗教理论批评词体的娱乐功能。

北宋初期的词沿袭《花间》、南唐以来的传统，相思离别的题材、男欢女爱的内容以及婉丽绮靡的风格成为这一时期词坛的主要特征，并以此作为词体的"当行本色"。此时人们的词学观念多沿袭花间词人的传统，将词体视为"聊佐清欢"的艳科，这就使词体

---

① 陈鹄：《西塘集·耆旧续闻》卷八，《宋元笔记小说大观》，上海古籍出版社，2007年版。
② 范仲淹：《唐异诗序》，《范文正公集》卷四，四部丛刊。

难免受到"小道""卑体"的歧视。一些论词者强调诗词之辨目的是将词体区别于诗体而加以排斥,如王安石对词体的批评即是如此:"古诗歌者,皆先有词,后有声。故曰:'诗言志,歌永言,声依永,律和声。'如今先撰腔子,后填词,却是永依声也。"①王安石是最早将词体与诗体相比较,用儒家诗教批评词体的论者。他从创作过程的角度将诗词做了对比,指出诗词的截然不同:先有声或是先有词。词体的音乐文学特质即为倚声填词,自然是"先撰腔子,后填词",与诗不同。王安石仅从词和声(曲)的先后顺序不同就对词体加以臧否,此论似乎显得浮浅,但我们应该看到,王安石引用《尚书》"诗言志"等语强调的是志——声——律的先后过程,亦即强调的是"志"为根本,以此为原则批评词体的反其道而行之,实是批评词体的娱乐特性。王安石在功能作用价值判断上对诗词进行了区分,其实质是诗教原则对词体的批评和否定。

王安石对词体的这种认识和批评在当时具有一定的代表性,下面二段文字意思亦大体与王安石所论相似。朱翌《猗觉寮杂记》卷上云:

> 古无长短句,但歌诗耳,今《毛诗》是也。唐此风犹存,明皇时李太白进木芍药《清平调》亦是七言四句诗;临幸蜀,登楼听歌李峤词"山川满目泪沾衣"亦止是一绝句诗。今不复有歌诗者,淫声日盛,闾巷猥亵之谈,肆言于内,集公燕之上,士大夫不以为非,可怪也。

朱弁《风月堂诗话》卷上云:

---

① 赵令畤:《侯鲭录》卷七引,《宋元笔记小说大观》,上海古籍出版社,2007年版。

> 韩退之云:"余事作诗人",未可以为笃论也。东坡谓词曲为诗之苗裔,其言良是。然今之长短句,比之古乐府歌词,虽云同出于诗,而祖风已扫地矣。

以上二段文字皆作于南宋初年,表达的意思也大致相同,他们虽然认为词体乃诗之苗裔,但又斥责流不如源,今不如古,流于"淫""亵",背离了古典诗歌的传统,对词体持否定态度。

南宋之后这种以诗学的原则批评词体的现象仍不绝如缕,如王灼运用诗学理念批评词体的阐述就更为系统。王灼描述了歌曲形式的演变,追溯了词体源头,指出"古歌变为古乐府,古乐府变为今曲子,其本一也"。即认为上古歌谣是词体的源头,然而王灼又认为由古至今愈变愈下,今不如古。《碧鸡漫志》卷一从各个角度将"古诗"与"今曲子"做了对比,对"今曲子"进行了批评,对"后世风俗益不及古"痛心疾首,体现出王灼厚古非今的思想观念。王灼的古今对比涉及以下几个方面。

其一,创作模式不同而造成的功能效果不同。王灼指出古诗是"由乐以定词",先有诗,后有歌;先有文字,后有音乐。这不是简单的先后顺序问题,更重要的是歌曲思想性的根本问题。王灼引用儒家经典如《尚书》《诗序》《乐记》的记述,说明诗人"因所感发为歌",诗歌以诗人的心志情感为根本,诗乃心志的表现,歌曲又是以诗为本的。与之形成对立的是今曲子"选词以配乐","今先定音节,乃制词从之,倒置甚矣"。这种倒置必然造成对作品思想性的轻视,乃至造成负面的作用。古诗的作用在于"经夫妇,成孝敬,厚人伦,美教化,移风俗",而今曲子与之相反,"东京以来,非无作者,大概文采有余,性情不足",今词"繁声淫奏",自然失去了政治教化的功效。

其二，指出古歌与今曲子的艺人有很大的差异。"古者歌工、乐工皆非庸人"，如孔子曾请教过的乐工师襄子、师乙，不仅有精湛的技艺，而且还有高尚的思想境界。如师乙在阐述人的思想性情与音乐的关系云："慈爱者宜歌商，温良而能断者宜歌齐，宽而静、柔而正者宜歌颂，广大而静、疏达而信者宜歌大雅，恭俭而好礼者宜歌小雅，正直而静、廉而谦者宜歌风。"而"今曲子"的艺人则与古代乐工形成了鲜明的对比，"今有过钩容班教坊者，问曰：'某宜何歌。'必曰：'汝宜唱田中行、曹元宠小令。'"田、曹二人皆为以鄙俚滑稽、纤艳淫媟而闻名的词人，热衷于他们的歌词，可见其趣味低俗。

其三，批评今词独尚婉媚的风气。王灼说："古人善歌得名，不择男女。……今人独重女音，不复问能否。而士大夫所作歌词，亦尚婉媚，古意尽矣。"歌唱者的性别对歌曲的风格有很大的影响，唐五代词乃由女性歌妓演唱，虽词作者或为男性，但为求词与情和谐的演出效果，乃"男子而作闺音"，需揣摩女性歌者的口吻、声腔和性情，于是词体独尚婉媚的风格就逐渐形成并定型。

王灼通过古今对比对词体进行了系统的批判，体现了以诗教为原则的词学家的态度。

以上对词体的批评建立在儒家思想观念的基础之上，对词体的否定显得皆有些简单化，有些根据还十分荒谬，但可以看出来，论者已开始将词体纳入诗学的视野，这说明，一方面词体的影响已经不容忽视，另一方面也说明人们对词体特性的认识也在进一步深入。

第二节　以诗教诠释词体

随着词坛的繁荣，文人填词的增多，词体的整体形象逐渐发生了变化。一方面,"以诗为词"越发普遍和深化,词体本色的艳体色彩淡化;一方面,诗体观念更多介入词体,批评家们逐步自觉或不自觉地用诗学理念看待词体,要求词体;用诗教的理念诠释词体,将词体纳入诗教的轨道,抹掉词体小道卑体的印迹以实现尊体的目的。词学家的这些阐述成为当时词坛上引人注目的现象。用诗教思想尊体在宋代词学史上也有一个逐渐深化的发展过程。从北宋偶一为之,到南宋逐步细密系统。

首先,北宋中期论者开始将词体比附于儒家经典,黄裳《演山居士新词序》云:

> 演山居士闲居无事,多逸思,自适于诗酒间。或为长短篇及五七言,或协以声而歌之,吟咏以舒其情,舞蹈以致其乐。因言:风雅颂,诗之体;赋比兴,诗之用。古之诗人,志趣之所向,情理之所感,含思则有赋,触类则有比,对景则有兴,以言乎德则有风,以言乎政则有雅,以言乎功则有颂。采诗之官收之于乐府,荐之于郊庙,其诚可以动天地,感鬼神;其理可以经夫妇、移风俗。有天下者得之以正乎下,而下或以为嘉。有一国者得之以化乎下,而下或以为美。以其主文而谲谏,故言之者无罪,闻之者足以诫。然则古之歌词,固有本哉!大序以风为首,终于雅颂,而赋比兴存乎其中,亦有义乎?以其志趣之所向,情理之所感,有诸中以为德,见于外以为风,然后赋比兴本乎此以成其体,以给其用。六者圣人特统以义而为之名,苟非义之所在,圣人之所删焉。故予之词清淡而正,悦人之听者鲜,乃序以为说。①

---

① 黄裳:《演山居士新词序》,《演山集》卷二十。

黄裳将自己的"长短篇"词与"五七言"诗相提并论,诗词一体,等量齐观,摒弃了唐五代以来诗尊词卑的传统认识。以提高词体地位为目的,沿用从汉代以来将性情与儒家诗义相联系的传统理念,将词体与诗六义的政治教化功能相联系,将自己的词作(长短篇)也视为发逸思、舒性情的载体,一并纳入诗教的范畴,体现诗六义风雅颂赋比兴的原则。如果说此前苏轼的"以诗为词"还只是风格气质的实践,黄裳此论则是从功能作用方面立论,对词体的认识已悄然发生了质的变化:词亦为体现诗性特征和诗教原则的文体。

南宋绍兴间(1131~1162)人鮦阳居士以汉儒解经的方法,求索词中的微言大义。其《复雅歌词》析苏轼《卜算子》(缺月挂疏桐)云:"'缺月',刺明微也。'漏断',暗时也。'幽人',不得志也。'独往来',无助也。'惊鸿',贤人不安也。'回头',爱君不忘也。'无人省',君不察也。'拣尽寒枝不肯栖',不偷安于高位也。'寂寞沙洲冷',非所安也。此词与《考槃》诗极相似。"①鮦阳居士这段解词之语,一一对应地指出苏轼词作寓意所在,割裂了全词的意境,这种穿凿附会的解词方法受到了后人的批评②,然而鮦阳居士将苏词与《诗经》相比附的方法却突出了词作的政治意义,实现了尊体的目的,这一点清代词学家朱彝尊亦曾看出:"昔贤论词,必出于雅正,是故曾慥录《雅词》,鮦阳居士辑《复雅》也。"③

南宋之后用儒家道德标准论词已经成为较为通行的方法,如曾丰评苏轼词云:"文忠苏公,文章妙天下,长短句特绪余耳,犹有与道德合者。'缺月疏桐'一章,触兴于惊鸿,发乎性情也;收思于

---

① 鮦阳居士:《复雅歌词》,《词话丛编》,中华书局,1986年版,第60页。
② 如王士禛《花草蒙拾》:"村夫子强作解事,令人欲呕。"谢章铤《赌棋山庄词话续编》卷一:"断章取义,则是刻舟求剑,则大非矣。"《词话丛编》,中华书局,1986年版,第678页。
③ 朱彝尊:《群雅集序》,《曝书亭集》卷四十。

冷洲,归乎礼义也。"①认为苏词合于"道德"和"礼仪"。又如詹傚之评黄公度的词"旨趣纯深,中含法度,使人一唱而三叹,盖其得于六义之遗意,纯乎雅正者也","和而不流,足以感发人之善心,将有采诗者播而扬之,以补乐府之阙,其有助于教化,岂浅浅哉"!②认为黄词完全合乎诗教原则。南宋末年的林景熙也是如此立论:"乐府,诗之变也。诗发乎情,止乎礼义,美化厚俗,胥此焉寄。岂一变为乐府,乃遽与诗异哉?……所谓乐而不淫,哀而不伤,一出于诗人礼义之正。然则先王遗泽,其独寄于变风者,独诗也哉!"③在林景熙的观念中,词(乐府)与诗在美教化、正礼仪、体现先王之德方面已经毫无差别。

其次,南宋时期论者将词体溯源至《诗经》,为词体寻求出身的正宗。刘克庄曾从《诗经》中寻找到词的源头:"'杨柳依依,雨雪霏霏',非感时伤物乎?'鸡栖日(于)夕','黍离''麦秀',非行役吊古乎?'熠熠宵行','首如飞蓬',非闺情别思乎?"④感时伤物、闺情别思原皆为词体典型的题材内容,是本色的体现,然而,刘克庄却从《诗经》中找到其滥觞,虽然是出于尊体的目的,但其从题材内容的相似性立论,具有文体溯源的意义,可视为词学观念深化的表现。

显然将词体简单地上溯至《诗经》的说法很难服人,于是论者又进行了更为深入的分析:将词体特性与变风变雅相联系。胡寅《题酒边词》云:"词曲者,古乐府之末造也。古乐府者,诗之旁流也。诗出于《离骚》楚辞。而《离骚》者,变风变雅之怨而迫、哀而伤

---

① 曾丰:《知稼翁词集序》,汲古阁《宋金词七种》。
② 詹傚之:《燕喜词跋》,《四印斋汇刻宋元三十一家词》。
③ 林景熙:《胡汲古乐府序》,《霁山集》卷五。
④ 刘克庄:《黄孝迈长短句跋》,《后村先生大全集》卷一百○六,四部丛刊。

者也。其发乎情则同，而止乎礼义则异。名曰曲，以其曲尽人情耳。"①这里提到的"变风变雅"是一个传统的诗学范畴，出于《毛诗序》："至于王道衰，礼义废，政教失，国异政，家殊俗，而变风、变雅作矣。"郑玄《诗谱序》解释云："故孔子录懿王、夷王时诗，迄于陈灵公淫乱之事，谓之变风、变雅。"后代诗论家据此把《诗经》中的"风"分为"正风""变风"；把大小雅分为"正雅""变雅"。根据作品产生的时代，把产生于安治之世的诗歌称为正风、正雅；把衰乱之世的诗歌定为"变风""变雅"。无论正或变，作品的思想主旨是一致的，而在表现方法上正与变却有区别。胡寅所论由《诗经》至楚辞《离骚》，再到古乐府，一脉相承，与诗相比，词体在"曲尽人情"方面更有过之，却是变风变雅"怨而迫、哀而伤"的基因遗传。胡寅此说虽然不免有不周延的地方，却意义重大，在词体的源头与《诗经》建立了联系，而且把词体特性与《诗经》的变风变雅相联系，其说服力大为增强，后世论词者经常从这两点作进一步阐发。

与胡寅的论述方法相近，南宋的王炎亦将词体的源头由律诗、乐府上溯至古诗："古诗自风雅以降，汉魏间乃有乐府，而曲居其一，今之长短句，盖乐府曲之苗裔也。古律诗至晚唐衰矣。而长短句尤为清脆，如幺弦孤韵，使人属耳不厌也。予于诗文本不能工，而长短句不工尤甚。盖长短句宜歌而不宜诵，非朱唇皓齿无以发其要妙之声。……今之为长短句者，字字言闺阃事，故语懦而意卑。或者欲为豪壮语以矫之，夫古律诗且不以豪壮语为贵，长短句命名曰曲，取其曲尽人情，惟婉转妩媚为善，豪壮语何贵焉？不溺于情欲，不荡而无法，可以言曲矣。"②王炎词论亦从词体的"曲"立论，认为从古律诗到长短句皆有"曲尽人情""婉转妩媚"的特点，这

---

① 胡寅:《题酒边词》，《宋六十名家词》，上海古籍出版社，1989年版。
② 王炎:《双溪诗余自序》，《四印斋汇刻宋元三十一家词》。

样就把词体常常遭人诟病"委曲婉转"的风格特征给予正面解释,成为继承风雅传统的优点。南宋末年的刘克庄也明确提出:"别有诗余继变风"①,将词体视为"变风"后裔。在评论刘镇词时说:"叔安刘君落笔妙天下,间为乐府,丽不至亵,新不犯陈,借花卉以发骚人墨客之豪,托闺怨以寓放臣逐子之感。"②指出刘词运用比兴寄托完全是变风变雅比兴寄托的继承。

将词体特性与变风变雅相联系是宋代词学的一大发明,它不仅成功地将词体与儒家经典《诗经》相联系,而且深入到文体特性层面,为后世比兴寄托说打下了坚实的基础。清代常州词派进一步发展了宋人变风变雅的理念,张惠言《词选序》云:"意内而言外谓之词。其缘情造端,兴于微言,以相感动。极命风谣里巷男女哀乐,以道贤人君子幽约怨悱不能自言之情,低回要眇以喻其致。盖《诗》之比兴变风之义,骚人之歌,则近之矣。"③张惠言将变风变雅与比兴寄托相结合,铸成了旗帜性范畴"意内言外",赢得了词坛普遍响应,推动清代词学攀上一个新的高度。

第三节 以诗学观念论词

唐五代及北宋初期,诗与词在内涵特质和表象特点上都是有明显区别的。北宋中期之后,以诗为词渐行渐盛,将词视为诗,以诗学论词亦渐为普遍。除了上文所及以诗教论词之外,以下四个方面也有深刻的体现。

第一,由"娱宾"到"自适"。词体本是配合燕乐的歌词,词的创

---

① 刘克庄:《自题长短句后》,《后村先生大全集》卷三四,四部丛刊。
② 刘克庄:《跋刘叔安感秋八词》,《丛书集成初编》一五六九《后村题跋》卷二,中华书局,1985年版。
③ 张惠言:《词选序》,《词话丛编》,中华书局,1986年版,第1617页。

作往往是在迎宾待客之时、宴饮推盏之际，所以词体的传统是"娱宾"，很少表现自己的思想情感。然而随着创作的深入，这种创作模式也发生了变化，北宋晏几道《小山词自序》明说自己的创作目的是"期以自娱"，即为自己而创作，由"娱宾"的泛化情感到"自娱"的个性表达，这是词学思想的一种新变。前引黄裳《演山居士新词序》说自己："闲居无事，多逸思，自适于诗酒间。……予之词清淡而正，悦人之听者鲜，"黄裳指出的"自适"，与晏几道的"自娱"同一意旨，尤其值得注意的是，指出自己的词"悦人之听者鲜"，说明黄裳已明确区分出词的抒己之情与迎合受众的差异。宋人论诗常常谈到"吟咏性情"，也就是"自适""自娱"之意，如宋人陈师道说自己写诗是"稍以诗自娱"①，吴萃说："诗所以吟咏性情，乃闲中之一适。"②晏几道、黄裳的这种"自娱""自适"正是文人诗歌创作理念的表现，是诗思的变现。

第二，人品与词品由分离到结合。唐五代词多"男子而作闺音"，即由男性作者写作，由女性歌者演唱，作者在创作时要揣摩女性歌者的心理、口吻、语言、声腔等特点，是"为人代言"的表现方式。既然是代言，词中之情、之事完全可以与作者自己无关，词的品格亦与作者的性情品格没有关系。所以当北宋黄庭坚因写淫词而受到法秀严厉批评时，自我辩解"空中语耳"，即谓游戏之言，与自己的人品无关。这种人品与词品分离的理念从南宋开始产生变化，论者将人品与词品联系而论之，陈鬴云：

> 议者曰：少游诗似曲，东坡曲似诗。盖东坡平日耿介直谅，故其为文似其为人。歌《赤壁》之词，使人抵掌激昂而有击

---

① 陈师道：《咸平读书堂》，《后山诗注》卷十，四部丛刊。
② 吴萃：《视听钞山谷诗》，《说郛》，上海古籍出版社，1989年影印本。

楫中流之心；歌《哨遍》之词，使人甘心澹泊而有种菊东篱之兴，俗士则酣寐而不闻。少游情意妩媚，见于词则秾艳纤丽，类多脂粉气味，至今脍炙人口，宁不有愧于东坡耶？①

这里重新讨论了苏轼"曲似诗"的话题。北宋人论及此话题，往往简单以"以诗为词""曲中缚不住"来解释，而陈𪾢则指出，是"其为文似其为人"，是人品性情的自然表现。陈𪾢此论不再将填词与道德人品相割裂，而是作为人格性情的有机组成部分，这种观念在词学史上十分有意义。陈应行对张孝祥词的评论也体现出这种特点：

> 苏明允不工于诗，欧阳永叔不工于赋，曾子固短于韵语，黄鲁直短于散语，苏子瞻词如诗，秦少游诗如词，才之难全也。岂前辈犹不免耶！紫微张公孝祥，姓字风雷于一世，辞彩日星于群英。其出入皇王，纵横礼乐，固已见于万言之陛对；其判花视草，演丝为纶，固已形于尺一之诏书。至于托物寄情，弄翰戏墨，融取乐府之遗意，铸为毫端之妙词，前无古人，后无来者，散落人间，今不知其几也。比游荆湖间，得公《于湖集》所作长短句凡数百篇，读之泠然洒然，真非烟火食人辞语。予虽不及识荆，然其潇散出尘之姿，自在如神之笔，迈往凌云之气，犹可以想见也。②

这里对张孝祥的赞颂则是从人品性情立论的，"潇散出尘之姿，自然如神之笔，迈往凌云之气"表现出的是思想情感性格风度

---

① 陈𪾢：《燕喜词叙》，四印斋汇刻《宋元三十一家词》。
② 陈应行：《于湖先生雅词序》，《影刊宋金元明本词》。

与其作品和谐一致，人品词品高度统一。

第三，对"以诗为词"的反思。宋代词学史上有一段公案，即由苏轼"以诗为词"引发的讨论。苏轼特立独行的豪放词风是北宋词坛上最为引人注目的风景，因迥异于传统的词体风格引起当时及后世的争论。加以非议者以苏门弟子陈师道等人为代表，陈师道云："退之以文为词，子瞻以诗为词，如教坊雷大使之舞，虽极天下之工，要非本色。"①又云："苏子瞻词如诗，秦少游诗如词。"②指出苏词具有诗的品格和气质，与本色当行的词有着明显的不同，其批评之意显而易见。晁补之也说："苏东坡词，人谓多不谐音律，然居士词横放杰出，自是曲子中缚不住者。"③晁氏对苏轼的评论颇可玩味，"横放杰出"看似褒扬，而"曲子中缚不住者"已隐有微词。包括苏门弟子在内的北宋论者对苏词风格向诗体靠近的倾向多持否定态度。

对苏轼"以诗为词"得失的讨论一直延续到南宋末。南宋前期，空前激烈的民族矛盾使人们的文学观念有所改变，对苏词的评价也有很大的变化，苏轼"以诗为词"的创作更多受到肯定。如王灼说："东坡先生以文章余事作诗，溢而作词曲，高处出神入天，平处尚临镜笑春，不顾侪辈。或曰：长短句中诗也。为此论者，乃是遭柳永野狐涎之毒。诗与乐府同出，岂当分异？""东坡先生非心醉于音律者，偶尔作歌，指出向上一路，新天下耳目，弄笔者始知自振。"④王灼认为苏轼的"以诗为词"乃表现文人的情志，其格调远

---

① 陈师道：《后山诗话》，《苕溪渔隐丛话》前集卷四十引。按：此则不见《历代诗话》本《后山诗话》。
② 陈师道：《后山诗话》，《历代诗话》，中华书局，1981年版，第312页。
③ 吴曾：《能改斋词话》卷一，《苕溪渔隐丛话》后集卷三三、《侯鲭录》卷八亦载晁氏此语，文字稍有异同。
④ 王灼：《碧鸡漫志》卷二，《词话丛编》，中华书局，1986年版，第85页。

远高于以柳永为代表的婉媚绮靡的词风。汤衡更是从词体发展方向的高度肯定苏轼:"昔东坡见少游《上巳游金明池》诗有'帘幕千家锦绣垂'之句,曰:学士又入小石调矣。世人不察,便谓其诗似词,不知坡之此言盖有深意。夫镂玉雕琼,裁花剪叶,唐末词人非不美也,然粉泽之工,反累正气。东坡虑其不幸而溺乎彼,故援而止之,惟恐不及。其后元祐诸公,嬉弄乐府,寓以诗人句法,无一毫浮靡之气,实自东坡发之也。"①汤衡高度评价了苏轼对词坛萎靡不振的警振,肯定了苏轼以诗的气质、语言改变了词坛风气的实践。南宋人对苏轼"以诗为词"的态度产生了彻底的翻转,从否定讽刺到肯定颂扬。这种转变的原因是对词体认识的变化。

第四,标举最具"诗性"的词人为典范。这一点与"以诗为词"既相关联又有所区别。对"以诗为词"的批评主要指向苏轼的"曲子中缚不住",即不合音律。而南宋中后期所标举的词人往往是既精于音律又具有"诗性"特征。所谓诗性是指具有表现文人情志的内容与适应于文人欣赏的清远意韵的艺术品位。南宋人最为推崇的"诗性"词人的典范是周邦彦和姜夔。

沈义父《乐府指迷》推崇周邦彦词云:"凡作词,当以清真为主。盖清真最为知音,且无一点市井气。下字运意,皆有法度,往往自唐宋诸贤诗句中来,而不用经史中生硬字面,此所以为冠绝也"②,认为清真词摒弃俚俗,体现了诗性的光彩。沈义父特别欣赏清真词的结尾:"结句须要放开,含有余不尽之意,以景结情最好。如清真之'断肠院落,一帘风絮',又'掩重关,遍城钟鼓'之类是也。"③所举两例皆为周词名篇,用写景结尾,情化于景中,余韵悠扬,正是

---

① 汤衡:《张紫微雅词序》,《影刊宋金元明本词》。
② 沈义父:《乐府指迷》,《词话丛编》,中华书局,1986年版,第277～278页。
③ 沈义父:《乐府指迷》,《词话丛编》中华书局,1986年版,第279页。

诗性的最典型的表现。正如袁行霈先生所指出的:"周邦彦的词是一种诗味很浓的词,或者说是文人气很浓的词。"①周邦彦的词既具有词体的声情本色,又有文人雅士所认同的诗性气质。

张炎《词源》标举的是姜夔:"词要清空,不要质实。清空则古雅峭拔,质实则凝涩晦昧。姜白石词如野云孤飞,去留无迹;吴梦窗词如七宝楼台,眩人眼目,碎拆下来,不成片段。此清空质实之说。白石词如《疏影》《暗香》《扬州慢》《一萼红》《琵琶仙》《探春》《八归》《淡黄柳》等曲,不惟清空,又且骚雅,读之使人神观飞越。"②"清空"是张炎所标举的审美境界。张炎使用"清空"的概念,主要是对姜夔词特点的概括,"清空"既有意境的清虚空灵,也有语言章法的灵动流转,还有词乐的清淡疏徐。"清空"是一个既融入诗性元素又体现词体特性的范畴。清人沈祥龙《论词随笔》说:"清者不染尘埃之谓,空者不著色相之谓。清则丽,空则灵,如月之曙,如气之秋。"③可以看出,意境的清虚空灵正是诗性的表现。

词本产生于民间,流行于胡夷里巷、勾栏瓦肆。无论内容意境、节奏韵味还是手法语言,都带有民间俗文学的特点。经过五代、北宋文人的改造,词体的俚俗色彩已淡去不少,但与诗相比仍雅俗判然。姜夔在词的性情、意境上融入清拔绝俗的诗性韵味。我们注意到,词论家已有将姜白石与陶渊明相比者。如陈锐《裛碧斋词话》有"白石得渊明之性情"之说。陶诗在诗史上以高雅脱俗而著称,以姜比陶实是肯定了白石词洗却词体所胎带的俗艳色彩,而具有诗性。刘熙载的比喻是对白石词诗性意味的最好说明:"姜

---

① 袁行霈:《拂水飘绵送行色——周邦彦的〈兰陵王·柳〉》,《文史知识》,1983年第9期。
② 张炎:《词源》卷下,《词话丛编》,中华书局,1986年版,第259页。
③ 沈祥龙:《论词随笔》,《词话丛编》,中华书局,1986年版,第4054页。

白词幽韵冷香,令人挹之无尽,拟诸形容,在乐则琴,在花则梅也。""词家称白石曰白石老仙,或问毕竟与何仙相似,曰:藐姑冰雪,盖为近之。"①将在诗中尚称高雅的风格引入词中,词体的雅化在姜夔的努力下向诗迈进了一大步。在词学史上,白石词为文人雅士所心仪,是与其诗性分不开的。

沈义父、张炎二人标举具有诗性的周邦彦和姜夔,在词学史上是具有重要意义的。回顾词史,先后有不少词人曾被标举为典范楷模,如温庭筠、韦庄、南唐二主、冯延巳、晏殊、欧阳修、秦观及花间词人等,标举他们的原因可以集中于一点:当行本色。如孙光宪评温庭筠词:"香而软"②;陈世修评冯延巳词:"思深辞丽,均律调新"③,等等。然而在南宋末年,沈义父、张炎二人竟不约而同地标举了具有诗性的词人,除了其他思想和审美的原因之外,诗性理想的影响,诗学理念的介入是值得重视的因素,是诗学理念植入词体观的表现。

第四节 融入诗学理念的词体观

无论是用儒家诗教观轻率地否定词体,还是简单地包装词体,显然都是缺乏说服力的。时代变化了,填词主体的文化身份、审美品位也发生了重要变化,新的形势下词体原始形态的本色当行多有与时代不相和谐之处。如何重新认识词体,或者说将词体进行新的思想审美的定位,是面临的新课题。南北宋之际的词学家进行了可贵的探索,特别是借鉴了诗学的思想和范畴,从而建立起了

---

① 刘熙载:《词概》,《词话丛编》,中华书局,1986年版,第3694页。
② 孙光宪:《北梦琐言》,《历代词话》卷二引,中华书局,1986年版,第1110页。按:此则不见今本《北梦琐言》。
③ 陈世修:《阳春集序》,《四印斋所刻词》。

新的词学理论。

南北宋之际李清照《词论》即是融入诗学理念的划时代的词学文献。《词论》的核心观点是"词别是一家",即强调词是音乐文学,是配合乐曲演唱的歌词,与诗文等其他体裁的书面案头的形式不同。除了阐述"词别是一家"的核心理论之外,李清照对词体的思想审美品格也加以阐述,批评了当时词坛的种种弊病,其批评理念和方法多融入诗学的因素。李清照将诗学的雅正思想引入批评之中。首先是思想的雅正,批评唐代之后"郑、卫之声日积,流靡之变日烦",南唐词人"语虽奇甚,所谓亡国之音哀以思"。所谓"亡国之音"即荒淫误国的"流靡"音乐。晚唐以来词为艳科的观念已经深入人心,欧阳炯《花间集叙》明确歌词就是"不无清绝之词,用助娇娆之态"。花间词人更是绮靡词风的代表,如温庭筠词"香而软"①,牛希济的词"芊绵温丽极矣"。李清照对绮靡这种词体所谓"本色"提出批评,否定词体的艳科色彩,其思想方法深受诗学因素的浸润。其次李清照提倡语言的文雅,批评柳永的词"词语尘下"。柳永是北宋俗词的代表,"冶游之作居其半,率皆轻浮猥亵,取誉筝琶。"②"以其鄙曼之辞,缘饰音律以投时好。"③柳词迎合了受众和时尚的需要,因而赢得了下层的广泛爱好。《艺苑雌黄》说柳永词"言多近俗,俗子易悦"④。黄昇《花庵词选》也说:"耆卿长于纤艳之词,然多近俚俗,故市井人悦之。"尚雅黜俗是诗学的重要内容,强调诗歌在思想内容和语言形式等方面合乎规范,注重作品的社会效果。这些在李清照的《词论》中均得到了体现。

---

① 孙光宪:《北梦琐言》,《历代词话》卷二引,中华书局,1986年版,第1110页。按:此则不见今本《北梦琐言》。
② 邓廷桢:《双砚斋词话》,《词话丛编》,中华书局,1986年版,第2528页。
③ 董士锡:《餐华吟馆词叙》,《齐物论斋文集》卷二。
④ 胡仔:《苕溪渔隐词话》,《词话丛编》,中华书局,1986年版,第172页。

第四章 宋代词学与诗学

李清照的《词论》在词学史上具有重要意义,它是继欧阳炯《花间集叙》之后对词体特性系统表述的第二篇重要文献。如果说《花间集叙》表述的是以花间词人为代表的唐五代词学家的词体观,李清照的《词论》则是对花间词后词体经过一百余年的发展所做的一次历史性总结,客观上起到了对《花间集叙》所强调的艳体特色加以修正的效果。可以说李清照的《词论》是宋代词学史上第一个融入诗学理念的系统词学著作。

南宋末年,词体在文人手中经营已久,在诗学的影响之下,题材、风格、修辞等方面业已几度演化嬗变,诗学对词学的影响更为深刻,词学家们逐渐形成了已经融入诗学理念的词体特色理论,沈义父的《乐府指迷》和张炎《词源》是为代表。

《乐府指迷》和《词源》皆是受诗学影响甚深的词学著作。《乐府指迷》是沈义父为子侄辈讲论作词之法而著。《乐府指迷》小序云:"壬寅秋,始识静翁于泽滨。癸卯,识梦窗。暇日相与倡酬,率多填词,因讲论作词之法。……子侄辈往往求其法于余,姑以得之所闻,条列下方。观于此,则思过半矣。"①吴文英、沈义父传下来的"词法"为四条:"音律欲其协,不协则成长短之诗。下字欲其雅,不雅则近乎缠令之体。用字不可太露,露则直突而无深长之味。发意不可太高,高则狂怪而失柔婉之意。"涉及音律、修辞、语言、立意四个方面,皆使用正反两端的表述方式,体现了词法的明确要求。这段话提到的"词法"乃词学文献中首次出现的词法范畴。张炎《词源》附录了"杨守斋作词五要":第一要择腔,第二要择律,第三要填词按谱,第四要随律押韵,第五要立新意。虽未明言,亦属"词法"范畴。《乐府指迷》和《词源》两著的词法乃借鉴诗法而成。

所谓诗法是唐宋诗学家总结诗歌创作方法以及分析诗歌体制

---

① 沈义父:《乐府指迷》,《词话丛编》,中华书局,1986年版,第277页。

的理论表述。宋代姜夔的《白石道人诗说》云:"不知诗病,何由能诗?不观诗法,何由知病?"诗法的出现是诗学深化的体现。词学家受诗学的影响,在词学著作中也加入了词法的内容,借鉴诗法建立词法理论。试举例如下。

论押韵。严羽《沧浪诗话·诗法》云:"押韵不必有出处。"沈义父《乐府指迷》云:"押韵不必尽有出处。"

论起(发)句和结尾。《白石道人诗说》云:"一篇全在尾句,如截奔马。"《沧浪诗话·诗法》云:"结句好难得,发句好尤难得。"又云:"诗难处在结尾。"《词源·制曲》云:"命意既了,思量头如何起,尾如何结。"《乐府指迷》云:"结句须要放开,含有余不尽之意,以景结尾最好。"

论结构。《白石道人诗说》云:"作大篇,尤当布置:首尾匀停,腰腹肥满。多见人前面有余,后面不足;前面极工,后面草草。不可不知也。"《词源·制曲》云:"作慢词,看是甚题目,先择曲名,然后命意。命意既了,思量头如何起,尾如何结,方始选韵,而后述曲。最是过片,不要断了曲意,须要承上接下。"

论体裁。《沧浪诗话·诗法》云:"律诗难于古诗,绝句难于八句,七言律诗难于五言律诗,五言绝句难于七言绝句。"《白石道人诗说》云:"小诗精深,短章蕴藉,大篇有开阖,乃妙。"《词源·令曲》云:"词之难于令曲,如诗之难于绝句,不过十数句,一句一字闲不得。末句最当留意,有有余不尽之意始佳。"

论"体"。《沧浪诗话》有《诗体》一节,罗列各种"诗体",有"以时而论"者,如黄初体、正始体、太康体、元嘉体、永明体、齐梁体、南北朝体、唐初体、盛唐体、大历体、元和体,等等;有"以人而论"者,如苏李体、曹刘体、陶体、谢体、徐庾体、沈宋体、陈拾遗体、王杨卢骆体、张曲江体、少陵体、太白体,等等。宋人论词亦论"体","以人而论"者,如白乐天体、柳永体、东坡体、易安体、朱希真体、吴蔡体、稼轩体、介庵体、白石体;"以时而论"者,如南唐体;还有"花间体",兼有词人群、选本诸含义。①

通过以上文献的比较可以明显看出,南宋的词学论著与诗学论著有很高的相似度。这种特点在强调诗词之辨的北宋之前是完全见不到的。《乐府指迷》和《词源》多讲技巧方法,遍论词的字法、句法、章法、韵法、结构、词作风格等,凡此种种皆显示出与之前论词者不同的认识角度和方法。前人论词主要关注词体的音乐特点和娱乐色彩,如五代欧阳炯《花间集叙》所云:"举纤纤之玉指,拍按香檀。不无清绝之词,用助娇娆之态。"《乐府指迷》和《词源》关于词法词体的论述都是针对词的文学层面的写作而发,与前人相比,他们对词体的认识已经有了质的差异,说明当时词体案头化的特点已经非常突出,词被当成一种书面化的文学作品来阅读、来欣赏,而并不像北宋之前词仅仅被当成口头传唱的流行音乐来对待。南宋之后词体实际上已经成为诗体的一种,除了少数民间艺人通过口耳相传还保留词的演唱曲调之外,文人填词仅仅是依据格律而不是乐谱,词成了文人们案头欣赏的一种文学体裁。词体日益诗化,用诗学的方法加以鉴赏和总结也是水到渠成的结果。沈义父、张炎引入诗法的理念来谈论词的作法,实际上表现出宋代中后期词学家的这种新的词学观。

宋代是诗学的高峰期,产生了第一部诗话著作——欧阳修的《六一诗话》,还产生了诗学史上的巨著——严羽的《沧浪诗话》;在词学理论的开拓和深化等方面也达到了新的高度;与宋代诗学并辔而进,词学的发展也相当迅猛,南宋产生了三大词话——《碧鸡漫志》《乐府指迷》和《词源》,标志着词学史上词学理论第一个高峰

---

① 参阅吴熊和:《唐宋词通论》第四章第一节,浙江古籍出版社,1989年版。

的形成。在中国文学史上,诗歌起源最早,历史最长,诗学观念在文人中根深蒂固,诗学理论一直居于文学理论的主流位置。词体进入文人手中之后,很快即被诗体强大的磁场所吸引,走上以诗为词的道路,词体开始逐渐体现诗歌的功能,扮演诗歌的角色。虽然也有一些词人试图抵御诗歌影响的"入侵",但"诗化"的趋势不可改变,随之而来的是词体原始本色特性的淡化。在词体风格演变的过程中,批评家的作用十分明显,先是用诗教理论批评词体、排斥词体;继而用诗学理念诠释词体,将词体纳入诗学的轨道上来;最终融入诗体的品格气质而形成新的词体。可以说宋代词体的发展史就是诗学对词学的影响史,是以诗学对词体的逐渐介入渗透的历史;也是词学逐渐接受诗学,逐渐改变自身,词体本色逐渐淡化的历史。随着社会文艺生态的变化,词体演唱功能逐渐弱化乃至丧失,南宋的词学家们及时对词体进行了新的诠释和定位,在强调诗词之辨的同时,也吸收了诗歌的某些审美因素,新的词学观念健步登场。经过了元明时期的相对低潮,到清代又迎来了一个新的创作和理论的双高峰——史称清代词学"中兴",清词和词学正是沿着南宋词学家所开拓的道路发展的。

第五章 唐宋人的诗词之辨

词是一种隋唐时期产生的配合燕乐的韵文形式,继诗而兴,又称为诗余,与诗体有着千丝万缕的联系,于是有关诗词的异同就成为人们关注的问题。词体在擅长诗歌的文人手中发展嬗变,与诗体的距离愈来愈近,这种现象使为之欢欣或为之担忧的人都更加关注。诗词之辨因而成为批评家们长议不衰的话题。唐宋人的诗词之辨是词学史上的重要论题,它是词体发展到一定阶段的产物,是对词体走向的理论反映,是词体认识的深化。唐宋时期的诗词之辨经历了漫长的发展过程,思想认识和理论形态呈现出阶段性特征。

第一节 儒家诗教观对词体的批评

唐五代北宋时期,词体的娱乐性质,使它难免"小道""卑体"的歧视,此时的诗词之辨建立在对词体否定的基础之上,探讨诗词之辨是为了将词体区别于诗体而加以排斥。

晚唐五代人虽然很少对词体发表评论,但他们对诗词在功能风格上的差异还是区分得十分清楚的。如花间词人欧阳炯在《花间集叙》中说:"有绮筵公子,绣幌佳人,递叶叶之花笺,文抽丽锦;

举纤纤之玉指,拍按香檀。不无清绝之词,用助娇娆之态。自南朝之宫体,扇北里之倡风",这里通过对词创作环境的描绘也说明了词体的绮艳特征。欧阳炯的词作亦可称为绮艳的实践和说明,宋王曾《儒林公议》云:"伪蜀欧阳炯尝应命作宫词,淫靡甚于韩偓。"唐圭璋《唐宋两代蜀词》亦云:"其宫词淫靡,甚于韩偓。实则小词亦然。"其《浣溪沙》:"相见休言有泪珠,酒阑重得叙欢娱,凤屏鸳枕宿金铺。兰麝细香闻喘息,绮罗纤缕见肌肤,此时还恨薄情无。"这首词为后世评为"自有艳词以来,殆莫艳于此矣"。① 然而欧阳炯论诗却力倡言志载道,其诗作以体现儒家诗教为己任。据《宋史·蜀世家》记载,欧阳炯针对西蜀卿相竞相奢侈之风,"尝拟白居易讽喻诗五十篇以献"。这种将诗(文)词视为殊途的认识在其他花间词人中亦普遍存在。如牛希济尝作《文章论》,认为:"浮艳之文,焉能臻于道理"。对"忘于教化之道,以妖艳相胜"之作,批评甚为严厉,然其作词则有"芊绵温丽极矣"之评。另一位花间词人孙光宪认为作文的目的是"非但垂之空言,亦欲因事劝戒"(《北梦琐言序》),提出作诗要"以诗见志,乃宣父之遗训"(《北梦琐言》卷五)并批评有违"温柔敦厚"的奇险诗风为"风雅之罪人"。而其论词体则与其论诗截然不同,如其评论五代词人和凝云:"晋相和凝少年时,好为曲子词,布于汴洛,洎入相,专托人收拾焚毁不暇。然相国厚重有德,终为艳词玷之。契丹入夷门,号为曲子相公。所谓好事不出门,恶事行千里,士君子得不戒之乎!"(《北梦琐言》卷六)可见孙光宪是将作"艳词"视为"恶事",其迥异的诗词观于此可见。

晚唐五代人对诗词的态度虽然不同,但却未将诗和词的关系作为一个独立的命题予以关注,将此命题提出并加以讨论则始于

---

① 况周颐:《蕙风词话》卷二,《词话丛编》,中华书局,1986年版,第4424页。

北宋初期。北宋时期随着介入词体文人的增多，词创作的繁荣，词体已是不容忽视的存在，批评家开始表达对词体的态度，一些论者将词体与已纳入儒家诗教传统文体的诗歌做比，以儒家的诗教理论批评词体的娱乐功能。由此拉开了宋代诗词之辨的帷幕。

王安石是最早将词体与诗体相比较，用儒家诗教批评词体者："古诗歌者，皆先有词，后有声。故曰：'诗言志，歌永言，声依永，律和声。'如今先撰腔子，后填词，却是永依声也。"（赵令畤《侯鲭录》卷七引）王安石从创作过程的角度将诗词做了对比，指出诗词的截然不同。词体的音乐文学特质即为倚声填词，自然是"先撰腔子，后填词"，仅从词和曲的先后顺序不同就加以臧否，此论似乎显得浮浅，但我们应该看到，王安石引用《尚书》"诗言志"等语强调的是志——声——律的先后过程，亦即强调的是"志"为根本，以此为原则批评词体的反其道而行之，实是批评词体的娱乐特性。透过王安石对词体的批评可以看出，王安石已经在功能作用价值判断上对诗词进行了区分。

南宋的王灼对词体与诗体进行了系统的比较。王灼描述了歌曲形式的演变，追溯了词体源头，指出"古歌变为古乐府，古乐府变为今曲子，其本一也"。即认为上古歌谣是词体的源头，然而王灼又认为由古至今愈变愈下，今不如古。《碧鸡漫志》卷一从各个角度将"古诗"与"今曲子"做了对比，以肯定"古诗"为基础，对"今曲子"进行了批评，对"后世风俗益不及古"痛心疾首，体现出王灼厚古非今的思想观念。王灼持是古非今、尊古鄙今的观念，认为上古时期的歌诗最为醇雅，其后变而愈下。

以上对词体的批评建立在儒家思想观念的基础之上，对词体的否定显得皆有些简单化，有些依据还十分荒谬，但可以看出来，论者已经对词体的特性以及诗词的差异有了一定的认识。

第二节　音乐特性与词体风格

与前文述及的区分诗词,进而否定词体之论相比,分析词体的内在构成,强调词体特性,则是诗词之辨中更为值得重视的内容。

如何认识词的音律特性是诗词之辨的关键问题之一。宋代词学史上有一段讨公案,即由苏轼"以诗为词"引发的讨论,在激烈的讨论中,词体特征、诗词之辨成为论者关注的问题。苏轼特立独行的豪放词风是北宋词坛上最为引人注目的风景,因迥异于传统的词体风格引起时人的非议。对苏轼"以诗为词"得失的讨论一直延续到南宋末。南宋前期,空前激烈的民族矛盾使人们的文学观念有所改变,对苏词的评价也有很大的变化,苏轼及其效仿者"以诗为词"的创作多受到肯定。如王灼说:"东坡先生以文章余事作诗,溢而作词曲,高处出神入天,平处尚临镜笑春,不顾侪辈。或曰:长短句中诗也。为此论者,乃是遭柳永野狐禅之毒。诗与乐府同出,岂当分异?""东坡先生非心醉于音律者,偶尔作歌,指出向上一路,新天下耳目,弄笔者始知自振。"[①]王灼认为苏轼的"以诗为词"乃表现文人的情志,其格调远远高于以柳永为代表的娱人婉媚的词风。

南宋中后期,作为对词坛忽视词律倾向的反拨,"以诗为词"又引起新的议论,否定的意见居多,如仇远批评一些词作者:"每以词为易事,酒边兴豪,即引纸挥笔,动以东坡、稼轩、龙洲自况,极其至四字《沁园春》、五字《水调》,七字《鹧鸪天》《步蟾宫》,拊几击缶,同声附和,如梵呗,如步虚,不知宫调为何物,令老伶俊唱,面称好而

---

①　王灼:《碧鸡漫志》卷二,《词话丛编》,中华书局,1986年版,第85页。

背窃笑,是岂足与言词哉!"①即批评当时的一些词人追摹苏辛等人"以诗为词",致使词体与音乐相疏离。

对苏轼"以诗为词"的批评的焦点是其忽视词体音律的问题。词体发展至北宋,文人的创作渐趋繁荣,同时创作中的问题亦日渐显露,突出的问题是对词体的音乐特性的忽视或茫然无知。北宋沈括曾指出当时的词作的弊病:

> 古诗皆咏之,然后以声依咏以成曲,谓之协律。其志安和,则以安和之声咏之。其志怨思,则以怨思之声咏之。故治世之音安以乐,则诗与志,声与曲,莫不安且乐;乱世之音怨以怒,则诗与志,声与曲,莫不怨且怒。此所以审音而知政也。……今声词相从,唯里巷间歌谣及《阳关》《捣练》之类,稍类旧俗。然唐人填风,多咏其曲名,所以哀乐与声,尚相谐会。今人则不复知有声矣。哀声而歌乐词,乐声而歌怨词,故语虽切而不感动人情,由声与义不相谐故也。②

沈括从志、声、曲三者的关系批评了"今人"的歌词创作。词与诗不同,乃倚声填词,所依据的乐谱本身具有声情特点,晚唐五代的词人处于当时的词乐氛围当中,所选词牌往往与文辞的情感指向相一致,但是到了北宋时期,词牌词调所蕴含的情感特征已不再为词人们普遍了解,因而由"声与义不相谐"导致"语虽切而不感动人情"。

南渡前后,一方面词体在文坛的地位有所提高,另一方面词体"异化"的现象也更为显著,于是正面探讨词体特性的条件已经具

---

① 仇远:《玉田词题辞》,《山中白云词》,中华书局,1983年版,第164页。
② 沈括:《梦溪笔谈》卷五《乐律》,中华书局,1957年版。

备,诗词之辨更为深入。

南北宋之际李清照《词论》批评了当时词坛的种种弊病,尤其对词体的配乐可歌、音律规范加以强调。李清照《词论》的核心观点是"词别是一家",即强调词是音乐文学,是配合乐曲演唱的歌词。与诗文等其他体裁的书面案头的形式不同,词体具有显著的歌唱特性,有口头表现的特殊要求。《词论》从李八郎高妙的歌唱才能和极佳的演出效果写起,李八郎"转喉发声,歌一曲,众皆泣下",演唱效果甚至超过了专业歌唱演员之冠的曹元谦、念奴①。易安以此故事冠于文首,无非是要说明词乃口头歌唱之辞,"转喉发声"为其表现特征,词情与声情相结合是其感人至深的原因。这就为下文讨论词的音律问题埋下伏笔。易安"别是一家"辨析诗词差异的基本论据是:"诗文分平侧,而歌词分五音,又分五声,又分六律,又分清浊轻重"。所谓"五音""五声""六律""清浊轻重"皆为发声方法。易安罗列词体种种特殊的要求,以及下文讨论的创作实践的声调问题,皆旨在说明一个问题:诗文分平仄仅仅具有语言抑扬顿挫的效果,而词体因与音乐相结合,则有更为复杂的变化,这些因素的综合使用直接影响到演唱效果是否和谐动听。填词的基础是词调,而词调本身具有音乐的声情特色,不同的宫调宜于表达不同的情感、体现不同的风格,自有其内在规律。词体对语言的要求很高,非精于此道者所能掌握,这些都体现了与诗体的差异。"晏元献、欧阳永叔、苏子瞻,学际天人,作为小歌词,直如酌蠡水于大海,然皆句读不葺之诗尔,又往往不协音律"的原因亦在此。晏、欧、苏三人,本为著名的诗人,其词在风格上亦能体现本色的委婉,但如果以词体的配乐可歌、音律和谐的专业的要求来衡量,则仍有

---

① 王灼:《碧鸡漫志》卷一:"歌者……女有穆氏、方等、念奴……。"《词话丛编》,中华书局,1986年版,第79页。

第五章　唐宋人的诗词之辨

较大的差距。

南宋的胡仔对词体的音律也加以强调,并对词体的艺术形式美从语言和音律两个方面进行了分析:"苕溪渔隐曰:旧词高雅,非近世所及,如《扑蝴蝶》一词,不知谁作,非惟藻丽可喜,其腔调亦自婉美。"认为词不仅要具有"藻丽可喜"的语言美,还要有"腔调婉美"的音律美,两个重要的审美因素缺一不可。

对词体风格的认识是诗词之辨的关键之二。南宋赵师𡗉谈到的诗词风格差异颇有普遍性:

> 世谓少游诗似曲,子瞻曲似诗,其然乎?至荆公《桂枝香》词,子瞻称之:此老真野狐精也。诗词各一家,惟荆公备众作,艳体虽乐府柔丽之语,亦必工致,真一代奇材。后数十年,当宣和末,有吕圣求者,以诗名,讽咏中率寓爱君忧国意,不但弄笔墨清新俊逸而已。其《忧国诗》云:"忧国忧身到白头,此生讽谕一沙鸥。"又云:"尚喜山河归帝子,可怜麋鹿入王宫。"《痛伤诗》云:"尘断征车□,云低房帐深。古今那有此,天地亦何心。"《释愤诗》云:"未湔嵇绍血,谁发谏臣章。"赤心皆□,诗史气象。缙绅巨贤,多录稿家藏,但不窥全帙,未能为刊行也。一日复得圣求词集一编,婉媚深窈,视美成、耆卿伯仲耳。余因念圣求诗词俱可以传后,惜不见他所著述,以是知世间奇才未尝乏也。①

此序作于南宋宁宗嘉定五年(1212),是继李清照之后又一篇明确提出"诗词各一家"的文献。吕圣求,名渭老,字圣求,浙江嘉兴人,生卒年不详,北宋末年人。赵师𡗉此序指出了吕渭老诗词风

---

① 赵师𡗉:《吕圣求词序》,《百家词》。

格的显著差异:其诗"讽咏中率寓爱君忧国意",风格激切沉郁又清新俊逸;其词"婉媚深窈"与柳永、周邦彦的绮艳之作相类似。在赵氏看来诗词本应具有风格的差异,因而肯定了词体"婉媚深窈"的风格特征。在宋代,文人创作诗词风格存在的差异,以及对诗词风格差异的认同都是普遍存在的。南宋的王炎对词体风格的认识与赵师㞧相同:

> 长短句宜歌而不宜诵,非朱唇皓齿无以发其要妙之声。……今之为长短句者,字字言闺阃事,故语懦而意卑。或者欲为豪壮语以矫之,夫古律诗且不以豪壮语为贵,长短句命名曰曲,取其曲尽人情,惟婉转妩媚为善,豪壮语何贵焉?不溺于情欲,不荡而无法,可以言曲矣。①

王炎是从分析词体内部的风格类型出发,强调词体可歌的特性,并界定了词体的风格特征:以"婉转妩媚"为善,而反对"溺于情欲"的"语懦而意卑"和"荡而无法""豪壮语"这两种偏向。这种以"婉转妩媚"为词体当行本色风格的认识相当普遍,如刘克庄说:"长短句当使雪儿啭春莺辈可歌,方是本色。……余谓君当参取柳晏诸人以和其声。"②又说:"词当叶律,使雪儿春莺辈可歌,不可以气为色,君所作未知叶律否。前辈惟耆卿、美成尤工。"③皆以音乐的协律和风格的婉媚为词体的当行本色。

---

① 王炎:《双溪诗余自序》,《四印斋汇刻宋元三十一家词》。
② 刘克庄:《翁应星乐府序》,《后村大全集》卷九七。
③ 刘克庄:《跋刘澜乐府》,《后村大全集》卷一百零九。

第三节 《乐府指迷》《词源》的诗词之辨

南宋末年,词体在文人手中经营已久,题材、风格、修辞等方面业已几度演化嬗变,因而在理论上,诗词之辨呈现出更为复杂而深入的态势。南宋末期是词学发展的鼎盛时期,其显著标志是沈义父的《乐府指迷》和张炎《词源》这二部词学论著的产生。二书对词体特性的体认,尤其是对诗词之辨的阐述多有相同或相似之处。沈、张二人都强调词体特性,强调词体应区别于诗体。沈义父、张炎皆反对将词写成"长短句之诗"。具体来说,二人对词体的认识主要有三个方面。

第一,强调词体的音律要求。沈义父说:"词之作难于诗。盖音律欲其协,不协则成长短之诗。"张炎也说:"词以协音为先,音者何,谱是也。古人按律制谱,以词定声,此正声依永、律和声之遗意。""词之作必须合律,然律非易学,得之指授方可。……音律所当参究,词章先宜精思,俟语句妥溜,然后正之音谱,二者得兼,则可造极玄之域。"皆将音律视为词体的基本要素,与音律关系的不同构成了诗词文体的差异。张炎指出即便如周邦彦精于音律者,"于音谱,且间有未谐",可见词律所具有的难度,以及张炎对词律的重视程度。如前文所述,对词体音律的要求是词学家从北宋以来一直加以强调的,沈、张二人尤其是张炎在词律上造诣更深,论述也更精细。《词源》上卷具体讨论了五音十二律,律吕相生之理,以及宫调、管色,并附以图,代表了宋代词律认识的最高水平。

第二,强调词体的风格特色。词体由"基因"中带来的绮艳色彩已成为词体特征的一部分,沈、张论词继承了传统观念。沈义父说:"作词与诗不同,纵是花卉之类,亦须略用情意,或要入闺房之意。然多流淫艳之语,当自斟酌。如只直咏花卉,而不着些艳语,又不似词家体例，所以为难。"(《乐府指迷》)张炎亦云："簸弄风月，陶写性情，词婉于诗。盖声出莺吭燕舌间，稍近乎情可也。"南宋有些论词者以儒家诗教说词，如林景熙云："乐府，诗之变也。诗发乎情，止乎礼义，美化厚俗，胥此焉寄。岂一变为乐府，乃遽与诗异哉？……所谓乐而不淫，哀而不伤，一出于诗人礼义之正。然则先王遗泽，其独寄于变风者，独诗也哉！"(《霁山集》卷五《胡汲乐府序》)主张在儒家思想的规范之下诗词一体。与林氏意见相反，沈、张二人反对取消词体特性的极端主张，在一定程度上肯定了词体的绮艳婉媚的特点。

第三，注意不同体裁的雅俗特性。时代不同，审美的背景亦会发生变化。如唐五代北宋时期，词体面对的是与诗体的关系；而南宋末年，除上述关系之外还要注意与新兴的民间说唱体的关系。沈义父说："词之作难于诗。盖音律欲其协，不协则成长短之诗。下字欲其雅，不雅则近乎缠令之体。用字不可太露，露则直突而无深长之味。发意不可太高，高则狂怪而失柔婉之意。"(《乐府指迷》)将词体置于诗体与"缠令之体"①之间加以讨论。词有诗体所不具有的音律因素，又有缠令缺少的雅质；不可如诗之"高"，亦不可如缠令之"露"。张炎也强调词体应区别于"缠令"："(词体)稍近乎情可也。若邻乎郑卫，与缠令何异也。""词之语句，太宽则容易，太工则苦涩。""宽"与"工"的分别是俗体和诗体的语言特点，作词当注意加以区别。

在中国文学史上，诗歌起源最早，历史最长，诗学观念在文人中根深蒂固。词体进入文人手中之后，很快即被诗体强大的磁场所吸引，走上以诗为词的道路，词体开始体现诗歌的功能，扮演诗

---

① 缠令为宋代的一种说唱艺术。参阅丁放：《金元词学研究》，中国社会科学出版社，2002年版，第104页。

歌的角色,随之而来的是词体特性的淡化。对此现象,许多人表示欣然,但也有人忧心忡忡,诗词之辨多是后者的思考。唐宋人的诗词之辨在词学史上具有重要意义,它是词体发展到一定阶段的产物,是对词坛走向的理论反映,是词体认识的深化。后世词学家延续了这个课题,尤其清代词学家讨论诗词之辨,见解更为精辟。

第六章 词学史上的"清空论"

在词学史上一些范畴曾产生了非常重要的作用。"清空"作为词学范畴体现了特定的审美理想和文学批评标准,在词学史上又被不断融入新的质素,赋予新的理念;作为词学流派的纲领旗帜,推动了词学流派的发展;在词学发展史上,围绕清空多次展开争论,曾备受推崇,也痛遭贬斥,清空成为标志词学风气转向的标志。

第一节 "清空"的内涵

词学的清空说始于南宋张炎的《词源》:"词要清空,不要质实。清空则古雅峭拔,质实则凝涩晦昧。姜白石词如野云孤飞,去留无迹;吴梦窗词如七宝楼台,眩人眼目,碎拆下来,不成片段。此清空质实之说。白石词如《疏影》《暗香》《扬州慢》《一萼红》《琵琶仙》《探春》《八归》《淡黄柳》等曲,不惟清空,又且骚雅,读之使人神观飞越。"①这里,张炎以清空、质实对举,以姜夔、吴文英相比较,褒贬态度十分明显,"清空"是张炎所标举的审美境界。张炎使用"清空"的概念,主要是对姜夔词特点的概括,但张炎并没有对"清空"

---

① 张炎:《词源》卷下,《词话丛编》,中华书局,1986年版,第259页。

第六章　词学史上的清空论

的内涵加以解释。既然如此,我们可以结合对姜词的分析以求得对"清空"的认识。概括来说,"清空"既有意境的清虚空灵,也有语言章法的灵动流转,还有词乐的清淡疏徐。

第一,意境的清虚空灵。张炎谈到清空的审美特点和效果:"古雅峭拔","如野云孤飞,去留无迹","读之使人神观飞越"。大致说来,清空的审美特征是指清远意韵的艺术品位。如清人沈祥龙《论词随笔》所说:"清者不染尘埃之谓,空者不着色相之谓。清则丽,空则灵,如月之曙,如气之秋。"姜夔词的清空如刘熙载所说:"姜白石词幽韵冷香,令人挹之不尽,拟诸形容,在乐则琴,在花则梅也。""词家称白石曰白石老仙,或问毕竟与何仙相似,曰:藐姑冰雪,盖为近之。"①表现出意境特有的清幽空灵。

第二,虚字使用使语言章法灵动流转。在词中使用虚字是构成清空的重要手法。唐圭璋教授说:"虚字能使语意转折灵活,流走自如,而又传神入微,且能避免平铺直叙的缺点,在这方面,白石词是有着独到的造诣。"并举姜夔《疏影》的例子分析道:"这儿几乎是每句上面用虚字,使它们自为开合,变化虚实,跌宕曲折,空灵夭矫,且又余韵无穷;词中所出现的许多平实典故,由于有虚字的前后承应,在音节上是给人以谐婉灵动的感觉。"②夏敬观说:"勾勒者,于词中转接提顿处,用虚字以显明之也。……南宋清空一派,用此勾勒法为多,用之无不得当者,南宋名家是也。……吴梦窗于此等处多换以实字,玉田讥为七宝楼台,拆下不成片段,以为质实,则凝涩晦昧。"③在词中尤其是在语气的转折处,使用虚字或实字能够产生语言声腔的不同效果,还进一步影响到意境的差异。用

---

① 刘熙载:《词概》,《词话丛编》,中华书局,1986年版,第3694页。
② 唐圭璋:《论姜白石及其词》,《南京师范学院学报》,1962年3期。
③ 夏敬观:《蕙风词话诠评》,《词话丛编》,中华书局,1986年版,第4592页。

虚字使语气流转,意境空灵;用实字则语调涩沉,意境浓密。

第三,词乐的清淡疏徐。词是音乐文学,词体的风格不仅体现在文字上,音乐的因素亦十分重要。词所配合的燕乐是隋唐新兴的极具娱乐特点的音乐,曲调丰富,曲式多样,具有极强的刺激性和感染力,收到世俗受众的欢迎。姜夔词的清空与其音乐特性亦相联系,词境的清空与其词乐的"清""淡"密不可分。姜夔曾对词乐进行雅化改造,主要是以古乐府、琴曲、法曲的音乐素材改造词调。白石精通音律,既通俗乐又精于雅乐①。他以雅乐注入词体,主要有两种方法:一是以古乐府入词。如推演汉乐《铙歌》,作《圣宋铙歌吹曲十四首》,依古《九歌》作《越九歌》,并作《琴曲》。姜夔所改造的词乐与世俗词乐的艺术品位截然不同:"言辞峻洁,意度萧远。"②又如姜夔的《琴曲·古怨》,后人品味其风格云:"此曲(《古怨》)则音澹节希,一洗筝琶之耳。……其泛音散声,较今谱幽淡绝俗。"③姜词曲调的清淡与艳曲的纷杂形成了鲜明的对照。二是以唐法曲音乐注入词中,使"清""雅""淡"的风格④代替胡乐的浓艳急促。如姜夔作《霓裳中序第一》,小序云:"《霓裳曲》音节闲雅,不类今曲。"《霓裳羽衣曲》是经唐玄宗润色加工定名法曲,白石借其"闲雅"风格来改造"今曲"。清人郑文焯说:"白石以沉忧善歌

---

① 徐养源:《拟南宋姜夔传》:"世之论雅乐者,辄耻言俗乐。……其最善言乐者,中朝惟有沈括,南渡惟有姜夔。之二人者,深明俗乐,而又能推俗乐之条理,上求合乎雅乐。故其立论悉中窾要,非凭私道臆者可同日道也。"夏承焘:《姜白石词编年笺校》附,上海古籍出版社,1981年版,第326页。

② 周密:《浩然斋雅谈》,《丛书集成初编》,中华书局,1985年版。

③ 郑文焯语,夏承焘:《姜白石词编年笺校》附,上海古籍出版社,1981年版,第129页。

④ 法曲的音乐特点参《新唐书·礼乐志》十二:"初隋有法曲,其音清而近雅。……隋炀帝厌其声谈。"

之士,意在复古。"①白石正是以古乐的清雅来革除"今曲"的淫靡。

张炎将姜夔的词风概括为"清空",揭示了姜夔词独特的审美品格。姜夔清空词风的出现在词学史上具有重要意义。

其一,流派的意义。姜夔首创的清空、骚雅词风在传统的花间、晏欧、周柳之外别立一宗,如蒋兆兰所说:"南渡以后,尧章崛起,清劲遒峭,于美成外别树一帜。"②姜夔的清雅赢得许多追慕仿效者,以至蔚然成派,与婉丽、豪放词风鼎足而三,成为广为词家承认的"第三派"。这一独具特色的流派的形成,丰富了词体风格和流派的内涵,也是对唐宋词风格流派认识的一大贡献。后世不少论者极为推崇此派,如清初人顾咸三云:"宋名家词最盛,体非一格。苏、辛之雄放豪宕,秦、柳之妩媚风流,判然分途,各极其妙。而姜白石、张叔夏辈,以冲澹秀洁得词之中正。"③将姜派的"冲澹秀洁"与"雄放豪宕""妩媚风流"二"格"区分开来,并誉为"词之中正"。蔡宗茂则以"格""气""情"指明各派的基本特征:"词盛于宋代。自姜、张以格胜,苏、辛以气胜,秦、柳以情胜,而其派乃分。然幽深窈眇,语巧则纤;跌宕纵横,语粗则浅。异曲同工,要在各造其极而已。"④王鸣盛则明确以一个新的风格流派目之:"北宋词人原只有艳冶、豪荡两派,自姜夔、张炎、周密、王沂孙方开清空一派,五百年来,以此为正宗。"⑤"正宗"的地位显然高于其他两派之上。

其二,风格境界的意义。张炎的清空说以其特殊的词境、词品而在词学范畴中增添了一枝奇葩,并得到了后世的推崇。元初人

---

① 郑文焯:《论词书》,《大鹤山人词话》,南开大学出版社,2009年版,第218页。
② 蒋兆兰:《词说》,《词话丛编》,中华书局,1986年版,第4632页。
③ 顾咸三:《湖海楼词序》引,《清名家词》,上海书店,1980年版。
④ 蔡宗茂:《拜石山房词序》,《清名家词》,上海书店,1980年版。
⑤ 王鸣盛:《蠖壄山人词集》评语,《赌棋山庄词话》续编四引,《词话丛编》,中华书局,1986年版,第3549页。

陆辅之对清空说极为推崇:"《词源》云:清空二字,亦一生受用不尽,指迷之妙,尽在是矣。"①对"清空"的评价之高可谓无以复加。清代康熙中期之后,受浙西词派的影响,词人对清空词境多加赞赏,如田同之《西圃词说》云:"《乐府指迷》(按:实为张炎《词源》)云:词要清空,不要质实。此八字是填词家金科玉律。清空则灵,质实则滞,玉田所以扬白石而抑梦窗也。""清空"展示出的是高雅的词境,摒弃了繁杂、芜靡的俚俗,钱裴仲《雨华庵词话》云:"乐笑翁词,清空一气,转折随手,不为调缚。丽不杂,淡不泛,斯为圣乎。"不少论者还将"清空"的意境与词人精神品格结合起来,孙麟趾《词迳》说:"天之气清,人之品格高者,出笔必清。五采陆离,不知命意所在者,气未清也。清则眉目显,如水之鉴物无遁影,故贵清。""天以空而高,水以空而明,性以空而悟。空则超,实则滞。"《左庵词话》卷上云:"余谓词,最宜清空,一气转折,方足陶冶性灵。""清空"是更具有文人推崇的诗性品格的范畴。

第二节 "清空"对词风词派的影响

"清空"词风和"清空"词派在词学史上产生过两次重要影响,甚至改变了词坛走向。

第一次是姜夔词风对南宋中后期词坛的影响。南宋乾道、淳熙前后,姜夔初登词坛。南渡以后,偏安局面已形成数十年,朝野激愤慷慨的情绪亦逐渐平息。社会各阶层虽不乏北望中原、壮志难酬的悲愤,然而达官显贵则更愿意及时享乐。于是举朝上下,文恬武嬉,沉醉在歌舞升平之中。词这种原本即为满足"娱宾遣兴"之需的文体,本以婉媚为本色,在此时则更加绮靡。此时的词坛风

---

① 陆辅之:《词旨》上,《词话丛编》,中华书局,1986年版,第303页。

尚如清人陈撰所说:"当乾、淳间俗学充斥。"①四库馆臣说"其时方尚甜熟。"②年龄稍长于姜夔的蔡戡谈及当时的词风云:"靡丽之词,狎邪之语,适足劝淫,不可以训。"③以词"娱宾""佐欢"的风气又可从"坊间"编辑的用于歌妓即席应歌的词选本中得到印证。于此时编成的《草堂诗余》和陈元龙注《片玉集》④皆分类编排,分春、夏、秋、冬及节序、天文等类,类下又有如春思、春恨、春闺等子目,以使歌妓按类索题,便于选取。此类为满足声色之娱的需求而选编的词选、词集如此繁盛,可以想见当时娱乐业中词之兴盛,词风之绮靡。此时的词坛风气,亦可以从姜夔同时代人的论词言语中窥见一斑。如赵师岁称吕渭老词"婉媚深窈,视美成、耆卿伯仲耳。"⑤刘克庄评杨补之词"不减《花间》《香奁》及小晏、秦郎得意之作。"⑥"长短句当使雪儿啭春莺辈可歌,方是本色。"⑦在北宋中期即被斥为淫靡俚俗的柳词和在南渡之后曾被猛烈抨击的《花间集》,此时又被引作表扬参照的标准,词学风气可以想见。在词坛的另一端,辛弃疾的"豪气词","至刘改之诸公极矣"⑧。亦形成风气。正如王炎所概括的当时词坛风气:"今之为长短句者,字字言闺阃事,故语懦而意卑;或者欲为豪壮语以矫之。"⑨不论是溺于淫靡,还是故逞豪壮,其弊端都是显而易见的。正是在这种词学风尚

---

① 陈撰:《自跋白石词刊本》,夏承焘《姜白石词编年笺校》引,上海古籍出版社,1981年版,第189页。
② 《四库全书总目提要·竹屋痴语提要》。
③ 蔡戡:《芦川居士词序》,《定斋集》卷十二。
④ 《草堂诗余》编成于庆元(1195~1200)之前。陈注《片玉集》有嘉定四年辛未(1211)刘肃序本。
⑤ 赵师岁:《吕圣求词序》《百家词》。
⑥ 刘克庄:《杨补之词画跋》,《适园丛书·后村题跋》卷九。
⑦ 刘克庄:《翁应星乐府序》,《后村大全集》卷九十七。
⑧ 王世贞:《艺苑卮言》,《词话丛编》,中华书局,1986年版,第391页。
⑨ 王炎:《双溪诗余自序》,《四印斋汇刻宋元三十一家词》。

的背景下,白石词的清雅才会受到推崇。如汪森所云"宣和君臣,转相矜尚。曲调愈多,流派因之亦别。短长互见,言情者或失之俚,使事者或失之伉。鄱阳姜夔出,句琢字炼,归于醇雅。"①白石词的出现,有矫正南宋乾、淳时期词坛弊端的作用。

第二次是浙西词派标举姜夔"清空"为旗帜对明末清初词坛的变革。如刘永济所指出的:"清空之论,发自玉田,至秀水竹垞氏病清初词人专奉《草堂》,乃选《词综》,以退《草堂》,而崇姜、张,以清空雅正为主,风气为之一变,是曰浙派。"②明代末年词坛风气竟与南宋乾、淳年间颇为相似,亦是香弱和豪宕两种词风盛行。明末人毛晋谈及当日词坛的现状云:"近来填词家辄故颦柳屯田,作闺帏秽之语,无论笔墨劝淫,应坠梨舌地狱,于纸窗、竹屋闻,令人掩鼻而过,不惭惶无地邪!若彼白眼骂坐,臧否人物,自诧辛稼轩后身者,譬如雷大起舞。"到了清初,词风沿明末并无大的改观。一是"蘖多俚词,闺襜冶习"③的淫靡词风依旧;二是康熙间一些人模仿阳羡词人陈维崧的豪宕风格,沦于粗豪。正如后来陈廷焯所批评的:"后人作词,非失之俚,即失之伉;谈闺襜者,失之淫亵;扬湖海者,失之叫嚣。"④针对清初词坛的现状,浙西派词人在批评两种弊端的基础上提出了新的词学理想。浙派朱彝尊推南宋姜、张,倡清空醇雅,作为针砭时弊的工具。自此之后,崇尚清空成了浙派具有代表性的主张。浙派中期的领袖厉鹗说:"豪放者失之粗厉,香艳者失之纤亵。惟有宋姜白石、张玉田诸君,清真雅正,为词律之极

---

① 汪森:《词综序》,上海古籍出版社,1978年版。
② 刘永济:《词论》卷下《总术》第一,上海古籍出版社,1991年,第65页。
③ 陈维崧:《词选序》,《迦陵文集》卷三。
④ 陈廷焯:《词坛丛话》,《白雨斋词话全编》,中华书局,2013年版,第11页。

第六章 词学史上的清空论

则。"①他对清空的境界尤为心仪,《论词绝句》论张炎词云:"玉田秀笔溯清空,净洗花香意匠中。"浙派后期的代表人物郭麐亦十分推崇姜、张清空词派:"姜、张诸子,一洗华靡,独标清绮,如瘦石孤花,清笙幽磬,入其境者,疑有仙灵,闻其声者,人人自远。梦窗、竹屋,或扬或沿,皆有新隽,词之能事备矣。"在清代词学史上,浙派"清空说"的提出,对改变由明代以来就形成的绮靡秾丽和粗豪叫嚣交织的词坛风气起到了重要作用。

浙西词派自康熙初年开始主盟词坛,历康、雍、乾、嘉数朝不衰,以至有"家祝姜张,户尸朱厉"②的局面,清空成为习词者普遍追求的典范境界,甚至浙西词派也被人视为清空派。然而随着浙西词派的盛行,弊端亦逐渐显现出来,正如江顺诒所指出的:"词尚清空,本无流弊,而后之作者多隐约语,此又不善学之病也。"③浙派的弊端招致本派及来自派外的批评。

过分强调意境的空灵清超却忽略了词作为文学作品最根本的情感因素,曾师从朱彝尊学词的杜诏通过切身的体会,认识到浙派之论"不足于情"的缺失:"缘情绮靡,诗体尚然,何况乎词。彼学姜、史者,辄屏弃秦、柳诸家,一扫绮靡之习,品则超矣,或不足于情。"④这篇序文作于雍正甲辰(1724),是浙派风头正劲之时。浙西派反对秾艳绮靡,或在词中极力避免情感的抒发,或有意玩弄形式技巧。"品则超矣,或不足于情",准确地指出了浙派的弊端所在。浙派殿军郭麐在《绿梦庵词序》中指出:"浙之为词者,有薄而无浮,有浅而无亵,有意不逮而无涂泽叫嚣之词。"浙派虽然克服了

---

① 汪沆:《籽香堂词序》引,《槐堂文稿卷二》。
② 彭兆荪:《小谟觞馆诗余序》,《清名家词》,上海书店,1980年版。
③ 江顺诒:《词学集成》卷五,《词话丛编》,中华书局,1986年版,第3265页。
④ 杜诏:《弹指词序》,《清名家词》,上海书店,1980年版。

明及清初的淫亵和叫嚣之失，却又产生了浅薄无聊之弊。郭麐甚至把装腔作势的浙派末流称之为"词妖"："近人莫不宗法雅词，厌弃浮艳，然多为可解不可解之语，借面装头，口吟舌言，令人求其意旨不得。此何为者耶？昔人以鼠空鸟即为诗妖，若此者，亦词妖也。"①作为浙派后期的代表性人物，郭麐对本派弊端的认识更为深刻。郭麐还对浙西词派的盛衰进行了反思："倚声之学，今莫盛于浙西，亦始衰于浙西，何也？自竹垞诸人标举清华，别裁浮艳，于是学者莫不知祧《草堂》而宗雅词矣。樊榭纵而祖述之，以清空微婉之旨为幼渺绵邈之音。其体厘然，一归于正，乃后之学者，徒仿佛其音节，刻画其规模，浮游惝恍，貌若玄远，试为切而按之，性灵不存，寄托无有，若猿吟于峡，蝉嘈于柳，凄楚抑扬，疑若可听，问其何语，卒不能明。"②郭氏指出浙派后学模仿刻画朱、厉等浙派前中期大家，仅得皮毛，未得精神。在音节、规模等外在形式上形似，而失去的恰恰是词学最根本的思想情感，浙派末期的症结根本即在于此。

嘉道之后主盟词坛的常州词派对浙派偏嗜清空的倾向也予以批评。常州派主将周济《介存斋论词杂著》说："论词之人，叔夏晚出，既与碧山同时，又与梦窗别派，是以过尊白石，但主清空"，指出张炎的《词源》推尊姜夔已有所偏颇，"后人不能细研词中曲折深浅之故，群聚而和之，并为一谈，亦固其所也"，浙西词派盲目跟进，将张炎的偏颇进一步放大，以至造成今日词坛弊病。曾师从张惠言的宋翔凤也说："南宋风流近未存，浙西词客欲销魂。沉吟可奈情俱浅，片片空留襞积痕。"③指出"情浅"是浙西派的根本问题。晚

---

① 郭麐:《灵芬馆词话》卷二,《词话丛编》,中华书局,1986年版,第1524页。
② 郭麐:《梅边笛谱序》,《灵芬馆杂著续编》卷二。
③ 宋翔凤:《论词绝句》其十八,《洞箫楼诗纪》三,《浮溪精舍丛书》。

清四大家之一的况周颐说:"东南操觚之士,往往高语清空,而所得者薄。力求新艳,而其病也尖。"①浙派追求"清空",却不免"薄""尖"之弊,正如吴梅所指出的:"玉田词皆空灵,故集中无拙滞语,且又多婉丽之态。自学之者多效其空灵,而立意不深,即流于空滑之弊。"②

第三节 郑文焯的"清空论"

"清空"说在晚清进入到一个新的发展时期,其内涵又被赋予新的质素。晚清词坛占据中心位置的是号称晚清四大家的王鹏运、朱祖谋、郑文焯和况周颐。四大家的词学渊源为常州词派,其论词核心是比兴寄托。四大家的比兴寄托说没有照搬张惠言、周济的提法,而是融入了自己的体会和思考,将比兴寄托说向前又推进了一大步,尤为有特色的是郑文焯的清空寄托说。浙西派的清空与常州派的寄托在郑文焯这里结合在一起。

在郑文焯之前,已有一些词论家对"清空"进行新的阐释,如浙派郭麐说:"姜、张祖骚人之遗,尽洗秾艳,而清空婉约之旨深。"③"骚人之遗"即比兴寄托,将姜、张的"清空"与比兴寄托联系起来,郭麐对"清空"的理解已与其他浙派词家不同。常州派周济的寄托说已引入了"清空"的因素,将寄托与"空""实"联系起来:"初学词求空,空则灵气往来。既成格调求实,实则精力弥满。初学词求有寄托,有寄托则表里相宣,斐然成章。既成格调,求无寄托,无寄托则指事类情,仁者见仁,智者见智。北宋词,下者在南宋下,以其不

---

① 况周颐:《蕙风词话》卷五,《词话丛编》,中华书局,1986年版,第4520页。
② 吴梅:《词学通论》,《万有文库》。
③ 郭麐:《无声诗馆词序》,《灵芬馆集杂著》卷二。

能空,且不知寄托也。高者在南宋上,以其能实,且能无寄托也。"①所谓"空"与"清空"有相通之处。"初学词"要求有寄托,但又不能过于刻意明显,要尽量淡化寄托的痕迹,达到"灵气往来"的"空"。谢章铤对"清空"的解说强调蕴含丰富,强调"寄意"和"托兴":"词贵清空,嫌质实。然而五石之瓠,非不彭然也,清空则清空矣,一往而不尽焉。"②"词欲清空,忌填实。清空生于静,静则心妙。其寄意也微,其托兴也孤。"③刘熙载《词概》则要求"清空"具有"沉厚"的特质:"词之大要,不外厚而清。厚,包诸所有。清,空诸所有也。""词尚清空妥溜,昔人已言之矣。惟须妥溜中有奇创,清空中有沉厚,才见本领。"以上诸家的阐释,皆是针对浙西派"清空"说的弊病而发,要求"清空"之中要有充实的内涵。这些对郑文焯的清空寄托说不乏启示。

郑文焯明确地将寄托与"清空"相融通,强调寄托的浑化无迹,表现比兴寄托的极高境界。郑文焯云:"若词之大旨,伯时、叔夏因择精语详,不复词费。总之,体尚清空,则藻不虚绮;语必妥溜,斯文无撮囊。"④明确指出"清空"由张炎而来。郑氏又说:"体贵清空,奚取典博。"⑤词体要"以轻灵之气,发经籍之光"⑥。清初浙西派以清空相鼓吹,其典范乃以姜、张为代表的南宋词人;郑文焯同

---

① 周济:《介存斋论词杂著》,《词话丛编》,中华书局,1986年版,第1630页。
② 谢章铤:《双邻词钞序》,《赌棋山庄文集》。
③ 谢章铤:《抱山楼词叙》,《赌棋山庄文集》卷五。
④ 郑文焯:《论词书》,《大鹤山人词话》,南开大学出版社,2009年版,第217页。
⑤ 郑文焯:《清真词校后录要》,《大鹤山人词话》,南开大学出版社,2009年版,第359页。
⑥ 郑文焯:《论词书》,《大鹤山人词话》,南开大学出版社,2009年版,第274页。

样倡导清空,但他并不以南宋为限,"北宋词之深美,其高健在骨,空灵在神"①,北宋词人亦可誉之为清空。郑文焯偏好清空、疏淡之境,并常以此境论人。如评苏轼词:"读东坡先生词,于气韵格律,并有悟到空灵妙境,匪可以词家目之,亦不得不目为词家。"②又评姜夔词:"细绎白石歌曲,得其雅淡疏宕之致,一洗金钗钿合之尘。"③与张炎一样,郑文焯在提倡"清空"的同时,批评质实、猖狂等弊病:"词之难工,以属事遣词,纯以清空出之。务为典博,则伤质实;多著才语,又近昌狂。至一切隐僻怪诞、禅缚穷苦、放浪通脱之言,皆不得著一字,类诗之有禁体。"④然而郑文焯所说的"清空"又有他独特的解说:"所贵清空者,曰骨气而已。"⑤郑氏的"清空说"是与"比兴寄托"相联系的,乃"比兴寄托"的表现形态。正是在此意义上,与浙派后学所标榜的"清空"相区别。郑文焯云:"北宋词之深美,其高健在骨,空灵在神。而意内言外,仍出以幽窈咏叹之情。故耆卿、美成,并以苍浑造端,莫究其托谕之旨,卒令人读之歌哭出地,如怨如慕,可兴可观,有触之当前即是者,正以委曲形容所得感人深也。"⑥姑且不论柳永、周邦彦的词是否有寄托,郑文焯所说北宋词达到的极高的艺术境界和感人的效果则是公认的。郑

---

① 郑文焯:《论词书》,《大鹤山人词话》,南开大学出版社,2009年版,第226页。
② 郑文焯:《评东坡乐府》,《大鹤山人词话》,南开大学出版社,2009年版,第48页。
③ 郑文焯:《论词书》,《大鹤山人词话》,南开大学出版社,2009年版,第219页。
④ 郑文焯:《论词书》,《大鹤山人词话》,南开大学出版社,2009年版,第220页。
⑤ 郑文焯:《论词书》,《大鹤山人词话》,南开大学出版社,2009年版,第220页。
⑥ 郑文焯:《论词书》,《大鹤山人词话》,南开大学出版社,2009年版,第226页。

文焯认为,高明的寄托是没有留下任何解索标记的寄托,是出于空灵、苍浑的寄托,令人为所感而不知何以为感,所以感人至深,这就是寓于"清空"之中的寄托的特征。而未至此境者,则往往易失之浅露、直白。郑文焯又说:"美成隶事属辞,有羚羊挂角之妙。盖托诸隐秀以伤其不遇也。《宋史·文苑传》谓其以诸生献赋,一命为正,五岁不迁。词意悲感,或当其浮沉时耶。"①郑氏认为,周词浓郁之情出于浑化无迹,所以为高,这正是清空寄托的境界。

郑文焯不受派别和传统成说的局限,汲取了"清空"和"寄托"这二个词学史上的著名范畴的精髓,加以重新阐释,进而融合铸成了新的词学境界,推进了词学的进步。与郑文焯同时的况周颐亦将寄托与清空相结合,如评王元之《点绛唇》:"寓沈著于清空之中,虽寥寥数十字,饶有无限感慨。"②况氏所说的"沉著"即是寄托,"寓沈著于清空之中"与郑文焯的清空寄托说同一轨辙。师承况周颐的刘永济教授也进行了阐释:"清空云者,词意浑脱超妙,看似平淡,而意蕴无尽,不可指实。……严沧浪所谓'水中之月,镜中之象'是也。"③可见清空寄托说已为学界接受。

考察词学史上的清空说,值得我们注意的有以下三个方面:第一,清空是一个纯粹的词学范畴,这与词学领域其他一些由诗学借鉴而来的范畴有着显著的不同。如比兴寄托、雅正、沉郁顿挫等范畴,由诗学引入词学,是"以诗论词"的表现,是传统诗学向词学的影响和渗透。既然是借鉴引用,就不免有些枘凿方圆,磨合尚需时日。清空虽然有一些诗学、佛学的思想元素,但它还是由词学领域

---

① 郑文焯:《论词书》,《大鹤山人词话》,南开大学出版社,2009年版,第286~287页。
② 况周颐:《历代词人考略》卷七,全国图书馆文献缩微复制中心,2003年影印版。
③ 刘永济:《词论》卷下《总术》第一,上海古籍出版社,1991年版,第66页。

产生,首先运用于词学批评实践的范畴。因而它更具有词体特性,更能传达词体的内在气质。第二,"清空"成为一个流派的代称,它曾产生旗帜性的作用,向往者聚而成派,对于它的过度追求,又使流派走向极端,成为别人批判的焦点。清空体现了词史、词学史的发展历程。第三,"清空"成为一部词学史的缩影。它在南宋末年出现,是词体风格形态多样化的理论总结;在清代前中期的"中兴"及晚清的嬗变皆与词学史的主流思想相合,可以说一直是清代词学"关键词"。

第七章　论柳永俗词

在中国古代的文人中，以"俗"而招致恶名的，首推北宋词人柳永。在历代批评家的眼里，"俗"可以作为柳永其人其词的代称。如陈师道《后山诗话》云："（柳永）作新乐府，骫骳从俗。"王灼《碧鸡漫志》卷二说柳词"浅近卑俗，自成一体"。在当时及后世的批评家的观念中，柳永的词"伤雅""乖雅"，是雅词的对立物。如清代张德瀛《词征》卷一说柳词"实为曲家导源，在词则乖风雅矣"。

雅俗异势，雅和俗代表了对立的价值标准和相异的风格形态。雅俗是文学史上议论得最多的话题之一，但雅和俗又是最多歧义的范畴。从范畴本体的角度看，雅俗可表示古今、文野、高下、精粗、正奇、正变、清浊等；从作品创作传播过程看，雅俗又可从作者、作品、读者、接受过程四个方面加以认识。① 就柳永词之俗而言，研究者曾经从多种角度进行过分析，如视其为儒家雅正的对立面而斥之为"丽以淫""狎邪""纤艳"；视其为文雅的对立面而指为"鄙俗""俚俗"。本文则从柳永与词的接受者的关系入手来探讨柳词之俗。

对雅俗体现在作者的创作意图和受众的接受选择的关系方

---

① 参阅孙克强：《雅俗之辨》，华文出版社，1997年版。

面,中外文化史上,许多批评家曾发表过精辟的见解。如老庄思想强调自我与凡众的对立。又如当代美国学者 M. 托马斯·英奇对"高雅或精英文化与通俗或大众文化"区别的认识:"高雅文化……是指一位旨在标新立异的艺术家的具有个性和主观的表现。""通俗文化则被认为在风格和内容上为大多数人可理解的或与他们相关的。""高雅文化……创作是一种追求真和美的纯粹的审美活动","通俗文化旨在去迎合普通人和大多数人。"①托马斯·英奇所说的高雅文化、通俗文化,有当代美国的文学现象为背景,并且多以叙事文学为对象,但对我们理解雅俗范畴及认识柳永的词有着重要的借鉴意义。

与雅文学以表达士大夫清高俊逸的情志不同,俗文学是以迎合、满足受众的需要为目的的,受众所喜闻乐见的内容、语言和表达方式是对俗文学创作提出的基本要求。柳永的词即充分体现了这种目的和要求,正如论者所云:"《乐章集》中,冶游之作居其半,率皆轻浮猥亵,取誉筝琶。"②"柳耆卿……以其鄙曼之辞,缘饰音律以投时好。"③"柳屯田词极为世称……不过谐俗便歌唱耳。"正是说柳词能够迎合受众和时尚的需要,因而赢得了下层的广泛爱好。柳词之俗是由接受者俗的需要决定的。

第一节 题材内容之俗

柳词的"俗"首先体现在其词的题材内容上。

雅、俗文学接受者所要求的欣赏内容和欣赏习惯是有着显著

---

① M. 托马斯·英奇:《通俗文化研究》,《国外社会科学》,1995 第 7 期。
② 邓廷桢:《双砚斋词话》,《词话丛编》中华书局,1986 年版,第 2528 页。
③ 董士锡:《餐华吟馆词叙》,《齐物论斋文集》卷二。

的不同的。就处于下层社会的俗文化的接受者来说,经济条件、社会地位决定了他们不可能接受更多的文化教育,在繁重的谋生操劳之余,要寻求休息娱乐。他们没有可能也不会把欣赏文艺作为一项崇高的事情,所需要的只是身心得到放松,从某种意义上说,是为了寻求刺激。而男女之情的刺激往往是下层市民的主要娱乐选择。因而通俗文学中性题材通常为主要的内容。清人陈锐《袌碧斋词话》说:"屯田词在小说中如《金瓶梅》。"正是指柳永词中多男女性爱的描写,这正是柳永迎合下层市民娱乐要求的结果。

柳永生活的时期,正是北宋初年经济繁荣的时期,市民享乐意识膨胀,首都汴京更是一派歌舞升平。在此背景下,柳永词"应运而生"。宋人叶梦得《避暑录话》卷三说:"柳耆卿为举子时,多游狭邪,善为歌辞,教坊乐工,每得新腔,必求永为辞,始行于世,于是声传一时。"柳永沉溺于秦楼楚馆、花间樽前,凭着他精通音乐的才能,很快在青楼妓院、勾栏瓦肆这些社会下层场所受到了妓女、乐工的推誉,并成为当时最负盛名的"通俗歌曲作家"。《四库全书总目提要·乐章集》云:"盖词本管弦冶荡之音,而永所作旖旎近情,使人易入,虽颇以俗为病,然好之者终不绝。"柳词中有大量描写妓女的篇章,有些词章就是专为妓女而作的,如蔡嵩云《柯亭词论》所说,乃"倡楼信笔之作"。柳永《昼夜乐》(秀香家住姚花径)一词,后人指出:"此词丽以淫,为妓作也。"①有描写妓女容貌情态的,如《木兰花》:"心娘自小能歌舞,佳娘棒板花细簇,虫娘举措皆温润,酥娘一搦腰肢袅。""心娘""佳娘""虫娘""酥娘"皆妓女艺名。有些写男主人公(实是作者本人)与妓女欢会场面,如《能改斋漫录》卷十六记载的柳永为三个妓女写下的一首《西江月》(师师生得艳

---

① 沈雄:《古今词话·词品》下卷引花庵词客语,《词话丛编》,中华书局,1986年版,第875页。

冶)。有些词则更为露骨地写男女床笫之欢,如《菊花新》:"欲掩香帏论缱绻。先敛双娥愁夜短,催促少年郎,先去睡,鸳衾图暖。

顺臾放了残针线。脱罗裳,姿情无限。留取帐前灯,时时待,看伊娇面。"清代李调元《雨村词话》卷一评论此词云:"柳永淫词莫逾于《菊花新》一阕。"写妓女、写妓女的生活,是通俗文学的常见内容,是由受众的喜闻乐见所决定的。

深层分析柳永词受到社会下层欢迎的原因,还与柳永作词的身份定位、感情角度有着直接的关系。柳永的词特别受居于社会下层的市民、歌妓的欢迎,与他词中表现出的具有市民特征的感情、观念、价值标准等有着深层的关系。柳永词中多写风尘女子,但作者对她们的感情却是真挚的、深沉的、平等的。"执手相看泪眼,竟无语凝咽","便纵有千种风情,更与何人说",这样的"情语"是虚拟、做作不出来的。这种态度与以晏殊、欧阳修为代表的士大夫词人形成了鲜明的对照。在士大夫的观念中,歌妓是玩弄欣赏的对象,招之即来,挥之而去,可以尽兴地描写他们的容貌、体态,甚至与她们的床笫之欢,也可以故作姿态地写她们的期望之久、相思之苦,但总有一个原则不可动摇,即不能与歌妓"平等相待",不失士大夫身份,这便是"文人的风雅",反之则斥之为俗。柳永正是在这一点触犯了"忌讳",对下层歌妓的态度正是士大夫批评者斥责柳永其人其词"俗"的重要原因。可以说,封建士大夫对柳永"俗"的批评,实质上是对士大夫阶层的地位和身份的一种"捍卫"。张舜民《画墁录》所记的一则词话正可说明这个问题:

柳三变以词忤仁庙,吏部不放改官,三变不能堪,诣相府。晏公曰:"贤俊作曲子么?"三变曰:"只如相公亦作曲子。"公曰:"殊虽作曲子,不曾道:'彩线慵拈伴伊坐。'"柳遂退。

晏殊讽刺柳永作"曲子"。柳永当时并不服气,以晏殊亦曾染指作曲子反唇相讥。但晏殊举出了柳永的俗词名句"彩线慵拈伴伊坐",意在说明同是写词,自己的词与柳永词的品格是有雅俗之别的。柳永被击中要害无话可说。"彩线慵拈伴伊坐"为柳永《定风波》词中之句。全词录下:

自春来,惨绿愁红,芳心是事可可。日上花梢,莺穿柳带,犹压香衾卧。暖酥消,腻云亸。终日厌厌倦梳裹。无那。恨薄情一去,音书无个。　　早知恁么。悔当初,不把雕鞍锁。向鸡窗、只与蛮笺象管,拘束教吟课。镇相随,莫抛躲。彩线慵拈伴伊坐(一作"针线闲拈伴伊坐")。和我,免使年少,光阴虚过。

这首词描绘了一位思妇空虚无聊的精神状态,和悔恨哀愁的内心世界。词用代言手法,由思妇之口直接道出了下层市民的爱情观,长相厮守,过一种平庸而甜蜜、琐细而快活的生活。"彩线慵拈伴伊坐"正是这种生活最典型的写照。这种生活理想不是士大夫们常在诗中所表达的建功立业、积极入世,经天纬地的志向;也有别于公子王孙钟鸣鼎食之余,欣赏新曲,逗弄歌妓的清雅,是市民生活中实实在在的俗意识。很显然,这种市民的俗意识是晏殊所鄙夷的,他认为士子表现这种意识是不能容忍的。而柳永的词则正是站在俗众的立场上,以俗众的感情表现俗众的生活。

第二节　语言之俗

柳永词广泛流传,"凡有井水饮处,即能歌柳词"①,语言的通俗是其流行的重要原因。柳永因有"词家之白居易"之称②,与唐代诗人白居易用通俗的语言以求达到教化的目的不同,柳永词的通俗、俚俗则主要是为了取悦受众。词来自民间,与士大夫们言志抒怀的诗歌比较起来,更贴近下层社会,但从晚唐到宋初,文人的词中语言逐渐趋于典雅精工,向诗的语言靠拢。而柳永虽为读书人,但他长期混迹市井,词中语言多来自市井,并力求符合歌妓声口,唱给下层市民欣赏,因而他的词多使用市井俗词俚语,体现出下层社会的意趣。柳永词确曾达到了预期的效果。《艺苑雌黄》说:柳永词"言多近俗,俗子易悦"③。黄昇《花庵词选》也说:"耆卿长于纤艳之词,然多近俚俗,故市井人悦之。"

柳词语言之俗主要表现在三个方面。其一,词中采用市井方言俗语,如宋翔凤《乐府余论》所云:"耆柳失意无俚,流连坊曲,遂尽收俚俗语言,编入词中,以便伎人传习。一时动听,散播四方。"吴梅先生举例指出柳词中采用俚俗语的情况:

(柳词)时时有俚俗语。如《昼夜乐》云:"早知恁地难拼,悔不当初留住。其奈风流端正外,更别有系人心处。一日不

---

①　叶梦得:《避暑录话》卷下,《宋元笔记小说大观》,上海古籍出版社,2007年版。

②　《四库全书总目提要·东坡词提要》:"词自晚唐五代以来,以清切婉丽为宗,至柳永而一变,如诗家之有白居易。"王国维:《清真先生遗事·尚论》三:"以宋词比唐诗……耆卿似乐天。"

③　胡仔:《苕溪渔隐词话》,《词话丛编》,中华书局,1986年版,第172页。

思量,也攒眉千度。"《梦还京》云:"追悔当初绣阁话别太容易。"《鹤冲天》云:"假使重相见,还得似当初么?悔恨无计那,迢迢长夜,自家只恁摧挫。"《两同心》云:"个人人昨夜分明,许伊偕老。"《征部乐》云:"待这回好好怜伊,更不轻拆。"皆率笔无咀嚼处。诸如此类,不胜枚举。①

此外柳词中还有大量市井词汇,如"甚时向"(《尾犯》)、"便只合"(《昼夜乐》)、"长只恁"(《征部乐》)、"好生地"(《长寿乐》)等。据梁丽芳《柳永及其词之研究》②统计:"柳永所用的白话,内容非常广泛,其中他最喜欢用的副词'恁',共出现58次,还有'争',出现36次,'处'20多次,'怎'10多次,语尾'得'字共出现49次,'成'字20多次,'了'字10多次。"大量使用上述词语使柳词的白话色彩特别突出。

柳词中许多语句纯是口语,如"歌枕背灯睡"(《梦还京》)、"就中有风流"(《金蕉叶》)、"不早与伊相识"(《惜春郎》)、"昨宵里,恁和衣睡。今宵里,又恁和衣睡"(《波罗门令》)、"试问伊家,阿谁心绪"(《少年游》)、"催促少年郎,先去睡"(《菊花新》)、"笙歌筵上,有人人可意"(《长寿乐》)、"再三偎著,再三香滑"(《小镇西》)。俚俗的语言是与俗众沟通的媒介。

其二,柳永常在词中模拟人物声口语气。柳永的词有一些是应歌妓的要求而写,并由歌妓演唱。③ 为了演唱得委婉生动,柳永在揣摩歌妓心理,模拟歌妓声口方面下了功夫。他用第一人称代言,把妓女的内心淋漓尽致地表露出来,如:

---

① 吴梅:《词学通论》,华东师范大学出版社,1996年版,第68页。
② 梁丽芳:《柳永及其词之研究》,三联书店香港分店,1985年版。
③ 柳永《玉蝴蝶》词中描写:"要索新词,殢人含笑立尊前。"即如实写照。

系我一生心,负你千行泪。(《忆帝京》)

奈你自家心下,有事难见。待信真个,恁别无萦绊。(《秋夜月》)

但愿我,虫虫心下,把人看待,长似初相识。……待这回,好好怜伊,更不轻离拆。(《征部乐》)

待恁时,等着回来贺喜。好生地,与我儿利市。(《长寿乐》)

长是夜深,不肯便入鸳被。与解罗裳,盈盈背立银缸,却道你但先睡。(《斗百花》)

尽更深,款款问伊,今后敢更无端?(《锦堂春》)

我前生、负你愁烦债。便苦恁难解开。(《迎春乐》)

柳永代言拟声词作最典型的要数《玉女摇仙佩》:"愿奶奶兰心蕙性,枕前言下,表余深意。"宋人所批评柳词"词语尘下""杂以鄙语"①恐怕更多指的是此类。如果说一般市井俚言俗语在其他宋初词人的作品中还偶有所见的话,此类语言则是高雅词人绝对排斥的。清人田同之《西圃词说》论道:

文人之才,何所不寓,大抵此物流连,寄托居多。《国风》《骚》《雅》,同扶名教。即宋玉赋美人,亦犹主文谲谏之义。良以端之不得,故长言咏叹,随以托兴焉。必欲如柳屯田之"兰心蕙性","枕前言下",不几风雅扫地乎?

---

① 李清照:《词论》:"柳屯田者,变旧声,作新声,出《乐章集》大得声称于市。虽协音律,而词语尘下。"徐度《却扫编》卷五:"多杂以鄙语,故流俗人尤喜道之。"《宋元笔记小说大观》,上海古籍出版社,2007年版。

此语道出了雅俗分野的关键。文人语言以雅为工,描写"美人",亦有政治上的寄托,即所谓"香草美人以喻君子,男女比君臣",是一种比兴之义;即使言情,涉于淫艳,也要表现为对所写歌妓的居高临下的"欣赏",以使词人的高雅不致被人"误解"。像柳永这样为歌妓代言拟声,且又声情并肖,已"泯灭"了雅俗界限,实是士大夫所不可容忍的。①

其三,柳永词语言俚俗为人所诟病的还有语言游戏,如《西江月》词中的"拆白道字":

  师师生得艳冶,香香于我情多,安安那更久比和,四个打成一个。 幸自苍皇未款,新词写处多磨。几回扯了又重挼,姦字中心著我。

"姦"字即三女字合文,指代上片的师师、香香、安安三人,且不说词意的淫狎,即论其填词的拆白道字的游戏文字,雅词中也是不容许出现的。北宋另一位词人黄庭坚学柳永用"拆白道字"写《两同心》:"你共人女边着子,争知我门里挑心。"(按:指"好""闷"二字)这类文字游戏被后世批评为"卑俗之极"的"蒜酪体"。

柳永的词大多是用来演唱的,词为音乐文学,演出效果与音韵声律及词牌的选用有着直接的关系。尤其是在宋初,词律尚未定型,词人可以通过音韵声律的适当变化来表现自己的个性。柳永

---

① 张炎:《词源》卷下:"词欲雅而正,志之所之,一为情所役,则失期雅正之音。耆卿、伯可不必论,虽美成亦有所不免,如'为伊泪落',如'最苦梦魂,今宵不到伊行',如'天便教人,霎时得见何妨',如'又恐伊,寻消问息,瘦损容光',如'许多烦恼,只为当时,一晌留睛',所谓淳厚日变成浇风也。"《词话丛编》,中华书局,1986年版,第266页。张炎批评周邦彦词的例句,亦皆为为歌妓代言拟声的词句。由此可见正统批评家对此类语言所持的严厉排斥态度。

即运用韵脚、语言四声等变化达到奇特刺激的效果,以此来吸引和感染受众。林玫仪教授从韵脚的疏密考察柳词的特色云:

> 由于长短句交错应用,因而形成柳词独特之风格。……韵字疏密如此悬殊,可见柳永当时之词调音乐,其旋律必然跳动活泼,变化多端,在演奏时,忽而"缓歌慢舞",忽而"急管繁弦",极尽变化之能事。①

唐圭璋先生论柳永词的语言的四声安排云:

> 我们今天不知道柳词的唱法,但从他词中运用四声阴阳、去声、入声字、去上连用、中用韵以及双声、叠韵,还可以感到音节极其响亮。②

旋律的跳动活泼,音节的响亮,都是吸引受众、刺激受众的重要因素。柳永词之所以受到受众的热烈欢迎,与其词的音律、语音的刻意安排有着直接的关系。亦可以认为,柳永正是为了吸引受众,迎合受众方作出如此安排。由此可见柳永为赢得受众的良苦用心。日本学者村上哲见在《唐五代北宋词研究》③中还分析了柳永选用词牌与其词风之俗的关系。柳词中所用词牌与《花间集》以来的文人词中所用的词牌有着显著的不同:一是柳永独创的词牌多,二是即使词牌名称相同,但字数、曲式却又有明显差别。村上

---

① 林玫仪:《周柳词比较研究》,《词学考诠》,联经出版事业公司,1987年版,第224页。
② 唐圭璋:《柳词略述》,《词学论丛》,中华书局,1996年版,第932页。
③ 村上哲见著、杨铁婴译:《唐五代北宋词研究》,陕西人民出版社,1987年版,第190页。

哲见指出:

> (柳词)的所谓"俗",不仅止于内容和表达。……他所用的曲调是非常不同的,否则就无法充分说明为什么晏、欧等人词中也有相当数量的类似艳词的作品,而却惟独耆卿遭到极度的贬低呢?
> 在当时的文人之间墨守着这一曲调(按:指《定风波》的旧有形式),而耆卿却采用了闾里巷间流行的变奏曲。

采用这种"闾里巷间流行的变奏曲",即有别于文人惯常使用的词牌,不外乎是为了下层受众所喜闻乐见。

这也正是柳词俗的重要原因。

第三节 表现方法之俗

宋人往往批评柳词"无韵"。如李之仪曰:"铺叙展衍,备足无余,形容盛明,千载如逢当日。较之《花间》所集,韵终不胜。"[①]

吴曾《能改斋漫录》卷一六将张先与柳永相比,称"子野韵高,是耆卿所乏处"。所谓"韵",指文艺作品所产生的联想、感发和回味,古人所谓"弦外之音""言外之意""味外之旨"。有无"韵味"可谓雅俗之辨的重要分野。

俗文学与雅文学的欣赏要求相反。俗文学的接受者不具备较高的欣赏水平,文化积累也少得多。高雅文学作品所提供给读者的审美空间距离,对俗文学接受者却成了无法逾越的鸿沟,也就是说,读者、听众缺少参与想象和补充的条件。因而由作者、作品到

---

① 李之仪:《跋吴思道小词》,《姑溪居士文集》卷四十。

第七章 论柳永俗词

读者的欣赏过程就无法完成。对于俗文学的读者或听众来说,接受过程不像雅文化那样理智和能动,而相对被动得多,是一种层次较低的欣赏过程,直观、浅层的感受是其特征。

词的雅俗也是这样。词产生于胡夷里巷,是民间配合燕乐歌唱的歌辞,本是俗文学的品种。从中晚唐开始,文人染指词作,他们的作品与民间曲子相区别而称为"诗客曲子词",这个称谓的变化包含有深刻的意蕴,所谓"诗客"之称,说明词的作者不再是民间艺人,而是文人雅士,标志着词已由俗变雅了。文人雅词到北宋初年有几个显著特征,从体裁上看主要是小令,从表现手法上看,强调含蓄,词中构筑了一些精美景象和物象,使读者产生托喻的联想,如温庭筠的《菩萨蛮》词"小山重叠金明灭","照花前后镜,花面交相映",使后世文人读之而产生联想。如清张惠言《词选》说:"此感士不遇也,篇法仿佛《长门赋》。……照花四句,《离骚》初服之意。"温庭筠词之所以会使人产生比兴的联想,即因为他的词含蓄而概括,读者在读词时可以借助自己的文学修养和生活经验去感发和补充。此即"韵"之所由,也正是文人雅词的特征。

柳永的词则在表现手法上和作词的章法上充分体现了俗文学的特点。柳永的词迎合下层市民俗众的接受习惯,叙述描写直观浅露,不求含蓄蕴藉,不设比兴寄托。试将前文提到的柳永的《定风波》词与晏殊的《木兰花》词作一比较,即可分明,晏词如下:

> 朱帘半下香销印,二月东风吹柳信。琵琶旁畔且寻思,鹦鹉前头休借问。　　惊鸿去后生离恨,红日长时添酒困。未知心在阿谁边,满眼泪珠言不尽。

这首《木兰花》与柳永的《定风波》颇有相似之处:都是写思妇怀人,都写因思而愁,但晏、柳二位作者由于身份地位不同,感情不同,表现手法不同,因而风格也十分不同。

同样写独处的慵懒,柳永的描写直接浅露而近乎白描:"日上花梢,莺穿柳带,犹压香衾卧,暖酥消、腻云亸,终日厌厌倦梳裹。"写日高天晏,女子拥被不思起床,直写其脸庞的光泽消减,发型散乱。晏殊的描写则要含蓄蕴藉得多:"朱帘半卷"暗示女子心情慵懒;"香销印"是说香条上的印记燃尽了,说明时间已晚,实是暗示女子夜深无眠,以示她相思之苦。

同样表现对薄情郎的怨恨,柳词直言:"恨薄情一去,音书无个。"心中所怨,率口而出。晏词则云:"琵琶旁畔且寻思,鹦鹉前头休借问。"化用唐诗人朱庆余的《宫词》诗意:"含情欲说宫中事,鹦鹉前头不敢言。"却把怨恨深深埋在心里。晏词与柳词相比,一含蓄,一直露,体现了雅俗的区别。柳永词与雅词不同,"铺叙展衍,备足无余",不求含蓄,不留回味,把话说透,充分适应市民阶层的欣赏习惯,这正是"俗"的特征。

"铺叙展衍,备足无余"不仅是表现手法而且还是章法问题。文人作雅词,为使读者参与欣赏,求得韵味绵长,还往往在意象、物象的构筑及叙事的结构上有意留下空白,造成跌宕起伏、情景交感的艺术效果。柳永词则不然,更侧重于词的叙事描写,叙事完整,描写细腻。王灼《碧鸡漫志》卷二说:"柳耆卿《乐章集》,世多爱赏该洽,序事闲暇,有首有尾。"即是指柳词的这个特点。下面我们举他的一首《夜半乐》来加以说明:

冻云黯淡天气,扁舟一叶,乘兴离江渚。渡万壑千岩,越溪深处,怒涛渐息,樵风乍起。更闻商旅相呼,片帆高举。泛画鹢、翩翩过南浦。　望中酒旆闪闪,一簇烟村,数行霜树,残日下,渔人鸣榔归去。败荷零落,衰杨掩映,岸边两两三三,浣纱游女,避行客、含羞相语。　到此因念、绣阁轻抛。浪萍难驻。叹后约丁宁竟何据！惨离怀,空恨岁晚归期阻。凝旧眼,杳杳神京路,断鸿声远长天暮。

这首词写乘舟出行,第一段有时间,有地点,出发后经历万壑千岩,过越溪,过南浦。第二段还在行走,看到酒旆、烟村、霜树、渔人、败荷、衰杨、浣女。第三段写他们的旅途感受。词中地点、景物不厌其详地罗列,不给读者发挥的余地,不让读者在某一景物上生发联想,体味余韵。

叙事如此,言情更是如此,如宋征璧所云:"词家之旨,妙在离合,语不离则调不变宕,情不合则绪不连贯。每见柳永,句句联合,意过久许,笔犹未休,此是其病。"①柳永常常在词中不厌其详地抒情,唯恐受众不为感染。清人钱裴仲《雨华庵词话》说:"柳词与曲相去不能以寸,且有一个意或二三见,或四五见者,最为可厌。"即是指此类作品。很显然,柳永这类铺叙见长的词较适合文化修养不高、无须以想象填补空白的读者。而对文人士大夫来说,了无余味,甚至生厌。

我们今天来看,柳永长调铺叙在当时虽有俗名,但并不失其艺术价值。它虽不能给人感发联想,却能通过丰富的意象给人以浓烈的感染,同样使人产生美感。柳永之后,许多文人学习铺叙手法,长调渐兴正是很好的说明。

柳永在词史上以创制慢词而著称。如宋人赵以夫云:

> 唐以诗鸣者千余家,词自《花间集》外不多见,而慢词尤不多。我朝太平盛时,柳耆卿、周美成羡为新谱,诸家又增益之,

---

① 沈雄:《古今词话·词评》下卷引,《词话丛编》,中华书局,1986年版,第850页。

腔调备矣①

清人宋翔凤《乐府余论》云：

> 词自南唐以后,但有小令。其慢词盖起宋仁宗朝。中原息兵,汴京繁庶,歌台舞席,竞赌新声。耆卿失意无俚,流连坊曲,遂尽收俚俗语言,编入词中,以便伎人传习,一时动听,散播四方。其后东坡、少游、山谷辈相继有作,慢词遂盛。

其实,柳永创制慢词,也是出于迎合受众的需要。慢词指依慢曲子所填之词。慢曲子的特点为"调长拍缓",张炎《词源》卷下形容慢词的创作特色云:

> 慢曲不过百余字,中间抑扬高下,丁、抗、掣、拽,有大顿、小顿、大住、小住、打、掯等字,真所谓上如抗,下如坠,曲如折,止如槁木,倨中矩,中钩,累累乎如贯珠之语,斯为难矣。

由此可知,慢词创作难度较大,但在表演效果上有变化繁多和悠扬动听的特点。清人毛先舒形容其特点云:"长调如娇女步春,旁去扶持,独行芳径,徙倚而前。一步一态,一态一变。"②慢词的出现可以说是对小令一统天下的革命。小令的特色如张炎《词源》卷下所云:"词之难于令曲,如诗之难于绝句,不过十数句,一句一字闲不得。末句最当留意,有有余不尽之意始佳。当以唐《花间集》中韦庄、温飞卿为则。"沈谦《填词杂说》也说:"小调要言短意

---

① 赵以夫:《虚斋乐府自序》,《影刊宋金元明本词》。
② 王又华:《古今词论》引,《词话丛编》,中华书局,1986年版,第609页。

第七章　论柳永俗词

长。"可知以《花间》为代表的小令以含蓄为表现手法,体现了雅词的特色,显然,含蓄手法的小令体对以下层市民为主体的受众是不会受欢迎的。柳永慢词应时而生,他充分发挥了精通音律的特长,改造小令,创制慢词,使词体叙事容量更大,言情更为动人。龙榆生先生云:

> 慢词至柳永而大盛,而《宋史·乐志》恒以"慢曲"与"急曲"对举。"慢曲"多为教坊所造新腔,而柳词又多"淫冶讴歌之曲",则慢曲者,当由其声调之靡曼,所谓"迟其声以媚之"者,庶几近之。

用"迟其声以媚之"来形容柳永慢词,可谓抓住了他迎合俗众的实质。

简单地说,创作态度上的"为己而作"和"为人而作"可造成作品的雅俗差异。古人对此也有一定认识,晏几道《小山词自序》声称自己作词是"期以自娱",意在把己作与"娱人"之作相区别。柳词的独特之处在于他毫不掩饰的"从俗""娱人"态度。这使他独立于雅词的阵营之外,并受到士大夫风雅词人的抨击。

柳永词以俗称与世,然亦并非仅长于俗。近代学者已指出柳永词当分为雅俗二类。[①] 柳永本是文人,且是艺术素养极高的文人。雅词非不能也,实不多为也。苏东坡云:"世言柳耆卿曲俗,非也。如《八声甘州》云:'霜风凄紧,关河冷落,残照当楼。'此语于诗句,不减唐人高处。"[②]苏轼所引之词为柳永名篇《八声甘州》(对潇

[①] 夏敬观:《手评乐章集》:"耆卿词当分雅俚二类。"饶宗颐:《词籍考·别集类》卷二:"柳词二百一十首,作风约分两种。"

[②] 赵令畤:《侯鲭录》卷七引,《宋元笔记小说大观》,上海古籍出版社,2007年版。

潇暮雨），此词不仅具有诗的气质和韵味①，更重要的是此词非为迎合他人而作，而是柳永羁旅行役的切身感受，意境苍茫辽阔，高远雄浑，与诗并无二致。同样的例子我们还可以举柳永的《安公子》（远岸收残雨），写游宦他乡，暮春怀归的心情，此词的风格亦与他为迎合受众所作的词大不相同。清人邓廷桢评此词云："'远岸收残雨'一阕，亦通体清旷，涤尽铅华。昔东坡读孟郊诗作云：'寒灯照昏花，佳处时一遭。孤芳擢荒秽，苦语余诗骚。'吾于屯田词亦云。"由于此词表现的是词人自己的情志，而绝非"悦人"的媚态，因而此词的风格与其俗词迥异其趣，体现出"诗言志"之雅。清人周济《介存斋论词杂著》论柳永云："耆卿乐府多，故恶滥可笑者多，使能珍重下笔，则北宋高手也。"创作态度的不同是造成柳词雅和俗的重要原因，"从俗""谐俗""投时好"的词作与独抒情态的词作自然雅俗判然。

---

① 刘体仁：《七颂堂词绎》："'关河冷落，残照当楼'即《敕勒》之歌也。"《词话丛编》，中华书局，1986年版，第617页。

第八章 论清真词

在中国古代词学史上,周邦彦的词具有无与伦比的地位和影响,北宋末年,清真词已广受好评;从南宋至清末,周邦彦词一直被尊为词学的典范。近千年的词学史上,各种词学思潮潮起潮退,典范词人轮番闪亮登场又黯然退场。而清真词虽也不乏批评,但其主要地位几乎没有受到什么影响,一直居于神坛之上,备受推崇。在这种引人瞩目的现象背后,清真词的特质以及在词学史上所产生的影响和意义,无疑更加耐人寻味。

第一节 宋元明清初:音律和诗性

宋代是词的黄金时代,清真词则辉映于这个时代。在北宋末年至南宋末年,清真词流传于坊间,播唱于歌馆,受到社会各个阶层的喜爱。宋人刘肃谓其词"欢筵歌席,率知崇爱"①,陈郁说他"二百年来以乐府独步,贵人、学士、市儇、妓女,知美成词为可

---

① 刘肃:《片玉词序》,《唐宋词集序跋汇编》,江苏教育出版社,1990年版,第69页。

爱"①。在这种"当时皆称美成词"②的社会氛围下,清真词亦受到词学家们的推崇与膜拜。南宋末,沈义父鲜明提出了"凡作词,当以清真为主"③的理论表述,一举将清真词推上了词学的神坛。

词在本质上是一种音乐文学,是曲调与歌辞的结合品,声文并茂是宋人普遍的审美追求,偏执一端者不免受到批评。北宋柳永词甚为协律,但文辞鄙亵,颇为时人诟病。苏轼词意度高旷,但豪放不羁,不叶律吕,亦受到不少讥讽。到了南宋,词人工律者,不免掺入市井粗俗之语,致使文学色彩大打折扣。如宋末施岳"音律有源流,故其声无舛误。……间有些俗气,盖亦渐染教坊之习故也"④。而辛派词人以文为词,虽极文章之能事,却罕能付之歌喉。对于词坛上这种现象,南宋后期的赵以夫曾有精辟的概括:"后之倚其声者,语工则音未必谐,音谐则语未必工,斯其难也。"⑤北宋以来,词人们或是"语工",或是"音谐",而难于两全其美。只有在词体的音乐性和文学性上兼善并美的词家,才有资格成为宋人心目中的词学典范。周邦彦便是一个合适的人选。考察清真词在此时期受到推崇的原因,有以下两点值得注意。

第一,清真词具有音乐本色。周邦彦知音审律,以顾曲周郎自比,所填之词皆可入乐。更为重要的是,他对词乐进行了一次大规模的整理、定型和增衍,在词史上具有承前启后的作用。张炎在《词源》中说:

---

① 陈郁:《藏一话腴》乙集卷上,《适园丛书》。
② 张端义:《贵耳集》,《宋元笔记小说大观》,上海古籍出版社,2001年版,第4305页。
③ 沈义父:《乐府指迷》,《词话丛编》,中华书局,1986年版,第277页。
④ 沈义父:《乐府指迷》,《词话丛编》,中华书局,1986年版,第278页。
⑤ 赵以夫:《虚斋乐府自序》,《唐宋词集序跋汇编》,江苏教育出版社,1990年版,第255页。

第八章 论清真词

粤自隋唐以来,声诗间为长短句。至唐人则有《尊前》《花间集》。迄于崇宁,立大晟府,命周美成诸人讨论古音,审定古调,沦落之后,少得存者。由此八十四调之声稍传。而美成诸人又复增演慢曲、引、近,或移宫换羽,为三犯、四犯之曲,按月律为之,其曲遂繁。①

周邦彦等人"审定古调",即保留了传世已久的词调并使之定型。同时还通过"移宫换羽"、犯调等多种方式创制出许多新调,为后人开辟无限法门。无论是按旧谱填词,还是自度新曲,清真词都是一个可以依据的权威的范本。于是南宋后期出现了众多词人和清真词的现象。南宋中期以后,词乐失传、旧谱零落已是大势所趋。在这种情况下,那些追求词乐本色的词家便以清真词为"词谱"。南宋末年的方千里、杨泽民、陈允平几乎遍和《清真集》的词调,谨守其句读字声。而像吴文英等词人,其所作但有《清真集》中牌调,字声亦往往悉依周词。沈义父说:"腔律岂必人人皆能按箫填谱。"②又说:"吾辈只当以古雅为主,如有嘌唱之腔不必作,且必以清真及诸家目前好腔为先可也。"③在不谙词乐的情况下,人们以举世公认的古雅的清真词为谱,这无疑是对清真词富于音乐本色的最好证明。

第二,清真词具有诗性特质。袁行霈先生曾指出:"周邦彦的词是一种诗味很浓的词,或者说是文人气很浓的词。"④所谓诗性是指具有表现文人情志的内容与适应于文人欣赏的清远意韵的艺

---

① 张炎:《词源》,《词话丛编》,中华书局,1986年版,第255页。
② 沈义父:《乐府指迷》,《词话丛编》,中华书局,1986年版,第280页。
③ 沈义父:《乐府指迷》,《词话丛编》,中华书局,1986年版,第283页。
④ 袁行霈:《拂水飘绵送行色——周邦彦的〈兰陵王·柳〉》,《文史知识》,1983年第9期。

术品位。《花间集》是词史上第一部文人词选,但仍带有浓郁的乐工歌妓的色彩,所体现的词体特质是香软的、绮靡的和带有娱乐性的。所谓"香而软",是五代词人孙光宪对温庭筠词风格的概括①,亦成为后世对以《花间集》为代表的唐五代文人词的风格特征的认识,同时又被视为词体的当行本色的特征。从五代到北宋末年,浸润诗书已久的士大夫词人们逐渐疏离了这种香软绮靡、镂金错彩的风格,开始期待一种文人传习已久富于诗人本色气质的词风。苏轼的"以诗为词"就是一个例子,只不过他横放杰出的写法破坏了词体含蓄隽永的美感,故未得到大多数人的认可。更多的词人则在词中自觉不自觉地或写入诗人情怀,或呈现诗性意境,或使用诗歌语言,不同程度地表现出诗人的本色。周邦彦词的特质是在保留词体传统主题和婉约本色的前提下,于表现方式中注入诗人的色彩,体现出诗性的气质。试举数端以证之。

其一,在章法结构上,清真词一改柳词"句句联合,意过久许,笔犹未休"②,即平铺直叙、一览无余的方式,代之以颠倒错综,甚至是时空变换,从而产生了"沉郁顿挫中,别饶蕴藉"③的诗歌境界。吴世昌先生曾指出清真词章法结构的手法:"在情景之外,渗入故事,使无生者变为有生,有生者另有新境"④。如其《瑞龙吟》(章台路)词即用这种方法。全词写景、叙事、抒情时空交错变换,造成感慨万端,低徊欲绝的效果。清代陈廷焯评周邦彦:"其妙处,亦不外沉郁顿挫。顿挫则有姿态,沉郁则极深厚。既有姿态,

---

① 孙光宪:《北梦琐言》:"(温)词有《金荃集》,盖取其香而软也。"按:此则见《历代词话》卷二引,《词话丛编》,中华书局,1986年版,第1110页。
② 沈雄:《古今词话》,《词话丛编》,中华书局,1986年版,第850页。
③ 陈廷焯:《白雨斋词话全编》,中华书局,2013年版,第1173页。
④ 吴世昌:《周邦彦和他被错解的词》,《文史知识》,1986年第11期。

又极深厚,词中三昧亦尽于此矣。"①正是这种开阖有致的章法,使周邦彦的词显示出感情的浑厚和表达的蕴藉,从而展现出深受文人推崇的沉郁顿挫的境界。

其二,在意境的营造和渲染上,清真词别开生面。沈义父《乐府指迷》称赞清真词:"结句须要放开,含有余不尽之意,以景结尾最好。如清真之'断肠院落,一帘风絮',又'掩重关,遍城钟鼓'之类是也。"②如将清真词与柳永词相比,结句的"以景结"和"以情结"可谓雅俗的一个分界。"以景结"的清真词不仅"含有余不尽之意",更是体现了诗性的气质。

其三,在句法语言上,周邦彦善于檃括古人诗句入词。陈振孙谓其"多用唐人诗语檃括入律,浑然天成"③。张炎亦谓"采唐诗融化如自己者,乃其所长"④。沈义父也说周词"下字运意,皆有法度。往往自唐宋诸贤诗句中来,而不用经史中生硬字面,此所以为冠绝也"⑤。乍看起来这不过是一种文字技巧,事实上它却起到了词体的诗化、典雅化、文人化的效果。沈义父说:"要求字面,当看温飞卿、李长吉、李商隐及唐人诸家诗句中字面好而不俗者,采摘用之。"⑥周邦彦正是善于采摘前人诗句中的"好而不俗者",故其词亦呈现出"好而不俗"的诗性美。

沈义父在《乐府指迷》中尝引吴文英论词之言:"盖音律欲其协,不协则成长短之诗。下字欲其雅,不雅则近乎缠令之体。"⑦强

---

① 陈廷焯:《白雨斋词话全编》,中华书局,2013年版,第1171页。
② 沈义父:《乐府指迷》,《词话丛编》,中华书局,1986年版,第279页。
③ 陈振孙:《直斋书录解题》,上海古籍出版社,1987年版,第618页。
④ 张炎:《词源》,《词话丛编》,中华书局,1986年版,第266页。
⑤ 沈义父:《乐府指迷》,《词话丛编》,中华书局,1986年版,第277~278页。
⑥ 沈义父:《乐府指迷》,《词话丛编》,中华书局,1986年版,第279页。
⑦ 沈义父:《乐府指迷》,《词话丛编》,中华书局,1986年版,第277页。

调音律之协与文辞之雅,音谐语工、声文并茂是宋人的普遍要求。对于南宋词人来说,清真词可谓词乐的标准;其所具有的诗性特质,更是文人词的典范。清真词在保留词体本色的前提下,真正实现了音乐性与文学性的和谐统一。这一成就在宋末词学家那里得到了确认。沈义父说:"盖清真最为知音,且无一点市井气。"并由此提出"凡作词,当以清真为主"①。清真词之被推尊,解决了宋代词学的一大困惑,同时也为后世词学树立了光辉的典范。

在元、明以及清代初期,词学家们普遍接受宋人的观念,以周邦彦为填词的大家。明人毛晋谓周邦彦词"若乃诸名家之甲乙,久著人间,无待予备述也"②,清初贺裳也说:"周清真人所共称。"③在这个时期,清真词被视为词家正宗当行本色的代表。虽然它并非处于独尊的地位,但仍保持着最高的知名度和最大的传播量,是世人填词的楷模。

元代词学上承宋季,清真词仍为世所重。元人程钜夫说:"予于近世诸家乐府,惟清真犁然当于心。"④王礼更是将清真词视为文人词的典范。他说:"自《花间集》后,雅而不俚,丽而不浮,合中有开,急处能缓,用事而不为事用,叙实而不至塞滞,惟清真为然。"⑤但需要注意的是,此时的清真词已开始失去独尊的地位。元人陆辅之在《词旨》中说:

> 周清真之典丽,姜白石之骚雅,史梅溪之句法,吴梦窗之

---

① 沈义父:《乐府指迷》,《词话丛编》,中华书局,1986年版,第277页。
② 毛晋:《片玉词跋》,《唐宋词集序跋汇编》,江苏教育出版社,1990年版,第69页。
③ 贺裳:《皱水轩词筌》,《词话丛编》,中华书局,1986年版,第707页。
④ 朱彝尊、汪森:《词综》,上海古籍出版社,1978年版,第696页。
⑤ 王礼:《胡涧翁乐府序》,《麟原文集·前集》卷五,《景印文渊阁四库全书》第1220册,台湾商务印书馆,1986年版,第402页。

字面,取四家之所长,去四家之所短。①

陆氏词学渊源于张炎,其论词不专主一家。其心目中的词学范式兼有周、姜、史、吴之长,清真词只是其取法之一种。

明代词学热衷于讨论词体特性,特别是风格特性。明人提倡诗庄词媚,严守诗词之辨。明人徐士俊说:"盖诗之一道,譬如康庄九逵,车驱马骤,不能不假步其间。至于词,则深岩曲径,丛竹幽花,泉几折而始流,桥独木而方渡。"②谢榛则将周邦彦词视为区别于诗体的词体范式:

> 唐人歌诗,如唱曲子,可以协丝簧、谐音节。晚唐格卑,声调犹在。及宋柳耆卿、周美成辈出,能为一代新声,诗与词为二物,是以宋诗不入弦歌也。③

宋人常常讨论诗词之辨,李清照曾强调词"别是一家"。明人进一步提出"诗与词为二物",清真词则被视为词体的典范。"后七子"的领袖王世贞亦持此种观点:

> 之诗而词,非词也。之词而诗,非诗也。言其业,李氏、晏氏父子、耆卿、子野、美成、少游、易安至矣,词之正宗也。温韦艳而促,黄九精而险,长公丽而壮,幼安辨而奇,又其次也,词

---

① 陆辅之:《词旨》,《词话丛编》,中华书局,1986年版,第301~302页。
② 徐士俊:《巢青阁集诗余序》,《清词序跋汇编》,凤凰出版社,2013年版,第51~52页。
③ 谢榛:《四溟诗话》,《历代诗话续编》,中华书局,1983年版,第1146~1147页。

之变体也。①

他认为诗与词有严格的界限，不容含混，温庭筠、韦庄、黄庭坚、苏轼、辛弃疾等人的词作掺杂了某种偏离本色当行的色彩，只可谓"词之变体"；而周邦彦才是正宗的"词人之词"。值得注意的是，在宋代一直被认为是"词家之祖"的温庭筠，其正宗地位被周邦彦等人所取代，王世贞的这种认识耐人寻味。

在词体内部，明人崇婉约，抑豪放。王世贞说："词须宛转绵丽，浅至儇俏，挟春月烟花于闺幨内奏之，一语之艳，令人魂绝，一字之工，令人色飞，乃为贵耳。至于慷慨磊落，纵横豪爽，抑亦其次，不作可耳。作则宁为大雅罪人，勿儒冠而胡服也。"②王氏认为词体抒情要"宛转"，字面要"绵丽"，且不避艳冶，贵在能使读者"魂绝""色飞"。凡是符合这些要求，即属于传统婉约一路的词人，也就都为明人所推崇和激赏，周邦彦正是婉约词的代表，故何良俊说：

> 乐府以瞰逊扬厉为工，诗余以婉丽流畅为美，即《草堂诗余》所载，如周清真、张子野、秦少游、晏叔原诸人之作，柔情曼声，摹写殆尽，正词家所谓当行、所谓本色者也。③

在推崇婉约的词学风尚下，清真词便与张先、秦观、晏几道等词家同被尊为"当行""本色"的典范。

需要注意的是，在明代流行最广、影响最大的唐宋词选本是

---

① 王世贞：《艺苑卮言》，《词话丛编》，中华书局，1986年版，第385页。
② 王世贞：《艺苑卮言》，《词话丛编》，中华书局，1986年版，第385页。
③ 何良俊：《草堂诗余序》，《唐宋词集序跋汇编》，江苏教育出版社，1990年版，第393页。

《草堂诗余》,而《草堂诗余》入选最多的词人是周邦彦,共选录其词作 46 首,数量远远高于其他入选词人①。由于《草堂诗余》的风靡,清真词广为世人所熟知、认可和模仿。明代中期的词曲家陈铎便是一个例证。他的词集《草堂余意》乃次韵唱和《草堂诗余》而成,词凡 147 首,其中和清真词 20 首,远多于其他词人。这种现象与明人将清真词视为"正宗""当行本色"的观念有着深刻的内在联系。

清初词坛沿袭明末余风,填词、论词皆崇尚北宋婉约柔媚一途。先著《若庵集词序》说:"四十年前,海内以词名家者,指屈可数。其时皆取途北宋,以少游、美成为宗。"②以美成为宗,即效法北宋词的清丽婉美之风。彭孙遹说:"温、韦、二李、少游、美成诸家,率皆以秾至之景写哀怨之情,称美一时,流声千载。"③凡此皆可看出清真词在清初的广泛影响。

在元、明以至清初词坛,词乐失传,宋人声文并茂的要求已经被婉约之体的追求所取代。论者专主一体,而不专主一家,清真词以其婉美流畅的词体本色占有一席之地。周邦彦与其他婉约派词人一起牢笼了这个时期的词学思想,清真词也成为正宗婉约词风的一个杰出代表。

---

① 根据杨万里《论〈草堂诗余〉成书的原因》(《文学遗产》,2001 年第 5 期)统计,明嘉靖末春山居士荆聚校刊本《增修笺注妙选群英草堂诗余》录词最多的前十名词人为:周邦彦 46 首,苏轼 22 首,柳永 17 首,秦观 16 首,康与之 11 首,辛弃疾 8 首,欧阳修 8 首,张先 7 首,黄庭坚 7 首,李清照 5 首。

② 先著:《若庵集词序》,《清词序跋汇编》,凤凰出版社,2013 年版,第 411 页。

③ 彭孙遹:《旷庵词序》,《松桂堂全集》卷三十七,《清代诗文集汇编》第 125 册,上海古籍出版社,2010 年版,第 255 页。

第二节 浙西词派:乡邑先贤和守律

浙西词派是清代主盟词坛时间最长、影响最为深远的词学流派。晚清蒋敦复说:"浙派词,竹垞开其端,樊榭振其绪,频伽畅其风。皆奉石帚、玉田为圭臬,不肯进入北宋人一步,况唐人乎!"①浙西词派,从开山宗主朱彝尊,历中期主将厉鹗,直至殿军郭麐,其主要词学思想一脉相承,即推崇南宋,尊奉姜、张,提倡雅正。然而在对待清真词的态度上,浙派的词学家们却颇不一致,甚至大相径庭。王昶、郭麐等人认为,南宋姜夔、张炎诸子清空醇雅,其品高尚,而"施朱傅粉,学步习容"②的清真词是淫艳浮靡词风的代表,应在排斥之列。与此种认识相悖,有些浙派词家则从清真词中找到了浙派审美理想的某些因素,于是就突破了"南宋""清雅"的界域,仍将清真词视为典范。深入考察浙派诸人推崇清真词之论,主要旨趣体现在以下方面。

第一,以清真词作为乡邦词学传统的典范,以完善本派的词统源流。浙派开山祖师朱彝尊说:

> 宋以词名家者,浙东西为多。钱唐之周邦彦、孙惟信、张炎、仇远、秀州之吕渭老,吴兴之张先,此浙西之最著者也。③

朱彝尊为浙派寻根溯源,并以周邦彦为首,体现的是地域文学

---

① 蒋敦复:《芬陀利室词话》,《词话丛编》,中华书局,1986年版,第3636页。
② 郭麐:《灵芬馆词话》,《词话丛编》,中华书局,1986年版,第1503页。
③ 朱彝尊:《孟彦林词序》,《清词序跋汇编》,凤凰出版社,2013年版,第171页。

的观念。如果说朱彝尊还只是泛泛列举的话,到了厉鹗那里,则已勾勒出周邦彦一脉单传的谱系图。他在《玲珑帘词序》中说:

> 两宋词派,推吾乡周清真。婉约隐秀,律吕协谐,为倚声家所宗。自是里中之贤若俞青松、张约斋、翁五峰、张寄闲、胡苇航、范药庄、曹梅南、张玉田、仇山村诸人,皆分镳竞爽,为时所称。元时嗣响,则张贞居、凌柘轩。明瞿存斋稍为近雅,马鹤窗阑入俗调,一如市伶语,而清真之派微矣。我朝沈处士去矜号能词,未洗鹤窗余习。出其门者,波靡不返,赖龚侍御蘅圃起而矫之。绣谷《玲珑帘词》盖继侍御而畅其旨者也。①

《玲珑帘词》是吴焯(字尺凫,号绣谷)的词集。厉、吴二人都是杭州人,与周邦彦同乡。厉鹗在此独推清真词,可谓顺理成章。他以周邦彦为首,列举宋、元、明、清以至吴焯,作为瓣香周词者。而厉鹗所举诸人皆为杭州人,其所谓"清真之派"实乃"杭州之派"。嗣后又有不少人视周邦彦为浙中倚声之宗。如杭州人张云璈说:"吾乡倚声之宗,允推清真周氏。嗣其响者,沿波讨源,各树一帜。"②杨文荪说:"窃谓浙中词派自清真、玉照、蘋洲、山村衣钵相承,履綦未沫。"③杭州是浙派词学的重镇,而厉鹗又是当时的词坛领袖。其推崇周邦彦,必然会对杭州词人群乃至整个浙派产生影响。但其所言立足于地域乡邦,而非词学本身,故带有很大的局限

---

① 厉鹗:《玲珑帘词序》,《清词序跋汇编》,凤凰出版社,2013年版,第432~433页。
② 张云璈:《梦绿山庄集序》,《清词序跋汇编》,凤凰出版社,2013年版,第872页。
③ 杨文荪:《餐花吟馆词序》,《清词序跋汇编》,凤凰出版社,2013年版,第696页。

性。再加上厉鹗自己的词作幽艳清寒,亦非效法清真一路,因此这种影响终究有限。

第二,以清真词作为守律派的旗帜。宋元以降,词乐失传。明人所撰词谱,如《诗余图谱》《啸余谱》等,舛误颇多。清初万树《词律》一书,于词之体式平仄,考订精审,颇为词林所称。然而词毕竟已为案头文学之一种,故清代词学史上始终存在破律与守律之争。浙西词派属于后者,以音律规范而体现雅正一直是浙西词派强调的重点。

在浙派中,厉鹗便以守律著称。后人称其"必以律调为先,词藻次之"①。他对万树《词律》颇为推崇,有"去上双声子细论,荆溪万树得专门"②之谓。在重视词律的观念下,"律吕协谐"便成了厉鹗推崇清真词的又一原因。

浙派后期吴锡麒在《芝泉词概序》中说:"今多词家,不舛平仄句读者十之一二,能知四声节奏者百之一二耳。"③针对当时词坛疏于词律的情况,戈载等"后吴中七子"比厉鹗更进一步,"其论词之旨,则首严于律,次辨于韵,然后选字炼句,遣意命言从之"④。其"严于律"便体现在"细考四声,必求合乎古人,且必求合乎古人之名作以为法"⑤。前文已经提到,南宋末年方千里、杨泽民等人以周词为谱,谨守四声。也就是说,清真词是严辨四声的源头,词

---

① 张其锦:《梅边吹笛谱跋》,《清词序跋汇编》,凤凰出版社,2013年版,第630页。
② 厉鹗:《樊榭山房集》,上海古籍出版社,1992年版,第514页。
③ 吴锡麒:《芝泉词概序》,《清词序跋汇编》,凤凰出版社,2013年版,第527~528页。
④ 顾广圻:《吴中七家词序》,《清词序跋汇编》,凤凰出版社,2013年版,第853~854页。
⑤ 戈载:《翠薇雅词自序》,《清词序跋汇编》,凤凰出版社,2013年版,第798页。

第八章 论清真词

守四声势必要将周词推为典范。因此,戈载编选《宋七家词选》以畅其音韵之旨,首选便是清真词。戈载说:

> 欲求正轨以合雅音,惟周清真、史梅溪、姜白石、吴梦窗、周草窗、王碧山、张玉田七人,允无遗憾。①

清真词之所以能与南宋诸家并驾齐驱,就是因为它"合雅音"。正是"其音节又复清妍和雅"②的特点使得戈载推清真词"最为词家之正宗"③。"后吴中七子"之一的朱绶也说:"清真、白石、梅溪、碧山皆所笃嗜。"④他们喜好、推崇清真词都是出于鼓吹词律的考虑。

第三,以清真词作为南宋姜、张词的渊源。朱彝尊曾说:"予尝持论,谓小令当法汴京以前,慢词则取诸南渡。"⑤令词取法晚唐、北宋,慢词效法南宋,遂成为浙派的家法。但由于人们着意追摹南宋姜、张清空的词风,故往往重慢词而轻小令。乾、嘉时期的严元照说:"近世词家,长调多而小令少。"⑥偏重慢词长调便成为浙派

---

① 戈载:《宋七家词选题辞》,《宋七家词选》,光绪十一年(1885)曼陀罗华阁重刊本。
② 戈载:《清真词序》,《唐宋词集序跋汇编》,江苏教育出版社,1990年版,第81页。
③ 戈载:《清真词序》,《唐宋词集序跋汇编》,江苏教育出版社,1990年版,第81页。
④ 朱绶:《缇锦词自序》,《清词序跋汇编》,凤凰出版社,2013年版,第806页。
⑤ 朱彝尊:《水村琴趣序》,《清词序跋汇编》,凤凰出版社,2013年版,第338~339页。
⑥ 严元照:《酒边花外词序》,《清词序跋汇编》,凤凰出版社,2013年版,第634页。

词学的一个标志。朱彝尊说:"若慢词,至南宋而始极其变,体乃大备。"①诚然,慢词至南宋,牌调既多,章法亦繁,炼字琢句的技巧日趋成熟。但若寻根溯源,姜夔等南宋清雅词家的慢词正是取法清真词。清初受到浙派影响的先著评周邦彦《应天长慢》(条风布暖)云:

空淡深远,较之石帚作,宁复有异。石帚专得此种笔意,遂于词家另开宗派。如"条风布暖"句,至石帚皆淘洗尽矣。然渊源相沿,固是一祖一祢也。②

清真词中的"空淡深远"之风,被姜夔所继承,并发展为清空一派。周词的章法结构亦为白石所本,"尧章思路,却是从美成出"③。故清真、白石"渊源相沿,固是一祖一祢也"。姜夔之外,其他南宋词家亦多瓣香周词。先著说:"宋末诸家,皆从美成出。"④浙派中人许昂霄评周邦彦《满庭芳》(风老莺雏)云:"通首疏快,实开南宋诸公之先声。"⑤浙派中期的江昱说:"南渡诸贤更青出,却亏蓝本在钱塘。"⑥对于南宋词人效法清真词,康熙间的楼俨有一段精辟的概括:

---

① 朱彝尊:《洪崖词序》,《清词序跋汇编》,凤凰出版社,2013年版,第338页。
② 先著、程洪:《词洁辑评》,《词话丛编》,中华书局,1986年版,第1360页。
③ 先著、程洪:《词洁辑评》,《词话丛编》,中华书局,1986年版,第1359页。
④ 先著、程洪:《词洁辑评》,《词话丛编》,中华书局,1986年版,第1356页。
⑤ 许昂霄:《晴雪雅词偶评》,《词话丛编补编》,中华书局,2013年版,第975页。
⑥ 江昱:《论词十八首》,《松泉诗集》卷一,《四库全书存目丛书》集部第280册,齐鲁书社,1997年版,第177页。

> 至周邦彦熟精音律,而模写物态,又曲尽其妙。盖其一种清气,又开南宋之风矣。……姜夔亦学清真,而能变其面目,独以清虚骚雅倡起吴越。①

包括姜夔在内的南宋词家皆学清真词,只不过"变其面目"而已。这就透过表面词风的差异而看到南宋诸家与周词的内在关联。既然姜夔等人都学清真,那么对于瓣香白石的浙派中人来讲,可以并且应当学白石之所学。于是,清真词逐渐进入了浙派宗法之内。如厉鹗就说:

> 尝以词譬之画,画家以南宗胜北宗。稼轩、后村诸人,词之北宗也;清真、白石诸人,词之南宗也。②

将清真词与白石词一并归入浙派所推崇的正宗。浙派中期王初桐则将周、姜视作南北宋词的双璧。他说:"汴梁自清真而外,不必学也。"③又谓:

> 北宋之英华,至周清真而极;南宋之光气,自石帚而开。清真,北宋之殿石;石帚,南宋之冠。④

---

① 楼俨:《南村词选序》,《清词序跋汇编》,凤凰出版社,2013年版,第803页。
② 厉鹗:《张今涪红螺词序》,《清词序跋汇编》,凤凰出版社,2013年版,第419页。
③ 王初桐:《小嫏嬛词话》,《词学》第二十三辑,华东师范大学出版社,2010年版,第466页。
④ 王初桐:《小嫏嬛词话》,《词学》第二十三辑,华东师范大学出版社,2010年版,第469页。

而阮元更是将朱彝尊的理论做了一番修正,他说:

> 词人之作小令,以五代十国为宗,……慢曲以清真、白石为宗,沿其流者有吴文英、张炎、卢祖皋、高观国、王沂孙、周密、蒋捷、陈允衡诸人。①

朱彝尊以令词当法唐五代北宋,慢词当法南宋。且谓"词莫善于姜夔,宗之者张缉、卢祖皋、史达祖、吴文英、蒋捷、王沂孙、张炎、周密、陈允平、张翥、杨基,皆具夔之一体"②。就慢词而言,阮元将周邦彦与姜夔并列,一起作为影响后来的宗主,这反映出浙派师法已经发生了微妙的变化。

王初桐在《选声集自序》中说:"盖自姜、张盛行,海内词人莫不厌言北宋,即知音如周邦彦,无复窥寻。"③诚然,在浙派一统词坛之初,清真词遭受到空前的冷落。然而随着时间的推移,周邦彦又慢慢进入了浙派中人的视野。他的词被作为浙中词学传统的典范,被守律派奉为标志,被视为南宋清雅词派的渊源。特别是最后一点,体现出时人的目光不再局限于外在的风格,而是对于词史发展有了更为深刻的把握。王初桐晚年论其自作云:"大旨仍主姜、张,而出入周、秦。"④晚清谢章铤也说:"按国朝之词多宗浙西六家,导源姜、史,旁参周、秦。"⑤由此可见清真词对于浙派学人的借

---

① 阮元:《王竹所词序》,《清词序跋汇编》,凤凰出版社,2013年版,第641页。
② 朱彝尊:《黑蝶斋诗余序》,《曝书亭集》卷四十。
③ 王初桐:《选声集自序》,《清词序跋汇编》,凤凰出版社,2013年版,第640页。
④ 王初桐:《选声集自序》,《清词序跋汇编》,凤凰出版社,2013年版,第641页。
⑤ 谢章铤:《词话纪余》,《赌棋山庄全集·稗贩杂余》卷三。

鉴意义。要之,清真词的被提出和推崇是对"不肯进入北宋人一步"的浙派词学一次重大补充。

第三节 常州词派:寄托的浑化境界

如果说浙派词学家对清真词的态度褒贬兼之颇有矛盾的话,常州词派则又一次将清真词推向了顶峰。清末蔡嵩云说:"迄清中叶,常州派兴,又尊清真而薄姜、张,以深美闳约为旨,其流风至今未替。实则清真词派,在南宋末年,沈氏早提倡于前,特见仁见智,古今人微有不同耳。"①继南宋末年之后,清真词在常派理论体系中再次成为无上的至尊。然而"见仁见智,古今人微有不同",即词学家们的着眼点已经发生了变化。常州词派以"意内言外"为旗帜,倡导比兴寄托。在此背景下,以周济为代表的常派词家发掘出清真词"浑"的特质,将其推为"寄托"的最高位置。

常州词派的开山祖师张惠言论词强调比兴寄托,在其《词选》中,晚唐温庭筠词占据突出位置,认为"温庭筠最高,其言深美闳约"②。言及宋词,张惠言开出了宋词典范的名单:"宋之词家,号为极盛。然张先、苏轼、秦观、周邦彦、辛弃疾、姜夔、王沂孙、张炎,渊渊乎文有其质焉。"③周邦彦列于八人之中。不难看出,张惠言虽将周邦彦视为典范,但并无特别推尊之意。

继张惠言之后,常州派主将周济却将周邦彦推为终极的典范:"问涂碧山,历梦窗、稼轩,以还清真之浑化,余所望于世之为词人

---

① 蔡嵩云:《乐府指迷笺释·引言》,人民文学出版社,1963年版,第41页。
② 张惠言:《张惠言论词》,《词话丛编》,中华书局,1986年版,第1617页。
③ 张惠言:《张惠言论词》,《词话丛编》,中华书局,1986年版,第1617页。

者盖如此。"①周济之所以独尊周邦彦,是与其词学理论系统相联系的,也体现了他对张惠言词学方法偏颇的纠正和其理论漏洞的弥补。

周济论词亦重"比兴寄托",但他的"比兴寄托"说较张惠言更为宏通。周济将"寄托"分为"初学词"和"格调既成"两个阶段,指示初学和发展的途径及境界。在《宋四家词选目录序论》中又将这两个阶段以"入"和"出"来表示:

夫词非寄托不入,专寄托不出。一物一事,引而伸之,触类多通。驱心若游丝之胃飞英,含毫如郢斤之斫蝇翼,以无厚入有间。既习已,意感偶生,假类毕达,阅载千百,謦欬弗违,斯入矣。赋情独深,逐境必寤,酝酿日久,冥发妄中。虽铺叙平淡,摹缋浅近,而万感横集,五中无主。读其篇者,临渊窥鱼,意为鲂鲤,中宵惊电,罔识东西。赤子随母笑啼,乡人缘剧喜怒,抑可谓能出矣。②

周济的"寄托出入说"提示了习词的阶段性,也是对张惠言"比兴寄托说"的发展和补救。张惠言论词执着于词中比兴寄托的设置和解读,甚至不惜锤幽凿险,深文周纳,因而产生了因庄而伪和因深而屈的弊端。周济认为寄托的最高境界并非简单的类比,乃是作者"赋情独深,逐境必寤,酝酿日久,冥发妄中",即深厚的性情自然流露于词中。而读者"临渊窥鱼,意为鲂鲤,中宵惊电,罔识东西",见仁见智,无法指实其所寄何言,所托何意。在周济看来,清

---

① 周济:《宋四家词选目录序论》,《词话丛编》,中华书局,1986年版,第1643页。

② 周济:《宋四家词选目录序论》,《词话丛编》,中华书局,1986年版,第1643页。

真词便是这种"无寄托"的典范,不再断断刻凿于具体的寄托,体现出了一种浑化之境,此为寄托的最高层次。

在寄托的最高典范的人选上,周济以周邦彦取代张惠言提倡的温庭筠,这是常州词派"比兴寄托"理论的一次重大发展。清末蒋兆燮说:"止庵氏作,树清真帜,以招后学,途轨始正。"①缪荃孙也说:"昔周止庵先生论词首推清真,于《宋四家词选》及《词辨》一再发之,可谓词家准则。"②经过周济的推扬,清真词成为人们心目中的词学至尊。

周济说清真词的特点是"浑化",又云:"清真浑厚,正于钩勒处见。他人一钩勒便刻削,清真愈钩勒,愈浑厚。"③作为清真词的艺术特色,"浑"开始成为清代词学重要的理论范畴。晚清孙麟趾提出作词有十六字诀:清、轻、新、雅、灵、脆、婉、转、留、托、澹、空、皱、韵、超、浑。并认为"词至浑,功候十分矣"④。常派词家冯煦也说:"周之胜史,则又在'浑'之一字。词至于浑,而无可复进矣。"⑤"浑"成为继"清空"之后,清代词坛所追求的又一至高境界。

晚清词坛受到常州派词学影响,周邦彦仍被奉为词学楷模。但这一时期词人蔚起,风格多样,词学思想较为复杂,事实上人们并未定清真词于一尊。以"晚清四大家"为代表的词学家不断推举新的词学典范,清真词便是他们实现这个目的的有力辅助和补充。

常州派兴起以来,虽然声势浩大,响应者甚众,但并未能够一

---

① 蒋兆燮:《青蕤盦词后叙》,《清词序跋汇编》,凤凰出版社,2013年版,第1821页。
② 缪荃孙:《青蕤盦词题跋》,《清词序跋汇编》,凤凰出版社,2013年版,第1820页。
③ 周济:《宋四家词选目录序论》,《词话丛编》,中华书局,1986年版,第1643页。
④ 孙麟趾:《词迳》,《词话丛编》,中华书局,1986年版,第2556页。
⑤ 冯煦:《蒿庵论词》,《词话丛编》,中华书局,1986年版,第3589页。

统词坛。晚清词坛,词人甚多,词集甚夥,所谓"道咸以来,词学大昌。江浙间士,以不能作词为耻"①。与此相应,词人风格也是多种多样,不拘一格。师法温、韦者有之,步趋秦、柳者有之,嗣响苏、辛者有之,瓣香姜、张者有之。而不分南北宋,不论派别者更是所在多有。正如清末民初人俞钟诒所说:"今之填词家凡矜修洁者则曰吾姜张也,趣侧艳者则曰吾秦柳也,惊豪放者则曰吾苏辛也。其棼然杂出、不成一家者且曰吾固无所不赅也。"②可以说,当时词坛呈现出一派百家争鸣、风格多样的局面。由此出入南唐两宋、兼容并包的词学思想开始兴盛起来。在这样的背景下,以王鹏运、朱祖谋、郑文焯、况周颐"晚清四大家"为代表的词学家不以常派自限,而是力图集前人之大成,自树一帜。他们固然推崇清真词,如郑文焯谓"清真固词中之老杜也"③,况周颐说:"乃至《清真》一集,深美闳约,兼赅众长,为两宋关键。"④皆将清真词置于崇高的地位;但他们以集大成为目的,并不为周词所囿。以清真词为绳尺,他们推出了自己心目中新的词学榜样。概括起来有以下数端。

其一,周、吴并称,以周推吴。在词学史上,吴文英词历来褒贬不一。从张炎提倡"清空"批评"质实"开始,梦窗词长久受到贬斥。直到清代中后期"后吴中七子"的戈载、朱绶和常州词派的周济,开始认识到了吴词的特色与价值,但并未产生太大的影响。直到四大家才对梦窗词进行了深入研究和重新发现。四大家等人除了对

---

① 胡念修:《蔗畦词序》,《清词序跋汇编》,凤凰出版社,2013年版,第1858页。
② 俞钟诒:《挹青楼词钞自序》,《清词序跋汇编》,凤凰出版社,2013年版,第1862页。
③ 郑文焯:《论词书》,《大鹤山人词话》,南开大学出版社,2009年版,第287页。
④ 况周颐:《历代两浙词人小传序》,《蕙风词话·广蕙风词话》,中州古籍出版社,2003年版,第446页。

梦窗词本身进行深入发掘,揭示其比兴寄托意义和对其风格特征予以新的阐释外,还通过考察梦窗词与清真词的关联、对比,以实现推尊梦窗词。如朱祖谋说:"浣花、玉溪于诗,犹清真、梦窗于词。"①即将周邦彦和吴文英分别比作诗家之杜甫与李商隐。而师事朱祖谋的陈洵则说:

  因知学词者,由梦窗以窥美成,犹学诗者由义山以窥少陵,皆涂辙之至正者也。②
  梦窗可谓大,清真则几于化矣。由大而几化,故当由吴以希周。③

在古代诗学中,学杜可以有多种方式,由学李商隐以至杜甫便是一条正轨。陈洵认同朱祖谋的观点,并提出"由吴以希周"的学词途径。从周济的"问途碧山,历梦窗、稼轩,以还清真之浑化",再到陈洵的"由吴以希周","立周吴为师,退辛王为友"④,可以明显看出梦窗词地位的提升。而与朱祖谋同时的张素更是认为周、吴并称,吴犹胜周。他说:

  昔尹维晓论宋人词,尝曰前有清真,后有梦窗,此非苟为推许而已。清真以格胜,梦窗以气胜。夫格者,显露于外,有目所易知。气者,潜蓄于内,浅人所难晓。梦窗词之眇曼而幽

---

① 朱祖谋:《彊村老人评词》,《词话丛编》,中华书局,1986年版,第4384页。
② 陈洵:《海绡说词》,《词话丛编》,中华书局,1986年版,第4839页。
③ 陈洵:《海绡说词》,《词话丛编》,中华书局,1986年版,第4841页。
④ 陈洵:《海绡说词》,《词话丛编》,中华书局,1986年版,第4839页。

咽,皆气为之,万非可以袭取者。①

张氏认同宋人并称周、吴。但认为清真词以外在之"格"胜,相对容易认识和模仿;梦窗词以内在之"气"胜,既难知,又难学。姑且不论其言公允与否,他的确通过周、吴对比的方式鼓吹了梦窗词。

晚清四大家等人以举世公认的词学正宗周邦彦为参照,最终实现了他们推尊梦窗词的目的,成为晚清词学理论的一大收获。

其二,周、柳并称,以周溯柳。柳永词在词学史上饱受非议,晚清词学家对柳词有翻案之举。如郑文焯对柳词的重新认识颇为引人注目。郑氏在肯定柳词有气韵,有寄托,长于章法语言的基础上,还通过以柳比周,甚至指出柳词乃周词之源来加以推扬。他说:"屯田则宋专家,其高浑处不减清真。"②并从声、情、文并茂,骨气神韵,比兴寄托等多个角度并举周、柳:

> 故词者,声之文也,情之华也,非娴于声,深于情,其文必不足以达之。三者具而后可以言工,不綦难乎?求之两宋,清真外微耆卿其谁欤?③
>
> (耆卿词)其骨气高健,神均疏宕,实惟清真能与颉顽。④
>
> 尝以北宋词之深美,其高健在骨,空灵在神。而意内言

---

① 张素:《珏庵词序》,《清词序跋汇编》,凤凰出版社,2013年版,第2308页。
② 郑文焯:《论词书》,《大鹤山人词话》,南开大学出版社,2009年版,第219页。
③ 郑文焯:《手批乐章集》,《大鹤山人词话》,南开大学出版社,2009年版,第17页。
④ 郑文焯:《手批乐章集》,《大鹤山人词话》,南开大学出版社,2009年版,第17页。

外,仍出以幽窈咏叹之情。故耆卿、美成并以苍浑造端,莫究其托谕之旨。卒令人读之歌哭出地,如怨如慕,可兴可观。①

周、柳词高健处惟在写景,而景中人自有无限凄异之致,令人歌笑出地,正如黄祖叹祢生,悉如吾胸中所欲言,诚非深于比兴,不能到此境也。②

在郑氏看来,柳词与周词并无二致,都是词学的典范。甚至于"盖能见耆卿之骨,始可通清真之神"③,学周词先要学柳词。显然,郑文焯将柳永与周邦彦相提并论,目的是借重周词以推扬柳词。郑氏之后,人们每每并举周、柳,以为词家之冠。如冒广生云:"词家之圣莫圣于柳、周。"④清末学人邵章则说:

余谓凡效倚声,宜立三埶:觉翁植其体,清真导其路,柳公神其用。然后撷采众长,自抒灵抱,庶几不远。⑤

邵氏以梦窗词"植其体",以清真词"导其路",以耆卿词"神其用",显然是将柳词视为最高的境界。而以此三人作为填词的三大标准,鲜明反映出晚清词学吴、柳二人地位的上升以及这种上升有

---

① 郑文焯:《论词书》,《大鹤山人词话》,南开大学出版社,2009年版,第226页。
② 郑文焯:《论词书》,《大鹤山人词话》,南开大学出版社,2009年版,第233页。
③ 郑文焯:《论词书》,《大鹤山人词话》,南开大学出版社,2009年版,第296页。
④ 冒广生:《遐庵词甲稿序》,《清词序跋汇编》,凤凰出版社,2013年版,第2156页。
⑤ 邵章:《渌水余音序》,《清词序跋汇编》,凤凰出版社,2013年版,第2106页。

赖于对清真词的某种依附。

其三，周、姜并称，以周比姜。姜夔在词学史上几经浮沉，自清代浙派主盟词坛以来大放异彩，受到人们的顶礼膜拜。清代中期以后，词坛风尚慢慢发生转变。张文虎说："二十年前言长短句者，家白石而户玉田，使苏辛不得为词，今则俎豆二窗而挑姜、张矣。"①即学梦窗、草窗者日多，姜、张之风式微。常州词派兴起以来，姜夔的地位受到更为严重的冲击。

晚清四大家"以守律为用，故词法颇严"②，自然不会无视知音协律的姜夔。他们以白石词与清真词比较，对前者的艺术特点与成就给予了客观的评价与重新的肯定。如郑文焯将白石与清真相比较：

> 独石帚幽寒自逸，其所作一如其人之馨絜，无忤微身世之感，意绝荣落，终老江湖，故所为词虽少逊清真之高浑，而超逸纯粹则过之，当时论者翕然无异词，且服其行谊之高焉。③

高浑以清真为宗，超逸以白石为最，郑氏无疑是将两人相提并论了。此后，周、姜并称，广为清末学人所接受和认同。宋育仁说："南宋称清真、白石，世之公言，余亦未能易。"④仇埰说："清真起而

---

① 张文虎：《索笑词序》，《清词序跋汇编》，凤凰出版社，2013年版，第1446页。
② 蔡嵩云：《柯亭词论》，《词话丛编》，中华书局，1986年版，第4908页。
③ 郑文焯：《手批唐五代词选》，《大鹤山人词话》，南开大学出版社，2009年版，第13页。
④ 宋育仁：《半箧秋词跋》，《清词序跋汇编》，凤凰出版社，2013年版，第1789页。

朴厚浑融,白石出而清刚疏宕。"①可以说,借助于清真词的声望,晚清四大家等人将白石词重新纳入典范词人的行列。

经过宋、元、明、清历代词学家的探索,晚清四大家等人对于清真词并未给出过多新解,他们认同常州词派对于清真词的崇高评价。清末陈锐说:"大抵词自五季以降,以耆卿为先圣,美成为先师。白石道人崛起南渡之余,明心见性,居然成佛成祖。而四明吴君特以其轶才,贯串百氏,蔚为大宗,令人有观止之叹。"②以柳永、周邦彦、姜夔、吴文英四大词人齐名,可谓晚清词学界的一大景观。正是在早已成为典范的清真词的映衬下,吴文英、柳永等新的榜样以及姜夔这位"失宠"的宗师才得以登上词学的神坛,成为晚清词学理论的重要成就,并为中国古代词学史留下一抹灿烂的晚霞。

第四节　词学史上的批评之声

需要指出的是,在近千年的词学史上,对清真词的非议和批评也不绝如缕。这些批评虽然不是词学界的主流声音,但却反映出人们对清真词亦有否定甚至苛责的一面,可谓清真词在词学史上的"别样"影响。

在宋代,词学家们对清真词的批评主要集中在词情的俚俗。张炎说:

> 词欲雅而正,志之所之,一为情所役,则失其雅正之音。耆卿、伯可不必论,虽美成亦有所不免。如"为伊泪落",如"最

---

① 仇垟:《蓼辛词叙》,《清词序跋汇编》,凤凰出版社,2013年版,第2126～2127页。
② 陈锐:《词比》,《词学季刊》创刊号。

苦梦魂,今宵不到伊行",如"天便教人,霎时得见何妨",如"又恐伊,寻消问息,瘦损容光",如"许多烦恼,只为当时,一晌留情",所谓淳厚日变成浇风也。①

清真词中不乏描写男欢女爱、相思离别的词句,尤其是模拟歌妓声腔口吻的词句,有明显学柳永的痕迹,于雅正为远,而于通俗为近。正是在此意义上,张炎认为美成词"意趣却不高远"②。宋末元初的邓牧说:"知者谓丽莫若周,赋情或近俚。"③亦是对张炎之说的发挥。

在元代,虞集认为周邦彦虽然号称知音,但其"词气又不无卑弱之憾"④。而由宋入元的赵文则以一种反思的姿态重新审视清真词。他说:

> 观周美成词,其为宣和、靖康也无疑矣。声音之为世道邪?世道之为声音邪?有不自知其然而然者矣,悲夫!……《玉树后庭花》盛,陈亡;《花间》丽情盛,唐亡;清真盛,宋亡。可畏哉!⑤

赵文从"声音之道与政通"的观念出发,认为风靡天下的清真词乃是北宋亡国的征兆。元人有这种观点并不奇怪,但这显然已经不属于文学范畴内的批评了。

---

① 张炎:《词源》卷下,《词话丛编》,中华书局,1986年版,第266页。
② 张炎:《词源》卷下,《词话丛编》,中华书局,1986年版,第266页。
③ 邓牧:《山中白云词序》,中华书局,1983年版,第307页。
④ 虞集:《中原音韵序》,吴毓华编《中国古代戏曲序跋集》中国戏剧出版社,1990年版,第7页。
⑤ 赵文:《吴山房乐府序》,《青山集》卷二,《景印文渊阁四库全书》第1195册,台湾商务印书馆,1986年版,第13页。

在明代，亦有批评清真词的声音，如《诗余图谱》的作者张綖云：

> 愚按美成词正为不能丽耳。夫丽者，在纨绮珠翠乎？不假铅华，而光彩射人，意态殊绝者，天下之丽也。故西施衣毛褐而国人称美，秦兰服敝褥而陶谷心醉。今美成多取古人绮语，餖饤成篇，种种皆备，而飘洒之风、隽永之味，独其所少，如富室女，服饰虽盛，欠天然妩媚耳。①

张綖认为，清真词的"丽"乃是撦拾前人成句，雕绩成篇，缺乏一种自然的生气和情韵。这与王世贞所批评的"美成能作景语，不能作情语"②在内涵上是一致的。

到了清代，词学流派蔚起，词学讨论激烈，人们从不同角度提出对清真词的非议。清代词学家对清真词的批评主要集中在以下三点。

其一，内容鄙亵，人品低下。曹溶直斥清真词"秽亵"③，魏际瑞说："宋人如柳永、周邦彦辈，填词鄙浊，有市井之气。"④皆认为周邦彦词内容尘下。

词品往往与人品相联系。有人认为周邦彦人品不高，故其词亦不足取。康熙间人吴秋在《狄左堂集原序》中说："夫周、柳乌知

---

① 张綖：《草堂诗余别录》，《词话丛编续编》，人民文学出版社，2010年版，第72～73页。
② 王世贞：《艺苑卮言》，《词话丛编》，中华书局，1986年版，第389页。
③ 曹溶：《古今词话序》，《词话丛编》，中华书局，1986年版，第729页。
④ 魏际瑞：《钞所作诗余序》，《清词序跋汇编》，凤凰出版社，2013年版，第175～176页。

圣贤忠孝之大者邪？知之则不奉填词之敕，不入师师之床下矣。"①吴秋认为周邦彦不过是薄行寡德之徒，其词难登大雅之堂。这种人品决定词品的观念在王昶那里发挥到了极致，他说：

> 余尝谓论词必论其人，与诗同。如晁端礼、万俟雅言、康顺之，其人在俳优戏弄之间，词亦庸俗不可耐，周邦彦亦未免于此。②

与姜、张诸人放迹江湖的清高相比，供奉内廷的周邦彦无疑显得庸俗得多。由此，清真词也是"庸俗不可耐"的。王昶的观点对后人产生很大的影响。陈文述《葛蓬山蕉梦词叙》引杨蓉裳之言说："人知诗品宜高，不知词更宜高；人知诗品宜洁，不知词更宜洁。北宋不若南宋，周、秦不及姜、张，此中消息微茫，非会心人未易领取。"③刘熙载也说："余谓论词莫先于品，美成词信富艳精工，只是当不得个'贞'字，是以士大夫不肯学之，学之则不知终日意萦何处矣。"④皆是以周邦彦之人品来否定清真词之词品。

其二，风格柔媚少骨。吴骐说："柳耆卿、周美成缠绵矣，而乏气势，情长而才短也。"⑤宋征璧说："周清真蜿蜒流美，而乏陡

---

① 吴秋：《杕左堂集原序》，《清词序跋汇编》，凤凰出版社，2013 年版，第 316 页。
② 王昶：《江宾谷梅鹤词序》，《清词序跋汇编》，凤凰出版社，2013 年版，第 539 页。
③ 陈文述：《葛蓬山蕉梦词叙》，《清词序跋汇编》，凤凰出版社，2013 年版，第 682 页。
④ 刘熙载：《词概》，《词话丛编》，中华书局，1986 年版，第 3692 页。
⑤ 《百名家词钞·玉凫词》引，《续修四库全书》，上海古籍出版社，1995 年版，第 275 页。

健。"①清初著名女词人徐灿说周词"靡靡无足取"②。可见他们都认为清真词软媚有余,骨力不足。

值得注意的是,清初词学家在讥评周词的时候,往往将其与柳词混为一谈,一概而论。这就使得清真词的"浑厚和雅"③以及"软媚中有气魄"④等特色被人们所忽略,这是有失公允的。

其三,修辞的铺排雕饰之弊。乾隆年间的朱依真在其《论词绝句》中说:"词场谁为斩荆榛,只手难扶大雅轮。不独俳谐缠令体,铺张我亦厌清真。"⑤在反对俚俗调笑之词的同时,还厌弃清真词的铺排饾饤之习。稍晚于朱氏的杨希闵则说得更为激烈:

> 屯田、清真、梅溪、梦窗、碧山、玉田诸子,藉词藩身,它文翰一无可见。有委无源,故绣缋字句,排比长调以自饰。⑥

"它文翰一无可见"显然与周邦彦的情况不符,但所谓"绣绘字句,排比长调",还是指出了清真词的某些习气。晚清的李慈铭则从词史的高度批评了清真词的饾饤之弊,他说:

> 周叔子谓南宋觚骸之习,实清真开之,是则艺苑之公言,

---

① 宋征璧:《倡和诗余序》,《清词序跋汇编》,凤凰出版社,2013年版,第10页。
② 陈名夏:《拙政园诗余序》,《清词序跋汇编》,凤凰出版社,2013年版,第12页。
③ 张炎:《词源》,《词话丛编》,中华书局,1986年版,第255页。
④ 张炎:《词源》,《词话丛编》,中华书局,1986年版,第256页。
⑤ 朱依真:《论词绝句》,《论词绝句二千首》,南开大学出版社,2014年版,第175页。
⑥ 杨希闵:《词轨》,《词话丛编二编》,浙江古籍出版社,2013年版,第1172页。

诚不能为乡曲讳也。……清真喜用滞字沓语,后进效之,遂成风俗。①

南宋词家多学周邦彦,其饾饤雕缋之病,往往就是对清真词"滞字沓语"进一步发展的结果。

进入民国之后,词学家们对清真词的态度产生了更为尖锐的分歧。晚清四大家及其弟子们仍然视清真词为典范,而新派的词学家胡适、胡云翼等人则大力鼓吹白话词和民间词,苏轼、辛弃疾的地位迅速上升。而作为典雅的文人词的代表,清真词的影响日益衰落。其后,随着西方社会批评文学理论和研究方法的引进,研究者开始以反映论作为评判文学优劣的唯一标准。在20世纪40年代至80年代,清真词遭遇到了猛烈的批判。胡云翼曾在60年代编有《宋词选》一书,特重思想内容,以选苏、辛等豪放词人为主。该书曾多次再版,反映了这一时期的主流词学观。他是这样评价周邦彦的:

> 周邦彦这些艺术技巧上的成就决不能掩盖他的作品内容的空虚、贫弱。他是宋徽宗朝的供奉文人,在音律和文学上主要致力于粉饰政和、宣和间表面的繁荣景象,以满足统治阶级和中上层市民声色上的需要。这就规定了他的词必然脱离现实、缺乏思想内容,必然追求形式格律。②

当人们的思想得到解放,重新以文学的眼光来看待、评价文学,"形式主义""格律派"等套在清真词上的枷锁便会不攻自破。

---

① 李慈铭:《越缦堂读书记》,上海书店出版社,2000年版,第1228页。
② 胡云翼:《宋词选前言》,上海古籍出版社,1962年版,第12~13页。

正如钱鸿瑛先生所说:"近数十年来的一些文学史著作及某些文章,由于周邦彦词作十分重视音律的谐美和语言的精炼,就贬之曰'形式主义''格律派'。这是不懂音律对词的重要性且又不理解词的文学性的片面之论。"①二十世纪中后期,词学研究者对清真词的蔑视和批判,既有社会思潮的大背景的原因,也有无视词学史上对清真词价值发现的浅薄。

从20世纪90年代开始一直到现在,周邦彦及其词重新成为学术研究的热点,清真词的艺术成就和地位也得到了普遍认同。可以预见,清真词会在词学史上继续产生重要的影响。

近人陈匪石说:"周邦彦集词学之大成,前无古人,后无来者。凡两宋之千门万户,清真一集,几擅其全,世间早有定论矣。"②清真词在词律、词法、词意等方面奄有众长,可谓词学领域内"集大成"的经典,这是它在近千年的词学史上始终受到关注和推崇的根本原因。清真词并非无人讥评,但重要的是,它总是能够与各个时期词学思想的主流相契合。宋代词学家推崇词体声文并茂,要求音乐性与文学性和谐统一。清真词以其音乐本色和诗性特质成为宋词的典范;元、明、清初词学家强调词体特质,着眼于词体风格,普遍崇婉约,抑豪放。清真词以其词家正宗的婉约词风成为这一时期的词学范式;浙西词派重南宋,崇姜、张,倡清空,讲声律,多慢词。作为浙中填词之祖,周邦彦知音守律,其慢词为南宋清雅词派所效法,故跻身于浙派所推崇的词家行列,成为浙派词学体系的重大补充;常州词派以"比兴寄托"为旗帜。"浑化"的清真词被视为"以无寄托出"的代表,修复、完善了常派词学理论。"浑"也成为词学史上又一个备受推崇的范畴和境界;晚清词学以常派思想为主,

---

① 钱鸿瑛:《周邦彦研究》,广东人民出版社,1990年版,第142页。
② 陈匪石:《声执》,《词话丛编》,中华书局,1986年版,第4969页。

兼容各派风格和学说,具有集大成的倾向。作为公认的词学典范,清真词成为晚清四大家等人推举新的词学榜样的有力助手。纵观中国古代词学史,我们会发现,历代词学家对于清真词的解读,往往带有那个时期词学思想的印记,同时又会产生强大的反作用,或是推波助澜,或是振衰起敝,成为推动词学思想向前发展的一个重要力量。

第九章　论白石词

姜夔为南宋著名词人,他的词不仅因其艺术价值引起同时代及后世的激赏,而且在词学批评思想史上亦备受瞩目。在千年词学史上,白石词的隐显往往标志着词坛风尚的转变及人们对词体认识的变化。

第一节　词学史上的白石词

白石词开始引人注目,是因其音律精严,所以论者常将白石与美成相提并论。如黄昇说姜夔"词极精妙,不减清真乐府。"①陈模说:"近时作词者,只说周美成、姜尧章等,……或曰:美成、尧章以其晓音律,自能撰词调,故人尤服之。"②然而白石之于美成又同中有异,白石词缺少周词的温软和婉而呈率直生硬之气,故论者亦不乏批评之辞。如邓牧云:"骚莫若姜,放意或近率。"③沈义父亦云:

---

① 黄昇:《中兴以来绝妙词选》卷六,黄昇:《花庵词选》,中华书局,1958年版。

② 陈模:《论稼轩词》,《宋金元词话全编》,凤凰出版社,2008年版,第1451页。

③ 邓牧:《山中白云词序》,中华书局,1983年版,第307页。

"姜白石清劲知音,亦未免有生硬处。"①

开始从特异风格而欣赏白石词的是柴望,《凉州鼓吹自序》云:

> 词起于唐而盛于宋,宋作尤莫盛于宣、靖间,美成、伯可各自堂奥,俱号称作者。近世姜白石一洗而更之,《暗香》《疏影》等作,当别家数也。大抵词以隽永委婉为上,组织涂泽吹之,呼嗥叫啸抑末也。唯白石词登高眺远,慨然感今悼往之趣,悠然托物寄兴之思,殆与古《西河》《桂枝香》同风致,视青楼歌、红窗曲万万矣。

指出白石词与周邦彦、康与之为代表的北宋词已有了根本的不同,"一洗而更之","当别家数",呈现出新的风格特征,与唐代乐歌《西河》《桂枝香》②风格相近,而与绮靡的青楼歌、红窗曲完全不同。柴望此序已不再将白石仅作为美成词的相似词人来看待,而指明其作为一代新词风的开创者,柴望此序对确定白石词在词史上的地位有着重要意义。

柴望之后,张炎进一步将姜夔词推举为唯一的词学典范。《词源》卷下云:

> 词要清空,不要质实。清空则古雅峭拔,质实则凝涩晦昧。姜白石词如野云孤飞,去留无迹。吴梦窗词如七宝楼台,

---

① 沈义父:《乐府指迷》,《词话丛编》,中华书局,1986年版,第278页。
② 王灼:《碧鸡漫志》卷五:"(《西河》)起开元以前,大历间,乐工加减节奏,……《花间集》和凝有《长命女曲》,伪蜀李珣《琼瑶集》亦有之,句读各异。"可知《西河》有古乐歌与今曲子之分。《桂枝香》词调始于北宋王安石。《填词名解》以为出于唐人诗。张炎《词源》卷下云:"王荆公金陵怀古《桂枝香》……清空中有意趣。"《词话丛编》,中华书局,1986年版,第260~261页。

眩人眼目,碎拆下来,不成片断。此清空质实之说。

　　白石词如《疏影》《暗香》《扬州慢》《一萼红》《琵琶仙》《探春》《八归》《淡黄柳》等曲,不惟清空,又且骚雅,读之使人神观飞越。①

从此,白石词独特风格和审美意义逐渐为人所认识。

白石词于南宋末及元代初中期,备受推崇,但却在明代冷落下来。明代白石词不被推重,原因约有二端:其一,白石词集全本于明代未现于世。毛晋《六十名家词》本《白石词》仅录三十四首,而清初人所能见到的《白石乐府》仅存二十余首。② 直至乾隆十四年(1749)陶南村手钞本《白石道人歌曲》六卷、别集一卷方才见世。③《白石词》全书的失传,直接影响到明人对姜夔词及南宋词学发展史的认识。

其二,在明代词坛影响最大的词选本《草堂诗余》④中未选白石词,这更使明人对姜夔词的认识受到影响。《草堂诗余》是一部南宋人编辑的词选,《直斋书录解题》题为"书坊编集"。《四库全书总目提要》考定此书编定于南宋宁宗庆元(1195～1200)以前。由时间推算,《草堂诗余》的编选者应与姜夔同时。然而为何《草堂诗

---

① 张炎:《词源》卷下,《词话丛编》,中华书局,1986年版,第259页。
② 朱彝尊:《词综·发凡》:"《白石乐府》五卷今仅存二十余阕也。"《黑蝶斋诗余序》:"《白石词》凡五卷,世已无传,传者惟《中兴绝妙词选》所录,仅数十首耳。"
③ 张奕枢:《白石道人歌曲序》:"壬子春,客都门,与周子耕余过澹虑汪君邸舍,见案头有《白石道人歌曲》六卷,别集一卷,系陶南村手钞本,而楼观察敬思所珍藏者。……因共襄录副,加校雠焉。"
④ 毛晋:《草堂诗余跋》:"宋元间词林选本,几屈百指,惟《草堂诗余》一编,飞驰几百年来,凡歌栏酒榭丝而竹之者,无不拊髀雀跃,及至寒窗腐儒,挑灯闲看,亦未尝欠伸鱼睨,不知何以动人一至此也。"

余》不选白石词,前人曾予解释,如宋翔凤云:"《草堂诗余》,宋无名氏所选,其人当与姜尧章同时,尧章自度腔,无一登入者,其时姜名未盛。"①《草堂诗余》既为书坊编集,谋求利润为目的,必以迎合俗众为标准,白石词未入选,与白石词风格相类的词亦很少入选②,说明白石词风与选者的标准不相合。明代《草堂诗余》兴盛正因为《草堂诗余》的娱乐功能适应了明代社会的需要。由此可见白石词与明代词坛风气不相侔。清代以朱彝尊为领袖的浙西词派推南宋,倡清雅,并将白石推上清雅词派宗主的地位。朱彝尊反复称举白石,"词莫善于姜夔"③,"姜尧章氏最为杰出"④,将白石词推为雅词的典范。指出其雅的内涵又表现在两个方面:其一为思想内容的雅正。《词综·发凡》云:

言情之作,易流于秽,此宋人选词,多以雅为目,法秀道人语涪翁曰:"作艳词当堕犁舌地狱"。正指涪翁一等体制而言耳。填词最雅,无过石帚。

其二为音韵声律的规范精美。《群雅集序》云:

仁宗于禁中度曲,时则有若柳永;徽宗以大晟名乐,时则有若周邦彦、曹组、辛次膺、万俟雅言,皆明于官调,无相夺伦者也。洎乎南渡,家各有词,虽道学如朱仲晦、真希元,亦能倚

---

① 宋翔凤:《乐府余论》,《词话丛编》,中华书局,1986年版,第2500页。
② 《四库全书总目提要·竹尾痴语提要》:"《草堂诗余》于白石、梅溪概未寓目,《竹屋词》亦止选其《玉蝴蝶》一阕,盖其时方尚甜熟,与风尚相左故也。"
③ 朱彝尊:《黑蝶斋诗余序》,《曝书亭集》卷四十。
④ 朱彝尊:《词综·发凡》,上海古籍出版社,1978年版,第10页。

第九章　论白石词

声中律吕,而姜夔审音尤精。

朱彝尊尚南宋、倡清雅、推姜张的词学主张成为浙西派的词学理论的核心,白石词成为词学典范,浙派中后期的成员如江森、厉鹗、王昶、吴锡麒、郭麟等人莫不以此为立论根本。经过浙派的努力,词坛风气为之改观,词坛几于"家祝姜张,户尸朱厉。"①习词者将白石视为词家之"圣"已为共识。如吴蔚光云:"文极于左,诗极于杜,词极于姜。"②邓廷桢云:"词家之有白石,犹书家之有逸少,诗家之有浣花"。③ 宋翔凤云:"词家之有姜石帚,犹诗家之有杜少陵。继往开来,文中关键。"④享誉之高为其他唐宋词人所远不可及。

与浙西派一以贯之地标举姜夔相比,常州派对白石的态度并不一致,有继续加以肯定的。张惠言《词选序》中将姜夔作为"渊渊乎文有其质"的七人之一,⑤仍给予很高的评价。董士锡将姜夔作为"两宋诸家皆不能过焉"的"六子"之一。⑥ 应该指出的是,常州派词人虽亦称许姜夔,但已较浙派产生了变化。第一,已由浙派将白石推为"最为杰出""最雅"的独尊,变为群贤之一,已无宗派领袖的光环。第二,与浙派突出白石清雅风致、音律规范的特征不同,常州派从"意内言外""比兴寄托"处发掘白石词的优长。如包世臣

---

① 彭兆荪:《小谟觞馆诗余序》,《清名家词》,上海书店,1980年版。
② 吴蔚光:《自怡轩词选序》,《自怡轩词序》嘉庆刻本。
③ 邓廷桢:《双砚斋词话》,《词话丛编》,中华书局,1986年版,第2530页。
④ 宋翔凤:《乐府余论》,《词话丛编》,中华书局,1986年版,第2503页。
⑤ 张惠言:《词选序》:"宋之词家,号为极盛,然张先、苏轼、秦观、周邦彦、辛弃疾、姜夔、王沂孙、张炎,渊渊乎文有其质焉。"《词话丛编》,中华书局,1986年版,第1617页。
⑥ 董士锡:《餐华吟馆词叙》,《齐物论斋文集》卷二。

云:"以云意内,惟白石、玉田耳"①

宋翔凤则云:

> (姜夔)其流落江湖,不忘君国,皆借托比兴,于长短句寄之。如《齐天乐》,伤二帝北狩也。《扬州慢》,惜无意恢复也。《暗香》《疏影》,恨偏安也。盖意愈切,则辞愈微,屈、宋之心,谁能见之。乃长短句中,复有白石道人也。②

亦有对姜夔词进行反思,重新认识的。如周济《介存斋论词杂著》云:

> 吾五十年来服膺白石,而以稼轩为外道,由今思之,可谓瞽人扪籥也。稼轩郁勃故情深,白石放旷故情浅。稼轩纵横故才大,白石局促故才小。惟《暗香》《疏影》二词,寄意题外,包蕴无穷,可与稼轩伯仲。余俱据事直书,不过手意近辣耳。白石词如明七子诗,看是高格响调,不耐人细思。白石以诗法入词,门径浅狭,如孙过庭书,但便后人模仿。

《词辨·自序》又说:"白石疏放,酝酿不深。"应该说,周济能在词坛上论姜一片称颂之时,对白石词重加审视,提出独见,尤其是指出了白石词在"词圣"光环所掩遮住的缺陷,的确难能可贵。不过一些批评则属于个人偏好偏恶,未免有失公允。周济之后谢章铤、李慈铭、王国维等人分别对白石词提出批评,如谢氏批评"白石

---

① 包世臣:《月底修箫谱序》,《艺舟双辑》一。
② 宋翔凤:《乐府余论》,《词话丛编》,中华书局,1986年版,第2503页。

字雕句炼,雕炼太过,故气时不免滞,意时不免晦。"①尚能切中弊端,而李氏所云:"石帚名最盛,业最下,实群魔之首出者。"②王氏所云"白石有格而无情",③则贬斥过于偏激。

第二节 唐宋词坛的"第三派"

白石词的独特品格和其在南宋词坛开一代风气的历史作用,使其有别于其他优秀唐宋词人,而在词史和词学批评史上具有重要地位并产生了深刻的影响。

他首创的清雅词风于婉丽、豪放之外别立一宗,并蔚然成派,成为广为词家承认的"第三派"。这一成熟的风格流派的形成,丰富了词体风格的内涵,并使词最终能够与传统的诗文并列比肩起了重要的作用。对此流派的认同的过程,也标志着词学理论水平的提高。

明代张綖分词体为二,其说云:"词体大略有二:一体婉约,一体豪放。婉约者欲其词情蕴藉,豪放者欲其气象恢宏。……大抵词体以婉约为正。"④清初王士禛《花草蒙拾》又改张綖之"词体"为"词派"。此后词派二分之说流行。按一般认识,唐宋词人除了苏轼、辛弃疾等豪放词人外,皆属婉约。如清初汪懋麟即将姜夔与秦观、黄庭坚、周邦彦、柳永、史达祖、李清照同列为一体。⑤

如此分派过于简单粗疏。从词史的实际面貌考察,同为豪放

---

① 谢章铤:《赌棋山庄词话》卷一,《词话丛编》,中华书局,1986年版,第3475页。
② 李慈铭:《越缦堂读书记》八文学四,上海书店出版社,2000年版。
③ 王国维:《人间词话》,《词话丛编》,中华书局,1986年版,第4249页。
④ 张綖:《诗余图谱·凡例》附识,《增正诗余图谱》,明刊本及万历二十九年游元泾校刊本。
⑤ 汪懋麟:《棠村词序》,《清名家词》,上海书店,1980年版。

派之外词人,姜夔与传统观念上"本色""当行"的《花间》词人及周邦彦风格颇为不同。如吴淳还论白石词与《花间》的差异:

> 南宋词至姜氏尧章,如一变《花间》《草堂》纤秾靡丽之习。野云孤飞,去留无迹,前人称之审矣。①

再如蒋兆兰论白石与美成之关系:

> 南渡以后,尧章崛起,清劲遒峭,于美成外别树一帜。张叔夏拟之野云孤飞,去留无迹,可谓善于名状。②

因而,论者开始将白石词风单列为一体派,并与其他体派并列对比,以显示其特征和地位。如清初人顾咸三云:

> 宋名家词最盛,体非一格。苏、辛之雄放豪宕,秦、柳之妩媚风流,判然分途,各极其妙。而姜白石、张叔夏辈,以冲澹秀洁得词之中正。③

顾氏将姜派的"冲澹秀洁"与"雄放豪宕""妩媚风流"二"格"区分开来。蔡宗茂则以"格""气""情"指明各派的基本特征。

词盛于宋代。自姜、张以格胜,苏、辛以气胜,秦、柳以情胜,而其派乃分。然幽深窅眇,语巧则纤;跌宕纵横,语粗则浅。异曲同

---

① 吴淳还:《序武唐俞氏白石词钞》,夏承焘《姜白石词编年笺校》附,上海古籍出版社,1981年版。
② 蒋兆兰:《词说》,《词话丛编》,中华书局,1986年版,第4632页。
③ 顾咸三:《湖海楼词序》引,《清名家词》,上海书店,1980年版。

工,要在各造其极而已。①

王鸣盛则明确以一个新的风格流派目之:

> 北宋词人原只有艳冶、豪荡两派,自姜夔、张炎、周密、王沂孙方开清空一派,五百年来,以此为正宗。②

作为一个文学流派,除了领袖之外,还要有一个有相当规模的风格相同或相似的群体。浙派词人对白石词派的轮廓进行了描绘。朱彝尊云:

> 词莫善于姜夔,宗之者,张辑、庐祖皋、史达祖、吴文英、蒋捷、王沂孙、张炎、周密、陈允平、张翥、杨基,皆具夔之一体。③

汪森云:

> 鄱阳姜夔出,句琢字炼,归于醇雅。于是史达祖、高观国羽翼之,张辑、吴文英师之于前,赵以夫、蒋捷、周密、陈允衡、王沂孙、张炎、张翥效之于后,譬之于乐,舞《箾》至于九变,而词之能事毕矣。④

风格相同或相近的词人群的形成,标志着词学流派的形成,同时也标志着流派主体风格已被词坛所认同。浙西派努力鼓吹以姜

---

① 蔡宗茂:《拜石山房词序》,《清名家词》,上海书店,1980年版。
② 王鸣盛:《蠙埜山人词集》评语,《赌棋山庄词话》续编四引,《词话丛编》,中华书局,1986年版,第3549页。
③ 朱彝尊:《黑蝶斋诗余序》,《曝书亭集》卷四十。
④ 汪森:《词综序》,上海古籍出版社,1978年版,第1页。

夔为宗主的清雅词派的规模和影响，意在对清雅词风的肯定。同时浙西词派确认清雅词派也是对自身的词学主张和词学流派渊源有自的充分肯定。且不论朱、厉二人所勾画的白石词派的面貌是否完全精确①，能将白石及清雅词派从《花间》、南唐、晏、柳、周所形成婉丽传统风气中区分出来，已是对词学的一大贡献。

第三节　清雅与诗性

白石词之所以能够赢得后世文人雅士的普遍推崇，是与其既保持了词体的音乐特征而又具有诗性的文人词特点分不开的。

所谓诗性是指具有表现文人情志的内容与适应于文人欣赏的清远意韵的艺术品位。词本产生于民间，流行于胡夷里巷、勾栏瓦肆。无论内容意境、节奏韵味还是手法语言，都带有民间俗文学的特点。经过五代、北宋文人的改造，词体的俚俗色彩已淡去不少，但与诗相比仍雅俗判然。为提高词的品位，使词体雅化，姜夔做了积极的理论和实践上的探索。词是音乐文学，改造词体仅从文字上着手是不会取得完全成功的，白石于词中求雅也是从音乐开始的。白石精通音律，尤其是他既通俗乐又精于雅乐②，使他成为完成这一探索的最佳人选。姜夔以雅乐注入词体，主要有两种方法。一是以古乐府入词。如推演汉乐《饶歌》，作《圣宋饶歌吹曲十四首》，依古《九歌》作《越九歌》，并作《琴曲》。作品的内容以"感藏人

---

① 关于南宋末部分词人的流派归属尚存分歧。如蔡嵩云即把史达祖、吴文英、陈允平、周密等人视为"导源清真"者，而与白石分属二派，见蔡嵩云笺释：《乐府指迷笺释》，人民文学出版社，1981年版。

② 徐养源：《拟南宋姜夔传》："世之论雅乐者，辄耻言俗乐。……其最善言乐者，中朝惟有沈括，南渡惟有姜夔。之二人者，深明俗乐，而又能推俗乐之条理，上求合乎雅乐。故其立论悉中窍要，非凭私道臆者可同日道也。"夏承焘：《姜白石词编年笺校》附，上海古籍出版社，1981年版，第326页。

心,永念宗德"①为宗旨,艺术品位也与俗词俗乐截然不同,"言辞峻洁,意度萧远。"②

再如《琴曲·古怨》,郑文焯品味其风格云:

> 此曲(《古怨》)则音澹节希,一洗筝琶之耳。曩与李复翁品弦抚之,依慢角调者而歌,极为凄异。其泛音散声,较今谱幽淡绝俗。③

与艳曲的纷杂形成了鲜明的对照。

二是以唐法曲音乐注入词中,使"清""雅""淡"的风格④代替胡乐的浓艳急促。如姜夔作《霓裳中序第一》,小序云:"《霓裳曲》音节闲雅,不类今曲。"《霓裳羽衣曲》是经唐玄宗润色加工定名法曲,白石借其"闲雅"风格来改造"今曲"。清人郑文焯说:"白石以沉忧善歌之士,意在复古。"⑤此言得之。白石正是以古乐的雅音来革除"今曲"的淫靡。

音乐的清雅为词的清雅提供了基础,白石又在词的性情、意境上融入清拔绝俗的诗性韵味。我们注意到,词论家已有将姜白石与陶渊明相比者。如陈锐《袌碧斋词话》有"白石得渊明之性情"之说。王国维亦云:

---

① 姜夔:《圣宋铙歌吹曲十四首·小序》,夏承焘:《姜白石词编年笺校》,上海古籍出版社,1981年版,第107页。
② 周密:《浩然斋雅谈》,《丛书集成初编》,中华书局,1985年版。
③ 郑文焯评语,夏承焘:《姜白石词编年笺校》附,上海古籍出版社,1981年版,第129页。
④ 法曲的音乐特点,参阅《新唐书·礼乐志》十二:"初隋有法曲,其音清而近雅。……隋炀帝厌其声淡。"
⑤ 郑文焯:《论词书》,《大鹤山人词话》,南开大学出版社,2009年版,第218页。

昭明太子称陶渊明诗"跌宕昭彰,独超众类,抑扬爽朗,莫之与京"。王无功称薛收赋"韵趣高奇,词义晦远,嵯峨萧瑟,真不可言。"词中惜少此二种气象,前者唯东坡,后者唯白石,略得一二耳。①

陶诗在诗史上以高雅脱俗而著称,以姜比陶实是肯定了白石词洗却词体所胎带的俗艳色彩,而具有诗性。刘熙载的比喻是对白石词诗性意味的最好说明:"姜白词幽韵冷香,令人挹之无尽,拟诸形容,在乐则琴,在花则梅也。""词家称白石曰白石老仙,或问毕竟与何仙相似,曰:藐姑冰雪,盖为近之。"②将在诗中尚称高雅的风格引入词中,词体的雅化在姜夔的努力下向诗迈进了一大步。在词学史上,白石词为文人雅士所心仪,是与其诗性分不开的。

第四节 白石词在词学史上的意义

白石词于南宋末和清代初年二度显赫于词坛,并于清康、雍、乾、嘉四朝百余年间,一直被奉为词学楷模。即使道光以后常州词派笼罩词坛,白石词仍不时受到推举。纵观词学史,白石词在词学史上的每次突现,皆标志着新旧词风的巨大变革及对词体认识的重要改变。

让我们先来考察白石初登词坛亦即乾道、淳熙前后的词坛风

---

① 王国维:《人间词话》,《词话丛编》,中华书局,1986年版,第4246页。
② 刘熙载:《词概》,《词话丛编》,中华书局,1986年版,第3694页。

尚。清人陈撰说"当乾、淳间俗学充斥",①四库馆臣说"其时方尚甜熟。"②验之当时的词学文献,此言不谬。

南渡以后,偏安局面已形成数十年,朝野激愤慷慨的情绪亦逐渐平息。社会各阶层虽不乏北望中原、壮志难酬的悲愤,然而达官显贵则更愿意及时享乐。于是举朝上下,文恬武嬉,沉醉在歌舞升平之中。词这种原本即为满足"娱宾遣兴"之需的文体,本以婉媚为本色,在此时则更加绮靡。

如年龄稍长于姜夔的蔡戡谈及当时的词风云:"靡丽之词,狎邪之语,适足劝淫,不可以训。"③以词"娱宾""佐欢"的风气又可从"坊间"编辑用于歌妓即席应歌的词选本中得到印证。于此时编成的《草堂诗余》和陈元龙注《片玉集》④皆分类编排,分春、夏、秋、冬及节序、天文等类,类下又有如春思、春恨、春闺等子目,以使歌妓按类索题,便于选取。此种编选已成为风气。此类为满足声色之娱的需求而选编的词选、词集如此繁盛,可以想见当时娱乐业中词的兴盛,词风之绮靡。

此时的词坛风气,亦可以从姜夔同时代人的论词言语中窥见一斑。如赵师岌称吕渭老词"婉媚深窈,视美成、耆卿伯仲耳。"⑤刘克庄评杨补之词"不减《花间》《香奁》及小晏、秦郎得意之作。"⑥"长短句当使雪儿啭春莺辈可歌,方是本色。"⑦在北宋中期即被斥

---

① 陈撰:《自跋白石词刊本》,夏承焘《姜白石词编年笺校》引,上海古籍出版社,1981年版,第189页。
② 《四库全书总目提要·竹屋痴语提要》。
③ 蔡戡:《芦川居士词序》,《定斋集》卷十二。
④ 《草堂诗余》编成于庆元(1195~1200)之前。陈注《片玉集》有嘉定四年辛未(1211)刘肃序本。
⑤ 赵师岌《吕圣求词序》,《百家词》。
⑥ 刘克庄:《杨补之词画跋》,《适园丛书·后村题跋》卷九。
⑦ 刘克庄:《翁应星乐府序》,《后村大全集》卷九十七。

为淫靡俚俗的柳词和在南渡之后曾被猛烈抨击的《花间集》,此时又被引作表扬参照的标准,词学风气可以想见。

在词坛的另一端,辛弃疾的"豪气词","至刘改之诸公极矣。"①亦形成风气。正如王炎所概括的当时词坛风气:"今之为长短句者,字字言闺阃事,故语懦而意卑;或者欲为豪壮语以矫之。"②无论是溺于淫靡,还是故逞豪壮,其弊端都是显而易见的。正是在这种词学风尚的背景下,白石词的清雅才会受到推崇。如汪森所云"宣和君臣,转相矜尚。曲调愈多,流派因之亦别。短长互见,言情者或失之俚,使事者或失之伉。鄱阳姜夔出,句琢字炼,归于醇雅。"③白石词的出现,有矫正词坛弊端的作用。

历史往往会有惊人的相似。明代末年词坛风气竟与南宋乾、淳年间颇为相似,亦是香弱和豪宕两种词风盛行。明末人毛晋谈及当日词坛的现状云:

> 近来填词家辄效颦柳屯田,作闺帏秽媟之语,无论笔墨劝淫,应坠梨舌地狱,于纸窗、竹屋间,令人掩鼻而过,不惭惶无地邪!若彼白眼骂坐,臧否人物,自诧辛稼轩后身者,譬如雷大起舞,纵使极工,要非本色。④

到了清初,词风沿明末并无大的改观。一是"爨多俚词,闺襜冶习"⑤的淫靡词风依旧;二是康熙间一些人模仿阳羡词人陈维崧的豪宕风格,沦于粗豪。正如后来陈廷焯所批评的:"后人作词,非

---

① 王世贞:《艺苑卮言》,《词话丛编》,中华书局,1986年版,第391页。
② 王炎:《双溪诗余自序》,《四印斋汇刻宋元三十一家词》。
③ 汪森:《词综序》,上海古籍出版社,1978年版,第1页。
④ 毛晋:《花间集跋》,《词苑英华》。
⑤ 陈维崧:《词选序》,《迦陵文集》卷三。

失之俚,即失之伉;谈闺襜者,失之淫亵;扬湖海者,失之叫嚣。"①针对清初词坛的现状,浙西派词人在批评两种弊端的基础上提出了新的词学理想。朱彝尊从批评明人词入手:"词自宋元以后,明三百年无擅场者。排之以硬语,每与调乖;常之以新腔,难与谱合。"②曹溶则从正面提出"豪旷不冒苏、辛,秾亵不落周、柳者,词之大家也。"③在这种词学思想的指导,白石词的清雅就成为浙西派的必然选择。

在词学发展史上,强调词的本色,"曲尽其情"者,易流于淫亵;突出词的社会作用,抒不平之气者,易沦为叫嚣。而以白石词为代表的清雅就成为救偏补弊的针砭。词学史上,白石词的每一次被推举,都有剧烈的词学思想的交锋,并预示着词风的转变。

---

① 陈廷焯:《词坛丛话》,《白雨斋词话全编》,中华书局,2013年版,第11页。
② 朱彝尊:《水村琴趣序》,《曝书亭序》卷四十。
③ 曹溶:《古今词话序》,《词话丛编》,中华书局,1986年版,第729页。

第十章　论梦窗词

　　吴文英是南宋后期的著名词人,在其当代及后世词学史上均产生了重要的影响。南宋末的尹焕曾给予很高的评价:"求词于吾宋者,前者清真,后有梦窗,此非焕之言,四海之公言也"①,可见其在当时词坛的地位。元代词坛风尚产生变化,梦窗词淡出人们的视野。明代是词学的衰微时期,由于当时最为盛行的词选本《草堂诗余》中未收录吴文英词,②而导致吴文英几乎不为人知。清代随着词学中兴局面的形成,特别是浙西词派主盟词坛,包括吴文英在内的南宋词人逐渐引起人们的重视。常州词派兴起,吴文英的地位进一步提高,周济提出了"问涂碧山,历梦窗、稼轩,以还清真之浑化"③的学词途径,吴文英成为四大家之一,地位十分显著。清末梦窗词更是大放异彩,晚清四大家从整理、校勘、研究、评论梦窗

---

　　① 黄昇:《中兴以来绝妙好词》卷十引,黄昇:《花庵词选》,中华书局,1958年版。

　　② 关于梦窗词未收入《草堂诗余》的原因,宋翔凤《乐府余论》有如下解释:"《草堂诗余》,宋无名氏所选,其人当与姜尧章同时。尧章自度腔,无一登入者,其时姜名未盛,以后如吴梦窗、张叔夏俱奉姜为圭臬,则《草堂》之选,在梦窗之前矣。"《词话丛编》,中华书局,1986年版,第2500页。

　　③ 周济:《宋四家词选目录序论》,《词话丛编》,中华书局,1986年版,第1643页。

词入手,掀起了一个推尊吴文英的热潮,词坛几乎言必称梦窗,吴文英被推至至尊的位置。

第一节　词学史上的梦窗词

吴文英被后世称为"格律派"词人,他的词十分讲求词律的规范。沈义父的《乐府指迷》保存下来的吴文英"词法",即所谓"论词四标准",其一云:"音律欲其协,不协则成长短之诗",可见梦窗词的格律要求是与其理论相一致的。梦窗词格律的精严是由清人逐渐揭示出来的。清初万树撰写《词律》,对梦窗词进行了深入的研究,指出梦窗词在词的平仄格律和用韵二方面皆十分严格。如平仄格律,以梦窗《惜黄花慢》一词加以分析:

> 梦窗词……用字精审处,严确可爱。如此调有二首,其所用正、试、夜、望、背、渐、翠、念、瘦、旧、系、凤、怅、送、醉、载、素、梦、翠、怨、料诸去声字,两篇皆和合。律吕之学,必有不可假借如此。①

又以梦窗《尾犯》一词加以分析:

> 腻字,两个共字、乍字、旋字、雁字俱去声,各家皆然,此系用字要紧处,勿为谱注所误。若细字、离字,则平仄可通用也。乍剪,去上,晚树、归雁上去,俱妙。②

---

① 万树:《词律》卷十,上海古籍出版社,1984年影印本。
② 万树:《词律》卷十四,上海古籍出版社,1984年影印本。

万树《词律》的一个主要论断,即指出词律在仄声的运用时上去声严格区分。万树所举前例指出梦窗《惜黄花慢》词中诸字皆用去声,而不用上、入;后例有专用去声之例,又有二仄声连用时严用去上和上去之例,由此可见梦窗词平仄格律要求之严之细。在用韵方面,万树由分析《解语花》一词而得出结论:"梦窗匠心最细,必不失韵。"①万树的发现对人们认识梦窗词起到了重要作用。万树之后,不少词学家亦充分肯定了梦窗词词律之精严,如田同之说:"诗有韵,词有腔,词失腔,犹诗落韵。诗不过四五七言而止,词乃有四声五音均拍重轻清浊之别。若言顺律舛,律协言谬,俱非本色。或一字未合,一句皆废,一句未妥,一阕皆不光采,信夐夐乎其难矣。古人有言曰:铅汞炼而丹成,情景交而词成。指迷妙诀,当于玉田、梦窗间求之。"②周之琦亦说:"梦窗格律之细,方驾清真"③。戈载将梦窗词视为"正轨以合雅音"④的典范,而列于所推崇的七大词家之中。

晚清四大家对梦窗词的研究用力更深,梦窗词的精严词律得到进一步揭示,如朱祖谋称赞吴文英词"审音拈韵,习谙古谐"⑤。况周颐则举例加以说明:"宋人名作,于字之应用入声者,间用上声,用去声者绝少。检梦窗词知之。"⑥郑文焯论词特别注重入声字的用法,他从吴文英等人的词中总结出入声字在词中重要性:"近世词家,谨于上去,便自命甚高。入声字例,发自鄙人,征诸柳、

---

① 万树:《词律》卷十六,上海古籍出版社,1984年影印本,第371页。
② 田同之:《西圃词说》,《词话丛编》,中华书局,1986年版,第1469页。
③ 周之琦:《心日斋十六家词录》,道光二十四年刻本。
④ 戈载:《宋七家词选》卷一,光绪十一年(1885)曼陀罗华阁重刊本。
⑤ 朱祖谋:《梦窗词跋》,《彊村丛书》。
⑥ 况周颐:《蕙风词话》卷一,《词话丛编》,中华书局,1986年版,第4414页。

周、吴、姜四家,冥若符合。"①郑文焯深入研究了梦窗词的声律特点,如分析梦窗《齐天乐》"是曲凡入声字律綦严"②,指出吴文英追步周邦彦、姜夔词的声韵用法,于入声要求极严,由是形成了自己的声韵特点。郑文焯的研究不仅对词体的声律特性有所认识,而且对梦窗词的声韵艺术特色亦有所发现。正如任铭善所评:"梦窗独善用入声,以成其孤唱,并其所取于清真、白石者,亦必斤斤不稍差池,是固读梦窗者所宜知。大鹤于梦窗此事粲然有所发明,当令作者惊知己于地下。"③

王鹏运、朱祖谋、郑文焯对梦窗词的整理、校勘更是词坛的佳话。王鹏运、朱祖谋以毕生精力研治梦窗词,王鹏运自命寓所为"校梦龛",可见于梦窗词所付之心力。郑文焯研治梦窗词十余年,可谓殚精竭虑,著有《梦窗词校议》④《梦窗词跋》二篇⑤。今存郑文焯的《手批梦窗词》"历时十余年,题识几遍","郑文焯一生校勘梦窗词的心血,可谓尽萃于此"⑥。四大家对吴文英词集所做的大量文献整理工作,为进一步阐发梦窗词的意义,提高吴文英在词史上的地位打下了基础。龙榆生指出:"(梦窗词)即经半塘之校勘,先生(按:指朱祖谋)复萃精力与此,再三覆校,勒为定本,由是梦窗一集,几为词家之玉律金科,一若非浸润其中,不足与于倚声

---

① 郑文焯:《论词书》,《大鹤山人词话》,南开大学出版社,2009年版,第220页。
② 郑文焯:《手批梦窗词》,《大鹤山人词话》,南开大学出版社,2009年版,第129页。
③ 任铭善:《郑大鹤校梦窗词手稿笺记》,《中华文史论丛》,1981年第1期。
④ 郑文焯:《梦窗词校议》,《大鹤山人词话》,南开大学出版社,2009年版。
⑤ 郑文焯:《梦窗词跋》,参见《大鹤山人词话》,南开大学出版社,2009年版。
⑥ 吴熊和:《郑文焯手批梦窗词》,《文史》第四十一辑。

之列。"①

梦窗词在南宋末年和清末二度显赫于词坛,这是非常值得探究的现象。每次梦窗词的凸显皆与当时词坛的风气相关联,既是对前一时期词风的拨转,又开启了新的词坛风气。南宋中期之后,尤其是辛派和辛派的末流词人,或完全不通音律,或对词体的音律特征置之不顾,如张炎批评的辛派词人刘过:"作豪气词,非雅词也。于文章余暇,戏弄笔墨,为长短句之诗耳。"②辛派末流的词作,如沈义父《乐府指迷》所指出的:"近世作词者,不晓音律,乃故为豪放不羁之语,遂借东坡、稼轩诸贤自诿。"如此流弊必然对词的创作产生不良影响。梦窗词正产生于此时,其严密规范的格律特点与词坛的此种风气形成了鲜明的对比,对词坛弊端是一种反拨,为习词者树立了典范。

历史往往会有惊人的相似。清末词坛亦是轻视词律现象严重并蔓延成为风气,此与南宋末年颇为相似。常州词派以"比兴寄托"为号召,强调词的思想内容和社会意义,但对词体音律不免忽视,如张惠言的词被视为是"疏节阔调,犹有曲子律缚不住者"③,于词的格律规范并不严格遵守。俞感音指出:"清代号为词学中兴,然自常州派出,始明倚声托事之义,而张惠言《茗柯》一集,疏于句读之考较,不悟前贤制调之声情,故托体虽高,未能尽善。"④张惠言之后忽视词律渐成风气。郑文焯在《与张孟劬书》中指出当时词坛的诸种弊端:"近卅年作者辈出,罔敢乖剌,自蹈下流。然求其述造渊微,洞明音吕,以契夫意内言外之精义,殆十无二三焉。此

---

① 龙榆生:《晚近词风之转变》,《同声月刊》第一卷第三号。
② 张炎:《词源》卷下,《词话丛编》,中华书局,1986年版,第267页。
③ 沈曾植:《菌阁琐谈》,《词话丛编》,中华书局,1986年版,第3607页。
④ 俞感音:《填词与选调》,《同声月刊》第一卷第二号。

词律之难工。"①"近卅年"乃常州词派主盟词坛之后,词家普遍存在重意格、轻声律的现象。词坛的形势又一次呼唤着产生能够起到革除弊端的典范,梦窗词于此时应运而生。

第二节 "涩"的意义

梦窗词的风格独具一格,在南宋末年褒贬兼有。批评者的意见集中在梦窗词的"质实""晦涩"方面。张炎说:"词要清空,不要质实。清空则古雅峭拔,质实则凝涩晦昧。姜白石词如野云孤飞,去留无迹。吴梦窗词如七宝楼台,眩人眼目,碎拆下来,不成片段。此清空质实之说。"②张炎论词推崇姜夔的"清空",对以密丽质实为特色的吴文英词颇持异议。沈义父也批评梦窗词"其失在用事下语太晦处,人不可晓"③。以今人的研究来看,吴文英词意象奇特浓密且时空多加转换跳跃,使事用典冷僻而又赋予独特的阐释,语言艳丽又深加锻炼雕琢,语句转折汰去前人用虚字而使气息流转的方法而代之以实词,因而读梦窗词往往会有晦涩难懂之感。张炎、沈义父对吴文英的批评对后世影响甚大,晦涩成为梦窗词风格的代称,如彭孙遹《金粟词话》说梦窗词"雕缋满眼"。王时翔说:"吴梦窗之奇丽而不免于晦"④,谢章铤说:"吴梦窗失之涩"⑤,皆将"晦涩"视为梦窗词的弊病所在。

"晦涩"作为文学范畴最早出现于诗文批评。唐代皎然《诗式》

---

① 郑文焯:《论词书》,《大鹤山人词话》,南开大学出版社,2009年版,第220页。
② 张炎:《词源》卷下,《词话丛编》,中华书局,1986年版,第259页。
③ 沈义父:《乐府指迷》,《词话丛编》,中华书局,1986年版,第278页。
④ 王时翔:《别花人语序》,《小山诗文全稿·文稿》卷二。
⑤ 谢章铤:《赌棋山庄词话》卷十二,《词话丛编》,中华书局,1986年版,第3470页。

云:"诗有二要:要力全而不苦涩,要气足而不怒张。""涩"是作为诗歌的弊病提出来的。然而也有一些作家为追求独特的艺术风格,特意求"涩",如唐代"元和以后,为文章则学奇诡于韩愈,学苦涩于樊宗师"①。词体本为乐歌,以歌喉谐畅婉转为美,"晦涩"自然与词体不相合,因而在词学批评中,"晦涩"一直是作为弊病受到斥责的,张炎、沈义父对梦窗词"晦涩"的批评即是例证。明代俞彦说:"遇事命意,意忌陋、忌袭。立意命句,句忌腐、忌涩、忌晦"②,清代吴衡照说:"词忌雕琢,雕琢近涩,涩则伤气"③,皆视"晦涩"为禁忌。

清代随着词学中兴局面的形成,词家对许多词学问题开始了反思,对吴文英词的风格也得以重新认识。时代不同,审美取向亦有不同。在新的词坛形势下,一些曾被置于摒弃之列的范畴,得以启用并被赋予新的意义,"晦涩"即是一例。常州派词人对"涩"进行了新的诠释,包世臣云:"声之得者又有三:曰清、曰脆、曰涩。不脆则声不成,脆矣而不清则腻,清矣而不涩则浮。屯田、梦窗以不清伤气;淮海、玉田以不涩伤格,清真、白石则能兼三矣。"④这是词学批评中最早从正面提出"涩"的用例。尤其值得注意的是批评张炎"以不涩伤格",颇有意味。张炎与姜夔合称"姜张",是浙西词派的词学典范。姜张词以"清空"为浙派词学家称道,而与"清空"相对的"质实"则恰恰是"涩"的原因。包世臣所持论已与浙派旨趣迥异,联系包氏所云"清矣而不涩则浮",实是批评张炎是清而浮,而要用"涩"加以补救。周济对"涩"也有新的体认,据潘祖荫为周济

---

① 李肇:《唐国史补》下,上海古籍出版社,1983年版。
② 俞彦:《爰园词话》,《词话丛编》,中华书局,1986年版,第400页。
③ 吴衡照:《莲子居词话》卷一,《词话丛编》,中华书局,1986年版,第2403页。
④ 包世臣:《月底修箫谱序》,《艺舟双楫》一。

《宋四家词选》作的序中提到,周济曾作有《论调》一书,"以婉、涩、高、平四品分之"。可见,周济是将"涩"作为词体的一种值得肯定的艺术风格来认识的。周济《柳下词序》称赞周青的词"多酸涩之味,思力沉挚,求诸古人往往而合也。"此处所用之"涩",与思想情感的深沉执着相联系,是以"涩"肯定其词风格的用法。晚清况周颐对"涩"这一范畴又进行了重新阐释:"涩之中有味、有韵、有境界,虽至涩之调,有真气贯注其间。其至者,可使疏宕,次亦不失凝重,难与貌涩者道耳。"①况氏认为传统认识中的"涩"不过是"貌涩",有真气贯注其间的"涩"方是至境。蔡嵩云进一步解释说:"词中有涩之一境。但涩与滞异,亦犹重大拙之拙,不与笨同。"②在词学家新的阐释之下,"涩"已成为体现新的审美价值的词学批评范畴了。

包、周、况等人对"涩"范畴内涵的重新体认,对重新认识梦窗词有着重要的意义。梦窗词的晦涩不再被视为弊病,而成为其独特的艺术风格特征。王鹏运称赞吴文英词:"檀栾金碧楼台好,谁打霜花稿。"③这是针对张炎对梦窗词的批评而发,《词源》卷下曾云:"梦窗词《声声慢》云:'檀栾金碧,婀娜蓬莱,游云不蘸芳洲。'前八字恐亦太涩。"这里王氏重提梦窗这首词和张炎的"七宝楼台"之说,但已是反其意而用之了。

晚清词学家一方面重新阐释"涩"的内涵,一方面对梦窗词进行深入的分析探究。为破除梦窗词晦涩难懂的陈言,体察梦窗词的意绪脉络是关键。朱祖谋云:"君特以隽上之才,举博丽之典,审

---

① 况周颐:《蕙风词话》卷五,《词话丛编》,中华书局,1986年版,第4527页。
② 蔡嵩云:《柯亭词论》,《词话丛编》,中华书局,1986年版,第4906页。
③ 王鹏运:《虞美人》《题校梦庵图》,《半塘定稿》,《清名家词》,上海书店,1980年版。

音拈韵,习谙古谐,故其为词也,沉邃缜密,脉络井井,缉幽抉潜,开径自行,学者非造次所能陈其意趣。"①朱祖谋在指导弟子杨铁夫学习梦窗词时,提示"顺逆、提顿、转折之所在"②,透过表象的晦涩发现"沉邃缜密,脉络井井,缉幽抉潜,开径自行"的深层特质。杨铁夫也说:"梦窗诸词,无不脉络贯通,前后照应,法密而意串,语卓而律精。而玉田七宝楼台之说,真矮人观剧矣。"③洞悉梦窗词的意绪脉络后,自然不觉其晦涩。明了梦窗词语言的出处亦是破晦涩说的重要内容。王鹏运说:"梦窗以空灵奇幻之笔,运沉博绝丽之才,几如韩文、杜诗,无一字无来历。"④梦窗词语言多有出处,从积极的方面看,可使意象更加丰富,又可增加语言的表现力;但如果不了解语言的出处,自然感觉难懂。郑文焯亦说:"其取字多从长吉诗中得来,故造语奇丽。世士罕寻其源,辄疑太晦,过矣。"⑤况周颐则用"密"与"厚"来区别并认识梦窗词的表象和内涵。:

> 近人学梦窗,辄从密处入手。梦窗密处,能令无数丽字,一一生动飞舞,如万花为春,非若雕块蹙绣,毫无生气也。如何能运动无数丽字?恃聪明,尤恃魄力。如何能有魄力?唯厚乃有魄力。梦窗密处易学,厚处难学。⑥

"密"与张炎所说的"质实"相近,主要表现在意象、用典和语言上。况周颐指出梦窗词的外表的"密"与其内涵的"厚"相联系,绝

---

① 朱祖谋:《梦窗词跋》,《彊村丛书》。
② 杨铁夫:《改正梦窗词选笺释原序》,上海人文印书馆,1933年版。
③ 杨铁夫:《吴梦窗词选笺释自序》,上海人文印书馆,1933年版。
④ 王鹏运:《梦窗词稿跋》,《梦窗四稿》。
⑤ 郑文焯:《郑校梦窗词跋》,龙榆生《唐宋名家词》引。
⑥ 况周颐:《蕙风词话》卷二,《词话丛编》,中华书局,1986年版,第4447页。

非模仿语言的密实者所能达到。况周颐进一步指出：

> 重者,沈著之谓。在气格,不在字句。于梦窗词庶几见之,即其芬菲铿丽之作,中间隽句艳字,莫不有沈挚之思,灏瀚之气,挟之以流转。令人玩索而不能尽,则其中之所存者厚。沈著者,厚之发见乎外者也。欲学梦窗之致密,先学梦窗之沈著。即致密、即沈著,非出乎致密之外,超乎致密之上,别有沈著之一境也。梦窗与苏、辛二公,实殊流而同源。其所为不同,则梦窗致密其外耳,其至高至精处,虽拟议形容之,未易得其神似。颖慧之士,束发操觚,勿轻言学梦窗也。①

况周颐指出"厚"是"沈著"的外现,"沈著"即建立在深厚感情之上的寄托,梦窗词的致密是以思想感情为基础的,由此揭示出梦窗词的真正价值所在。

无论"质实""晦涩""致密",由今日看来都可以视为一种风格,梦窗词乃此种风格的典型代表。在词史上梦窗词独特风格的出现有三点应予充分肯定。

第一,梦窗词的风格意义。梦窗词产生于南宋中期,以其密丽浓艳的风格特征而独树一帜。在词史上梦窗上承白石,下启玉田,正如张祥龄所云:"词至白石,疏宕极矣。梦窗辈起,以密丽争之。至梦窗而密丽又尽矣,白云以疏宕争之。三王之道若循环,皆图自树之方,非有优劣。"②梦窗词的风格已成为词苑的一枝奇葩。风格的多样和变化发展是文学创作繁荣的重要标志。梦窗词的出现

---

① 况周颐:《蕙风词话》卷二,《词话丛编》,中华书局,1986年版,第4447页。
② 张祥龄:《词论》,《词话丛编》,中华书局,1986年版,第4211页。

使南宋词史呈现后浪推前浪,波澜起伏的动态之美,各种风格争奇斗艳,南宋词坛风光无限。

第二,梦窗词风在词史上的意义。文学的发展必定是包含了传统和遗产的发展,梦窗词的出现也是如此。周济曾说:"梦窗奇思壮采,腾天潜渊,返南宋之清泚,为北宋之秾挚。"①所谓"秾挚"与"质实"意思相近,周济这里肯定了梦窗词沟通南北宋的作用。陈锐也说:"白石拟稼轩之豪快,而结体于虚,梦窗变美成之面貌,而炼响于实。南渡以来,双峰并峙,如盛唐之有李、杜矣。"②由清真到梦窗,其间的继承和新变揭示了词史发展的内在规律。

第三,"以梦窗词转移一代风会"③,此语是钱萼孙(仲联)先生对晚清四大家之一的朱祖谋推举梦窗词用心所在的说明,同时也概括出梦窗词在晚清时期彰显的意义。清代中期,自浙派盛行以后,几乎"家祝姜(夔)、张(炎),户尸朱(彝尊)、厉(鹗)"。由于对所谓"醇雅""清空"的偏颇追求,浙派末流逐渐演化为空疏浮滑,即金应珪所指出的"游词":"规模物类,依托歌舞,哀乐不衷其性,虑叹无与乎情,连章累篇,义不出乎花鸟,感物指事,理不外乎酬应。虽既雅而不艳,斯有句而无章。"④无病呻吟,空洞无物,玩弄技巧是"游词"的弊病所在。谭献曾批评浙派殿军郭麐"词尚深涩,而频伽滑矣"⑤,可见浙派末流弊端在"滑"已为时人所认识,且日益引起人们的反感。正是在此种词学背景之下,词学家们欲以梦窗词风

---

① 周济:《宋四家词选目录序论》,《词话丛编》,中华书局,1986年版,第1643页。
② 陈锐:《裒碧斋词话》,《词话丛编》,中华书局,1986年版,第4200页。
③ 钱仲联:《改正梦窗词选笺释原序》,上海人文印书馆,1933年版。
④ 金应珪:《词选后序》,《词话丛编》,中华书局,1986年版,第1618页。
⑤ 谭献:《复堂词话》,《词话丛编》,中华书局,1986年版,第4009页。

改变现实的词坛风气。周济说:"梦窗非无生涩处,总胜空滑"①,要以梦窗之"涩"补救浙派末流的浮滑。蒋敦复说:"勿专学玉田,流于空滑,当以梦窗救其弊。"②孙麟趾说:"梦窗足医滑易之病","石以皱为贵,词亦然。能皱必无滑易之病,梦窗最善此。"③沈泽棠也说:"(梦窗词)词境幽涩,正足以药瓢滑之弊。"④可见梦窗词风对晚清词风的纠偏意义已成共识。

需要补充说明的是,由于学梦窗词的生涩,晚清词坛产生了崇尚生涩的风气,正如冒广生所批评的:"光宣以降,为长短句者,务填难调,用涩字,以佶屈聱牙相号召。读之终卷,无可上口者。此所谓以艰深文浅陋也。"⑤龙榆生亦指出:"自周(邦彦)、吴(文英)之学大行,于是倚声填词者往往避熟就生,竞拈僻调,而对宋贤习用之调,排摈不遗余力,以为不若是不足以尊所学而炫其能也。……其流弊所极,则一词之成,往往非重检词谱,作者亦几不能句读,四声虽合,而真性已漓。"⑥甚至出现了"宁晦无浅,宁涩无滑,宁生硬无甜熟,炼字炼句,迥不犹人"⑦的风气,以往被黜斥的晦涩竟成了人们争相追摹的词坛时尚,这正是矫枉过正所带来的新的弊端。

---

① 周济:《介存斋论词杂著》,《词话丛编》,中华书局,1986 年版,第 1633 页。
② 蒋敦复:《芬陀利室词话》卷三,《词话丛编》,中华书局,1986 年版,第 3671 页。
③ 孙麟趾:《词迳》,《词话丛编》,中华书局,1986 年版,第 2556 页。
④ 沈泽棠:《忏庵词话》,《中国韵文学刊》,1995 年 1 期。
⑤ 冒广生:《定巢词序》,《冒鹤亭词曲论文集》,上海古籍出版社,1992 年版,第 494 页。
⑥ 龙榆生:《晚近词风之转变》,《同声月刊》第一卷第三号。
⑦ 蒋兆兰:《词说自序》,《词话丛编》,中华书局,1986 年版,第 4625 页。

第三节 梦窗词与比兴寄托

考察词学史上的梦窗词之论,可以发现一个现象:清代以前未有从思想内容、意格内涵方面论梦窗词者。南宋末论梦窗词者多从语言入手,如张炎说:"句法挺异,俱能特立清新之意,删削靡曼之词,自成一家","善于炼字面"。① 沈义父说:"用事下语太晦处,人不可晓。"②清初论梦窗词亦是如此,如宋征璧说:"吴梦窗之能叠字"③,邹祗谟说:"丽情密藻,尽态极妍","融篇炼句琢字之法,无一不备"④,彭孙遹说:"碉缋满眼"⑤,曾王孙说:"刻意作华语"⑥,先著说:"用笔拗折"⑦。

最早论及梦窗词的思想内容的是乾隆年间的《四库全书总目•梦窗稿提要》:"文英及与姜夔、辛弃疾游,倡和俱载集中,而又有寿贾似道诸作,殆亦晚节颓唐,如朱希真、陆游之比。"批评吴文英人格有亏,词作意格不高。晚清的郑文焯和沈曾植持论与《四库提要》相近。郑文焯说:"君特曳裾王门,附声权贵,终未免白璧微瑕。"⑧沈曾植说:"吴梦窗、史邦卿影响江湖,别成绚丽,特宜于酒楼歌馆,坐持杯,追拟周、秦,以缵东都盛事。于声律为当行,于格

---

① 张炎:《词源》卷下,《词话丛编》,中华书局,1986年版,第259页。
② 沈义父:《乐府指迷》,《词话丛编》,中华书局,1986年版,第278页。
③ 田同之:《西圃词说》引,《词话丛编》,中华书局,1986年版,第1458页。按:徐釚《词苑丛谈》卷四所引宋征璧之语无此句。
④ 邹祗谟:《远志斋词衷》,《词话丛编》,中华书局,1986年版,第651页。
⑤ 彭孙遹:《金粟词话》,《词话丛编》,中华书局,1986年版,第721页。
⑥ 曾王孙评语,《百名家词钞•啸阁余声》后附,《续修四库全书》,上海古籍出版社,1995年版。
⑦ 先著:《词洁辑评》卷四,《词话丛编》,中华书局,1986年版,第1360页。
⑧ 郑文焯:《梦窗词校议跋》。《大鹤山人词话》,南开大学出版社,2009年版,第354页。

第十章　论梦窗词

韵则卑靡。"①清代中期之后,梦窗词的思想内涵逐渐成为论者关注的对象。随着清代词学比兴寄托说的盛行,梦窗词又被视为比兴寄托的载体。

比兴寄托本是诗体的传统方法。词体的比兴寄托滥觞于五代北宋,成熟于南宋。清代词学比兴寄托说更为成熟,运用更为普遍。然而对词中是否有比兴寄托,尤其是唐宋人词比兴寄托的认识,论者往往颇有差异,对梦窗词的认识更是如此。

与前引《四库提要》对梦窗人格、词格的批评不同,清代中后期的词学家从思想内容方面对梦窗词加以充分的肯定,对梦窗词中比兴寄托的揭示逐渐深化。杜文澜说梦窗词"以绵丽为尚,笔意幽邃"②。"幽邃"已不仅仅指语言风格,而含有思想意蕴的成分。值得注意的是浙派的郭麐对梦窗词的认识:"有过为掩抑屈折,令人不即可得其微旨,感慨所由,后来不尽知之也。"③所谓"微旨"与寄托十分相近,此论可以视为梦窗词比兴寄托说的滥觞。

常州词派登上词坛,对梦窗词的认识也产生了根本性的变化。虽然张惠言对梦窗词颇有微词,称其为"枝而不物"④,但周济则对梦窗词大加推举,说梦窗词"蕴藉深厚"⑤,"立意高,取径远,皆非余子所及","思沈力厚"⑥,并认为"皋文不取梦窗,是为碧山门径

---

① 沈曾植:《菌阁琐谈》附录一《海日楼丛钞》,《词话丛编》,中华书局,1986年版,第3613页。
② 杜文澜:《梦窗词稿叙》,《梦窗四稿》。
③ 郭麐:《桃花潭水词序》,《灵芬馆杂著》卷二。
④ 张惠言:《词选序》,《词话丛编》,中华书局,1986年版,第1617页。
⑤ 周济:《词辨自序》,《词话丛编》,中华书局,1986年版,第1637页。
⑥ 周济:《宋四家词选目录序论》,《词话丛编》,中华书局,1986年版,第1644页。

所限"①,周济进而提出了"问涂碧山,历梦窗、稼轩,以还清真之浑化"的学词途径,吴文英成为四大家之一而被推至显著的地位,成为常州派比兴寄托的词学理论系统的一部分。其后深受周济影响的蒋敦复论梦窗词,将其列于"有厚入无间者"②之中,其所谓"有厚入无间"即"意内言外",亦即比兴寄托。

朱祖谋针对《四库提要》批评吴文英"晚节颓唐"之说加以反驳:"梦窗词品在有宋一代,颉颃清真。近世柏山刘氏独论其晚节,标为高洁"③,对吴文英人品、词品予以充分肯定。揭示梦窗词中的比兴寄托及其意义是四大家论梦窗词的重心所在。四大家论梦窗词从词的思想内容立论,指出其词中的寄托之意。况周颐云:

> 词之极盛于南宋也,方当半壁河山,将杭作汴,一时骚人韵士,刻羽吟商,宁止流连光景尔?其荦荦可传者,大率有忠愤抑塞,万不得已之至情,寄托于其间,而非"晓风残月"、"桂子飘香"可同日而语矣。梦翁怀抱清夐,于词境为最宜,设令躬际承平,其出象笔鸾笺,以鸣和声之盛,虽平揖苏、辛,指麾姜、史,何难矣。乃丁世剧变,戢影沧洲,黍离麦秀之伤,以视南渡群公,殆又甚焉。④

用"黍离麦秀之伤"评论梦窗词为况氏首论,指出世事剧变的外部环境与梦窗独特的性情怀抱的内因相结合,成就了梦窗词的

---

① 周济:《宋四家词选目录序论》,《词话丛编》,中华书局,1986年版,第1644页。
② 蒋敦复:《芬陀利室词话》卷三,《词话丛编》,中华书局,1986年版,第3674页。
③ 朱祖谋:《梦窗词稿序》,《梦窗四稿》。
④ 况周颐:《历代两浙词人小传序》,《蕙风词话广蕙风词话》,中州古籍出版社,2003年版,第446页。

独特风格。况氏此论可谓发前人所未发。

历代词评家多有将吴文英与周邦彦进行对比者,如前引南宋尹焕之言,后世亦不乏此比,但多从语言风格进行比较,如《四库全书总目提要》说:"其天分不及周邦彦,而研炼之功则过之。"晚清四大家亦将周、吴进行比较,但考察的角度完全不同,结合周、吴所处的时代和他们思想情感的相同性立论,如郑文焯云:

> 当此世变,宜以奇情慷慨,以写余哀。如清真《西平乐》《瑞鹤仙》《浪淘沙》诸慢曲,其时或值方腊之乱,其词颇多峻切之音。即梦窗亦感触时事,不尽自组丽中来。①

朱祖谋亦云:

> 梦窗词品在有宋一代,颉颃清真。……乐笑翁题《霜花腴》卷后云:"独怜水楼赋笔,有斜阳,还怕登临。愁来了,听残莺啼过柳隐。"古之伤心人别有怀抱,读梦窗词当如此低回矣。②

从感触时事的角度指出梦窗对清真词的继承,较之前人仅从字面比较周、吴显然要深刻。朱祖谋还曾说:"浣花、玉溪于诗,犹清真、梦窗于词。"③将吴文英比李商隐,宋末比唐末,将词人置于当时风雨飘摇的环境中体察其风格的形成,确为认识梦窗词别开

---

① 郑文焯:《论词书》,《大鹤山人词话》,南开大学出版社,2009年版,第289页。
② 朱祖谋:《梦窗词稿序》,《梦窗四稿》。
③ 严几道:《与朱彊村书》引,《彊村老人评词》附录,《词话丛编》,中华书局,1986年版,第4384页。

生面。与朱祖谋关系密切的张尔田在为朱祖谋的《彊村语业》写的序中作了进一步的阐发："夫词家之有梦窗,亦犹诗家之有玉溪。玉溪以瑰迈高材,崎岖于钩党门户,所为篇什幽忆怨断,世或小之为闺帏之言。顾其他诗'如何匡国分,不与素心期',又曰:'夕阳无限好,只是近黄昏'。岂与夫丰艳曼睩竞丽者?窃以为感物之情,古今不易,第读之者弗之知尔。"指出了将李商隐与吴文英作比,旨在突出二人感时伤怀的共性,可谓深刻之论。

梦窗词的隐幽、曲折、晦涩给读者解读其思想意旨带来一定的障碍。应该说梦窗词中是否寓有比兴寄托至今还没有定论。然而清代中期以后的评论梦窗词者,从社会、时政以及词人的身世情感历程入手探究梦窗词的思想内容,对认识梦窗词无疑是有着积极意义的。正是基于此,我们对清人探究梦窗词比兴寄托的实践予以正面的评价。

学习梦窗词在晚清形成了热潮,况周颐说:"近十数年,学清真、梦窗者尤多"①,确是当时词坛的实况。吴文英在词史上的地位得到进一步提高,师事朱祖谋的陈洵,在周济提出的王、吴、辛、周四家词统的基础上,进一步提出尊梦窗为师,将吴文英与周邦彦并尊:"吾意则以周、吴为师,余子为友,使周、吴有定尊,然后余子可取益。"②这样在清代词学史上,继辛弃疾、姜夔、张炎、温庭筠、周邦彦之后,吴文英亦被推上至尊的地位。在四大家的积极倡导之下,晚清的词坛风气发生了巨大的变化,吴文英词成为词人效法的典范,"几若梦窗为词家韩、杜"③。朱祖谋曾指出:"梦窗系属八

---

① 况周颐:《蓼园词选序》,《蕙风词话广蕙风词话》,中州古籍出版社,2003年版,第499页。
② 陈洵:《海绡说词》,《词话丛编》,中华书局,1986年版,第4838页。
③ 沈曾植:《海日楼丛钞》,《菌阁琐谈》附录一,《词话丛编》,中华书局,1986年版,第3613页。

百年未发之疑"①,此话不仅是说梦窗词语言难懂、旨意难明,还指历代对梦窗词的误解、曲解。正因为如此,梦窗词的影响以及其意义被揭示的过程与其他唐宋词人有所不同,亦因为如此,梦窗词才更具有跨越时空的魅力,吸引习词者和研究者的注意。

---

① 朱祖谋:《朱彊村致夏承焘函》,1929年11月,《文献》第七辑。

第十一章 论《草堂诗余》

在中国文学发展史上,有些文学选本曾产生过巨大的作用,不仅以其所体现的美学观念和艺术标准影响了一代文学风尚,还导致了文学批评理论的发展变化。在词学批评史上,影响最为深远,引起争议最为激烈的词选本莫过于《草堂诗余》。

第一节 尚北宋婉丽柔靡

《草堂诗余》是一部南宋人编辑的词选。《直斋书录解题》题为"书坊编集"。《四库全书总目提要》考定此书编定于南宋宁宗庆元(1195～1200)以前。集中选录唐五代两宋词共三百八十余首,[①]作者一百二十人左右。《草堂诗余》选录作品最多的十个词人依入选词数目多少依次是:周邦彦、秦观、苏轼、柳永、康与之、欧阳修、黄庭坚、辛弃疾、张先。十人作品占全选之半。[②]

《草堂诗余》体现了较强的审美倾向性,有三点值得注意:第

[①] 《草堂诗余》南宋庆元以前的原二卷本久轶,今存最早者为元顺帝至正十一年(1351)的刻木。原题"建安古梅何士信君实编选"。此本注明"新添者七十六首"。

[②] 康与之为由北入南词人,其词风论者往往以北宋目之,姑从之。

一,选词范围虽然包括唐五代两宋,然而并非对各个历史阶段均等选取,而是偏重于北宋以前,所收词人大多数为北宋人,作品大多数为北宋人的作品。上述十人的作品占全选之半,十人中南宋词人仅辛弃疾一人,且仅八首,为十人作品总数的百分之五,这个比例与全书南宋与北宋词入选比例大体一致。第二,对各种风格流派的作品并非兼采并收,而是独尚婉丽柔靡,其他风格均遭排斥。

周、秦等人之婉约词多被选入,辛词中为人所称道的豪放词皆弃而未收,所取亦皆婉约之作;姜夔词风清空骚雅,有别于婉丽柔曼而另具情貌,《草堂诗余》中也一概不取。①

以上二点又是相互联系的,五代北宋词秾纤婉丽,流畅生动,率真自然,与南宋词的清峻疏淡、雅洁工致有着不同的艺术风貌。第三是《草堂诗余》的编排体制。《草堂诗余》现有分类本与分调本二种,王国维、赵万里、陈匪石等人都认为分类本早于分调本,分调本即根据分类本改编而成。②

分类本分前、后二集,前集分春、夏、秋、冬四景,后集分节序、天文、地理、人物、人事、饮馔器用、花禽七类。第一类下又分子目,如"春景"类有初春、早春、芳春、赏春、春思、春恨、春闺、送春等八个子目。"节序"类又分元宵、立春、寒食、上巳、清明、端午、七夕、中秋、重阳、除夕等十个子目。分类本是为了适应歌伎们应歌之需,实际上就是歌伎们在宾燕娱乐,吉庆寿席上应景选题的歌本。清人宋翔凤《乐府余论》云:"《草堂》一集,盖以征歌而设,故别题春景、夏景等

---

① 宋翔凤:《乐府余论》:"《草堂诗余》,宋无名氏所选,其人当与姜尧章同时。尧章自度腔,无一登入者,其时姜名未盛,以后如吴梦窗、张叔夏俱奉姜为圭臬,则《草堂》之选,在梦窗之前矣。"此亦可备一说。
② 参阅王国维:《读〈草堂诗余记〉》,《观堂外集·庚辛之间读书记》;赵万里:《明嘉靖类编〈草堂诗余〉提要》,《校辑宋金元人间》;陈匪石:《声执》,《词话丛编》,中华书局,1986年版。

名，使随时即景，歌以娱客，题吉席大寿，更是此意。其中词语，间与集本不同。其不同者，恒平俗，变以使歌。以文人观之适当一笑，而当时歌伎，则必需此也。""娱客""使歌"可谓抓住了《草堂诗余》分类本的实质。词选变为歌本，是《草堂诗余》由雅转俗的重要原因。

第二节 明代《草堂诗余》盛行

《草堂诗余》在南宋末、元时并未受到特别的重视，到了明代，在适宜的时代条件下大为盛行。据察考，今存的明本《草堂诗余》就有35种之多[1]，

---

[1] 1.洪武二十五年(1392)，《增修笺注妙选群英草堂诗余》前集二卷后集二卷，遵正书堂刻本。2.成化十六年(1480)，《增修笺注妙选群英草堂诗余》前集二卷后集二卷。3.明李西涯辑南词本。4.明祝枝山小楷书本。5.嘉靖十六年(1537)，《新刊古今名贤草堂诗余》六卷，李谨辑，刘时济刻本。6.嘉靖十七年(1538)，《草堂诗余别录》一卷，张綖编选，明黎仪抄本。7.嘉靖十七年(1538)，《精选名贤词话草堂诗余》二卷，陈钟秀校刊本。8.嘉靖年间，篆诗余，高唐王岱翁刊篆文本。9.嘉靖二十九年(1550)，《类编草堂诗余》四卷，武陵逸史编次，开云山农校正，顾汝所刻本。10.嘉靖三十三年(1554)，《草堂诗余》前集二卷后集二卷，杨金刻本。11.嘉靖末，《增修笺注妙选群英草堂诗余》前集二卷后集二卷，春山居士校刊本，安肃荆聚刻本。12.约嘉靖末，《草堂诗余》五卷，杨慎评点，闵瑛璧校订，闵瑛璧刻朱墨套印本。13.万历十二年(1584)，《类编草堂诗余》四卷，题唐顺之解注、田一隽辑，书林张东川刻本。14.万历十六年(1588)，《重刻类编草堂诗余评林》六卷，题唐顺之解注、田一隽辑、李廷机评，勉斋詹圣学重刻本。15.万历二十二年(1594)，《新刻注释草堂诗余评林》六卷，题李廷机批评、翁正春校正，书林郑世豪宗文书舍刻本。16.万历二十三年(1595)，《新刻注释草堂诗余评林》六卷，题李廷机批评、翁正春校正，书林郑世豪宗文书堂刻本。17.万历三十年(1602)，《新锓订正评注便读草堂诗余》七卷，董其昌评订、曾六德参释，乔山书舍刻本。18.万历三十年(1602)，《新刻增修笺注妙选群英草堂诗余》二卷，余秀峰沧泉堂刻本。19.万历三十五年(1607)，《类编草堂诗余》三卷，胡桂芳重辑，黄作霖等刻本。20.万历四十二年(1614)，《类选笺释草堂诗余》六卷，题顾从敬类（转下页注）

第十一章 论《草堂诗余》

此外还有见于著录的4种版本①,这是明代刊行的其他词选、词集所远不能及的。《草堂诗余》在明代不仅有分类本,中期以后又刊行了分调本。同时出现了各种增补、评点、注释本。如此众多的版本,说明了当时社会需求量之大,读者之众。这也是明代其他词选、词集所远不能及的。明代《草堂诗余》的繁盛还表现在参与《草堂诗余》注解、评点、校正等工作的有许多当代的名流,据统计,各版本《草堂诗余》中涉及的参与者有六十多个,这些人身份各异,除了词学名家如杨慎、陈继儒等之外,有台阁重臣如李东阳、李廷机,文坛主将如唐顺之、李攀龙、袁宏道、钟惺等,也有著名艺术家作

(接上页注)选、陈继儒重校、陈仁锡参订,翁少麓刻本(钱允治等合刊三种十三卷)。21.万历四十三年(1615),《新刻题评名贤词话草堂诗余》六卷,题李攀龙补遗、陈继儒校正,书林自新斋余文杰刻本。22.万历四十七年(1619),《新刻李于麟先生批评注释草堂诗余隽》四卷,题吴从先汇编、袁宏道增订,何伟杰参校,书林萧少衢师俭堂刻本。23.万历四十八年(1620),《草堂诗余》五卷,杨慎评点、闵映璧校订,朱之藩刻《词坛合璧》本四种之一。24.万历年间,《类编草堂诗余》四卷,昆石山人校辑。25.万历年间,《类编草堂诗余》四卷,昆石山人校辑,致和堂印本。26.万历年间,《新刻分类评释草堂诗余》六卷,题李廷机评释,李良臣东壁轩刻本。27.天启五年(1625),《新刻砵批注释草堂诗余评林》四卷,题李廷机评注,周文耀刻朱墨套印本。28.天启、崇祯年间,《草堂诗余》正集六卷(《古香岑草堂诗余》四集十七卷十二册),沈际飞、钱允治等编,翁少麓刊印本。29.明末,《草堂诗余正集》六卷(《古香岑草堂诗余》四集十七卷),沈际飞、钱允治等编,万贤楼自刻本。30.明末,《草堂诗余》正集六卷(《古香岑草堂诗余》四集十七卷),沈际飞、钱允治等编,童涌泉刊印本。31.明末,《新刊增修笺注妙选群英草堂诗余》二卷,钟惺辑,慎节堂刻本。32.明末,《类编草堂诗余》四卷,毛晋汲古阁《词苑英华》本。33.明末,《类编草堂诗余》四卷,韩愈臣校正,博雅堂刻本。34.明末,《类编草堂诗余》四卷,韩愈臣校正,经业堂刻本。35.明末,《类编草堂诗余》四卷,翻刻顾从敬本。

① 1.明叶盛《箓竹堂书目》著录《草堂诗余》一册。2.嘉靖十九年(1540),高儒《百川书志》著录《草堂诗余》四卷。3.嘉靖二十八年(1549),《标注续录》著录李谨刊本《草堂诗余》。4.万历年间,陈第世善堂著录《草堂诗余》七卷。

家,如祝允明、董其昌、吴承恩、汤显祖等。此外还有士人学子、山林隐逸等。明代还有《草堂诗余》的十余种续编、扩编本,如杨慎的《草堂诗余补遗》、长湖外史的《续草堂诗余》、秣陵一真子的《续草堂诗余》、沈际飞的《草堂诗余别集》《草堂诗余新集》、潘游龙的《草堂诗余合集》等以《草堂诗余》命名的明代词选本。

《草堂诗余》的盛行还表现在明代一般士子对它的爱不释手。《渚山堂词话》卷二所载可资参证:

> 江东陈铎大声,尝和《草堂诗余》几及其半,辄复刊布江湖间。论者谓其以一人之力,而欲追袭群贤之华妙,徒负不自量之讥。

陈大声填词和《草堂诗余》及半,可见其喜爱之甚。而论者又将《草堂诗余》与"唐音"相提并论,视为"群贤之华妙",亦可窥见《草堂诗余》在明人心目中的地位。对明代这种《草堂诗余》独盛的局面,连当时人都感到困惑不解,毛晋《草堂诗余跋》说:"宋元间词林选本,几屈百指,惟《草堂诗余》一编,飞驰几百年来,凡歌栏酒榭丝而竹之者,无不拊髀雀跃;及至寒窗腐儒,挑灯闲看,亦未尝欠伸鱼睨,不知何以动人至此也。"一部普通的词选竟能产生如此轰动的社会效应,这不能不使人感到诧异。

《草堂诗余》在明代的盛行是与明代的社会风气相适应的,在很大程度上是《草堂诗余》应歌的"实用价值"的特点与当时士人享乐风气相适应。明代城市经济繁荣,市民阶层扩大,社会享乐思想迅速膨胀。置酒高会、欢歌佳丽、纵情声色成了官僚士人生活中不可或缺的内容,文人们醉心于"花晨月夕、诗坛酒社、宾朋谈宴、声伎翕集"①的生活。这就刺激了娱乐业的繁荣。在这种背景下，《草堂诗余》作为燕宾娱客的工具也应运而广为流传。

《草堂诗余》在明代的盛行对明人词学观念的变化产生了深刻的影响。

首先是"本色""当行"说的流行。何良俊《草堂诗余序》说："乐府以激迳扬厉为工，诗余以婉丽流畅为美。即《草堂诗余》所载周清真、张子野、秦少游、晁叔原诸人之作，柔情曼声，摹写殆尽，正辞家所谓当行，所谓本色者也。"何氏之语揭示了明人喜好《草堂诗余》的原因，是集中多"婉丽流畅""柔情曼声"之作，并以此作为词的"当行""本色"。"当行""本色"之论源自宋人论析诗词之辨，是作为词的重要特色提出来的。词作为一种独立的文体，应有也必然会有其风格的特色，但持"本色""当行"论者，刻意把这种特色引向极端来否定思想内容的充实提高、题材的扩大和风格的多样性。这就不能不说是一种保守落后的论调了。所以此论引起了人们的批评。然而在明代，此论又重被奉若圭臬并且谈而不厌，并成为有明一代的通行之论。王世贞《艺苑卮言》云："词须宛转绵丽，浅至儇俏，挟春月烟花于闺幨内奏之，一语之艳，令人魂绝，一字之工，令人色飞，乃为贵耳。至于慷慨磊落，纵横豪爽，抑亦其次，不作可耳。作则宁为大雅罪人，勿儒冠而胡服也。"明代的王世懋也明确地说："词曲家非当行本色，虽丽语博学无用。"②明人把婉娈柔靡，俏艳绵丽作为词的本色，而排斥包括豪放在内的其他风格，显而易见，《草堂诗余》的繁盛与明人对词的认识是密切相关的。

其次，强调词体的特点为"近俗"。如王世贞说："《花间》以小语致巧，《世说》靡也；《草堂》以丽字取妍，六朝俞也。即词号称诗

---

① 钱谦益：《列朝诗集小传·丁集》，上海古籍出版社，2008年版。
② 王世懋：《艺圃撷余》，《历代诗话》，中华书局，1981年版。

余,然而诗人不为也。何者,其婉娈而近情也,足以移情而夺嗜,其柔靡而近俗也。"所谓近俗,就是指要适应下层读者或听众的欣赏习惯,曲调柔靡,语言通俗易懂。这种近俗的理论是对南宋以来以姜夔、张炎为代表的骚雅词风的一大反动,并使词学史上雅俗之辩的主俗论达到高峰,其影响及于明末清初,如李渔《窥词管见》虽云"词之腔调则在雅俗相和之间",但其主旨仍是倡俗反雅。李渔又说:"词之最忌者有道学气,有书本气,有禅和子气。"并认为"所不能尽除者,惟书本气耳。"其近俗的观念与王世贞一脉相承。

再次,建立了崇尚北宋以前,黜斥南宋以后的取法观念。受《草堂诗余》的影响,明人学词多崇晚唐五代北宋,如刘伯温摹拟冯延巳、陈大声摹拟欧阳修,都曾在当时传为美谈。杨慎十分赞赏"前宋秦、晁风艳",而鄙斥"晚宋酸馅味,教督气"。①

明代崇北黜南之论的代表是陈子龙。《幽兰草词序》云:"自金陵二主以至靖康,代有作者。或秾纤婉丽,极哀艳之情;或流畅澹逸,穷盼倩之趣。然皆境由情生,辞随意启,天机偶发,元音自成,繁促之中尚存高浑,斯为最盛也。南渡以还,此声遂渺。寄慨者亢率而近于伧武,谐俗者鄙浅而入于优伶。以视周、李诸君,即有彼都人士之叹。"陈子龙是云间词派的主帅,云间派的其他成员亦莫不推崇北宋,贬斥南宋,如宋征璧特别表彰苏轼、秦观、张先、贺铸、晏几道、李清照等七位宋代词人,皆北宋人。并说:"词至南宋而繁,亦至南宋而敝。"②由此可见《草堂诗余》对有明一代词人的影响。

最后值得特别指出的是,明人为《草堂诗余》所障目,不知此外词家别有天地,竟唯将《草堂诗余》代宋词,对《草堂诗余》外的宋人

---

① 杨慎:《词品》,《词话丛编》,中华书局,1986年版,第499页。
② 徐釚:《词苑丛谈》卷四引,上海古籍出版社,1981版,第76页。

第十一章 论《草堂诗余》

词作忽视不观。如明人陈耀文曾编选唐宋人词集,题名《花草粹编》,陈良弼为之序云:"自昔选次者众矣,唐则有《花间集》,宋则有《草堂诗余》。诗盛于唐而衰于晚叶,至夫词调独妙无伦,然宋之《草堂》盛行而《花间》不显。"《花草粹编》收采大致以《花间集》《草堂诗余》为主,《四库全书总目提要》评论说:"耀文自称其因唐《花间集》、宋《草堂诗余》而起,故以《花草粹编》为名。然使惟以二书合编,各采其一字名书,已无义理,乃综括两朝之词,而以'花'字代唐字,以'草'字代宋字,衡以名实,尤属未安。"以《草堂诗余》代宋一朝之词,在我们今日看来荒谬之至,而在明人的观念中却极为自然。这种观念甚至一直影响到清初。王士禛、邹祇谟编选《倚声集》就是为了"续《花间》《草堂》之后,使夫声音之道不至淹没而无传,亦犹古歌弦之意也。"王士禛还说:"温和生而《花间》作,李晏出而《草堂》兴,此诗之余而乐府之变也。……声音之道已臻极致,而诗之为功虽百变而不穷,《花间》《草堂》尚矣。"①

王氏不仅将《草堂诗余》作为宋词的代表,并给予了极高的评价。还将自己的词话题名《花草蒙拾》,"草"即指《草堂诗余》,其用心可窥一班。清初人顾彩曾选词名曰《草堂嗣响》,赵尊岳说:"取诸继声草堂故曰嗣响。"②

清初另一位词人尤侗作《百末词》,也是有意接《草堂诗余》余绪:"西堂《百末词》,自以为《花间》《草堂》之余。"③

由此我们可以看出,《草堂诗余》在清初人心目中的地位。这些都是受明人词学观念的影响所致。清人王煜说:"清初沿习朱

---

① 王士禛:《倚声集序》,《渔洋山人文略》卷三。
② 赵尊岳:《草堂嗣响解题》,《词学季刊》创刊号。
③ 郭麐:《灵芬馆词话》卷三,《词话丛编》,中华书局,1986年版,第1533页。

明,未离《花》《草》。"①并非虚言。

第三节　浙派对《草堂诗余》的批评

明代历来被为认为是词学的衰微期。填词胜手既少,作品又大多芜滥庸俗,不堪入目。对此明人已有所认识。陈霆曾说:"我朝才人文士,鲜工南词。间有作者,病其赋情遣思,殊乏圆妙。甚则音律失谐,又甚则语句尘俗。求所谓清楚流丽,绮靡蕴藉,不多见也。"②

陈子龙亦云:"明兴以来,才人辈出,文宗两汉,诗俪开元,独斯小道,有惭宋辙。"③

清初词坛诸大家欲有所作为,也对明词的萎靡不振进行了反思。王士禛认为明词人较唐宋大家"不及前人,其趣浅也"。④沈雄评论王世贞的词"皆不痛不痒篇什"。⑤刘体仁说:"明比晚唐,盖非不欲胜前人,而中实枵然,取给而已。于神味处,全未梦见。"⑥对明词弊端认识最深刻、抨击最有力的是先后崛起的阳羡词派主将陈维崧和浙西词派盟首朱彝尊。陈维崧《词选序》云:"(明人)学习词者,又复极意《花间》,学步《兰畹》,矜香弱为当家,以清真为本色;神瞽审声,斥为郑卫,甚或爨弄俚词,闺幨冶习,音

---

① 王煜:《清十一家词选·自序》,正中书局,1936年版。
② 陈霆:《渚山堂词话》卷三,《词话丛编》,中华书局,1986年版,第378～379页。
③ 陈子龙:《幽兰草词序》,《安雅堂稿》卷三。
④ 王士禛:《花草蒙拾》,《词话丛编》,中华书局,1986年版,第684页。
⑤ 沈雄:《古今词话·词话》下卷,《词话丛编》,中华书局,1986年版,第804页。
⑥ 王又华:《古今词论》引,《词话丛编》,中华书局,1986年版,第599页。

如湿鼓,色如死灰。此则嘲诙隐庾,恐为词曲之滥觞所虑,杜夔左骖,将为师涓所不道,辗转流失,长此安穷？胜国词流,即伯温(刘基)、用修、元美、征仲(文徵明)诸家,未离斯弊,余可识矣。"①朱彝尊《水村琴趣序》云："词自宋元以后,明三百年无擅场者,排之以硬语,每与调乖,窜之以新腔,难与谱合。"②

进一步分析明词颓衰的原因时,不少批评者都指出《草堂词余》所起的推动助澜的作用。如高佑钇《湖海楼词序》云："词始于唐,衍于五代,盛于宋,沿于元,至榛芜于明,明词佳者不数家,余悉踵《草堂》之习,鄙俚亵狎,风雅荡然矣。"蒋兆兰更是把明词的弊病都归之于《草堂诗余》："诗余一名,以《草堂诗余》为最著,而误人最深。所以然者,诗家既已成名,而于是残鳞剩爪,余之于词;浮烟涨墨,余之于词;诙嘲亵诨,余之于词;忿戾谩骂,余之于词,即无聊酬应,排闷解醒,莫不余之于词。亦既以词为秽墟,寄其余兴,宜其去风雅日远,愈久而弥左也。此有明一代词学之蔽。"③《草堂诗余》不仅影响了有明一代,还直接影响着清初词坛复兴局面的开拓。张其锦《梅边吹笛谱序》指出："我朝斯道(案:指词)复兴若严荪友、李秋锦、彭羡门、曹升六、李耕客、陈其年、宋牧仲、丁飞涛、沈南溆、徐电发诸公率皆雅正,上宗南宋,然风气初开,音律不无小乖,词意微带豪绝,不脱《草堂》前明习染。"尤为显著的例子是,从康熙八年(1669)开始,以陈维崧为首的阳羡词人崛起,给词坛带来了劲而新鲜的气息,造成了可观的声势,然而《草堂诗余》余习仍未能根本扫清。《词苑粹编》卷八引陈对鸥语云："江左言词者,无不以迦陵为宗,家娴户习,一时称盛,然犹有《草堂》之余。"面对这样的词坛

---

① 陈维崧:《词选序》,《迦陵文集》卷二。
② 朱彝尊:《水村琴趣序》,《曝书亭集》卷四十。
③ 蒋兆兰:《词说》,《词话丛编》,中华书局,1986年版,第4631页。

形势,以振兴词业,开一代词风为己任的浙西派主将们,就把扫荡《草堂诗余》余风作为自己的重要任务。

浙西词派是清代前中期影响最大的词学流派,历经康、雍、乾、嘉、道数朝,曾有"家祝姜张,户尸朱厉"的盛风。① 浙西词派能主盟词坛,原因自有许多,而批判《草堂诗余》,清除其影响则是重要的一方面。浙西词派兴起之时,《草堂诗余》仍余流蔓延,朱彝尊立派举旗,倡一代词风,提出新的词学主张,务必尽扫《草堂诗余》习气。朱彝尊编选《词综》,给人展示词学新天地,意欲取《草堂诗余》而代之;又努力推举《绝妙好词》《乐府雅词》等选本,进而彻底否定《草堂诗余》。朱氏结合对《草堂诗余》的批判,建立了自己的词学理论。

首先,朱彝尊对《草堂诗余》由于征歌需要而形成的分类形式予以抨击:"宋人词集大约无题,自《花庵》《草堂》增入闺情、闺思、四时景等题,深为可憎。"②前文已述,《草堂诗余》是书坊选编,目的在于赢利,以市场需要为取舍标准,并不注重作品的思想、艺术价值。分类编排,以便于歌伎于燕集时选取演唱,吴昌绶对此议论道:"唯其出坊肆人手,故命名不伦。所采亦多芜杂,取便时俗,流传浸广。"③

"取便时俗"四字可谓抓住了《草堂诗余》的要害。朱彝尊对分类形式的否定,其实是为了改变人们对词的认识,将词体从歌伎手中拯救出来,重新成为文人雅士的艺术品。

其次,对《草堂诗余》的选目失当进行了批评,并大力推举姜夔、张炎一派,开拓了学习宋词的门路。《词综·发凡》云:"古词选

---

① 彭兆荪:《小谟觞馆诗余序》,《清名家词》,上海书店,1980年版。
② 朱彝尊:《词综·发凡》,上海古籍出版社,1978年版,第15页。
③ 吴昌绶:《草堂诗余跋》,《景刊宋金元明本词》。

本,若《家宴集》……皆轶不传,独《草堂诗余》所收最下最传。"为何说《草堂诗余》所收"最下"呢?《发凡》又云:"言情之作,易流于秽,此宋人选词,多以雅为目。法秀道人语涪翁曰:'作艳词当堕犁舌地狱。'正指涪翁一等体制而言耳。填词最雅,无过石帚,《草堂诗余》不登其只字,见胡浩《立春》《吉席》之作,蜜殊《咏桂》之章,亟收卷中,可谓无目者也。"朱彝尊对姜、张一派心摹手追,推崇备至。《黑蝶斋诗余序》说:"词莫善于姜夔。"《发凡》亦云:"词至南宋,始极其工,至宋季始极其变,姜尧章最为杰出。"对于姜、张一派的艺术成就,历代有识者都曾给予高度重视,然《草堂诗余》竟弃而不取,实为一弊。朱彝尊推尊姜、张一派,扩大了人们的视野,拓宽了习词路径,有益于清词的发展。

再次,朱彝尊力斥《草堂诗余》之俗,标举醇雅,提出新的审美范畴。《乐府雅词跋》云:"词以雅为尚,得是编(案:指《乐府雅词》),《草堂诗余》可废矣。"《书绝妙好词后》云:"词人之作,自《草堂诗余》盛行,屏去《激楚》《阳阿》,而巴人之唱齐进矣。周公谨《绝妙好词》选本虽未全醇,然中多俊语。方诸《草堂》所录,雅俗殊分。"浙西派的词学理论的主要内容之一,就是倡"雅"。朱彝尊更将《草堂诗余》作为雅的对立面"俗"加以贬斥。朱氏主要针对《草堂诗余》迎合市侩口味的俚俗倾向:"屏去《激楚》《阳阿》,而巴人之唱齐进矣。"强调了高雅和低俗的差异和对立。提倡高雅,即指那些为有较高文化修养者所欣赏的,具较高欣赏层面和较多欣赏层次的艺术对象,反之,即为低俗。朱彝尊认为,《草堂诗余》为优伶狎客所好,流行于酒楼歌榭,因而低俗之极。他正是要用姜夔"野云孤飞,去留无迹","瘦石孤花,清笙幽磬"式的"骚雅""醇雅"去矫《草堂诗余》之俗。朱彝尊正是在对《草堂诗余》的批判中,建立了崇雅、尚南宋、学姜张的理论。

第四节 《草堂诗余》影响衰微词坛风尚转变

朱彝尊大张旗鼓,浙派词人群起响应,《草堂诗余》之风很快便销声敛迹,词坛风气大为改观,汪森《词综序》说:"世之论词者,惟《草堂》是规。白石、梅溪诸家,或未阅其集,辄高自矜诩。予尝病焉,顾未有以夺之也。友人朱子锡鬯,辑有唐以来迄于元人所为词,凡一十八卷,目曰《词综》,……庶几一洗《草堂》之陋,而倚声者知所宗矣。"《词综》的编成刊行,给习词者提供了学习的范本,《草堂诗余》逐渐失去了市场。词人们跳出北宋婉丽一格的狭窄藩篱,眼界始宽,尤为南宋姜、张一派所吸引。陈廷焯说:"国初多宗北宋,竹垞独取南宋,分虎(李符)、符曾(李良年)佐之,而风气一变。"①郭麐也言及词坛的变化:"《草堂诗余》玉石杂糅,芜陋特甚,近皆知厌弃之矣。然竹垞之论未出以前,诸家颇沿其习。故其《词综》刻成,喜而作词曰:'从今不按,旧日草堂句'"。② 词坛风气的转变,得力于浙西浙的鼓吹和力行,朱彝尊实为首功。

《草堂诗余》词风退出词坛,浙西派之论影响天下,清代词学进入了一个新的时期。尚须指出的是,朱彝尊倡南宋,推姜、张是为了反拨《草堂诗余》风气,其实朱彝尊并未将唐五代北宋一概否定,而是多次强调小令应师法北宋以前。③ 然而从朱彝尊对当时和后世的影响来看,人们往往更注意朱氏对南宋的提倡,如陈对鸥说:

---

① 陈廷焯:《白雨斋词话》卷三,《词话丛编》,中华书局,1986年版,第1202页。

② 郭麐:《灵芬馆词话》卷一,按:所引词句出自朱彝尊《曝书亭集》卷二十六《江湖载酒集》《摸鱼子》《同青士重访晋贤,时书楼落成,订词综付雕刻,有怀周士秀青在吴兴》。

③ 参见朱彝尊:《水村琴趣序》《鱼计庄词序》《宋院判词序》《书东田词卷后》。

第十一章 论《草堂诗余》

"自《浙西六家词》出,瓣香南宋,另开生面,于是四方承学之士从风附响,知所指归。"①朱氏之后,追摹浙西者专宗南宋姜、张一体,结果走上另一个极端,又形成了新弊病,同时为浙西派的衰亡埋下了隐患。对此储国钧评论道:"自《花间》《草堂》之集盛行,而词之弊已极。明三百年,直谓之无词可也。我朝前辈起而振兴之,真面目始出。顾或者恐后生复蹈故辙,于是标白石为第一,以刻削峭法为贵,不善学之,竟为涩体,务安难字,卒之抄撮堆砌,其音节顿挫之妙,荡然欲洗,草草陋习,反堕浙西成派。彼浙西之词,不过一人唱之,三四人和之,以浸淫遍及大江南北。"②储氏肯定了浙派革《草堂诗余》之弊,开一代新词风的功绩,同时指出了浙派末流存在的问题,应该说是颇具眼光的。

客观地看,朱彝尊对《草堂诗余》的抨击,确有过于激切、过于苛刻之处,这是当时的词风下竖旗立派矫枉过正的需要。能够对《草堂诗余》进行实事求是地评价,则是在清中期以后。《四库总目》、谭献、况周颐、王国维对《草堂诗余》的分析颇为合乎实际。《四库全书总目》:

> 今观所录,虽未免杂而不纯,不及《花间》诸集之精善,然利纯互陈,瑕瑜不掩,名章俊句,亦错出其间,一概诋排,亦未为公论。

谭献《复堂词话》:

---

① 冯金伯:《词苑粹编》卷八引,《词话丛编》,中华书局,1986年版,第195页。
② 谢章铤:《赌棋山庄词话续编》卷三引,《词话丛编》,中华书局,1986年版,第3528页。

>《草堂诗余》是书，人以恶札目之，然去柳、黄、康、胡诸俚词，则名篇秀句大略具在。
>
>《草堂》所录但芟去柳耆卿、黄山谷、胡浩然、康伯可、僧仲殊诸人恶札，则两宋名章迥句，传诵人间者略具，宜其与《花间》并传，未可废也。

况周颐《蕙风词选序》：

>综观宋以前诸选本，……唯《草堂诗余》《乐府雅词》《阳春白雪》较为醇雅。以格调气息言，似乎《草堂》尤胜。中间十之一二近俳近俚，为大醇之小疵。自余名章俊语，撰录精审，清雅朗润，最便初学。学之虽不能至，即亦绝无流弊。于性情、于襟袍，不无裨益，不失其为取法乎上也。

王国维《人间词话》：

>自竹垞痛贬《草堂诗余》而推《绝妙好词》，后人群附和之。不知《草堂》虽在袞评之作，然佳词恒得十之六七。

以上论述表现了能够不拘于流派之见，独立思考的特点。这正反映出词学由流派分立论争到融汇交流的时代特点，词学家对南北宋词的特点，豪放婉约清雅各种风格的认识已上升到新的高度。《草堂诗余》也逐渐还其本来面目。

综观明清词学史的发展，《草堂诗余》无论作为高扬的旗帜或抨击的靶的，一直受到词学家的重视，虽然《草堂诗余》的选编者未必有明确的词学理论主张，但《草堂诗余》之选仍体现了特定的审美倾向，这种倾向又在一定的历史时期的社会文化、士人心态和文学思潮的背景下产生较大反响。在词学史上,经过对《草堂诗余》评价的褒贬反复,促使批评家重视词选本的作用和影响,以至于用选本来宣扬词学主张,阐发词学理论成为清代词学的一大特色。正如龙沐勋所言:

> 浙常二派出,而词学遂号中兴,风气转移,乃在一二选本之力。①

如浙派的《词综》被称为"词坛广劫灯"②"金科玉律"③;常州派张惠言《词选》出现后,"常州词格为之一变,故嘉庆以后,与雍乾间判若两途也"。④"茗柯《词选》出,倚声之学,日趋正鹄"。⑤ 词学家们不再仅仅主张入门时"初步读词,当读选本"⑥,把词选作为启蒙读物,而且作为"赖以发表和流布自己主张的手段"⑦,成为词学批评理论的重要载体了。

---

① 龙榆生:《选词标准论》,《词学季刊》,第一卷第二号。
② 吴衡照:《莲子居词话》卷三,《词话丛编》,中华书局,1986年版,第2453页。
③ 丁绍仪:《听秋声馆词话》卷十四,《词话丛编》,中华书局,1986年版,第2579页。
④ 谢章铤:《赌棋山庄词话·续编》卷三,《词话丛编》,中华书局,1986年版,第3523页。
⑤ 谭献:《复堂词话》,《词话丛编》,中华书局,1986年版,第4009页。
⑥ 夏敬观:《蕙风词话诠评》,《蕙风词话》,《词话丛编》,中华书局,1986年版,第4599页。
⑦ 鲁迅:《集外集·选本》,人民文学出版社,2006年版,第114页。

第十二章　论《乐府指迷》

《乐府指迷》是宋代一部重要的词话,近代词学家蔡嵩云曾指出:"两宋词学,盛极一时,其间作者如林,而论词之书,实不多观。可目为词学专著者,王灼《碧鸡漫志》、张炎《词源》、沈义父《乐府指迷》、陆辅之《词旨》。"在所提到的四部著作中,除了应界定为元代著作的《词旨》之外,其他三部词学著作合称为"南宋三大词话",代表了宋代词学理论的最高水平。就对《乐府指迷》的研究来看,研究者多将其定性为详解词法的专著,其实《乐府指迷》是南宋中后期词发展到新阶段的理论总结,具有鲜明的词学价值取向和时代精神,包含了深刻的词学批评理论。

第一节　从音乐到文字的理论总结

词是配合燕乐的歌词,唐五代时期,词的文本被视为音乐的附庸。随着词体的演进,由音乐形态渐变到与音乐脱离的文学体裁。南宋中后期词体的这种变化更为引人注目,如何面对这种变化,如何认识新形势之下的词体特性,《乐府指迷》提出了新的见解。

词体的产生是燕乐声乐化后形成曲子,词在发展的前期首先是一种新兴的声乐。五代欧阳炯《花间集叙》指出集中的歌词"庶

第十二章 论《乐府指迷》

使西园英哲,用姿羽盖之欢;南国婵娟,休唱莲舟之引。"①主要是用来演唱的。直到南北宋之际,李清照的《词论》还是强调词体的音乐特性:词须"分五音、又分五声、又分六律、又分清浊轻重",指出词与诗不同,"别是一家"。南渡以前歌词不能离开演唱,是音乐的附庸;欣赏曲子词主要是欣赏其悦耳的一面,歌词反而显得比较次要,为隶属地位。从晚唐至北宋末年,大多数论者谈到词体的特点皆是将词首先作为音乐来讲的。如陈世修《阳春集序》云:"公以金陵盛时,内外无事,明僚亲旧,或当宴集,多云藻思,为乐府新词,俾歌者倚丝竹而歌之,所以娱宾而遣兴也。"

在创作和理论上对词体音乐特性形成一大反动的是北宋苏轼及其效仿者的"以诗为词"。苏轼认为"诗词本一律",他在《与蔡竟繁书》中谈到"颁示新词,此古人长短句也"。又在《答陈季常书》中谈到"又惠新词,句句警拔,此诗人之雄,非小词也"。② 这种自觉或不自觉的对词体的改造,虽然强化了词体的表现功能,扩大了词体的抒情范围,但苏词不愿意为音律所束缚,任情挥洒,在一定程度上削弱了词体的音乐特性,使他的词成为"句读不葺之诗"。南宋之后,"以诗为词"的进程加速,歌词逐渐成为远离音乐"不可歌"的案头书面文字。沈义父正是在这种背景下提出自己的看法,主张既要正视词体已经基本上成为书面文学形式的现实状况,又要尽可能地保持词体传统的音律特性,表现出宏通的文体观念。

《乐府指迷》十分注意诗词之辨,开篇就强调"音律欲其协,不协则成长短之诗",在他看来,是否协律是词体与诗体的重要区别。沈义父主张重视词腔、词律这些与诗歌相区别的具有音乐特性的词体因素:

---

① 华钟彦注:《花间集注》,上海商务印书馆,1935年版,第1页。
② 苏轼:《苏轼文集》,中华书局,1986年版,第1662、1569页。

> 腔律岂必人人皆能按箫填谱？但看句中用去声字，最为紧要。然后更将古知音人曲，一腔三两只参订，如都用去声，亦必用去声。其次如平声，却用得入声字替。上声字最不可用去声字替。不可以上、去、入尽道是侧声便用得，更须调停参订用之。古曲亦有拗音，盖被句法中字面所拘牵，今歌者亦以为碍。①

指出当时词的创作现实状况即"腔律岂必人人皆能按箫填谱"，很多填词的人并不精通音律，与以往填词以配乐的传统方式完全不同了。这种状况既属无奈，又须正视。为了能够继续体现词体的音乐特性，沈义父主张采取变通的办法，"将古知音人曲，一腔三两只参订"。词的腔律失传，但在精通音律的古人的词作中，文字四声的搭配还是渗透浸润了音律的因素，沈义父主张由文字推求音律，可以最大程度保持词体的音乐特性。沈义父又说："初赋词，且先将熟腔易唱者填了，却逐一点勘，替去生硬及平侧不顺之字。久久自熟，便觉拗者少。全在推敲吟嚼之功也。"②将那些严重乖悖词律的"生硬及平侧不顺之字"剔除改易，虽然不再用于歌唱，但也尽可能地保持词体原本具有的流畅婉转的某些歌曲特点。

沈义父的"音律"指的是词的字声，而不是词乐。"盖音律欲其协，不协则成长短之诗。"③这点李清照《词论》中也曾谈到，但二人的切入点是不同的，李清照讲的是词合乐的问题，而沈义父讲的是

---

① 蔡嵩云笺释：《乐府指迷笺释》，人民文学出版社，1981年版，第67页。
② 蔡嵩云笺释：《乐府指迷笺释》，人民文学出版社，1981年版，第86页。
③ 蔡嵩云笺释：《乐府指迷笺释》，人民文学出版社，1981年版，第43页。

第十二章 论《乐府指迷》

格律。沈义父很清醒地看到了当时有许多人写词已经不再合乐，唱词的时代已是一去不复返，所以沈义父讲的所谓"知音"，所谓"音律甚协"，其实只是在强调词的"格律"，即所谓平上去入，这种对字声的强化其实是强调案头化词的写法，而不是按词乐填词。

在努力保持词体音律特性的同时，沈义父对词体的书面文学的新特点进行了深入的探讨。尤为值得注意的是《乐府指迷》提到"词法"："壬寅秋，始识静翁于泽滨。癸卯，识梦窗。暇日相与倡酬，率多填词。因讲论作词之法。"①这是首次在词学文献中提到"词法"，是词学史上的值得重视的现象。词法范畴借鉴于"诗法"。在诗学领域，"诗法"是具有特定内容的诗学著作②，主要讨论诗体内在形式的特点。《乐府指迷》引入诗法的理念来谈论词的作法，实际上表现出沈义父新的词学观：正视词体已经成为书面文学的现实，借鉴论诗的理念论词。《乐府指迷》中开始大量关注词的文学性的一面，他遍论"词的作法"，即字法、句法、章法、词作风格，专论达八条之多，另外在其他条中也多涉及怎样安排词的结构、怎样遣词造句、强调词要古雅、咏物词最忌说出题字、强调词风清劲而不生硬的特点，等等。如：

> 大抵起句便见所咏之意，不可泛入闲事，方入主意。咏物尤不可泛。
>
> 遇两句可作对，便须对。短句须剪裁齐整。遇长句，须放婉曲，不可生硬。

---

① 蔡嵩云笺释：《乐府指迷笺释》，人民文学出版社，1981年版，第43页。
② 张伯伟："中国古代文学批评中某一类书的名称。作为某一类书的专有名词，其范围包括以'诗格''诗式''诗法'等命名的著作，……而作为书名的'诗格''诗式'或'诗法'其含义也不外是指诗的法式、标准。"《全唐五代诗格汇考》，凤凰出版社，2002年版，第1页。

> 作大词,先须立间架,将事与意分定了。第一要起得好,中间只铺叙,过处要清新,最紧是末句,须是有一好出场方妙。小词只要些新意,不可太高远,却易得古人句,同一要练句。①

这些具体而微的指导都是针对词的文学层面的写作,说明当时词体已非常案头化,词被当成一种案头的文学作品来阅读、来欣赏,而并不像北宋之前词仅仅被当成流行音乐对待。

南宋之后词体实际上已经成为诗体的一种,除了少数民间艺人通过口耳相传还保留词的演唱曲调之外,文人填词仅仅是依据格律而不是乐谱,词成了文人们案头欣赏的一种文学体裁。沈义父是第一个正视这种变化而且作出理论总结的词学家。

第二节 斟酌于雅俗之间

词本产生于胡夷里巷,具有先天的俚俗色彩;文人染指之后,融进了诗客骚人的气质,日益趋雅。欧阳炯把《花间集》定义为"诗客曲子词",表明《花间集》的作者为"诗客",以区别于民间曲子词的作者乐工歌妓。文人词与民间、教坊的词作相比已是文雅了不少,其后这种词体的诗化、雅化的趋势越来越明显,直到南宋中后期,以姜夔、张炎等人为代表的词人把词雅化到了极致。与此同时,社会上又产生了一些新的俗文艺演唱形式,如嘌唱、缠令、缠达、唱赚等开始大量流行,不仅赢得了下层受众的欢迎,也影响到部分文人填词的风气。南宋中后期,词坛的情况出现了雅俗分流,词体的发展何去何从,是雅化而趋向于古诗,还是俗化而流于俚

---

① 蔡嵩云笺释:《乐府指迷笺释》,人民文学出版社,1981年版,第54、64、84页。

第十二章　论《乐府指迷》

曲？沈义父明确指出二者皆不可取。

首先,沈义父反对俚曲化的倾向,强调在作词时"下字欲其雅,不雅则近乎缠令之体;用字不可太露,露则直突而无深长之味"①,明确反对把词写成不雅的缠令。所谓缠令是新兴起的俗曲形式,又简称"缠",有引子,有尾,中间可以组合同一宫调不同曲牌的若干支曲子而构成一个套曲,这与元散曲的结构大致相同。北宋刘颁《中山诗话》提到"缠声":"近世乐府为繁声加重叠,谓之缠声,促数尤甚,故不容一唱三叹也。"②与此相关联的还有"唱赚",南宋耐得翁《古杭梦游录》记云:

> 唱赚,在京师日,有缠令、缠达。有引子,尾声为缠令,引子后只以两腔互迎,循环间用者为缠达。中兴后,张五牛大夫因听动鼓板中,又有四片太平令,或赚鼓板,遂撰为赚。赚者、误赚之意也;令人正堪美听,不觉已至尾声;是不宜为片序也。③

南宋吴自牧《梦粱录》卷二十载:"凡唱赚最难,兼慢曲,曲破、大曲、嘌唱、耍令、番曲、叫声,接诸家腔谱也。"④可见唱赚是融汇众家之长的歌舞伎艺,它的音乐范围很广,既包含传统艺术歌曲,也有当时汉族和少数民族的民间歌曲。唱赚的伴奏乐器为鼓、板、笛等,与词体的伴奏乐曲也有所不同。现在独立的缠令已不存在。《刘知远诸宫调》用缠令三套,董解元《西厢记诸宫调》用了四十三

---

① 蔡嵩云笺释:《乐府指迷笺释》,人民文学出版社,1981年版,第43页。
② 刘攽:《中山诗话》,《历代诗话》,中华书局,1981年版,第295页。
③ 耐得翁:《古杭梦游录》,《说郛》,上海古籍出版社,1989年影印本,第66页。
④ 吴自牧:《梦粱录》,浙江人民出版社,1980年版,第193页。

套,包括间花和未注明是缠令的。① 如《西厢记诸宫调》中的《中吕调·香风和缠令》大量使用口语俗语,如"儿""个""不"等,内容直白浅露,曲辞非常鄙俗,这正是当时流行于瓦肆民间小调的特色。

南宋中后期一些填词者受新兴的唱赚、缠令的影响,表现出俚俗的倾向,《乐府指迷》对这些"鄙俗语""俗气""教坊习气""市井语"表示反对:

> 前辈好词甚多,往往不协律腔,所以无人唱。如秦楼楚馆所歌之词,多是教坊乐工及市井做赚人所作,只缘音律不差,故多唱之。求其下语用字,全不可读。甚至咏月却说雨,咏春却说秋。如《花心动》一词,人目之为一年景。又一词之中,颠倒重复,如《曲游春》云:"脸薄难藏泪。"过云:"哭得浑无气力。"结又云:"满袖啼红。"如此甚多,乃大病也。

他认为教坊乐工与市井赚人所作虽是合乐,但是这些作品"下语用字,全不可读。甚至咏月却说雨,咏春却说秋",连基本的文义都不通;在词的品味上,沈义父反对为了协律、可歌而采用非常鄙俗的语言,更强调词要保持"文雅"。《乐府指迷》指出南宋词人施岳和孙惟信就沾染上了教坊市井的庸俗风气:

> 施梅川音律有源流,故其声无舛误。读唐诗多,故语雅澹。间有些俗气,盖亦渐染教坊之习故也。
>
> 孙花翁有好词,亦善运意,但雅正中忽有一两句市井句,

---

① 廖美英、龙建国:《缠令与唱赚考论》,《江西财经大学学报》,2001年第3期。

第十二章 论《乐府指迷》

可惜。①

施岳字仲山,号梅川;孙惟信字季蕃,号花翁,皆为当时有名的词人,但在当时颇有俚俗的倾向,如施岳的咏物词《月上海棠》咏月出,沈义父认为"便觉浅露"。又如孙惟信的《昼锦堂》一阕的卒章云:"银屏下,争信有人真个病也,天天!"清初人沈雄批评此词:"情至之语,又开一种俳调也,奈何!"②此种弊端是指词人刻意摹仿艺人流调和市井俗语的习气,破坏了词的整体艺术性。

沈义父还强调严格遵守"调有定句,句有定字"的填词规则,与此规则相悖的"嘌唱"一类俗曲:

> 亦有嘌唱一家,多添了字。吾辈只当以古雅为主,如有嘌唱之腔不必作。且必以清真及诸家目前好腔为先可也。③

"嘌唱"艺人在现场演唱时往往随意增添衬字,以求得各种效果,但也破坏了词体的规范性。沈义父在这里强调词要"定句""定字",反对学习"嘌唱之腔",其实是词体格律化的表现,是尚"雅"避"俗"的表现。

其次,沈义父反对填词的另一极端——过度追求古雅。把词写得生硬、晦涩。过度雕饰,会造成两方面的恶果,一种就是不够圆融,造成生硬;另一种可能堆砌文字、典故,太过晦涩。沈义父坚决排斥这两种不良倾向。

---

① 蔡嵩云笺释:《乐府指迷笺释》,人民文学出版社,1981年版,第52~53页。
② 沈雄:《古今词话·词评》上卷,《词话丛编》,中华书局,1986年版,第1009页。
③ 沈义父:《乐府诗集》,《词话丛编》,中华书局,1986年版,第283页。

沈义父以姜夔词为例，指出"姜白石清劲知音，亦未免有生硬处。"姜夔之词正如清人周济所说："白石词如明七子诗，看是高格响调，不耐人细思。"①有追求古雅的色彩。陈锐《裒碧斋词话》曾举例说明："姜尧章《齐天乐》咏蟋蟀最为有名，然开口便说'庾郎愁赋'捏造故典，'邠诗'四字太过呆诠，至'铜铺'、'石井'、'侯馆'、'离宫'，亦嫌重复。"②谢章铤认为姜夔《疏影》："此阕及《暗香》阕尚有可议，盖白石字雕句炼，雕炼太过，故气时不免滞，意时不免晦。"③可见姜夔词的确有太过雕饰之处。沈义父认为过度运用经史入词可能会造成生硬，即用典不够浑融，使整首词有支离破碎之感。姜夔早年学习江西诗派，渐染江西习气，创作中多用硬语，再加上他性格狷介，所以沈义父认为其词有生硬之处。

沈义父同时反对词"下语太过晦涩"。他认为吴梦窗词有的地方太晦涩，令人不可晓。南宋末年的张炎也认为吴文英词有凝涩晦昧处，《词源》指出："吴梦窗词如七宝楼台，眩人眼目，碎拆下来，不成片段。此清空质实之说。梦窗《声声慢》云：'檀栾金碧，婀娜蓬莱，游云不蘸芳洲。'前八字恐亦太涩。"④冯煦《清六十一家词选例言》"梦窗之词，丽而则，幽邃而绵密，脉络井井，而卒焉不能得其端倪。"⑤虽为赞誉之词，但同时也指出了读完后不能通透其意。清人周曾锦《卧庐词话》直接指出"梦窗词雕琢太过，致多晦涩，实

---

① 周济：《介存斋论词杂著》，《词话丛编》，中华书局，1986年版，第1637页。
② 陈锐：《裒碧斋词话》，《词话丛编》，中华书局，1986年版，第4193页。
③ 谢章铤：《赌棋山庄词话》卷十二，《词话丛编》，中华书局，1986年版，第3475页。
④ 张炎：《词源》卷下，《词话丛编》，中华书局，1986年版，第259页。
⑤ 冯煦：《蒿庵论词》，《词话丛编》，中华书局，1986年版，第3594页。

第十二章 论《乐府指迷》

是一病。"①张伯驹《丛碧词话》甚至评论:"只就字面饾饤雕饰,自首至尾,使人不解,亦不知其自己解否。"②吴文英词意象奇特浓密且时空多加转换跳跃,使事用典冷僻而又赋予独具阐释,语言艳丽又深加锻炼雕琢,语句转折多用实词而使气息塞滞,因而读梦窗词往往会有晦涩难懂之感。

沈义父一方面提出"下字欲其雅,不雅则近乎缠令之体。用字不可太露,露则直突而无深长之味"。一方面又指出"发意不可太高,高则狂怪而失柔婉之意"。在反对俚俗和古奥两种极端倾向的同时,举出了理想的典范——周邦彦:

> 凡作词,当以清真为主。盖清真最为知音,且无一点市井气。下字运意,皆有法度,往往自唐宋诸贤诗句中来,而不用经史中生硬字面,此所以为冠绝也。③

沈义父对周邦彦的称赞正是着眼于雅俗之际:"无一点市井气",指其远离俚俗;"不用经史中生硬字面",又避免陷于古奥之失。沈义父又对康伯可、柳耆卿、姜白石、吴文英、施梅川、孙花翁等人进行了反复的辨析。有趣的是在《乐府指迷》中对两种偏颇交替讨论,可见其匠心所在:第三条反对康柳词"有鄙俗语"的一面,第四、五条又反对把词写得生硬、晦涩,第六、七条又反对俗气。以上六条,作者可谓用心良苦,一方面排斥词的"市井气""俗气""鄙

---

① 周曾锦:《卧庐词话》,《词话丛编》,中华书局,1986年版,第4651页。
② 张伯驹:《丛碧词话》,《词学》第一辑,华东师范大学出版社,1981年版,第65页。
③ 沈义父:《乐府指迷》,《词话丛编》,中华书局,1986年版,第277～278页。

俗",一方面又反对"生硬字面""晦涩"。沈义父反对偏颇,取中维体的思想非常明显。

也应看到,沈义父虽然提出以清真词为正则,但也不拘泥于周邦彦,对清真词的一些弊病也有批评,如他批评周邦彦词有些结句用得太露:

> 结句须要放开,含有余不尽之意,以景结尾最好。如清真之"断肠院落,一帘风絮",又"掩重关,遍城钟鼓"之类是也。或以情结尾亦好。往往轻而露,如清真之"天便教人,霎时厮见何妨",又云"梦魂凝想鸳侣"之类,便无意思,亦是词家病,却不可学也。①

他还批评周邦彦词中多直接用人姓名:

> 词中用事使人姓名,须委曲得不用出最好。清真词多要两人名对使,亦不可学也。如《宴清都》云:"庾信愁多,江淹恨极。"《西平乐》云:"东陵晦迹,彭泽归来。"《大酺》云:"兰成憔悴,卫玠清羸。"《过秦楼》云:"才减江淹,情伤荀倩。"之类是也。②

总之,沈义父经过反复辩驳、比较诸家得失后确定了"文雅""含蓄""柔婉"的作词标准,这种坚持"弃其两端取其中"的审美理想,不偏不倚的结论无疑是沈义父自己多年经营"词道"的结果,让人信服。

---

① 沈义父:《乐府指迷》,《词话丛编》,中华书局,1986年版,第279页。
② 沈义父:《乐府指迷》,《词话丛编》,中华书局,1986年版,第282~283页。

第三节 《乐府指迷》的意义

沈义父《乐府指迷》对词体的重新审视、对词坛弊端的批评，以及对周邦彦的推崇等一系列的词学见解在词学史上具有重要意义。周邦彦词代表了北宋词的最高成就，是北宋词的集大成之作。沈义父敏锐地发现了周邦彦词的理论价值，并加以深刻挖掘，对周邦彦进行了全面系统的总结，结论客观深刻，对后世产生了深远的影响。

词至北宋空前繁荣。尤其是柳永、苏轼以他们卓异的才华对词体进行了惊人骇世的变革实践，不仅使词的内容形式、风格语言发生了很大的变化，而且也使词人的词体观念发生了变化。柳、苏之后追随模仿者甚多，词坛上形成了一定的风气。纵观北宋中后期的词坛，有三种风气声势最为显著。

第一，柳永余韵。柳永的词迎合受众，在题材内容、语言形式和表现手法诸方面均表现出俚俗的特色。因而产生了"凡有井水饮处，即能歌柳词"的广泛影响。柳永之后，步趋效法者层出不穷，尤以北宋中后期为盛。其实，柳永的影响并不仅限于社会下层，南宋王灼提到了柳永的效法者："沈公述、李景元、孔方平、处度叔侄、晁次膺、万俟雅言，皆有佳句。就中雅言又绝出。然六人者，源流从柳氏来，病于无韵。"①即使当时文名颇盛的大家如黄庭坚、秦观等亦深受柳永影响。

第二，苏轼影响。苏轼以诗为词，不为声律所束缚的作法，虽在当时曾引起非议，但也有不少效法者。宋人汤衡说："（苏轼）后

---

① 王灼：《碧鸡漫志》卷二，《词话丛编》，中华书局，1986年版，第83页。

之元祐诸公,嬉弄乐府,寓以诗人句法,无一毫浮靡之气。"①一些习词者仅从外表摹仿东坡词风,"不晓音律,乃故为豪放不羁之语",还"借东坡"以"自诿"。②

第三,滑稽词风气。元祐、政和间,有些词人用词来调笑、戏谑。王灼《碧鸡漫志》卷二曾指出:"长短句中作滑稽无赖语,起于至和,……元祐间,王齐叟彦龄,政和间,曹组元宠皆能文,每出长短句,脍炙人口。彦龄以滑稽语噪河朔;组潦倒无成,作《红窗迥》及杂曲数百解,闻者绝倒,滑稽无赖之魁也。"

词坛上的诸种风气从不同方面破坏了花间以来的本色当行的词学传统,纷乱的局面也在呼唤着新的规范,于是,周邦彦词的既葆有传统词的美感,又适应文人词新的审美要求,以典雅精工为特色的词风应运而生。正如近人刘毓盘所说:"苏词盛而柳词微,铁板铜琶,晓风残月,纤秾修短,划若鸿沟。周邦彦出,乃调停于两派之间,而一轨于正。"③从这个意义上说,周邦彦词不仅具有纠偏除弊的作用,而且具有集词体美感之大成的意义。

宋代经过前期的积累,到周邦彦时代,词达到了最辉煌的时期。"词起于唐而盛于宋,宋作尤莫盛于宣、靖间,美成、伯可各自堂奥,俱号称作者。"④周邦彦词的出现在当时就赢得了好评。据张端义《贵耳集》:"美成以词行,当时皆称美成词。"⑤潜说友《咸淳临安志·人物传》亦称:"邦彦能文章,妙解音律,名其堂曰顾曲,乐

---

① 汤衡:《张紫微雅词序》,《影刊宋金元明本词》。
② 沈义父:《乐府指迷》,《词话丛编》,中华书局,1986年版,第282页。
③ 刘毓盘:《辑校冠柳集跋》,《唐五代宋辽金元名家词集六十种辑》,民国铅印本。
④ 柴望:《凉州鼓吹自序》,《彊村丛书》。
⑤ 张端义:《贵耳集》,《宋元笔记小说大观》,上海古籍出版社,2001年版,第4305页。

府盛行于世。"①周邦彦之后,经过南渡以及南宋前期的动荡,周邦彦词的价值重又被发现并遭到热捧。以流传的宋代词人的版本来看,最多的是周邦彦,据吴则虞先生考辨,周邦彦词集在宋代的刻本达十一种之多,其中注本、集注本就达五本之多;宋陈元龙注本《详注周美成片玉集》(宛委别藏本)是分类本,按内容分春、夏、秋、冬、单题、杂赋六类,人们可以按其分类寻找,这样颇有用心的编排非常有利于周词的传播②;宋词选本中亦大量选录周词,如曾慥《乐府雅词》选录 30 首,黄昇《唐宋诸贤绝妙好词选》选录 17 首,赵闻礼《阳春白雪》选录 11 首。有些词人奉周邦彦词为圭臬,严格按照周词的字声格律填词,如方千里《和清真词》、杨泽民《和周词》、陈允平《西麓继周词》等,几至字声无一差别者,可见宋人对周邦彦的推崇。但是,这些都止于创作与传播层面,《乐府指迷》则是第一次在理论上对周词进行了系统而深刻的总结与阐发。

宋代之后,周邦彦在词学史上的地位与日俱显,并在清代中后期达到高峰。明代是词学的衰微期,但周邦彦的知名度在此时却是最高的。其原因在于,明代词坛最流行的词选本乃《草堂诗余》③,而《草堂诗余》中收录词作最多的词人正是周邦彦。明末云间词派居于词坛要津,其心仪的典范也是周邦彦。清代康熙年间,浙西词派以倡导南宋词而风靡大江南北,然而浙派中期的领袖厉

---

① 潜说友:《咸淳临安志》,振绮堂仿宋刻本卷六六。
② 吴则虞:《清真词版本考辨》,《清真集校注》附录八。
③ 毛晋:《草堂诗余跋》云:"宋元间词林选本,几屈百指,惟《草堂诗余》一编,飞驰几百年来,凡歌栏酒榭丝而竹之者,无不捋髀雀跃;及至寒窗腐儒,挑灯闲看,亦未尝欠伸鱼睨,不知何以动人一至此也。"

鹗提到的居于首位的大词人却是周邦彦①。清代中期之后，常州词派主盟词坛，对周邦彦的推崇更是逐渐达到了高峰，首先是张惠言将周邦彦与其他七位两宋词人（张先、苏轼、秦观、辛弃疾、姜夔、王沂孙、张炎）一起列为"渊渊乎文有其质"者；其后周济提出"问涂碧山，历梦窗、稼轩，以还清真之浑化"②，将周邦彦推为具有最高意义的典范。正如蔡嵩云指出"宋末词风，除稼轩外，可分二派：导源白石，而自成一体者，东泽、竹山、中仙、玉田诸家，皆其选也；导源清真，而各具面目者，梅溪、梦窗、西麓、草窗诸家，皆其选也。降及清初，浙派词人，家白石而户玉田，以清空骚雅为归。……迄清中叶，常州派兴，又尊清真而薄姜、张，以深美闳约为旨，其流风至今未替。"③至此，周邦彦的地位已经远高出其他唐宋词人而居于独尊。纵观词学史上对周邦彦的推崇和礼赞，无论是观念还是着眼点，皆可从沈义父的《乐府指迷》找到源头。

周邦彦是北宋词的代表性人物，周词在北宋已成为"词人词"的主导，是北宋词的集大成者。对周邦彦词进行深入的理论发掘，就可以分析出北宋代表性的词学理论，沈义父敏锐地把握到这点，可见沈义父词学眼光之独到。沈义父标举周邦彦词，遍论雅词的

---

① 厉鹗：《吴尺凫玲珑词序》云："两宋词派，推吾乡清真，婉约深秀，律吕谐协，为倚声家所宗。自是里中之贤，若俞青松、翁五峰、张寄闲、胡苇航、范药庄、曹梅南、张玉田、仇山村诸人，皆分镳竞爽，为时所称。元时嗣响，则张贞居、凌柘轩。明瞿存斋稍为近雅，马鹤窗阑入俗调，一如市侩语，清真之派微矣。本朝沈处士去矜号能词，未洗鹤窗余习，出其门者波靡不返，赖龚侍御蘅圃起而矫之。尺凫《玲珑帘词》盖继侍御而畅其旨者也。尺凫之为词也在中年以后，故寓托既深，揽撷亦富，纡徐幽邃，惝恍绵丽，使人有清真再生之想。"

② 周济：《宋四家词选目录序论》，《词话丛编》，中华书局，1986年版，第1643页。

③ 蔡嵩云笺释：《乐府指迷笺释》，人民文学出版社，1981年版第39、41页。

创作、雅词的风格、雅词的题材,得出"协律、典雅、含蓄、柔婉"①的词体本色理论。正如丁丙《善本书室藏书志》所评:"《乐府指迷》凡二十有八条,论词则宗周美成,颇多中肯。至谓去声字要紧,及入声可替平声,不可替上声,尤入微之解。又谓古曲谱亦有异同,嘌唱家多有添字,亦足以解释纠纷。此书寥寥数页,明陈耀文附列于花草粹编之前,以其足为词苑津集也。"②

---

① 谢桃坊:《中国词学史》,巴蜀书社,2002年版,第114页。
② 丁丙:《善本书室藏书志》卷四十,《续修四库全书》,第927册。

下编

清人论析唐宋词

第十三章　清代词学的南北宋之争

况周颐说及晚清词坛的状况云:"近人操觚为词,辄曰吾学五代,学北宋,学南宋。"①此语道出了清代词学的一个特点:南北宋词是词学家的热门话题。不仅晚清,贯穿有清一代,或标榜北宋,或倡导南宋,一直是词坛上争论最激烈的题目。清代词学流派纷立,先后有云间、浙西、常州诸派主盟词坛,各派都建立了自己的词学理论,而学北宋、习南宋不仅为各派词论的重要内容,且必为其派的代表性主张,以至于对北宋或南宋的推崇竟成为其派的代称。因而,对清代词学中的南北宋之争,很有加以探讨评析的必要。

第一节　对南北宋词认识的历史发展

南北宋词因时代不同而呈现不同的风貌,这一点早在南宋就已有人指出。柴望《凉州鼓吹自序》云:"词起于唐而盛于宋,宋作尤莫盛于宣、靖间,美成、伯可各自堂奥,俱号作者。近世姜白石一洗而更之,《暗香》《疏影》等作,当别家数也。……余不敢望靖康家

---

① 况周颐:《蓼园词选·序》,《蕙风词话广蕙风词话》,中州古籍出版社,2003年版,第449页。

数,白石衣钵或仿佛焉。"①这里已将周邦彦、康与之生活的宣和、靖康年间的北宋与姜白石的南宋区别开来。并将北宋词视为不可企及的范本。明代为词学的中衰期,正统文人视词为"小道""鄙体",习词者多将词作为"娱宾遣兴"的工具,词坛以《草堂诗余》最为流行。《草堂诗余》是南宋人编的一部词集,集中多选晚唐五代北宋的作品,风格独尚婉丽柔靡。明人的审美趣味选择了《草堂诗余》,反过来《草堂诗余》又影响了明人的词学观念。明人并未集中讨论南北宋词的优劣和取舍,但明人重北宋、轻南宋的态度还是相当明确的。如杨慎评南宋词人冯艾子词云:"有北宋秦、晁风味,比南宋教督气、酸馅气不侔矣。"②李元玉《南音三籁·序言》:"赵宋时,黄九、秦七辈竞作新声,字夏金玉;东坡虽有'铁绰板'之诮,而豪爽之致,时溢笔端。南渡后,争讲理学,间为风云月露之句,遂逊前哲。"皆认为南宋不及北宋。明代末年,以陈子龙为代表的云间词派为了改变词坛颓靡的局面,要求端正词人的创作态度,强调词的风骚之旨,明确提出学习南唐、北宋的主张。陈子龙《幽兰草词序》云:"自金陵二主以至靖康,或秾纤婉丽,极哀艳之情;或流畅澹逸,穷盼倩之趣。然皆境由情生,辞随意启,天机偶发,元音自成。繁促之中,尚存高浑,斯为最盛也。南渡以还,此声遂渺,寄慨者亢率而近于伧武,谐俗者鄙浅而入于优伶。"云间派的另一位词家宋征璧也说:"词至南宋而繁,亦至南宋而蔽。"③云间词派的主张得到了广泛的赞同,西泠、扬州、柳州、常州等地的词家纷纷步云间的后尘。学词者取径唐五代北宋,而置南宋于不屑。云间派提倡学习南唐北宋自然流畅风格的主张对肃清明代以来词坛颓靡风气有

---

① 柴望:《凉州鼓吹自序》,《彊村丛书》。
② 沈雄:《古今词话·词评》上卷引,《词话丛编》,中华书局,1986年版,第1008页。
③ 徐釚:《词苑丛谈》卷四引,上海古籍出版社,1981版,第76页。

积极的意义,但由于云间派所提倡的南唐、北宋词的婉丽秾艳在时代和风格等方面易与明人的风气相混淆,因而没有起到彻底改变词坛面貌的作用。

继云间词派而起的浙西词派,同样以振衰起弊为目的。与云间派不同的是浙西词派提出了取法南宋的主张。朱彝尊云:"世人言词,必称北宋,然词至南宋始极其工,至宋季而始极其变。姜尧章氏最为杰出。"①朱氏又反复提出:"小令宜师北宋,慢词宜师南宋。"②以引起人们对南宋词的注意。朱彝尊意在用以南宋姜夔、张炎为代表的清雅词风改变词坛柔靡的风气。朱彝尊的主张先后经浙西词派成员如汪森、厉鹗、王昶、吴锡麒、郭麐等人的鼓吹,在适宜的政治气候助动下,很快风靡大江南北,取得了词坛盟主的地位。并历康、雍、乾、嘉数朝而不衰,词坛几于"家祝姜、张,户尸朱、厉"。③谢章铤曾评述清代前中期词坛风气的变化云:"昔陈大樽以温、李为宗,自吴梅村以逮王阮亭,翕然从之,当其时无人不晚唐。至朱竹垞以姜、史为的,自李武曾以逮厉樊榭,群然和之,当其时亦无人不南宋。"④陈廷焯亦云:"国初多宗北宋,竹垞独取南宋,分虎、符曾佐之,而风气一变。"⑤

嘉、道以后,政治形势发生了很大变化,内忧外患,朝政动荡。词学领域内的反映集中表现在词家逐渐摒弃已走入追求形式技巧的浙派末流,而寻找能够抒发郁结心胸的方式和途径,常州词派应运而生。张惠言大张"意内言外"之帜,在《词选序》中将张先、苏

---

① 朱彝尊:《词综·发凡》,上海古籍出版社,1978年版,第10页。
② 参见朱彝尊:《水村琴趣序》《鱼计庄词序》等文,《曝书亭集》卷四十。
③ 彭兆荪:《小谟觞馆诗余序》,《清名家词》,上海书店,1980年版。
④ 谢章铤:《赌棋山庄词话》续编卷三,《词话丛编》,中华书局,1986年版,第3530页。
⑤ 陈廷焯:《白雨斋词话》卷三,《白雨斋词话全编》,中华书局,2013年版,第1202页。

轼、秦观、周邦彦、辛弃疾、姜夔、王沂孙、张炎等七家作为"渊渊乎文有其质"的典范加以推崇。虽然张惠言并未否定浙西派所标榜的姜、张,但他将张、苏、秦、周等北宋词人特意推出,已是对浙西词派独尊南宋的一大反拨。谭献说:"(张惠言、张琦)振北宋名家之绪。"①即是指的这层意思。张惠言之后,周济对南北宋词作了细致的分析,分别指出了南北宋词各自的长短(详下文)。周济对南北宋词有一番著名的评论:"北宋词,下者在南宋下,以其不能空,且不知寄托也;高者在南宋上,以其能实,且能无寄托也。南宋则下不犯北宋拙率之病,高不到北宋浑涵之诣。"②周氏之论实际上肯定了北宋词的最高地位。因而后来蔡嵩云说:"常州词派倡自张皋文,董晋卿、周介存等继之,振北宋名家之绪。"③也是从这一点上着眼的。

晚清词坛南北宋的争论出现了新局面。有坚持南宋或坚持北宋者,亦有兼容并蓄各取所需者。固守南宋者如浙西词派的后劲"戈顺卿(戈载)《宋七家词选》,标举词家准的,详于南宋者,以词至南宋始极其精也。"④但其影响已如强弩之末。王国维论词不入派别,独树一帜。以境界论词,《人间词话》云:"词以境界为最上。有境界则自成高格,自有名句。五代北宋之词所以独绝者在此。"他力倡北宋,排斥南宋,但已与云间、常州诸派鼓吹北宋的内涵不同。其时影响最大的"清季四大家"则以北宋为主,兼取南宋,并以不立门户,不泥时代为号召。谭献论及晚清王鹏运、况周颐的词学特色

---

① 谭献:《复堂词话》,《词话丛编》,中华书局,1986年版,第4009页。
② 周济:《介存斋论词杂著》,《词话丛编》,中华书局,1986年版,第1630页。
③ 蔡嵩云:《柯亭词论》,《词话丛编》,中华书局,1986年版,第4908页。
④ 蒋兆兰:《词说》,《词话丛编》,中华书局,1986年版,第4637页。

云:"幼遌洁精,夔生隐秀,将冶南北宋而一之,正恐前贤畏后生也。"①王鹏运、朱祖谋广泛搜集、校勘、刊刻两宋诸家词集,先后成《四印斋所刻词》和《彊村丛书》,对南北宋并无轩轾。况周颐等人亦能对两宋词人客观分析,无前人意气用事之弊。

第二节 清代南北宋之争的特点

清代词学理论关于南北宋词的论争有二个特点值得注意。

第一,南北宋之争与词坛现实的关系。争论不仅缘于治词者的个人好恶和对南北宋词的不同认识,词学家对现实词坛关注的态度和理论批评意识是争论的主要原因。南北宋之争与清代词风的变化密切相关。清代词学理论与明以前词论多记事闲谈,印象式、随感式的批评不同,理论色彩加重,尤其是理论的针对性加强,有的放矢,有为而发。有关南北宋词的争论成为批评现实的重要手段。话题虽在南北宋,而矛头指向,意在现实词坛。

清初各派无论倡北宋还是主南宋,其主要意图都是为了扭转明代以来的颓靡词风。如朱彝尊大力倡导南宋词,正是针对明以来的词坛现实。朱彝尊《水村琴趣序》云:"词自宋元以后,明三百年为擅场者,排之以硬语,每与调乖;窜之以新腔,难与谱合。"朱彝尊意图用南宋姜夔、张炎的清空、骚雅来医治明代以来的淫亵和颓靡。朱氏还选编了《词综》以取代对明代影响最大的《草堂诗余》,为习词者提供范本。当《词综》编成后朱彝尊"喜而作词曰:'从今不按、旧日《草堂》句。'"②朱氏改变词坛风气的意图由此可见。

---

① 谭献:《复堂词话》,《词话丛编》,中华书局,1986年版,第4019页。
② 郭麐:《灵芬馆词话》卷一,按:朱词见《江湖载酒集》《摸鱼子》《同青士重访晋贤,时书楼落成,订〈词综〉付雕刻,有怀周士季青在吴兴》。

正如吴衡照《莲子居词话》所云:"词至南宋始极其工,秀水创此论,为明人孟浪言词者示刀圭,意非不足夫北宋也。"朱彝尊推崇南宋意在医治明词余风并非小视北宋词。这一点朱彝尊与其追随者是有根本不同的。陈匪石也指出了这一点:

> 竹垞有言:"世人言词,必称北宋。然词至南宋始极其工,至宋季始极其变。"此在竹垞当时,自有两种道理:一则词至明季尽成浮响,皆由高谈《花间》《尊前》,鄙南宋而不观之过,故以此语矫之;二则竹垞专宗乐笑翁,遂开二百年浙西词派,其得力正在宋季,自言其所致力也。……竹垞此语,实为宗南宋而祧北宋者开其端。①

此言甚是。事实上朱彝尊尊南宋的主张确曾使词坛发生了很大变化,词家言时代必称南宋,论词人必举姜、张。随之产生了独尊南宋,轻视北宋的风气。一时间北宋词人竟为治词者所不屑一顾。矫枉过正,又走向另一个极端。在浙西词派的影响下,人们的词学观念中,南宋词风即特指以姜夔、张炎为代表的清空、醇雅的风格,并不包括南宋辛弃疾所代表的豪放词风。如杜文澜谈及黄之驷的词学经历是:"初学苏、辛,后改而致力于南宋"。②语中透出辛弃疾并不在南宋之列,由此种观念可见浙派之影响之深。谢章铤对浙西派推崇南宋词所带来的弊端有一番评论:

> 大抵今之揣摩南宋,只求清雅而已,故专以委夷妥帖为上

---

① 陈匪石:《旧时月色斋词谭》,转引自屈兴国《白雨斋词话足本校注》,齐鲁书社,1983年版,第211~212页。
② 杜文澜:《憩园词话》,《词话丛编》,中华书局,1986年版,第2933页。

第十三章 清代词学的南北宋之争

乘。而不知南宋之所以胜人者,清矣而尤贵乎真,真则有至情;雅矣而尤贵乎醇,醇则耐寻味。若徒字句修洁,声韵圆转,而置立意于不讲,则亦姜、史之皮毛,周、张之枝叶已。虽不纤靡,亦且浮腻,虽不叫嚣,亦且薄弱。①

谢氏的分析是十分深刻的。浙派学南宋词只是取清空醇雅皮毛,而不讲立意,可谓本末倒置。再者,明代及清初轻视南宋,已成弊端;反其道而无视北宋,亦不可取。只要对北宋词人的作品有一定认识,就不会盲从浙派末流极端的崇南宋之论。生活在康熙年间,并已接受浙西派词学的先著针对盲目鼓吹南宋的风气亦示不满:"南宋小词,仅能细碎,不能浑化融洽。即工到极处,只是用笔轻耳,于前人一种跃艳深华,失之远矣。读以上诸词(按:指张先、秦观、贺铸之词)自见。今多谓北不逮南,非通论也。"②上引吴衡照《莲子居词话》在肯定了浙派的积极作用后又说:"苏之大,张之秀,柳之艳,秦之韵,周之圆融,南宋诸老何以尚兹。"苏轼、张先、柳永、秦观、周邦彦等北宋词人各具特色,甚至可以说已是词史上的高峰,浙派执意要以南宋词人掩其光辉,实难以服人。由此可见浙派末流尚南宋之论的缺陷已日趋明显。

张惠言的《词选》问世,标志着一个词学新时期的到来。张氏之学生金应在《词选后序》中将"近世为词"的弊端概括为"三蔽":"淫词""鄙词""游词"。谢章铤进一步分析"三蔽"所指:"一蔽是学周、柳之末派也,二蔽是学苏、辛之末派也,三蔽是学姜、史之末派

---

① 谢章铤:《赌棋山庄词话》卷十一,《词话丛编》,中华书局,1986年版,第3460页。
② 先著:《词洁集评》卷二,《词话丛编》,中华书局,1986年版,第1348页。

也。"① 王国维《人间词话》亦云："金朗甫作《词选后序》，分词为'淫词'、'鄙词'、'游词'三种，词之弊尽是矣。五代北宋之词，其失也淫；辛、刘之词，其失也鄙；姜、张之词，其失也游。"所谓"游词"，金应珪分析其表现是"规模物类，依托歌舞，哀乐不衷其性，虑叹无与乎情，连章累篇，义不出乎花鸟，感物指事，理不外乎酬应。虽既雅而不艳，斯有句而无章，是谓游词。"即貌似清雅，实无真情。"学姜、史之末派"、习"姜、张之词"的"游词"，正指浙西词派。陈廷焯进一步明确地说："今之假托南宋者，皆游词也。"② 学南宋而堕入"游词"，可见浙派积弊之重。常州词派正是针对浙派积弊，才又重新提出认识北宋词。常州派论词主意格，尊词体。张惠言首开以意内言外说词、讲求词中微言大义的先河，所举之词多为唐五代北宋词，因其合乎意内言外之旨。如将温庭筠的《菩萨蛮》词解为有"《离骚》初服之意"，说苏轼的《卜算子》"与考槃木诗极相似"。郑文焯的说法可作为常州派对北宋词认识的概括：

  北宋词之深美，其高健在骨，空灵在神。而意内言外，仍出以幽窈咏叹之情。故耆卿、美成，并以苍浑造峝，莫究其托谕之旨。辛令人读之歌哭出地，如怨如慕，可兴可观。有触之当前即是者，正以委曲形容所得感人深也。③

以意内言外、托喻比兴论北宋词已与云间词派论北宋词为婉

---

  ① 谢章铤:《赌棋山庄词话》续编卷一，《词话丛编》，中华书局，1986年版，第3485页。
  ② 陈廷焯:《白雨斋词话》卷九，《白雨斋词话全编》，中华书局，2013年版，第1303页。
  ③ 郑文焯:《论词书》，《大鹤山人词话》，南开大学出版社，2009年版，第226页。

第十三章　清代词学的南北宋之争

丽含蓄不同,因其针对的已不是明末的颓靡,而是浙派的空疏了。

第二,随着争论的深入,各派所说的南北宋词的内涵也发生了变化。如云间词派的陈子龙持论推崇南唐、北宋,心仪情景交融、意辞并茂、自然流畅、高澹浑厚的特色。到了后期的蒋平阶则独重五代,竟连北宋也否定了:"三季犹有唐风,入宋便开元曲,故专意小令,冀复古音,屏去宋调,庶防流失。"①蒋氏之论旨在"复古",较之陈子龙所论不仅遗其精华且失之偏狭。再如浙西词派的初期所推崇的南宋,是以姜夔、张炎的清空、醇雅的词风为主要特征的,因而早期浙派往往姜、史(达祖)与姜、张(炎)并提而不注意史达祖与张炎的差异。到了中期的王昶,同样是推崇姜夔、张炎,却注重的是白石的坎坷人生经历和人格气节,以及玉田深挚的家国之思:

> 姜氏夔、周氏密诸人始以博雅擅名,往来江湖,不为富贵所熏灼,是以其词冠于南宋,非北宋之所能及。暨于张氏炎、王氏沂孙,故园遗民,哀时感事,缘情赋物,以写闵周。哀郢之思,而词之能事毕矣。世人不察,猥以姜、史同日而语,且举以律君。
>
> 夫梅溪乃平原省吏,平原之败,梅溪因此受黥。是岂可与白石比量工拙哉。譬犹名倡妙伎姿首或有可观,以视瑶台之仙姑射之处子,臭味区别,不可倍徙矣。②

王昶论姜、张的主旨已转向意格内涵上了,浙西派理论的变化由此可见一斑。浙派另一词家凌廷堪则对当时人们言必所称的"南宋"一词加以分析:

---

① 蒋平阶:《支机集·凡例》,《词学》第二辑,华东师范大学出版社。
② 王昶:《江宾谷梅鹤词序》,《春融堂集》卷四十一。

> 填词之道，须取法南宋，然其中亦有两派焉。一派为白石，以清空为主，高、史辅之。前则有梦窗、竹山、西麓、虚斋、蒲江，后则有玉田、圣与、公谨、商隐诸人，扫除野狐，独标正谛，犹禅之南宗也。一派为稼轩，以豪迈为主，继之者龙洲、放翁、后村，犹禅之北宗也。①

凌氏之语说明，人们对南宋词的丰富内涵开始有所认识，并对专主姜、张之清雅表示不满。

第三节　清人对南北宋词的认识

宋词被称为"一代之文学"，代表了词体艺术的最高成就。清代词学家们以"中兴"为己任，势必要把宋词作为学习、研究的对象。在对南北宋词的不断探索之中，清人于南北宋词的各自特色有了逐渐深入的认识，有些见解还相当精辟。当然这些认识和见解都不同程度地带有清人的时代烙印和流派色彩。

首先我们来看清人推崇北宋词的认识。

一曰尊古。古人论诗、文、词重视正本清源，溯源头又往往带有崇古意识。北宋于南宋之前，自然为源。许多推尊北宋之论含有复古、尊古的意味。杨希闵《词轨序》云：

> 吾谓词家，亦当从汉魏六朝乐府入，而以温韦为宗，二晏、秦、贺为嫡裔，欧、苏、黄如光武崛起，别为世庙。如此则有祖

---

① 谢章铤：《赌棋山庄词话》续编卷三引，《词话丛编》，中华书局，1986年版，第3510～3511页。

有祢,而后乃有子有孙。被截从南宋梦窗、玉田入者,不啻生于空桑矣。故阀材近而创意浅。

此论以古今为价值判断标准,主张从古入手,由源而流。自有一定的道理。但一概论定"阀材近而创意浅",今不如古,则不免有失武断。相比之下陈廷焯的分析颇有可取之处:"北宋去温、韦未远,时见古意,至南宋则变态极焉。变态既极,则能事已毕,遂令后之为词者不得不刻意求奇,以至每况愈下。"①北宋距晚唐五代不远,词风也颇为接近。

南宋词人求变,有不愿步人后尘,树立自己风格的追求,也有刻意求奇的心理。文学艺术的历史继承性是不以人的意志为转移的,南宋词人"刻意求奇"的态度,并不可取。不过北宋词的优长也并不仅仅在于有"古意",陈匪石的说法也应具体分析。

二曰自然。词兴起于唐五代,至两宋而蔚为大观。北宋之时,尚有唐五代余韵。一方面,文人视词体为"小道""卑体",多以游戏态度为之,无须过于"认真"和"讲究"。一方面文人又严格诗词之辨,以诗言志,以词言情。因而北宋词显得感情率真,风致自然。

南宋以后,在文人不断的"尊体"努力之下,诗词之别已不十分明显,文人开始刻意经营,词体逐渐"精致"起来。清代词论家对南北宋词的这种差异有深刻的认识,如冯煦《蒿庵论词》云:"北宋大家,每从空际盘旋,故无椎凿之迹。之竹坡、无住诸君子出,渐于字句间凝练求工,而昔贤疏宕之致微矣。此亦南北宋之关键也。"吴尺凫亦云:

---

① 陈廷焯:《白雨斋词话》卷三,《词话丛编》,中华书局,1986年版,第3825页。

临安以降，词不必尽歌，明庭净几，陶咏性灵，其或指称时事，博征典故，不竭其才不止。且其间名辈斐出，敛其精神，镂心雕肝，切切讲求于字句之间。其思泠然，其色荧然，其音铮然，其态亭亭然，至是而极其工，亦极其变。①

崇北宋的词论家不仅盛赞北宋的自然，而且批评南宋的雕琢。先著云："小词之妙如汉魏五言诗，其风骨兴象迥乎不同。苟徒求之色泽字句间，斯末矣。然入崇、宣以后，虽情事较新，而体气已薄，亦风气为之，要不可以强也。"②文廷式云："词家至南宋而极盛，亦至南宋而极衰。其衰之故可得而言也：其声多单缓，其意多柔靡，其用字则风云月露红紫芬芳之外如有戒律，不敢稍有出入焉。"③南宋词人讲究形式，在字句的雕琢和色泽的布置上颇用功夫，已失去了北宋词的率真自然。陈洵亦云："唐五代令词，极有拙致，北宋犹近之。南渡以后，虽极名隽，而气质不逮矣。"④所谓"拙致"即指天真自然的情态，此正是北宋词之特点。蒋敦复则用一个比喻来说明北宋词的这个特点："清真词搏挽，如狮子搏兔用全力，非南宋诸家徒以谐婉见长。"⑤所谓"用全力"乃发自内心情感的本性，而没有讲求"谐婉"的人工痕迹。王国维称自己的"词之体裁亦与五代北宋为近"，而瓣香北宋，其实也为北宋词的自然。王国维《人间词话》云："唐五代北宋之词，所谓生香真色。"又云：

---

① 冯金伯：《词苑萃编》卷之二《旨趣》引，《词话丛编》，中华书局，1986年版，第1787页。
② 先著：《词洁集评》卷二，《词话丛编》，中华书局，1986年版，第1347页。
③ 文廷式：《云起轩词序》，《清名家词》，上海书店，1980年版。
④ 陈洵：《海绡说词·通论》，《词话丛编》，中华书局，1986年版，第4840页。
⑤ 蒋敦复：《芬陀利室词话》卷一，《词话丛编》，中华书局，1986年版，第3645页。

第十三章　清代词学的南北宋之争

严沧浪《诗话》曰:"盛唐诸公,唯在兴趣,羚羊挂角,无迹可求。故其妙处,透彻玲珑,不可凑泊。如空中之音、相中之色、水中之影、镜中之象,言有尽而意无穷。"余谓北宋以前之词亦复如是。

王国维引《沧浪诗话》之喻形容北宋词,意在说明北宋词无雕凿之痕,极其自然之美。

三曰情真。推崇北宋词者还强调北宋词的感情真挚,毛先舒云:"北宋之盛也,其妙处不在豪快,而在高健。不在艳袭,而在幽咽。"①王国维更以情的真和深称北宋:"大家之作,其言情也必沁人心脾,其写景也必豁人耳目,其辞脱口而出无矫揉装束之态。以其所见者真,所知者深也。持此以衡古今之作者,百不失一。此余所以不免有北宋后无词之叹也。"②论者对南宋词的因"社会功能"的增加而出现的弊端也加以批评。王士禛、邹祇谟《倚声集》云:"南宋诸词以奉故,未免浅俗取妍。"王国维《人间词话》亦云:"至南宋以后,词亦为羔雁之具。"把词作为巴结逢迎权势工具的现象在南宋不为少见。王氏此语虽不免有些绝对,但还是相当尖锐的。

其次再来看推崇南宋词者的认识。

无论是推北宋还是尊南宋,词论家们都承认南宋词较北宋词发生了很大变化。张德瀛《词徵》说:"词至北宋,堂庑乃大,至南宋而益极其变。"词体的发展大致为:体裁由小令独擅到长调慢词兼长,风格由花间婉丽一体到豪放、清雅各体皆备,题材内容由花间

---

① 江顺诒:《词学集成》卷五引,《词话丛编》,中华书局,1986年版,第3266页。
② 王国维:《人间词话》,《词话丛编》,中华书局,1986年版,第4252页。

樽前相思离别到社会历史无不可写。这种种变化都是在南宋时最终完成的。清代词论家尚南宋者往往注意到这些。清初词论者已认识到南宋词的某些特色，如邹祗谟《远志斋词衷》在引朱承爵《存余堂诗话》的"词家意象与诗略有不同，句欲敏，字欲捷，长篇须曲折三致意，而气自流贯"之语后进一步说南宋长于长调慢词的特点："南宋诸家凡以偏师取胜者无不以此见长。而梅溪、白石、梦窗诸家，丽清密藻，尽态极妍。要其瑰琢处，无不有蛇灰蚓线之妙，则所云一气流贯也。"北宋工于小令，南宋长于慢词，这一点已为词坛所普遍认同。如杜文澜《憩园词话》云："北宋为小令，重含蓄，继唐诗之后；南宋为慢词，工抒写，开元曲之先。"先著亦云："南渡以后名家，长词虽极意雕镂，小调不能不敛手。以其工出意外，无可著力也。"①二人虽然对南北宋词的态度不同，但所论定两宋词的特点却是一致的。

　　主南宋者并非都是从形式技巧着眼，有的论者从南北宋时代和社会矛盾的不同入手分析了南北宋词的不同。王昶云："北宋多北风雨雪之感，南宋多黍离麦秀之悲，所以为高。"②北宋词家所抒之情，多为一己之感受。所谓"北风雨雪之感"，无非个人的进退荣辱。而南宋时期，民族矛盾压倒一切。半壁江山沦入敌手，失地之痛，亡国之危成为人们心头的重压，"黍离麦秀之悲"实为民族同悲，南宋词人以之作词，极易引起世人的共鸣，无论思想价值，还是艺术价值，称之为"高"，实不为过。持词为小道、小技之见者，往往指斥词的题材不出花间樽前，南宋时表达家国之悲的词作对此正是一个极好的反驳。沈祥龙《论词随笔》云："以词为小技，此非深

---

① 先著：《词洁集评》卷一，《词话丛编》，中华书局，1986年版，第1344页。
② 许宗彦：《莲子居词话序》引，《词话丛编》，中华书局，1986年版，第2388页。

第十三章 清代词学的南北宋之争

知词者。词至南宋,如稼轩、同甫之慷慨悲凉,碧山、玉田之微婉顿挫,皆伤时感事,上与风骚同旨,可薄为小技乎。"

南宋以后,词的音乐性减弱,文人以之为诗之一体,言志向,咏性情,论时事。诗中所习用的种种修辞亦皆用于词。称南宋词"极其变"是合乎实际的。崇南宋的词论家推誉南宋词的精致,如朱彝尊《词综·发凡》云:"世人言词,必称北宋,然词至南宋始极其工。"瓣香北宋者往往举北宋词的自然,因其无拘束,无顾忌,词中虐浪之言,俚俗之言多有。南宋词风尚雅。雅亦是精致的一种表现。陈廷焯《词坛丛话》说:"北宋间有俚词,间有伉语;南宋则一归纯正。"陈匪石《声执》云:"宋有俳词、虐词;不涉俳、虐乃为之雅。此种风尚,成于南宋。"南宋词,文人刻意为之,虽失自然之趣,却得精致之雅。

主南宋者还有一层意思,示人学词门径,南宋词便于初学。如王国维《人间词话》云:"近人祖南宋而祧北宋,以南宋之词可学,北宋不可学也。"一般说来,便于初学者门迳显豁,却难臻高致。周济《宋四家词选目录序论》说:"南宋有门迳,故似深而转浅。北宋无门迳,无门迳故似易而实难。"陈匪石云:"南宋有门径可寻,学之易至。"①即是此谓。

经历了清代前中期崇南尊北的争论,人们逐渐认识到偏执一端的弊端,开始对南北宋词各自的短长进行客观地分析。从词的作者构成来看,两宋有所不同。周济《介存斋论词杂著》云:"两宋词各有盛衰。北宋盛于文士,而衰于乐工;南宋盛于乐工,而衰于文士。"从词与音乐的关系看,词是音乐文学,词体的许多特点都与音乐有关。宋翔凤《乐府余论》云:"北宋所作,多付筝琶,故单缓繁

---

① 陈匪石:《旧时月色斋词谭》,《宋词举》,江苏古籍出版社,2002年版,第212页。

促而易流,南渡以后,半归琴笛,故涤荡沈渺而不杂。"北宋以前词体多为小令,伴奏乐器多用琵琶等弦乐器;南宋以后慢词长调渐多,伴奏乐器多用笛子等管乐器。① 伴奏乐器不同与乐曲的音乐形式不同相联系,词的风格也随之变化。北宋词人多精于调律,故北宋词之音乐性较强;南宋时已有许多词人将词作为诗之一体,不再讲究词的音律。随之而来,词的内容亦发生了变化。周济《宋四家词选目录序论》云:"北宋主乐章,故情景但取当前,无穷高极深之趣。南宋则文人弄笔,彼此争名,故变化益多,取材益富。"《介存斋论词杂著》云:"北宋多就景叙情,故珠圆玉润,四照玲珑。至稼轩、白石,一变而为即事叙景,使深者反浅,曲者反直。"

两宋词各有优长,也各有其短。王国维《人间词话》云:"唐五代北宋之词,倡优也;南宋后之词家,俗子也。二者其失相等。"周济《介存斋论词杂著》云:"北宋有无谓之词以应歌,南宋有无谓之词以应社。"所谓"倡优""应歌"指词与当筵征歌的妓女的关系,"俗子""应社"指词人庸俗的社会心态。二者皆不可取。陈廷焯云:"北宋间有俚词,南宋则多游词,而伉词则两宋皆不免。"②谢章铤分析了两宋词人的得和失:"北宋多工短调,南宋多工长调;北宋多工软语,南宋多工硬语。然二者偏至,终非全才。欧阳、晏、秦,北宋之正宗也,柳耆卿失之滥,黄鲁直失之伧;白石、高、史,南宋之正宗也,吴梦窗失之涩,蒋竹山失之流。"③南北宋皆有值得肯定的"正宗",亦有失之偏者。谢氏之论较为公允。

---

① 张炎:《词源·音谱》:"惟慢曲、引、近则不同,名曰小唱,须得声字清圆,以哑筚篥合之,其音甚正。"《词话丛编》,中华书局,1986年版,第256页。

② 陈廷焯:《白雨斋词话》卷十,《白雨斋词话全编》,中华书局,2013年版,第1326页。

③ 谢章铤:《赌棋山庄词话》卷十二,《词话丛编》,中华书局,1986年版,第3470页。

第十三章　清代词学的南北宋之争

第四节　对清代南北宋之争的反思

刘勰《文心雕龙·时序》说:"文变染乎世情,兴废系乎时序。"词亦如此。唐五代词、北宋词、南宋词皆以时代划分,都带有时代的烙印:既有时代的内容,又有时代的风格。南北宋词各具时代特点是必然的,认识这种特点也是必要的。陈鸿寿《衡梦词序》云:"耆卿塞翻于津门,邦彦厉响于照碧。至北宋而一变。石帚、玉田理定而摛藻,梅溪、竹山情密而引词,词至南宋又一变矣。"①田同之《西圃词说》云:"词始于唐,盛于宋,南北历二百余年,人代出,分路扬镳,各有其妙。至南宋诸名家,倍极变化。盖文章气运,不能不变,时为之也。"文学艺术都有自己的源和流,北宋词对南宋词产生影响是十分自然的。先著《词洁集评》云:"阅北宋词,须放一线道,往往北宋人一二人语,又是南渡以后丹头,故不可轻弃也。"谢章铤云:"词至南宋奥交尽辟,亦其气运使然,但名贵之气颇乏,文工而情浅,理举而趣少。善学者,于北宋导其源,南宋博其流,当兼善,不当孤诣。"②应该说源有源之价值,流有流之价值。对南北宋词应取的态度是各美其美,各取其长。

对待艺术遗产的正确态度,虽不排除个性的偏好,但作为指导词坛的艺术主张,应是兼收并蓄,各取所长。简单排斥某一时代或某一风格都是不可取的。王士禛针对云间词派独取南唐、北宋的偏执作法指出:"云间数公……其于词亦不欲涉南宋一笔,佳处在

---

①　江顺诒:《词学集成》卷五引,《词话丛编》,中华书局,1986年版,第3271页。

②　谢章铤:《赌棋山庄词话》卷十二,《词话丛编》,中华书局,1986年版,第3470页。

此,短处亦在此。"①陈廷焯《词坛丛话》则具体分析了南北宋词的不同特色:

> 词至于宋,声色大开,八音俱备。论词者以北宋为最,竹垞独推南宋,洵独得之境,后人往往宗其说。然平心而论,风格之高,断推北宋,且要言不烦,以少胜多,南宋诸家或未之闻焉。南宋非不尚风格,然不免有生硬处,且太着力,终不若北宋之自然也。北宋间有俚词,间有伉语;南宋则一归纯正,此北宋不及南宋处。北宋词,诗中之《风》也;南宋词,诗中之《雅》也。不可偏废,世人亦何必妄为轩轾。

北宋词多小令,体制短小,尺水兴波,以含蓄蕴藉,饶有韵味见长;南宋词词体声律完备,以精致典雅取胜。用《诗经》中的《风》和《雅》作比是较为恰切的。徐珂《柯亭词论》则从文学的发展、进化着眼,分析了北宋词的自然美和南宋词的人工美:

> 词尚自然固矣,但亦不可一概论。无论何种文艺,其在初期,莫不出乎自然,本无所谓法。渐进则法立,更进则法密。文学技术日进,人工遂多于自然矣。词之进展,亦不外此轨辙。唐五代小令,为词之初期,故花间、后主、正中之词,均自然多于人工。宋初小令,如欧秦二晏之流,所作以精到胜,与唐五代稍异,盖人工甚于自然矣。宋初慢词,犹接近自然时代,往往有佳句而乏佳章。自屯田出而词法立,清真出而词法密,词风为之丕变。如东坡之纯任自然者,殆不多见矣。南宋以降,慢词作法,穷极工巧。稼轩虽接武东坡,而词之组织结

---

① 王士禛:《花草蒙拾》,《词话丛编》,中华书局,1986年版,第685页。

构,有极精者,则非纯任自然矣。

梅溪、梦窗,远绍清真,碧山、玉田,近宗白石,词法之密,均臻绝顶。宋词自此,殆纯乎人工矣。总之尚自然,为初期之词。讲人工,为进步之词。词坛上各占地位,学者不妨各就性之所近而习之。必是丹非素,非通论也。

自然与人工,或曰天工与人巧孰优孰劣的争论在各种艺术形式中都有体现。六朝诗尚人巧而陶渊明诗不为重视,唐诗尚自然而学陶竟成风气。在词中尚自然者推北宋,好人工者举南宋。从发展的眼光看,由自然到人工是必然趋势。艺术欣赏各有好恶,春兰秋菊各美其美,北宋与南宋、自然与人工亦是如此。以己之好强律他人,甚不可取。

以时代先后分为北宋、南宋,评论南北宋的特点,是易为人们所接受的方法,具有一定的合理因素,但也有一定的缺陷。首先,不仅要看到南北宋之间的差异,还要看到它们的共同之处。如张德瀛云:"两宋词离合张歙疏密,各具面目,其犹禅家之南北宗,书家之南北派乎。然究其所造,则根情苗言,固未尝不交相为用。"①两宋词之优秀之作,皆出于情之真、情之深,风格的差异仅居次要地位。其次,两宋词坛多彩多姿,仅以时代分为北宋、南宋二段,有一定局限性。例如论词学流派,以时代分就不完全合适。冯煦曾举苏、辛的例子云:"词之有南北宋,以世言也。曰秦、柳,曰姜、张,以人言也。若东坡之于北宋,稼轩之于南宋,并独树一帜,不域于世。亦与他家绝殊。"(《重刻东坡乐府序》)豪放派逸出传统的婉约之外,北宋的苏轼,南宋的辛弃疾,前传后承,两宋不衰,不当以时代分。再次,词以时代分为南北宋,有利有弊,利在明了,弊在简

---

① 张德瀛:《词徵》卷五,《词话丛编》,中华书局,1986年版,第4151页。

单。两宋词史的丰富性决非以此简单的划分可以包容。正如陈廷焯所说：

> 词家好分南宋、北宋，国初诸老，几至各立门户。窃谓论词只宜辨别是非，南宋、北宋不必分也。若以小令之风华点染，指为北宋；而以长调之平正迂缓，雅而不艳，艳而不幽者，目为南宋，匪独重诬北宋，抑且诬南宋也。①

清代词坛上的南北宋之争，是词学流派间理论论争的主要内容，龙榆生先生指出：

"词以两宋为极则，而或主北宋，或主南宋。此皆域于门户之见，未察风气转变之由，而妄为轩轾也。""清代论词学者，往往蔽于宗派之见，议论分歧，龂龂于南北宋之争，而恒忽略客观之事实。"②清代各词派在论南北宋词时都有意气用事的门户之见。清代中后期潘德舆曾以批评张惠言的《词选》，倡导北宋而闻名词坛，他的"词之有北宋犹诗之有盛唐"之语为人传诵。谭献针对潘德舆不论立意宗旨，仅以时代划分的批评方法加以评论："不求立言宗旨而以迹论，则亦何异明中叶诗人之侈口盛唐耶。"③"立言宗旨"应为论词的根本，若以时代为局限，可谓本末倒置。王国维托名樊志厚作《人间词乙稿序》，说明自己心仪北宋的原因："君词之所以为五代北宋之词者，以其有意境在。若以其体裁故，而至遽指为五代北宋，此又君之不任受。"特别说明自己偏爱北宋词并非因为体裁形式，而是以"情真"为主要内容的意境，以区别于前此清人的说

---

① 陈廷焯：《白雨斋词话》卷十，《白雨斋词话全编》，中华书局，2013年版，第1325页。
② 龙榆生：《两宋词风转变论》，《词学季刊》，第二卷第一号。
③ 谭献：《复堂词话》，《词话丛编》，中华书局，1986年版，第4010页。

法,表明了对南北宋之争的清醒认识。争论的结果也促进了人们对南北宋词特点的认识。况周颐《蕙风词话》说:

> 两宋人宜多读、多看,潜心体会,某家某某等处,或当学,或不当学,默识吾心目中。尤必印证于良师友,庶收取精用闳之益。
>
> 善变化者,非必墨守一家之言。思游乎其中,精骛乎其外得其助而不为所囿,斯为得之。当其致力之初,门径诚不可误。然必则定一家,奉为金科玉律,亦步亦趋,不敢稍有逾越。填词,智者之事,而顾认签执象若是乎。吾有吾之性情,吾有吾之襟抱,与夫聪明才力。欲得人之似,先失己之真。得其似矣,即已落斯人后,吾词格不稍降乎。

如此精当切要的议论只能出现于经过深入的南北宋之争、是非渐明的晚清。况周颐的学生赵尊岳进一步提出:"举花间之闳丽,北宋之清疏,南宋之醇至。要于三者有合焉。"① 唐五代北南宋各取其长,乃为正确之途径。关于南北宋词的争论,贯穿于整个清代,体现在各个词学流派的理论主张之中。南北宋词的特点愈辩愈清,治学道理愈争愈明,义气之论逐渐为理智的分析所取代,是清代词学理论进步的表现。

---

① 赵尊岳:《蕙风词话跋》,《蕙风丛书》。

第十四章　浙西词派倡南宋词

宗南崇北是清代词坛争论最为热烈的话题之一。由明至清初，词学家对唐五代北宋词多有偏爱，而对南宋词要么置而不论，要么轻蔑视之。朱彝尊竖起浙西词派的旗帜，首先从推尊南宋开始。此论以反传统的色彩在当时引起词坛的振动，自然受到不少非议。但在朱彝尊等人的努力之下，南宋的价值逐渐为人所认识，倡南宋之论亦为人所接受。陈廷焯说："国初多宗北宋，竹垞独取南宋，分虎（李符）、符曾（李良年）佐之，而风气一变。"①此后以厉鹗、郭麐为代表的中后期浙派词论家，无不以推扬南宋作为核心论点，由此倡南宋成为浙西词派标志性的主张。

第一节　曹溶、朱彝尊的倡南宋之论

南北宋词由于不同的词学背景和时代审美要求而呈现不同的风貌。明代词坛重北宋轻南宋的风气颇盛，明人所推崇的宋代词人多为北宋，而置南宋于轻蔑。明代末年，以陈子龙为代表的云间

---

① 陈廷焯：《白雨斋词话》卷三，《词话丛编》，中华书局，1986年版，第1202页。

第十四章　浙西词派倡南宋词

词派为了改变词坛颓靡的局面,要求端正词人的创作态度,强调词的风骚之旨,但在南北宋的取舍上仍是重北轻南。

浙西词派是继云间派之后最具影响的词学流派,其核心主张即是推扬南宋,与重北宋的传统观念背道而驰。朱彝尊是浙西词派的领袖,倡南宋也最为有力。但在朱彝尊之前,朱氏的词学前辈并被后世视为浙派先河的曹溶对提倡南宋词也起了重要作用。朱彝尊在为曹溶《静惕堂词》作的序中说:

> 忆壮日从先生南游岭表,西北至云中,酒阑灯灺,往往以小令慢词更迭唱和,有井水处辄为银筝檀板所歌。念倚声虽小道,当其为之,必崇尔雅,斥淫哇,极其能事,则亦足以宣昭六义,鼓吹元音。往者明三百祀,词学失传,先生搜辑南宋遗集,尊曾表而出之。数十年来,浙西填词,家白石而户玉田,春容大雅,风气之变。实由先生。①

文中特意指出了曹溶彰显南宋的作为,以及对后世浙西词派的影响。曹溶的词学观念有一个变化的过程。早年曹溶也与其他清初词人一样,以温丽为宗,取法南唐北宋。后来才逐渐产生了转变,形成了自己独特的主张,并在当时的词坛上独树一帜。清初词人陈素庵(之遴)说:

> 秋岳才大如斗,体苞众妙,当世罕俦,独于诗余,间或商之于余。余语之曰:选义按部,考词就班,此即填词之金科玉律也。公乃日久揣摩,不屑于南唐北宋,而自出机杼,独立营垒,

---

① 曹溶:《静惕堂词序》,《清名家词》,上海书店,1980年版。

建大将旗鼓,而出井陉,望之者皆旗靡辙乱。①

在南唐北宋词风笼罩词坛的明末清初,曹溶已有"独立营垒"独取南宋的意图,后来以朱彝尊为首的浙西词派即沿此道路发展。

与清初大多词人一样,朱彝尊学词从北宋婉丽风格开始。徐釚曾评其词风云:

> 锡鬯天才踔厉,诗文脍炙海内,填词与柳七、黄九争胜。叶元礼尝作骈体文序之,缀以绝句云:鸳鸯湖口推朱十,代北汶西词客衰。弄墨偶然工小令,人间肠断贺方回。②

与柳永、黄庭坚争胜,且有比作贺铸之誉,皆是习尚北宋的证明。朱彝尊词学思想的变化是在他经历人生磨难的同时。严迪昌先生指出:"康熙三年(1664)到康熙十七年(1678),即'西北至云中'入曹溶大同备兵署为幕僚,到'策柴车入京师'应'鸿博'之征,寄迹'僧舍'这段前后达15个年头的落魄坎坷时期.这是朱彝尊'短衣尘垢,栖栖北风雨雪之间',其'羁愁潦倒'、'糊口四方,多与筝人酒徒相狎',一生中最为栖惶的阶段。"③康熙十一年(1672),朱彝尊编成了他的词集《江湖载酒集》。"江湖载酒"语出杜牧《遣怀》诗:"落魄江湖载酒行,楚腰纤细掌中轻。十年一觉扬州梦,赢得青楼薄倖名。"朱彝尊以此名自己的词集,取"落魄"之意。《江湖载酒集》中有一首《解佩令》(自题词集)表达了身世之感与词学取

---

① 陈之遴评语,《百名家词钞·寓言集》附,《续修四库全书》,上海古籍出版社,1995年版。

② 冯金伯:《词苑萃编》卷八引,《词话丛编》,中华书局,1986年版,第1941页。

③ 严迪昌:《清词史》,江苏古籍出版社,1999年版,第263~264页。

第十四章　浙西词派倡南宋词

向的关系：

> 十年磨剑,无陵结客,把平生、涕泪都飘尽。老去填词,一半是空中传恨。几曾围、燕钗蝉鬓。　　不师秦七,不师黄九。倚新声、玉田差近。落拓江湖,且吩付、歌筵红粉。料封侯,白头无分。

朱彝尊偏取南宋张炎主要因为有身世情感的认同因素。南宋末年的舒岳祥《赠玉田序》对张炎词风有一则评论:"宋南渡勋王之裔子玉田张君,自社稷变置,凌烟废堕,落魄纵饮,……笑语歌哭,骚姿雅骨,不以夷险变迁也。其楚狂与? 其阮籍与? 其贾生与? 其苏门啸者与?"指出张炎身历家国之痛的情感变化。正是身世经历的落魄坎坷使朱彝尊选择了南宋张炎凄清词风。其实,浙西派词家推崇南宋词大都有与朱彝尊相似的思想感情因素,如浙西六家之一的李符自称:"余布袍落魄,放浪形骸,自谓颇类玉田子。年来亦以倚声自遣,爱读其词。"①实有感同身受的身世遭际寓于其中。浙西六家另一位龚翔麟评论南宋词人王沂孙、张炎云:

> 叔夏尝谓:中仙词极娴雅,有白石意趣。仇山村亦云:叔夏词律吕协洽,当与白石老仙相鼓吹。是二家之词,非深于情者,未必能好。即好之而不善学,亦未必能似。②

此论王、张词,突出其"深于情"的特点,可见一些浙派词人对

---

① 李符:《山中白云词序》,中华书局,1983年版。
② 龚翔麟:《柘西精舍词序》,《清词序跋汇编》,凤凰出版社,2013年版,第379页。

南宋词人的认识多是着眼于深沉、复杂的思想情感。即使浙派后期的词家推尊南宋,亦是结合自己的命运遭际的选择。如郭麐《灵芬馆词自序》:"余少喜为侧艳之辞,以《花间》为宗,然未暇工也。中年以往,忧患鲜欢,则益讨沿词家之源流,藉以陶写阨塞,寄托清微,遂有会于南宋诸家之旨。"南宋词人遭家国之难,词中多寓寄托,风格沉郁,这些特点使部分浙派词人产生了共鸣。然而,浙派词人的这种深层的情感因素在清代前中期政治的高压之下是不能有过于明确的表露的,后世浙派的追随者醉心于南宋词人的清雅风格,却未曾深探前辈的此种心曲。

第二节 慢词特性与南宋时代风格

朱彝尊多次谈到南北宋词的不同特点以及取法的门径。《水村琴趣序》说:"予尝持论谓小令当法汴京以前,慢词则取诸南渡。锡山顾典籍不以为然也。"①《鱼计庄词序》说:"曩予与同里李十九武曾论词于京师之南泉僧舍,谓小令宜师北宋,慢词宜师南宋。"②《书东田词卷后》说:"窃谓南唐北宋惟小令为工,若慢词至南宋始极其变。以是语人,人辄非笑。"③清初词人受前人影响,崇尚晚唐五代北宋,对南宋词颇有轻鄙之感。这种词学观念相沿成习,一时不易改变。所以当朱彝尊提出"慢词宜师南宋"时,或招致"非笑",或引来非议。

我们注意到朱彝尊提到南宋总是与慢词相联系,从某种意义上说,朱彝尊倡导南宋实是对慢词此一词体形式的推扬。

---

① 朱彝尊:《水村琴趣序》,《曝书亭集》卷四十。
② 朱彝尊:《鱼计庄词序》,《曝书亭集》卷四十。
③ 朱彝尊:《书东田词卷后》,《曝书亭集》五十三。

第十四章　浙西词派倡南宋词

小令和慢词(长调)本为词因音乐的节奏、调式而形成的不同样式。唐宋时期曲子分为"急曲子""慢曲子",慢词即依慢曲子所作之词。① 小令与慢词因音节的急缓、语言的多少而有各自不同的艺术特色。南宋时张炎形容慢词的创作特色云:"慢曲不过百余字,中间抑扬高下、丁、抗、掣、拽,有大顿、小顿、大住、小住、打、揭等字,真所谓上如抗,下如坠,曲如折,止如槁木,倨中矩,句中钩,累累乎端如贯珠之语,斯为难矣。"②清初词家亦注意到小令、长调不同的审美特色。彭孙遹《金粟词话》说:"长调之难于小调者,难于语气贯串,不冗不复,徘徊宛转,自然成文。"③毛先舒用比喻形容长调的体裁特色:"长调如娇女步春,旁去扶持,独行芳径,徙倚而前,一步一态,一态一变,虽有强力健足,无所用之。"④近人蔡嵩云《柯亭词论》对慢词与小令的文体特点有一番分析:

> 慢词与小令,不独体制迥殊,即文心内容,亦一繁一简。文心何物,换言之,即意匠也。词境之构成如何,全视意匠之工拙。设喻以明之。小令如布置庭园一角,无多结构,奇花异石,些少点缀,便生佳致。慢词则不同,如建大厦然,其中曲折层次甚多,入手必先惨淡经营,方能从事土木。若枝枝节节为之,外观纵极堂皇,内容必破碎不成格局。小令只要些新意,便易得古人句。作慢词,全篇有全篇之意,前遍有前遍之意,后遍有后遍之意。故运意时,须先分别主从,庶词成后联贯统一,脉络井然。慢词与小令之文心既繁简迥殊,构成之辞章即

---

① 参见吴熊和:《唐宋词通论》第三章第二节,浙江古籍出版社,1989年。
② 张炎:《词源》卷下,《词话丛编》,中华书局,1986年版,第256页。
③ 彭孙遹:《金粟词话》,《词话丛编》,中华书局,1986年版,第725页。
④ 王又华:《古今词论》引,《词话丛编》,中华书局,1986年版,第609页。

因之异色，而作法亦因之截然不同矣。①

慢词在叙事抒情、结构安排和语言修辞等方面都与小令显出了审美差异。慢词有信息容量大、层次变化多和抒情宜于跌宕起伏的特点。尤为值得注意的是在表现内容方面，小令、慢词各有不同特点："词贵柔情曼声，第宜于小令。若长调而亦喁喁细语，失之约矣，惟沉雄悲壮，情改亹亹方为合作。"②又如："词家狃于本色当行之说，多以柔情曼语，标新竞异。然宜于小令，而不宜于长调，宜于闺情春思，而不宜于登临感遇咏物怀人诸作。"③表现柔情曼声宜于小令，而表现"沉雄悲壮"的风格及"登临感遇咏物怀人"等社会内容较多的题材则宜于慢词。

以敦煌词为代表的民间词中小令、慢词皆不乏其作，然而文人染指词体之后，对词的体裁却有明显的选择性。唐五代及北宋初期的文人因审美价值取向和专业音乐技能的限制，对小令更为偏爱，而极少作慢词。北宋的张先、柳永、周邦彦等人始涉足慢词长调，但小令仍为北宋词坛的主流体裁。南宋时期，慢词渐盛，词坛大家几乎皆以慢词长调著称于世。总体看来，北宋以前，小令突出；南宋以后，慢词尤显。因而宋代以后人们所议论的南北宋词的差异中，慢词、小令的成就亦是重要内容之一。赵尊岳说："促拍均小令，则以秾艳蕃丽胜；令慢多缓吟，则以纯挚淡远胜；更进而为南宋之长调，则旖旋清雄，两臻其胜。"④际志渊也说"作小令，先宗五

---

① 蔡嵩云笺释：《柯亭词论》，人民文学出版社，1981年版，第4904页。
② 《梅墩词话》，沈雄：《古今词话·词品》上卷引，《词话丛编》，中华书局，1986年版，第837页。
③ 冯金伯：《词苑萃编》卷八引何嘉延语，《词话丛编》，中华书局，1986年版，第1949页。
④ 赵尊岳：《惜阴堂明词丛书叙录》，《词学季刊》第三卷第四号。

代,而后宗元。作慢词以南宋诸名家为法。篇短者古香古色,字贯珠玑;篇长者宜雅宜骚,声铿金石。"①朱彝尊提倡南宋的慢词,不仅在于对时代、体裁的选择,实为表现特殊的思想情感而对词的题材、风格的选择。

文学作品的风格往往受到时代条件的影响和制约,而呈现出不同的风貌。词的发展历程也是如此。晚唐、五代、北宋、南宋词风数变,气象各异。应该说,北宋词和南宋词各有所长,南唐北宋小令为优,南宋则工于长调;因而不加分析地厚此薄彼是不可取的。明末清初的云间派,出于传统观念和复古主张,倡导南唐北宋词,而将南宋词一概否定,即因不能对两宋词进行客观分析和评价。谢章铤云:"昔陈大樽以温、李为宗,自吴梅村以逮王阮亭,翕然从之,当其时无人不晚唐。"②在云间词风笼罩下的清初,朱彝尊大声疾呼要"慢词师南宋",无疑是对云间词学主张的一次冲击和突破。朱彝尊《词综·发凡》说:"世人言词,必称北宋,然词至南宋,始极其工,至宋秀而始极其变,姜尧章氏最为杰出。"朱彝尊"词至南宋始极其工"的看法与云间词"至南宋而敝"③完全相背。这种看法当时还不易为人们所接受,曾遭到许多人的嘲笑和反对。说明了传统观念不易改变,也证明了云间派词学主张影响之深。

朱彝尊的主张也得到了一些人的支持,据朱氏提到的就有曹溶、曹贞吉、魏坤、陈维崧、李良年等④,加之汪森等人的大力鼓吹,浙籍词人大力响应,很快便风靡大江南北。南宋词风的主张逐渐

---

① 陆志渊:《兰纫词自序》,清刻本。
② 谢章铤:《赌棋山庄词话续编》卷三,《词话丛编》,中华书局,1986年版,第3530页。
③ 宋征璧语,徐釚:《词苑丛谈》卷四引,上海古籍出版社,1981版,第76页。
④ 见《静惕堂词序》、《词苑萃编》引、《水村琴趣序》、《书东田词卷后》、《鱼计庄词序》。

为词坛所接受。不少词人改变了以往尊崇北宋的习尚,而转向学习南宋。陈对鸥曾描述当时的情形:"自《浙西六家词》出,瓣香南宋,另开生面,于是四方承学之士,从风附响,知所指归。"①朱彝尊后,浙派词风经厉鹗、王昶、吴锡麒、郭麐的大力提倡,在康、雍、乾、嘉、道五朝长盛不衰,宗法南宋的主张一直被奉为圭臬。如浙西六家之一的李符(分虎)的前后变化颇有代表性。李符原为"善学北宋者",后来,在朱彝尊等人的影响之下,"益精研于南宋诸名家。"②人们不仅开始重视学习南宋词,而且还常以南宋词风作为评价当代词人的标准,以与南宋词风相似、相近为当代词人的优长。这与清初常以唐五代北宋为标准的词学批评形成了鲜明的对比。这说明推崇南宋已形成风气,词学风尚已发生变化。从下面略举的评论之例可见一斑:

朱彝尊评李良年:"于词不喜北宋,爱姜尧章、吴君特诸家。"③

龚翔麟评沈融谷词:"吾友沈子融谷,精于词久矣。况之古人,殆类王中仙、张叔夏。"

高二鲍评耒边词:"能扫尽臼科,独露本色,在宋人中绝似竹山。"

朱彝尊评覃九词:"词莫善于姜夔。梅溪、玉田、碧山诸家,皆具夔之一体。自后得其门者寡矣。吾友覃九词,可谓学姜氏而得其神明者。"

陈玉几评吴笙山词:"吴笙山雯炯香草一编,薰心染臆于姜、张、吴、史之间,故秾而不迷,艳而能清。"

---

① 冯金伯:《词苑萃编》卷八引,《词话丛编》,中华书局,1986年版,第1951页。

② 冯金伯:《词苑萃编》卷八引朱彝尊语,《词话丛编》,中华书局,1986年版,第1945页。

③ 朱彝尊:《征古李君行状》,《曝书亭集》卷八十。

第十四章　浙西词派倡南宋词

宋犖评杜诏词："紫纶词,脱去凡艳,品格在草窗、玉田之间。"

柯南陔评张梁词："幻花老人诗,旨趣在王、孟间,而暇为长短句,又能宗尚石帚、玉田,刊落凡艳。"

姚潜夫评杨大鲲词："秋屏词情恂雅,既不流于柔靡,复不蹈于豪放,淡妆浓抹,俱所不事,直得白石、玉田神髓。"

刁去瑕评江昱词："江宾谷雅好南宋人词,尤爱其中一二家最平淡者。平日论词,及所自为,并能追其所见。"

赵秋谷评江昱词："宾谷梅边琴汎一卷,追清石帚,继响玉田。昔南史称柳公双锁为琴品第一,若梅边琴汎者,其亦第一词品乎。"

厉鹗评张渔川词："删削靡曼,归于骚雅。其研词炼意,以乐笑翁为法。读响山一编,觉白云未远也。"

沈沃田评江昉词："江橙里少嗜倚声,饶有清致,刿鉥肝肾,磨濯心志,盖几几乎追南渡之作者而与之并。"

吴振评赵文哲词："瓣香于碧山、蜕岩,故轻圆俊美,调协律谐。以近词家论之,尤堪接武竹垞,分镳樊榭。"①

评曹楘坚"风流蕴藉,可为曝书亭替人。其词悉宗南宋诸人,于玉田尤肖。"②

评丁至龢"为词寝馈南宋,吸白石之神髓,而又得力于草窗。"

评张熙"一意清空,自有真意,得玉田之神。"

评黄之驯"初学苏、辛,后改而致力于南宋,深慕王碧山,故自号景碧山人,志趣可想。"③

---

①　以上见冯金伯:《词苑萃编》卷八引,《词话丛编》,中华书局,1986年版,第1945~1955页。

②　杜文澜:《憩园词话》卷三,《词话丛编》中华书局,1986年版,第2903页。

③　以上见杜文澜:《憩园词话》卷四,《词话丛编》中华书局,1986年版,第2933页。

评沈闰生"兼工填词,直与南宋诸老争席。"①

宗南宋成为浙西词派的突出标志,浙派词人无不把推尊南宋作为词学宗旨。凌廷堪说:"词以南宋为极,能继之者竹垞。至厉樊榭则更极其工,后来居上。"②后吴中七子亦以偏好南宋而闻名,如朱绶"私淑之愿,尤在梦窗、草窗"③。沈传桂心仪南宋姜夔、张炎"二白"(白石、山中白云),其词集即名《清梦庵二白词》。吴嘉淦"遍览南宋以来诸大家之集"④。陈彬华"精究四声,务合乎南宋诸家而已。""凡诸众妙,直可上追南宋诸君,又不仅与竹垞、樊榭诸老争此词坛一席也。"⑤王嘉禄"笔意绝类碧山乐府,人以中仙后身称之。"蒋兆兰《词说》:"戈顺卿《宋七家词选》标举词家准的,详于南宋者,以词至南宋始极其精也。"

第三节 对浙派尚南宋的反思

由曹、朱首倡的推尊南宋的主张在当时引起词坛巨大反响,此后宗南尚北之争一直贯穿于清代词学史,学北宋、习南宋不仅为各派词论的重要内容,且必为其派的代表性主张,以至于对北宋或南宋的推崇竟成为其派的代称。浙西词派倡导南宋的主张涉及一些

---

① 杜文澜:《憩园词话》卷五,《词话丛编》,中华书局,1986年版,第2955页。
② 郭麐:《灵芬馆词话》卷一引,《词话丛编》,中华书局,1986年版,第1508页。
③ 朱绶:《缇锦词自序》,《清词序跋汇编》,凤凰出版社,2013年版,第806页。
④ 吴嘉淦:《秋绿词自序》,《清词序跋汇编》,凤凰出版社,2013年版,第856页。
⑤ 董国琛:《瑶碧词序》,《清词序跋汇编》,凤凰出版社,2013年版,第855页。

第十四章 浙西词派倡南宋词

有意义的理论问题。

第一,就浙派而言,同样推尊南宋,各家所阐述的内涵不尽相同,前后又颇有变化。有心仪于南宋的清雅风韵者,亦有推崇南宋词家国之恨的沉郁寄托者。前者如厉鹗,后者如王昶。王昶推崇南宋词,多从思想内涵立论。其《琴画楼词钞自序》云:"自元明以来,三四百年,往往以诗为词,尘厉嫫嫫之气乘之,不复能如南宋之旧。而宋末诗人于社稷沧桑之故、江湖萍梗之意,隐然见于言外,岂非变而复于正,与骚雅无殊者欤。"立论在于南宋词人的社稷家国和身世经历的寄托。浙西词派的前中期推崇南宋,往往标举清空、醇雅词风,因而常姜(夔)、史(达祖)与姜、张(炎)并提而不注意史达祖与姜炎的差异。后期的王昶同样是推崇南宋的姜夔、张炎,却注重白石坎坷的人生经历和人格气节,以及玉田深挚的家国之思。《姚苎汀词雅序》云:

> 姜、张诸人以高贤志士放迹江湖,其旨远,其词文,托物比兴,因时伤事,即酒食游戏,无不有《黍离》周道之感,与诗异曲而同工。且清婉窈眇,言者无罪,听者泪落。①

《江宾谷梅鹤词序》亦云:

> 姜氏夔、周氏密诸人始以博雅擅名,往来江湖,不为富贵所熏灼,是以其词冠于南宋,非北宋之所能及。暨于张氏炎、王氏沂孙,故国遗民,哀时感事,缘情赋物,以写闵周、哀郢之思,而词之能事毕矣。②

---

① 王昶:《姚苎汀词雅序》,《春融堂集》卷四十一。
② 王昶:《江宾谷梅鹤词序》,《春融堂集》卷四十一。

而对于同样是南宋词人的史达祖则从人品气节方面予以抨击："梅溪乃平原省吏,平原之败,梅溪因以受黥。是岂可与白石比量工拙哉。譬犹名倡妙伎,姿首或有可观,以视瑶台之仙姑射之处子,臭味区别,不可倍徙算矣。"①王昶论南宋词人的主旨已转向意格内涵上,对姜夔、周密、王沂孙、张炎的肯定,以及对史达祖的否定皆从思想品格立论。与此前浙西派宗南宋的言论相比,其变化差异甚为显著。

第二,朱彝尊倡南宋之论,并非将北宋以前简单否定,他多次说"小令师北宋以前",可见他在补救前人偏失的同时,仍吸取了合理的内容,说明他对南唐、北宋小令的艺术成就是有所认识的。朱彝尊亦曾以北宋称许他人,如《宋判院词序》云:"一字未安辄历缮古人体制,按其声之清浊,必尽善乃已,故其作咸可上拟北宋,虽东南以词名者或有逊焉。"②亦见对北宋词亦有肯定。再从朱彝尊所评论的北宋词人看,亦是褒贬参半。在另一篇文章称赞秦、黄等人的词有创新精神:"张、晁、秦、黄词不必尽师苏氏,此其人皆以雷同勦说为耻,视其力之所变,莫肯附和。"③在《百字令》《酬陈纬云》中更以秦、黄赞许朋友:"过江人物,数君家,伯氏辞华无敌。比岁才名惊小谢,听说尤工诗律。二陆三张,双丁两到,声动长安陌,新词增我,居然黄九秦七。"④另外,朱彝尊对北宋词人如柳永、晏几道等人也不乏美辞。⑤ 由此皆可看出朱彝尊论词并未划时为牢,而

---

① 王昶:《江宾谷梅鹤词序》,《春融堂集》卷四十一。
② 朱彝尊:《宋判院词序》,《曝书亭集》卷四十。
③ 朱彝尊:《叶指挥诗序》,《曝书亭集》卷三十七。
④ 朱彝尊:《百字令·酬陈纬云》,《曝书亭集》卷二十五《江湖载酒集》。
⑤ 如《一剪梅》《题汪季甪舍人锦瑟词》:"锦瑟新词凤阁成,赢得才名,不减诗名,风流异代许推并,是柳耆卿,是史邦卿。"又如《题陈履端词稿》:"尺书频寄慰衰迟。裙屐风流又一时,珠玉连篇歌作阕,么弘别谱小山词。"

第十四章 浙西词派倡南宋词

取境开阔。《词综》所收并未鄙薄北宋,象周邦彦、柳永、秦观、晏几道等人的作品都广泛收录,表现了高度的艺术鉴赏能力和学术见识。相比之下,浙派后劲则显得气量狭小。如厉鹗是浙西派继朱彝尊之后的代表人物,论词专取南宋姜张,比起朱彝尊,门户明显狭窄。正如丁绍仪所批评的:"我朝竹垞之说,小令当法五代,故所作尚不拘一格。逮樊榭老人专以南宋为宗,一时靡然从之,奉为正鹄。"①再如王昶,继《词综》之后,编辑《明词综》《国朝词综》《国朝词综二集》,其选词严格以南宋姜张清雅为准绳,非此不取,谢章铤批评云:"(王昶)选词专主竹垞之说,以南宋为归宿,不知竹垞《词综》无美不收,固不若是之拘也。"②可知浙西派后继者在取法南宋问题走向极端。对于此种弊端后世有不少批评,蒋敦复云:"浙派词,竹垞开其端,樊榭振其绪,频伽畅其风,皆奉石帚、玉田为圭臬,不肯进入北宋人一步,况唐人乎。"③这是针对偏执南宋的弊端的批评。故步自封必然走向衰亡,而浙派后继者恰恰溺于此。

---

① 丁绍仪:《听秋声馆词话》卷六,《词话丛编》,中华书局,1986年版,第2649页。
② 谢章铤:《赌棋山庄词话》续编卷二,《词话丛编》,中华书局,1986年版,第3501页。
③ 蒋敦复:《芬陀利室词话》卷一,《词话丛编》,中华书局,1986年版,第3636页。

第十五章　常州词派的南北宋之辨

常州词派崛起之后，对南北宋词的各自特点进行了深入的探讨，并对前人南北宋之争的得失进行了全面的反思。常州词派张惠言、周济、陈廷焯关于南北宋词的辨析深刻而全面，客观而公允，不仅对清代南北宋之争的论题做了总结，而且有助于今人深刻认识词史的发展嬗变规律。

第一节　张惠言对南北宋词的认识

嘉、道以后，政治形势发生了很大变化，内忧外患，朝政动荡。在词学领域，词家逐渐摒弃已走入追求形式技巧的浙派末流，寻找能够抒发心中郁结的方式和途径，常州词派应运而生。张惠言大张"意内言外"之帜，以比兴寄托作为论词的标准，词学风尚为之一变。常州词派关于南北宋词的辨析始于张惠言，虽然他并没有对南北宋的优劣作出正面的阐述，但他对唐宋词人的分析评论奠定了常州派词学家对南北宋词认识的基础。最能体现张惠言对南北宋词态度的是其《词选序》：

> 自唐之词人李白为首，其后韦应物、王建、韩翃、白居易、

> 刘禹锡、皇甫松、司空图、韩偓并有述造,而温庭筠最高,其言深美闳约。五代之际,孟氏、李氏君臣为虐,竞作新调,词之杂流,由此起矣。至其工者,往往绝伦。亦如齐梁五言,依托魏晋,近古然也。宋之词家,号为极盛,然张先、苏轼、秦观、周邦彦、辛弃疾、姜夔、王沂孙、张炎渊渊乎文有其质焉。其荡而不反,傲而不理,枝而不物,柳永、黄庭坚、刘过、吴文英之伦,亦各引一端,以取重于当世。而前数者,又不免有一时放浪通脱之言出于其间。后进弥以驰逐,不务原其指意,破析乖剌,坏乱而不可纪。故自宋之亡而正声绝,元之末而规距隳。

这段话阐述了张惠言的词史观,并体现了他对南北宋词的认识。结合张惠言其他词学文献我们可以认识其对南北宋词的态度,值得注意的有两点。

第一,张惠言持南北宋词兼美并举的态度。他将宋代词家分成二类:一类是"渊渊乎文有其质"者,共计八人:张先、苏轼、秦观、周邦彦、辛弃疾、姜夔、王沂孙、张炎;另一类是"荡而不反,傲而不理,枝而不物"者,共四人:柳永、黄庭坚、刘过、吴文英。第一类是代表宋词最高成就,值得效法的;第二类属"各引一端,以取重于当世",是应分析对待的。我们注意到第一类中,北宋、南宋各有四人,第二类中北宋、南宋各有二人。总体来看,张惠言对南北宋并未显得厚此薄彼,特别突出某一时期。

关于张惠言到底是尊南或重北,后世的看法完全相反。一些人认为张惠言尊尚南宋,许宗彦《莲子居词话序》记云:"王少寇述庵先生尝言:北宋多北风雨雪之感,南宋多黍离麦秀之悲,所以为高。亡友阳湖张编修皋文为《词选》,亦深明此意。"①是说张惠言

---

① 许宗彦:《莲子居词话》,《词话丛编》,中华书局,1986年版,第2388页。

与王昶(王少寇述庵,浙西词派的重要成员)一样是推重南宋词的。潘德舆在当时颇为著名的《与叶生名沣书》中曾对张惠言的《词选》提出了批评:"窃谓词滥觞于唐,畅于五代,而意格之闳深曲挚则莫盛于北宋。词之有北宋,犹诗之有盛唐,至南宋则稍衰矣。张氏于北宋知名之篇,削之不顾,南宋尚何问焉。"潘氏认为张惠言的《词选》对北宋词重视不够,亦指其偏重南宋。而另一些人却认为张惠言提倡北宋,谭献《复堂词话》云:"翰风(张琦)与哲兄(张惠言)同撰《宛邻词选》,虽町畦未辟,而奥窔始开。其所自为,大雅遒逸,振北宋名家之绪。"徐珂《清代词学概论》亦云:"浙派至乾嘉间而益敝,张皋文起而改革之,其弟翰风和之,振北宋名家之绪,阐意内言外之旨,而常州派成。"其实在《词选》中张惠言并没有明显的倾向性,南北宋兼举并重。

第二,从深层来看,张惠言对北宋词人的推重影响更大,更有意义,也更值得我们注意。如上文所述,表面看来张惠言对南北宋不分轩轾,但从《词选》中对具体词人的评价以及选词的数量来考察,北宋的分量则更重一些。先来看对词人的评价。《词选序》中评价最高的词人是温庭筠:"温庭筠最高,其言深美闳约"。并评论飞卿《菩萨蛮》(小山重叠金明灭)一词云:"此感士不遇也。篇法仿佛长门赋,而用节节逆叙。此章从梦晓后,领起'懒起'二字,含后文情事,'照花'四句,离骚初服之意。"将温庭筠与屈原相提并论。将"最高"的赞誉给予晚唐的温庭筠,这是对浙派尊南宋姜夔为最"杰出"的观念的极大反动。

再来看选词数量。《词选》中选秦观词最多(十首)。饶宗颐先生曾据此并考察董士锡论秦观、董毅《续词选》增选秦词七首等材料得出结论:"尊崇淮海是张氏家学"①。张惠言的朋友陆继辂的《合肥学舍札记》引张惠言语云:"皋文云:词以结兴为上,风神次之,北宋人惟淮海无遗憾。"可见张惠言偏爱秦观词的原因在于其"结兴",不但有寄托,而且不见寄托痕迹,所以秦词成就最高。综上可见,张惠言对北宋(包括唐五代)的偏爱和推崇确为事实。

客观来看,如果说张惠言反浙派之道而行之,浙派推崇南宋,张氏就有意标举北宋;浙派尊崇南宋姜夔、张炎,"张皋文先生意在尊美成而薄姜、张"②,是言过其实了;但张惠言能在唯南宋是举的浙派一统天下的情况下,提出北宋可与南宋不分优劣,而且北宋又略胜一筹,在当时是十分难能可贵的,实际上是开了打破南宋一统天下的风气,对后世词学家,特别是常州词派的词学家重新评价南北宋词,重新认识明末以来的南北宋之争都有重要意义。

第二节 周济、陈廷焯论南北宋

张惠言对南北宋词的认识拉开了常州词派讨论南北宋之辨的序幕。常州词派的形成有一个渐进的过程,从深受浙派的影响,到逐渐走出浙派的阴影,再到另立旗帜取而代之。常州派的诸多词学家大都有同样的变化过程,如张惠言、周济、董士锡、谭献、陈廷焯,等等。特别是周济、陈廷焯,他们对待南北宋词的态度从独尚南宋到对南北宋词进行客观深入的辨析,最能代表常州词派的观点。

常州词派的南北宋词之论是从检讨清初以来南北宋之争的弊

---

① 饶宗颐:《张惠言〈词选〉述评》第五节"张惠言嗜秦淮海",饶宗颐:《文辙——文学史论集》,学生书局,1991年版。
② 江顺诒:《词学集成》卷五引汪稚松语,《词话丛编》,中华书局,1986年版,第3273页。

端人手的。周济云:"词之为技小矣,然考之于昔,南北分宗;征之于今,江浙分派,是亦有故焉。"①指出以往的南北宋之争是宗派意识的产物。陈廷焯亦云:"国初诸公……其病有二。一则板袭南宋面目,而遗其真,谋色揣称,雅而不韵。一则专习北宋小令,务取秾艳,遂以为晏、欧复生。"②指出清初云间派偏嗜北宋、浙西派独尊南宋带来了种种弊端。

嘉道年间,浙西派的流弊日益显现,特别是偏尚南宋的风气给词坛带来了不良的后果。一是只知南宋,无视北宋,周济指出:

近世之为词者,莫不低首姜、张,以温、韦为缁撮,巾帼秦、贺,筝琶柳、周,伧楚苏、辛。一若文人学士清雅闲放之制作,惟南宋为正宗,南宋诸公又惟姜、张为山斗。呜乎,何其陋也!词本近矣,又域其至近者可乎?宜其千躯同面,千面同声,若鸡之咶咶,雀之足足,一耳无余也。③

独尊南宋姜、张,而无视北宋诸多大词人的存在,可谓只见树木不见森林,不仅见识浅陋,而且取法狭窄,造成"千躯同面,千面同声"的恶果。

二是对南宋的认识也极为片面,周济说:

近人颇知北宋之妙,然终不免有姜、张二字横亘胸中。岂知姜、张在南宋,亦非巨擘乎。论词之人,叔夏晚出,既与碧山同时,又与梦窗别派,是以过尊白石,但主清空。后人不能细

---

① 周济:《味隽斋词自序》,《清名家词》,上海书店,1980年版。
② 陈廷焯:《白雨斋词话》卷一,《词话丛编》,中华书局,1986年版,第3775页。
③ 周济:《宋四家词筏序》,《止庵文》,常州先哲遗书补编本。

第十五章 常州词派的南北宋之辨

研词中曲折深浅之故,群聚而和之,并为一谈,亦固其所也。①

南宋词坛本是一个丰富多彩的世界,并非仅仅是姜张清空的天下,浙派的南宋论的症结即在于此。

在批评浙西词派独尊南宋的基础之上,周济、陈廷焯对南北宋词的特点、价值进行了分析比较,概括起来主要有三个方面。

第一,两宋各有其美,不可偏废。陈廷焯认为:"两宋词家各有独至处,流派虽分,本原则一。"②南北宋"不可偏废",反对世人"妄为轩轾"③,"论词只宜辨别是非,南宋北宋不必分也"。④ 周济在《词辨自序》中将两宋词人特点的比喻为:"匡庐衡岳,殊体而并胜,南威西施,别态而同妍",均持欣赏的态度。因而他们对南北宋词的分析比较就能够摒弃出于偏爱而偏执一端的弊病,态度客观,持论公允。周济和陈廷焯还具体分析了南北宋各自的特点和优劣。周济指出两宋各自的盛衰表现:"两宋词各有盛衰,北宋盛于文士,而衰于乐工。南宋盛于乐工,而衰于文士。"⑤这是着眼于词史发展的见解,北宋时期完成了由乐工歌妓之词向士大夫之词的转变,北宋词的兴盛时期正是士大夫之词创作的高峰时期;南宋末期文人结社唱和十分盛行,随着南宋的灭亡,词社亦渐趋湮灭。

周济着重分析了南北宋词的风格特点,《宋四家词选目录序

---

① 周济:《介存斋论词杂著》,《词话丛编》,中华书局,1986年版,第1629~1630页。
② 陈廷焯:《白雨斋词话》卷六,《词话丛编》,中华书局,1986年版,第3909页。
③ 陈廷焯:《词坛丛话》,《白雨斋词话全编》,中华书局,2013年版,第4页。
④ 陈廷焯:《白雨斋词话》卷八,《词话丛编》,中华书局,1986年版,第3963页。
⑤ 周济:《介存斋论词杂著》,《词话丛编》,中华书局,1986年版,第1629页。

论》中称南宋为"清泚",北宋为"秾挚"。在《介存斋论词杂著》中分析了南北宋词人在写景、抒情、叙事上的不同:

> 北宋词多就景叙情,故珠圆玉润,四照玲珑。至稼轩、白石,一变而为即事叙景,使深者反浅,曲者反直。

"就景叙情"即触景生情,是在一种自然状态下的创作;"即事叙景",有主题先行的性质,根据思想主旨的要求,选景或造景。这本为两种创作模式,没有高下之分,但从周济所说的"使深者反浅,曲者反直"来看,还是隐有伯仲之感。陈廷焯对两宋各自的特点也有精彩的分析:"北宋词,《诗》中之风也;南宋词,《诗》中之雅也。"①《诗经》中风诗多民歌,质朴纯真;雅诗多出于文化修养较高的贵族士大夫,重文采修饰。以风、雅诗比北南宋词确实较为贴切。

周济、陈廷焯对南北宋词的各自缺点也进行了分析。周济指出北宋南宋各有一些无聊的质量不高的词:

> 北宋有无谓之词以应歌,南宋有无谓之词以应社。②

北宋词常常作于歌妓侑宴的场合,南宋的词社多产生文人消遣的作品,两宋劣质的作品往往产生于这些场合。与此相联系,"北宋主乐章,故情景但取当前,无穷高极深之趣。南宋则文人弄笔,彼此争名,故变化益多,取材益富。然南宋有门径,有门径故似

---

① 陈廷焯:《词坛丛话》,《白雨斋词话全编》,中华书局,2013年版,第4页。
② 周济:《介存斋论词杂著》,《词话丛编》,中华书局,1986年版,第1629页。

深而转浅。北宋无门径,无门径故似易而实难。"① 分别从南北宋词的创作环境谈到作品的特点,再分析各自的作用和意义,十分深刻而精辟。陈廷焯也指出了南北宋词各自的瑕疵:

> 北宋间有俚词,南宋则多游词。而伉词则两宋皆不免。②

北宋时期,文人词多借鉴民间词,故词中常见市井俚俗的语言;而南宋时期不少词人游戏于词体,卖弄技巧,油腔滑调,是为游词。

第二,南北宋词的价值定位。周济云:

> 北宋词,下者在南宋下,以其不能空,且不知寄托也。高者在南宋上,以其能实,且能无寄托也。南宋则下不犯北宋拙率之病,高不到北宋浑涵之诣。③

在周济看来,"高者"和"下者"皆在北宋;南宋居于中间。应该说这是一个十分客观而又深刻的分析。在这个基本判断的基础上,周济提出了"问涂碧山,历梦窗、稼轩,以还清真之浑化"④这一著名学词途径的词统论:从南宋入手最后达到北宋的境界。其具体的途径为:从南宋末年王沂孙词入手,因为王沂孙身经亡国剧

---

① 周济:《宋四家词选目录序论》,《词话丛编》,中华书局,1986年版,第1645页。
② 陈廷焯:《白雨斋词话》卷八,《词话丛编》,中华书局,1986年版,第3964页。
③ 周济:《介存斋论词杂著》,《词话丛编》,中华书局,1986年版,第1630页。
④ 周济:《宋四家词选目录序论》,《词话丛编》,中华书局,1986年版,第1643页。

痛,其词有明显的寄托之旨,且"餍心切理,言近旨远,声容调度,一一可循",便于学习,从有寄托入,正是入门须正之意;历梦窗,是因为吴文英词"梦窗奇思壮采,腾天潜渊,返南宋之清泚,为北宋之秾挚","梦窗由南追北"是南北宋之间的一座桥梁;再历稼轩,"稼轩由北开南",辛弃疾词风是北宋苏轼豪放词风的发展,"敛雄心,抗高调,变温婉,成悲凉",乃南北宋之间的又一座桥梁;最后达到北宋周邦彦词的浑化,既有寄托又含蕴深厚不露迹象,"读其篇者,临渊窥鱼,意为鲂鲤,中宵惊电,罔识东西。赤子随母笑啼,乡人缘剧喜怒,抑可谓能出矣",臻于最高的境界。值得注意的是:入手时,选取南宋而舍弃北宋,其目的是为了避免误入北宋最"下者"之途,这样既考虑到了入门须正的原则,又顾及了初学者的条件基础,避免发意过高。可以说,周济的学词途径的词统说指出了南北宋之间融通贯穿的深层因素,正是其南北宋词之辨思想的体现。

陈廷焯也指出北宋为南宋的先导:"南宋白石、梅溪、梦窗、碧山、玉田辈,固是高绝,北宋如东坡、少游、方回、美成诸公,亦岂易及耶。况周、秦两家,实为南宋导其先路。"[1]注意到北宋对南宋的影响,从联系、发展的角度看待两宋的关系,显然比孤立议论南宋、北宋更有眼光。

特别需要辨析的是,常州派往往被人视为"北宋派",即是说常州派对北宋词更为推崇,如王国维《人间词话》就说周济"推尊北宋"。的确,周济、陈廷焯等人评析南北宋词常有北宋胜于南宋的言论,如周济说:"花间极有浑厚气象",而"南宋人始露痕迹"[2]。周济又从写作手法分析:"词笔不外顺逆反正,尤妙在复在脱。复

---

[1] 陈廷焯:《白雨斋词话》卷三,《词话丛编》,中华书局,1986年版,第3825页。

[2] 周济:《介存斋论词杂著》,《词话丛编》,中华书局,1986年版,第1631页。

第十五章　常州词派的南北宋之辨

处无垂不缩,故脱处如望海上三山妙发。温、韦、晏、周、欧、柳,推演尽致,南渡诸公,罕复从事矣。"①指出北宋词技法高妙而又浑化无迹,南宋远不能及。陈廷焯也曾说北宋词之优长在于"风格高":"风格之高,断推北宋。且要言不烦,以少胜多,南宋诸家,或未之闻焉。南宋非不尚风格,然不免有生硬处,且太着力,终不若北宋之自然也。"②所谓风格高实为自然天成,相比于南宋词的人工雕琢痕迹较重来看,确是一大优点。又说北宋词有"古意":"北宋去温、韦未远,时见古意。至南宋则变态极焉。变态既极,则能事已毕。遂令后之为词者,不得不刻意求奇,以至每况愈下,盖有由也。"③北宋词与唐五代词相似,气象浑厚,南宋词有刻意经营的痕迹。对于以上言论,笔者认为:正如前文所说,周济、陈廷焯发表评论的当时,浙派的影响还相当广泛,学词者对北宋词相当轻视,甚至十分无知,故周济等人要在阐发北宋词的优点方面多用功夫,同时将南宋词作为对比参照,特别要显示一些北宋词胜过南宋词的地方,以彰显北宋词的价值,这是矫枉必须过正的做法。总体来看,周济、陈廷焯论南北宋词,并无倾向性的轩轾,更无意气的褒贬,而是在辨析两宋各自不同特色的基础之上,指出其高下优劣,确定其在词史上的定位,态度客观公允,见解深刻精辟。

第三节　常州词派论南北宋的意义

常州词派的南北宋之辨由周济、陈廷焯的评析为代表,其他常

---

① 周济:《宋四家词选目录序论》,《词话丛编》,中华书局,1986年版,第1645页。
② 陈廷焯:《词坛丛话》,《白雨斋词话全编》,中华书局,2013年版,第3页。
③ 陈廷焯:《白雨斋词话》卷三,《词话丛编》,中华书局,1986年版,第3825页。

州派的词学家持论亦相类似。兹举数例以说明之。

与周济同时的常州派重要词家董士锡论两宋词人云：

> 秦之长,清以和;周之长,清以折;而同趋于丽。苏辛之长,清以雄;姜张之长,清以逸;而苏辛不自调律,但以文辞相高,以成一格,此其异也。六子者两宋诸家皆不能过焉。①

所标举的六人中北宋(秦观、周邦彦、苏轼)、南宋(辛弃疾、姜夔、张炎)各有三人,可见其于南北宋毫无轩轾。刘熙载《词概》云：

> 北宋词用密亦疏,用隐亦亮,用沉亦快,用细亦阔,用精亦浑。南宋只是掉转过来。

冯煦《蒿庵论词》云：

> 北宋大家,每从空际盘旋,故无椎凿之迹。至竹坡、无住诸君子出,渐于字句间凝练求工,而昔贤疏宕之致微矣。此亦南北宋之关键也。

两人的评论虽给人有偏爱北宋词的感觉,但细品下来均是着眼于两宋词的风格差异:北宋词自然天成,南宋词人工藻饰。着眼于风格差异与着眼于价值判断是有本质的区别的。其实在《词概》《蒿庵论词》中对两宋词人均有予以盛赞者,对南宋词人也予以高度评价。以评姜夔词为例,《词概》云:"姜白石词幽韵冷香,令人挹之无尽,拟诸形容,在乐则琴,在花则梅也。"《蒿庵论词》云:"白石

---

① 董士锡:《餐华吟馆词叙》,《齐物论斋文集》卷二。

第十五章 常州词派的南北宋之辨

为南渡一人,千秋论定,无俟扬榷。……石帚所作,超脱蹊径,天籁人力,两臻绝顶,笔之所至,神韵俱到。"不薄南宋的态度无可置疑。

常州词派对南北宋词的论析和比较在词学史上具有重要的意义和作用。

第一,由"南北宋之争"到"南北宋之辨"。纵观清代词学史可以发现,清代前中期的云间派、浙西派在论及南北宋词时往往偏嗜一端,或重北轻南,或尚南黜北。他们对南北宋词发表的意见与其说是见解认识,不如说是为自己所在流派摇旗呐喊。换言之,他们对南北宋词的评价是本派词学主张的支撑和阐释依据,他们对两宋的客观特点并不感兴趣。常州派的南北宋之辨已经汰去了流派争辩的意气,态度客观,视野宽阔,分析深入,自然立论较高。

第二,对南北宋词各自特点以及二者的比较有了更为深入的认识。常州派的词论家对南北宋词的分析无论是角度、方法还是深刻程度都值得称道。周济、陈廷焯的分析站在词史发展嬗变的高度对南北宋词的特点进行关照,涉及多个侧面和角度,如时代背景、社会风气、文人心态、文体差异、技法演进等,南北宋词的各自特性得以显现。

第三,常州词派尤其是周济、陈廷焯的观点直接影响到我们今天对南北宋词的认识。考察一下当代文学史教科书或者词史、词学史专著中有关南北宋词的阐述,绝大多数可以在常州派的论说中找到出处。甚至可以说,我们今天的词史观中对南北宋词的认识主要是建立在常州词派南北宋之辨的基础之上的。

晚清词坛有关南北宋词的争论辨析又生出新的波澜。一方面,继承常州词派的衣钵的晚清四大家以推崇梦窗词为旗帜,以至被人认为是"南宋派"①。此派进入民国之后势力强大,四大家的弟子如陈洵、刘永济等皆是;一方面,王国维借鉴西方美学思想方法论词,极力褒扬五代北宋,贬斥南宋,胡适、胡云翼等步其后尘,可称为词学新派,有后出转盛之势。关于晚清四大家对南北宋词的认识,笔者在《清代词学》第十一章中已有论述,认为并不偏主一端,而是"冶南北宋而一之"。②"新派"欣赏北宋的问题颇为复杂,概括来说,其中有对四大家的反拨意识,亦有涉词不深凭感觉发议论的因素,还有一些政治、学派的影响,等等。

---

① 谭献:《复堂词话》:"临桂况夔笙舍人周颐……锐意为倚声之学。与同官端木子畴、王幼遐、许玉瑑唱和,刻《薇省同声集》,优入南渡诸家之室。"《词话丛编》,中华书局,1986年版,第4007页。

② 谭献:《复堂词话》,《词话丛编》,中华书局,1986年版,第4017页。

第十六章　谢章铤论析南北宋之争

谢章铤(1820～1903),清代中后期著名的词学家,著有《赌棋山庄词话》正续编十七卷及其他的词学批评文献,在词学理论方面多有建树,是继浙西派、常州派之后又一个高峰,在词学史上具有重要的地位和影响。谢章铤针对明清词学史上讨论激烈的南北宋之争的论题,特别是对浙西词派的推尊南宋之论,提出了自己的见解。谢章铤的词学批评理论有超越流派、高屋建瓴之特点,论析客观而深刻。南北宋之争是明末至晚清词学史上的热点论题,谢章铤对南北宋词的各自特点进行了深入探讨,并对前人南北宋之争的得失进行了全面反思,摒弃门户之见,独辟蹊径,自成一家。

第一节　论析南北宋的意义

谢章铤辨析前人的南北宋之争主要是针对浙西派而发的。浙西词派是清代声势、影响最大、历时最长的词学流派,从康熙前期竖旗立派,历雍、乾、嘉、道数朝,一直居于词坛盟主位置。明末清初,以陈子龙为代表的云间词派曾经领袖一时,论词推崇南唐北宋，黜斥南宋，有"词至南宋而繁，亦至南宋而弊"①的提法，由此挑起了持续数百年的南北宋之争。浙西词派继云间派而起，其盟主朱彝尊为了改变明代以来的词坛颓势，振兴一代新风，提出了倡南宋，尚姜（夔）、张（炎）的主张，不仅与明代词坛风尚相左，亦与云间词派主张相对立。经过浙派数代词人的努力，南宋词风不仅为习词者接受，而且成为词坛效法的正宗，提倡南宋词成为浙西词派最具流派典型表征的立论主张。对于浙西词派提倡南宋的主张，后世词学家多有议论，有称赞其功绩者，如凌廷堪说："词以南宋为极，能继之者竹垞。至厉樊榭则更极其工，后来居上。"②亦有批评其弊病者，如蒋敦复云："浙派词，竹垞开其端，樊榭振其绪，频伽畅其风，皆奉石帚、玉田为圭臬，不肯进入北宋人一步，况唐人乎。"③凌廷堪和蒋敦复两人提到的竹垞（朱彝尊）、樊榭（厉鹗）、频伽（郭麐）三人正是浙派前、中、后期的代表人物。在对浙派尚南宋主张的反思之中，谢章铤的评析最为全面深刻。

  谢章铤洞悉词学史上南北宋之争的由来和变化："昔陈大樽以温、李为宗，自吴梅村以逮王阮亭，翕然从之，当其时无人不晚唐。至朱竹垞以姜、史为的，自李武曾以逮厉樊榭，群然和之，当其时亦无人不南宋。迨其后，樊榭之说盛行，又得大力者负之以趋，宗风大畅，诸派尽微。"④谢章铤将明末清初至清代中期的南北宋之争

---

① 徐釚：《词苑丛谈》卷四引，上海古籍出版社，1981版，第76页。
② 郭麐：《灵芬馆词话》卷一引，《词话丛编》，中华书局，1986年版，第1508页。
③ 蒋敦复：《芬陀利室词话》卷一，《词话丛编》，中华书局，1986年版，第3636页。
④ 谢章铤：《赌棋山庄词话续编》卷三，《词话丛编》，中华书局，1986年版，第3530页。

第十六章　谢章铤论析南北宋之争

分为两个阶段:先是陈子龙为领袖的云间词派独重南唐①,其后是朱彝尊为宗主的浙西词派推尊南宋词。谢章铤这段话重在指出浙西词派推崇南宋词的主张在词学史上的影响和意义:浙派初期的朱彝尊及浙西六家以反潮流的精神发现南宋词的价值,引起了词坛的震动;至浙派中期厉鹗将朱彝尊的主张发扬光大,终于使浙派推崇南宋词的主张风行天下,完成了词坛风尚的大转变。

谢氏对浙派倡导南宋词的内涵和意义进行了分析:

> 竹垞曰:"世人言词,必称北宋,然词至南宋始极其工,至宋季而始极其变。"此为当时孟浪言词者,发其实,北宋如晏、柳、苏、秦,可谓之不工乎。且竹垞之与李十九论词也,亦曰"慢词宜师南宋,而小令宜师北宋矣。"盖明自刘诚意、高季迪数君而后,师传既失,鄙风斯煽,误以编曲为填词。故焦弱侯《经籍志》备采百家,下及二氏,而倚声一道缺焉。盖以鄙事视词久矣,升庵、弇州力挽之,于是始知有李唐、五代、宋初诸作者。其后耳食之徒,又专奉《花间》为准的,一若非《金荃集》《阳春录》,举不得谓之词,并不知尚有辛、刘、姜、史诸法门。于是竹垞大声疾呼,力阐宗旨,而强作解事之讥,遂不禁集矢于杨、王矣。然二君复古之功,正不可没。至今日袭浙西之遗制,鼓秀水之余波,既鲜深情,又乏高格,盖自樊榭而外,率多自桧无讥,而竹垞又不免供人指摘矣。盖嗣法不精,能累初祖者率如此。②

---

① 云间词派推崇北宋之前,各人的具体提法又有差异,如陈子龙、宋征璧主张尚北宋,蒋平阶、沈忆年主张尚五代。参阅孙克强《清代词学》第六章《云间派词学》,中国社会科学出版社,2004年版。

② 谢章铤:《赌棋山庄词话》卷九,《词话丛编》,中华书局,1986年版,第3433页。

谢章铤站在词史的高度对朱彝尊的尚南宋之论进行了分析，主要涉及三个方面的理论问题：第一，揭示了朱彝尊尚南宋之论的目的。朱彝尊说"世人言词，必称北宋，然词至南宋始极其工，至宋季而始极其变"，主要是针对明末清初"孟浪言词者"而发的。明代在词史上号称"中衰"，其成就远低于两宋，与后世的清代也无法相比。朱彝尊分析了明词积弊所在："以鄙事视词久矣"。即视词体为小道、卑体，缺乏端正认真的态度，因而在学习取法方面视野甚窄。明人除了《花间集》和温庭筠、冯延巳等唐五代人之词外，对其他词人词派很少涉猎；特别是对南宋词人辛（弃疾）、刘（过）为代表的豪放派和姜（夔）、史（达祖）为代表的清雅词派更是几乎茫然无知。这些正是造成明词衰敝的重要原因。谢章铤指出，朱彝尊正是此种背景下提出的尚南宋之论，目的是革除明代以来的弊病，朱彝尊倡导南宋的主张在词学史上是具有积极意义的。

第二，对朱彝尊的尚南宋之论应给予全面客观的理解。谢章铤指出：朱彝尊并不偏颇极端，要将朱彝尊尚南宋与他另一重要的提法"慢词宜师南宋，而小令宜师北宋矣"结合起来看，也就是说朱彝尊并不独尊南宋，对北宋词的优长也有清晰的认识。谢章铤还提到朱彝尊虽然"以南宋为归宿"①，但是其"《词综》无美不收"②，眼光并不偏狭，此与其他浙派词人形成了鲜明的对比。时代与文学的体式往往有着密切的关系，北宋、南宋与词体的慢词、小令的关系也具有这种特点。唐五代、北宋时期小令不仅是流行的主要体式，而且也是艺术成就最高的体式；南宋时期慢词长调大为盛

---

① 谢章铤:《赌棋山庄词话续编》卷二，《词话丛编》，中华书局，1986年版，第3501页。
② 谢章铤:《赌棋山庄词话续编》卷二，《词话丛编》，中华书局，1986年版，第3501页。

行,且多名家名篇。朱彝尊统观两宋,各取所长。朱氏编纂的《词综》也能说明这一点。《词综》本是为了纠正在明代极为流行的《草堂诗余》所造成的不良影响而编纂的。《草堂诗余》乃南宋坊间所编,选词多唐五代、北宋,南宋词极少;朱彝尊为了纠偏,在编纂《词综》时增加了不少南宋词,然而并未矫枉过正走入另一极端,在北宋、南宋词的入选比例上较为适当。

第三,应将朱彝尊的词学主张与浙派后期的流弊区分开来。浙派后期的词家虽然表面上"袭浙西之遗制,鼓秀水之余波",似乎在实践朱彝尊的思想主张,但其实与朱氏有着明显的区别。这一点在学习南宋词方面表现得尤为突出。朱彝尊提出要师南宋末年的张炎,偏取南宋张炎主要因为有身世情感的认同因素,即"涕泪飘尽""落拓江湖"之后的选择。正是身世经历的落魄坎坷使朱彝尊选择了南宋张炎的凄清词风。南宋词人遭家国之难,词中多寓寄托,风格沉郁,这些特点使朱彝尊及前期浙派词人产生了共鸣。然而浙派后期的追随者醉心于南宋词人的清雅风格,却未曾深探先辈的此种心曲,"既鲜深情,又乏高格",看似追摹朱彝尊,其实已经远远偏离了前辈的主旨。

以往论者谈到朱彝尊的尚南宋之主张,无论赞美抑或批评,大多简单而肤浅,谢章铤则从词学史上的意义、朱氏与后期浙派的区别加以剖析,颇具理论高度和深度。

第二节　对浙派尚南宋的批评

谢章铤在肯定朱彝尊尚南宋之论的同时,对浙派的唐宋词史取法路径和学习方法中存在的弊病提出了批评。

首先,批评浙派风格取向上有狭窄之偏。谢章铤指出浙派推姜、史,尚南宋的主张影响甚大,"宗风大畅,诸派尽微"①,词坛风尚趋于一统,随之而来的弊端则是:"东坡词诗、稼轩词论,肮脏激扬之调,尤为世所诟病"②,即排斥豪放词风,将苏轼词、辛弃疾词分别视为"以诗为词""以论为词",置于不屑之列,如此取径,实属褊狭。谢章铤在词论中多次为豪放词风正名,认为苏、辛之词肝胆轮囷、寄托遥深,是"自立一宗"③。对苏、辛词给予高度评价:"读苏、辛词,知词中有人,词中有品,不敢自为菲薄。"④谢章铤借用张维屏之语:"词家苏、辛、秦、柳,各有攸宜,轨范虽殊,不容偏废"⑤,苏辛的豪放和秦柳的婉丽皆有价值,进而提出"有花柳而无松柏,有山水而无边塞,有笙笛而无钟鼓,斤斤株守,是亦只得其一偏矣。辛、刘之派,安可废哉。"⑥连用三组比喻形容婉丽、豪放各有其美。谢氏认为豪放词风有其独特的价值,排斥豪放词是浙派的弊病所在。

其次,批评浙派的"游词"趣尚。清代常州词派领袖张惠言的弟子金应珪曾将"近世为词"者总结出"三弊":淫词、鄙词、游词。谢章铤进一步分析云:"一蔽是学周、柳之末派也。二蔽是学苏、辛

---

① 谢章铤:《赌棋山庄词话续编》卷三,《词话丛编》,中华书局,1986年版,第3530页。
② 谢章铤:《赌棋山庄词话续编》卷三,《词话丛编》,中华书局,1986年版,第3530页。
③ 谢章铤:《赌棋山庄词话》卷十二,《词话丛编》,中华书局,1986年版,第3470页。
④ 谢章铤:《赌棋山庄词话》卷九,《词话丛编》,中华书局,1986年版,第3444页。
⑤ 谢章铤:《赌棋山庄词话续编》卷三引,《词话丛编》,中华书局,1986年版,第3517页。
⑥ 谢章铤:《赌棋山庄词话续编》卷五,《词话丛编》,中华书局,1986年版,第3561页。

第十六章　谢章铤论析南北宋之争

之末派也。三蔽是学姜、史之末派也。"①所谓"游词"正是指浙派后期而言。金应珪所描述的"游词"的表现为:"规模物类,依托歌舞,哀乐不衷其性,虑叹无与乎情,连章累篇,义不出乎花鸟,感物指事,理不外乎应酬,虽既雅而不艳,斯有句而无章,是谓游词。"②指浙派后期的词家抛弃了情感这个文学作品最核心的要素,无病呻吟,游戏文字,玩弄技巧,空疏浮滑。金应珪谈"三弊"时,并未具体到南北宋的问题,而谢章铤将"游词"对应于"学姜、史之末派",这样就与浙派尚南宋联系起来了。金应珪虽然描述了"游词"的特点却并未点明浙派,将浙派后期弊病与"游词"联系在一起是谢章铤词学批评的深刻之处。

再次,批评浙派咏物词之弊。浙西词人作品的题材中最突出的就是咏物词,咏物词成就了浙西派的特色,也形成了浙西派的弊病。以词咏物从唐五代时即有,至北宋渐趋成熟,发展到南宋,咏物词成为一种引人注目的文学现象。"夫咏物南宋最盛,亦南宋最工。"③南宋姜夔一派尤以咏物擅长,姜夔咏物词甚多,仅咏梅词就有十七首之多。浙派尚南宋,学姜夔,词中大量咏物。谢章铤对浙派写咏物词出现的弊端进行了分析:

> 至国朝小长芦出,始创为征典之作,继之者樊榭山房。长芦腹笥浩博,樊榭又熟于说部,无处展布,借此以抒其丛杂。然实一时游戏,不足为标准也。乃后人必群然效之。即如咏

---

① 谢章铤:《赌棋山庄词话续编》卷一,《词话丛编》,中华书局,1986年版,第3485页。
② 谢章铤:《赌棋山庄词话续编》卷一引,《词话丛编》,中华书局,1986年版,第3485页。
③ 谢章铤:《赌棋山庄词话》卷七,《词话丛编》,中华书局,1986年版,第3415页。

猫一事，自葆酚、竹垞、太鸿、绣谷而外，和作不下十数家。①

谢章铤指出，浙派的代表人物朱彝尊、厉鹗等均是以游戏态度作咏物词，朱、厉二人皆饱学之士，其咏物词中多罗列典故以炫才学，却丧失了文学作品思想情感的根本。谢氏尖锐地批评："至今日浙派盛行，专以咏物为能事，胪列故实，铺张鄙谚，词之真种子，殆将湮没。"②将其称为"饾饤"③一派，并讥评浙派后期，"咏物一途搜索芜杂，漫无寄托，点鬼之簿，令人生厌"。④

咏物词是词中的一个特殊门类，与叙事为主、抒情为主的词作不同，咏物词以具体的物象为其表征，优秀的咏物词通过对物象的描写可以达到两种效果：从审美层面上，由形似进而神似；从思想层面上，由物象的自然特性进而达到情感的寄托。谢章铤对咏物词的特点颇有心得："宋人咏物，高者摹神，次者赋形，而题中有寄托，题外有感慨，虽词实无愧于六义焉。"⑤南宋姜夔词派偏好咏物词，为求寄托幽微避免直露，姜派词人多用典故，如姜夔《疏影》一词咏梅花，连续铺排五个典故，用五位历史上女性人物故事来比喻映衬梅花。可见巧妙地运用故实不仅可以显现词家的娴熟技巧，亦能提升词作的雅致品味和思想境界。然而浙派的咏物词用典丧

---

① 谢章铤：《赌棋山庄词话》卷九，《词话丛编》，中华书局，1986年版，第3443页。
② 谢章铤：《赌棋山庄词话》卷五，《词话丛编》，中华书局，1986年版，第3387页。
③ 谢章铤：《赌棋山庄词话》卷九，《词话丛编》，中华书局，1986年版，第3443页。
④ 谢章铤：《张惠言〈词选〉跋》，《赌棋山庄文集》卷二。
⑤ 谢章铤：《赌棋山庄词话》卷九，《词话丛编》，中华书局，1986年版，第3443页。

第十六章　谢章铤论析南北宋之争

失了精神内涵,至其末流弊端更甚,"精工尺而少性情"①,将用典视为一种炫耀自己才艺的形式技巧,而不在故实中注入真思挚感,词风渐浮,"姜、史之精,十不得一也"②。谢章铤正是深刻领会到了南宋咏物词的妙处所在,对于浙派末流学咏物词弊端的洞悉才较之其他词学家更为透彻。谢氏又云:

> 夫咏物南宋最盛,亦南宋最工。然倘无白石高致,梅溪绮思,第取《乐府补题》而尽和之,是方物略耳,是群芳谱耳,便谓超凡入圣,雄长词坛,其不然欤。③

《乐府补题》是一部咏物词集,乃南宋末年王沂孙、周密等十四家遗民词人的唱和之作,共咏五题:龙涎香、白莲、莼、蝉、蟹,借咏物以抒写宋末遗民的身世之感。《乐府补题》的主旨乃南宋遗民为南宋景炎三年(1278)杨琏真伽发掘会稽高宗等帝后陵而作,词作通过咏物寄托了故国之思。朱彝尊《乐府补题序》云:"大率皆宋末隐君子也。诵其词,可以观志意所存,虽有山林友朋之娱,而身世之感别有凄然言外者,其骚人《橘颂》之遗音乎?"④清初词人学习《乐府补题》,写咏物词主要是借以表现国破家亡的沉痛之情,但后期的浙派模拟《乐府补题》则将兴趣投向了咏物技巧之上,所以谢章铤批评这样的咏物词是"方物略""群芳谱",毫无思想情感价值。谢章铤进一步论道:

---

① 谢章铤:《赌棋山庄词话》卷五,《词话丛编》,中华书局,1986年版,第3388页。
② 谢章铤:《赌棋山庄词话》卷五,《词话丛编》,中华书局,1986年版,第3388页。
③ 谢章铤:《赌棋山庄词话》卷七,《词话丛编》,中华书局,1986年版,第3415页。
④ 朱彝尊:《乐府补题序》,《曝书亭集》卷三十六。

> 咏物词虽不作可也，别有寄托如东坡之咏雁，独写哀怨如白石之咏蟋蟀，斯最善矣。至如史邦卿之咏燕，刘龙洲之咏指足，纵工摹绘，已落言诠。今日则虽欲为刘、史奴隶，恐二公亦不屑也。彼演肤辞，此征僻典，夸富矜多，味同嚼蜡。……且竹垞咏猫，武曾咏笋，輒胪故实，亦载鄙谚，偶一为之，亦才人忍俊不禁之故态。①

在谢氏眼中，宋代的咏物词本有高下之分，苏轼、姜夔之作为上，史达祖、刘过之作为下。而浙派后期的咏物词却连史、刘的下乘之作也难以企及，"彼演肤辞，此征僻典，夸富矜多，味同嚼蜡"，批评十分尖锐。

谢章铤在批评浙派咏物词的同时，作为反衬对比，特意提到常州词派张惠言《词选》所收录的咏物词：

> 其题多咏物，其言率有寄托。相其微意，殆为朱、厉末派饾饤涂泽者别开真面，将欲为词中之铮铮佼佼者乎。②

张惠言的《词选》突出词作思想性的要求，以"比兴寄托"为选词标准。张氏论词强调意格，讲究兴寄，为体现这种思想，《词选》中选取的词作，特别是咏物词都是他认为有"比兴寄托"的作品，谢章铤认为："（张惠言）用意可谓卓绝，故多录有寄托之作，而一切夸

---

① 谢章铤：《赌棋山庄词话》卷二，《词话丛编》，中华书局，1986年版，第3343页。
② 谢章铤：《赌棋山庄词话续编》卷一，《词话丛编》，中华书局，1986年版，第3484页。

靡淫猥者不与,学者知此,自不敢轻言词矣。"①在批评浙派的同时,特意彰显了正面的榜样。

第三节 南北宋的特色

与云间派、浙西派偏主一端的主张不同,谢章铤认为"学词须兼善两宋"②,两宋词各具特色,相异而又相成,不可偏废。谢章铤对两宋词的各自特点有全面系统的认识,涉及体式、语言、思想、风格等方面。

其一,在体式方面。谢章铤云:"北宋多工短调,南宋多工长调。"③"短调"即"小令"。小令作为词体体式的特色表现在字数少,重含蓄,尚抒情。词体于晚唐五代、北宋前期多酒筵歌席上的应歌之作,即兴而发,不加雕饰,小令最为适宜。因此唐五代、北宋时期小令最为流行,亦最为精妙,如温庭筠、韦庄、冯延巳、李后主、晏殊、欧阳修、晏几道等皆为短调能手。"长调"即通常所称的"慢词",字数多,篇幅一般在小令的二至五倍,叙事容量增大,可描写较为复杂的事件,抒发较为复杂的情感,为说理、叙事提供了更广阔的空间。长调虽在北宋柳永、周邦彦等词家手中已初具规模,但真正成熟还是在南宋词人笔下完成的。南宋的大词人如辛弃疾、姜夔、吴文英、张炎等,莫不是以擅长慢词长调而著名。前文提到朱彝尊曾提出"慢词宜师南宋,而小令宜师北宋矣",谢章铤认同朱氏此说,并将其纳入自己对两宋词特点的认识体系之中。

---

① 谢章铤:《词话纪余》,《赌棋山庄全集·稗贩杂余》卷三。
② 谢章铤:《赌棋山庄词话》卷十二,《词话丛编》,中华书局,1986年版,第3470页。
③ 谢章铤:《赌棋山庄词话》卷十二,《词话丛编》,中华书局,1986年版,第3470页。

其二,在语言方面。谢章铤总结为:"北宋多工软语,南宋多工硬语。"①"软语"是为了展现柔美意境而运用的温婉语言。之所以"北宋多工软语",主要因为北宋多以小令描写男女之情,情调缠绵,情感柔和、秾挚,且多为即席赋予"手执红牙板"的十七八女郎,以供其"浅斟低唱",女性气息十足,自然呈现出阴柔之美。"硬语"则指在词作中写景不做逼真的细节描写,情感超拔骚雅,意境抽象、冷峻。之所以"南宋多工硬语",主要由于时代背景发生了巨大的变化,家国之悲的主题凸显,较之北宋闺襜中的卿卿我我,少了几丝柔婉,多了一份沉郁。且南宋姜派词作深受"以诗为词"的影响,取法江西诗派的瘦硬笔法作词;而辛派更是"以文为词",无论内容还是形式都较北宋更为硬朗。

其三,在题材内容方面。谢章铤在《赌棋山庄词话》卷一引用清代中期著名词学家王昶的说法:"南宋词多黍离麦秀之悲,北宋词多北风雨雪之感。"②并予以高度认同:"诚哉是言也。"③北宋词中"多北风雨雪之感",表达个人身世遭际的感情占主导。北宋时期尚属升平之世,词人于花间樽前的吟唱多风花雪月,即使有相思离别之苦,也不过是个人闲愁的表现;而南宋词中"多黍离麦秀之悲",南宋时期半壁河山沦落异族,国破家亡之痛刻骨铭心,词作的社会性得以极大的强化。北宋词、南宋词在情感指向和抒情力度上区别明显。

其四,在风格方面。谢章铤以为:"词至南宋奥窔尽辟,亦其气

---

① 谢章铤:《赌棋山庄词话》卷十二,《词话丛编》,中华书局,1986年版,第3470页。
② 谢章铤:《赌棋山庄词话》卷一,《词话丛编》,中华书局,1986年版,第3321页。
③ 谢章铤:《赌棋山庄词话》卷一,《词话丛编》,中华书局,1986年版,第3321页。

第十六章　谢章铤论析南北宋之争

运使然,但名贵之气颇乏,文工而情浅,理举而趣少。"①此语涉及南北宋词风格的多方面差异,简言之即谓:北宋名贵,南宋开阔;北宋情深,南宋文工;北宋富情趣,南宋求思辨。词体发展至南宋,声色大开、风格多样、大家辈出、流派纷呈。然而文人经营已久,难免失之刻意雕琢,失去了北宋词人那种恣意挥笔的潇洒之态、名士风范。北宋词情深意切,感人至深;南宋词"文工",语言雅致,修辞讲究。南宋词的"理举"一则指以词说理,二则指情感的表达上显得更为理性、思辨,相较而言,北宋词的天机偶得、妙趣横生则很少在南宋词中看到。

谢章铤在认识南北宋词各自整体特色的同时,还充分注意到南宋或北宋词的复杂性,即注意到同一时期的词坛风尚除了主要特点之外,还会有特例和变异。如他概括北宋词的主要特点是"多工短调","多工软语",并指出这种特点的"正宗"代表为欧阳修、晏殊、秦观;同时也指出正宗之外"耆卿失之滥,黄鲁直失之伧",北宋词人柳永的流俗和黄庭坚的险怪属于特例。同样,南宋词"多工长调","多工硬语",姜夔、高观国、史达祖为"南宋之正宗",此外吴文英的晦涩、蒋捷的流荡等属于特例。②谢章铤对南北宋词坛的辨析意在说明:某一时期的词风既有总体性特征,也有特例。既要从宏观着眼把握总体特征,又要注意到词坛的丰富性,既见森林又见树木。

谢章铤认为两宋词具有源流关系,偏废不得。"善学者,于北

---

① 谢章铤:《赌棋山庄词话》卷十二,《词话丛编》,中华书局,1986年版,第3470页。
② 谢章铤:《赌棋山庄词话》卷十二,《词话丛编》,中华书局,1986年版,第3470页。

宋导其源,南宋博其流,当兼善,不当孤诣。"①北宋词是南宋词的源流,南宋词的一切特征都能从北宋找到源头;南宋词又向北宋源流中不断注入活水,使其永不枯竭,二者相互作用,相得益彰。谢章铤以发展的眼光看待两宋词,指出二者不可割裂,更不能厚此薄彼。

由上述可见,谢章铤对南北宋词有着全面系统而又深刻的认识,特别是他站在词史审视的高度,将北宋、南宋词的特点置于唐五代两宋词发展嬗变的历程中加以对比考察,故能摆脱前人成见而独具慧眼。

特别值得注意的是,谢章铤在对南宋词,尤其是姜氏一派的研究方面具有独到的见解。谢章铤云:

> 雍正乾隆间,词学奉樊榭为赤帜,家白石而户梅溪矣。……大抵今之揣摩南宋,只求清雅而已,故专以委夷妥帖为上乘。而不知南宋之所以胜人者,清矣而尤贵乎真,真则有至情,雅矣而尤贵乎醇,醇则耐寻味。若徒字句修洁,声韵圆转,而置立意于不讲,则亦姜、史之皮毛,周、张之枝叶已。虽不纤靡,亦且浮腻,虽不叫嚣,亦且薄弱。②

这里针对时人模拟南宋姜夔一派"醇雅"词风而不得真谛进行分析。在浙西词派盛行的时代,"家白石而户梅溪",词人争相效仿之,但越到后来越走样,以至于浙派末流只在"字句修洁,声韵圆转"的修辞、声律上下功夫,不讲立意,流于形式,遭到有识之士的

---

① 谢章铤:《赌棋山庄词话》卷十二,《词话丛编》,中华书局,1986年版,第3470页。
② 谢章铤:《赌棋山庄词话》卷十一,《词话丛编》,中华书局,1986年版,第3460页。

强烈不满。在谢章铤看来,最上乘的东西往往隐含最深,没有一定的修养和功力是不可能体味到的。"清矣而尤贵乎真,真则有至情,雅矣而尤贵乎醇,醇则耐寻味。"谢氏将姜夔一派词的内涵分成两条脉络:"清—真—情"与"雅—醇—韵",前者体现了姜派词的思想价值,后者则显现出姜派词的审美风格。而"清"和"雅"分别是两方面标准的初级入门阶段,近人学姜派,只是皮毛。"清"指内心澄静,无杂念。无杂念便能从人生百态、世间万物中去伪存"真"。用纯净之心看待真实世界,自然会产生沉挚的情感,将这一切注入词作之中,立意固当深远;"雅"乃一种雕饰之美,是对自然境界的整体提升,如同"清水芙蓉"之美固然使人神清气爽,若稍施粉黛、衣着相宜、体态优雅,便更添几分"醇厚"韵致,令人回味无穷。

姜派词风中蕴含的"醇雅"特点经常为词学家所关注,如汪森《词综序》所言:"鄱阳姜夔出,句琢字炼,归于醇雅。"①此外,浙西派创始人朱彝尊对"醇雅"也有独到的见解。而后世往往忽略了姜派词的另一个特点,即有"真情"。原因有二:其一,姜派词作尚"骚雅",喜用典,总是将真情实感深藏其中,写得委曲幽隐,不宜察觉,且姜派词重雕琢,表象形式的华美往往容易掩盖深层情感的丰富,没有深厚的文学底蕴,对姜派词更深层次的美感是不易察觉的;其二,归咎于后世学词者,尤其浙西词派末流在学词过程中的缺失。姜派词风本来就不易学,后世学词者又多是跟随词坛风气盲目效仿,人云亦云,加之自身文化内涵的欠缺,更易受到姜派词风外在美的蒙蔽,作出缺乏真性情、既清冷又空泛的"游词",此非姜、史之过,乃学词不精者之过也。

谢氏认为,姜夔词的两条脉络并非是一对永不交叠的平行线,只有相互渗透,交错融合,才能达到理想的至高境界。谢章铤对南

---

① 汪森:《词综序》,《词综》,上海古籍出版社,1978年版,第1页。

宋词能够透过现象洞悉本质,足见其体悟的深邃。

谢章铤论词在清代词学中独树一帜。他对南北宋词全面、独特的认识与别具一格的见解,充分展现了一位不倚傍门户的词论家透彻的洞察力。明末清初云间学南唐、北宋,浙西词派尚南宋,常派虽南北兼顾但有倾向北宋之嫌。流派之间往往陷入意气之争、门户之见;学词实践上,各派更是树立旗帜,标榜典型。陈子龙标举南唐二主和周邦彦、李清照,朱彝尊推崇姜、张,张惠言尊奉温庭筠,周济直指周邦彦,陈廷焯则视王沂孙为最高乘,但一家之作并不能涵盖南北宋词的所有特色。谢章铤明确提出南北兼善,不专奉一家,跳出前人的南北宋之争,而着眼于南北宋之辨。

谢章铤对南北宋词的各自特点及二者的关系有了更为深入的探讨。谢氏对两宋词进行对比分析,明晰南、北宋两时期各自的优势与不足,并揭示形成这些特点的原因,同时将两宋词视为一个贯通的整体,取长补短,互不可缺。尤其在考察南宋词时,观点独特,最难能可贵的是,他论及南宋词特别注意到豪放词的存在和价值,真正做到了对南宋词风格、流派的全面把握,这无疑是词学理论的一大进步。

谢章铤对于南北宋词的论析对后世产生了积极的影响。谢章铤以发展的眼光观察南北宋词在词史上的流变,以多层次、多视角的分析方法剖析南北宋词的各自特点及在词史上的地位;以理性、严谨的治学态度,客观、公允地看待各流派的纷争。后代学者在这些方面均有所继承与发扬。

第十七章　清末民初的南北宋之论

　　清末民初时期是传统词学的终结和新词学的创始时期,延续至二十世纪五十年代之前的民国时期,随着新旧文化转型的过渡,词学领域也产生了深刻的变化。一方面,许多前清词论家延至新朝,与其弟子、再传弟子活跃在词坛上,传统观念仍然根深蒂固;另一方面,随着西学的引进,新的思想、方法给词坛催生了新观念。在清代词学史上,南北宋之争是一个贯穿始终的论题。清人关于南北宋词的争论延续到民国时期。民国时期的许多词史、词学著作几乎都涉及对南北宋词的看法。从晚清及民国词论者的观点来看,有推崇北宋者,有力挺南宋者,更有两宋各有优劣者。民国时期有关南北宋的辨析,不是简单重复清代的话题,而是体现了新型文化的特质,从一个侧面展示了新词学的精神面貌。

第一节　"尚南"之论

　　经过贯穿整个清代的南北宋之争,词学家们对北宋、南宋词各自的优长和缺点以及种种特点已有充分的讨论,厚此薄彼断加轩轾的偏颇极端之论已难觅踪迹,然而在清末民初词坛有关南北宋词的争论辨析又生新的波澜。一方面,继承常州词派的衣钵的晚清四大家以推崇《梦窗词》为旗帜,以至被人认为是"南宋派"①。此派进入民国之后势力强大,四大家的弟子如陈洵、刘永济等皆是;一方面,王国维借鉴西方美学思想方法,极力褒扬五代北宋,贬斥南宋,胡适、胡云翼等步其后尘,可称为词学新派,有后出转盛之势。

首先来看晚清四大家所谓的"尚南"之论。

全面考察四大家有关南北宋的论述,可以发现他们并没有对南、北宋断加轩轾,厚此薄彼,而是对南、北宋词的不同风格给予客观的评价,在推尊南宋的同时,对北宋词的艺术成就和特点有着清醒而深刻的认识。王鹏运、况周颐皆指出北宋词的风格特点是疏俊清隽,王鹏运说:"清隽谐婉,犹是北宋风度。"②况周颐说:"北宋人词以淡胜"③,"意境清疏,尤是北宋风格"④。四大家还常将南北宋词的风格进行对比。郑文焯曾说:"不求之于北宋,无由见骨气;不求之于南宋数大家,亦患无情韵。"⑤况周颐亦云:"北宋人词大都清空婉丽。……意境沈著,实滥觞南渡。"⑥"北宋庶几醇雅,南宋更进于厚矣。"⑦由以上数例可见,王鹏运、况周颐推重南宋乃

---

① 谭献:《复堂词话》:"临桂况夔笙舍人周颐……锐意为倚声之学。与同官端木子畴、王幼遐、许玉瑑唱和,刻《薇省同声集》,优入南渡诸家之室。"《词话丛编》,中华书局,1986年版,第4007页。

② 王鹏运:《樵歌拾遗跋》,《四印斋汇刻宋元三十一家词》。

③ 况周颐:《历代词人考略》卷十五,全国图书馆文献缩微复制中心,2003年影印版。

④ 况周颐:《历代词人考略》卷二十一,全国图书馆文献缩微复制中心,2003年影印版。

⑤ 郑文焯:《手批乐章集》,《大鹤山人词话》,南开大学出版社,2009年版,第209页。

⑥ 况周颐:《历代词人考略》卷七,全国图书馆文献缩微复制中心,2003年影印版。

⑦ 况周颐:《历代词人考略》卷六,全国图书馆文献缩微复制中心,2003年影印版。

在于他们认为南宋词的特点是"沈著""厚",对于北宋词,王、况能够充分认识其风格特色和价值,"清疏""清空"确能摄其精髓。由此看来,王鹏运、况周颐不提推崇北宋词,只是因为南宋更为合乎其重、拙、大的原则而已。

然而晚清四大家给词学界留下"尊南"印象,究其原因主要有两个。第一,四大家中王鹏运和况周颐曾声明以南宋为宗。王鹏运说:"私心窃比,乃在南宋诸贤。"①况周颐论词亦推尊南宋,云:"作词有三要,曰重、拙、大。南渡诸贤不可及处在是。"②况周颐还认为南宋是词的极盛时期:"词权舆于开天盛时,寖盛于晚唐五季,盛于宋,极盛于南宋。"③因而王鹏运、况周颐也以推尊南宋而闻名于词坛。第二,晚清四大家对南宋吴文英的《梦窗词》尤为推崇,用力最勤。四大家校勘《梦窗词》乃清末民初一道特殊的景观,对吴文英词集做了大量文献整理工作。朱祖谋选编《宋词三百首》,选吴文英词二十四首,数量居第一位,可见其重心所在。这些皆为进一步阐发梦窗词的意义,提高吴文英在词史上的地位打下了基础。正如龙榆生所指出的:

> (梦窗词)即经半塘之校勘,先生复萃精力与此,再三覆校,勒为定本,由是梦窗一集,几为词家之玉律金科,一若非浸润其中,不足与于倚声之列。④

---

① 王鹏运:《寄番禺冯恩江手札》,况周颐《蕙风词话》续编卷一引,《词话丛编》,中华书局,1986年版,第4547页。
② 况周颐:《蕙风词话》卷一,《词话丛编》,中华书局,1986年版,第4406页。
③ 况周颐:《词学讲义》,《况周颐词话五种(外一种)》,浙江古籍出版社,2014年版,第277页。
④ 龙榆生:《晚近词风之转变》,《同声月刊》,第一卷第三号。

吴熊和先生亦曾指出:"清末崇尚梦窗词之风转盛。王鹏运、朱孝臧、郑文焯、况周颐为晚清词坛四大家,于梦窗词皆寝馈甚深,倡导甚力。"①深入探讨四大家推崇《梦窗词》的原因,乃"以梦窗词转移一代风会"②,以梦窗词风改变现实的词坛风气,用梦窗词的"涩"补救浙派末流浮滑。

综上可见,在对待南北宋词的问题上,虽然四大家词学视野宏阔,态度平正,但其对南宋词的阐述,不免留下了"尊南"的印象,如谭献《复堂词话》说:"临桂况夔笙舍人周颐,……锐意为倚声之学。与同官端木子畴、王幼遐、许玉瑑唱和,刻《薇省同声集》,优入南渡诸家之室。"于是晚清四大家就被视为"尚南"派的代表。

民国期间有不少四大家的弟子或再传弟子活跃在词坛上。四大家推崇南宋吴文英的观点在民国的词坛上也很有影响。一些词学家杨铁夫、陈洵都是吴文英词的大力鼓吹者。杨铁夫在朱祖谋的指导下著有《梦窗词选笺释》,他曾记述朱祖谋指导其读吴文英词的经历:

> 呈所作,无褒语,止以多读梦窗词为勖。始未注意也。及后每一谒见,必言及梦窗,归而读之,如入迷楼,如航断港,茫无所得。质诸师,师曰:"再读之。"如是者又一年,似所悟又有进矣。师于是微指其中顺逆、提顿、转折之所在,并示以步趋之所宜从。又一年,加以得海绡翁所评清真、梦窗词诸稿读之,愈觉有得。③

---

① 吴熊和:《郑文焯手批梦窗词》,《文史》,第四十一辑。
② 钱仲联:《改正梦窗词选笺释原序》,上海人文印书馆,1933年版。
③ 杨铁夫:《改正梦窗词选笺释原序》,上海人文印书馆,1933年版。

第十七章　清末民初的南北宋之论

由此可见于梦窗词上所下的功夫。亦曾师事朱祖谋的陈洵，在周济提出的王、吴、辛、周四家词统的基础上，进一步提出尊梦窗为师，将吴文英与周邦彦并尊，提高吴文英在词史上的地位：

> 周止庵立周、辛、吴、王四家，善矣。惟师说虽具，而统系未明。疑于传授家法，或未洽也。吾意则以周、吴为师，余子为友，使周、吴有定尊，然后余子可取益。于师有未达，则博求之友。于友有未安，则还质之师。如此，则系统明，而源流分合之故，亦从可识矣。①

周济提出"问涂碧山，历梦窗、稼轩，以还清真之浑化"②，其词学典范的终极目标是周邦彦，是北宋；而陈洵之说虽然也周、吴并举，其实更心仪吴文英，瓣香南宋。刘永济是朱祖谋、况周颐的弟子，深受老师的影响，对南宋吴文英推崇有加。其《微睇室说词》选讲宋词一百〇二首，除了周邦彦的六首之外皆是南宋词，尤其是选吴文英词八十首，占全书的五分之四，尊南倾向显而易见。

南社成员庞树柏③也是南宋词的鼓吹者。据柳亚子《我和南社的关系》一文记载：

> （庞树柏）崇拜南宋的词，尤其是崇拜吴梦窗，……檗子是

---

① 陈洵：《海绡说词》，《词话丛编》，中华书局，1986年版，第4838页。
② 周济：《宋四家词选目录序论》，《词话丛编》，中华书局，1986年版，第1643页。
③ 庞树柏（1884～1916），字檗子，号芑庵，常熟人。与黄人、柳亚子等创立南社。曾任教于上海约翰大学，编辑《国粹学报》等。以词名，词集为《玉琤琮馆词》，朱祖谋为删定。

词学专家,南宋的正统派。①

庞树柏是朱祖谋的学生,钱仲联《近百年词坛点将录》评其词:"趋向南宋,得白石之警秀。"他尊南宋无疑受师说影响所致。

民国时期在新派词学家中,单纯推崇南宋词者并不多见,王易具有一定的代表性,其《词曲史》云:

> 北宋海宇承平,风尚泰侈,词人伎俩,大率绘景言情;其上者亦仅抒羁旅之怀,发迟暮之感而已。其局势无由而大,其气格无由而高也。至于南渡,偏安半壁,外患频仍,君臣苟安,湖山歌舞。降及鼎革,尚有遗黎。铜驼遂荒,金仙不返。有心人感慨兴废,凭吊丘墟,词每茹悲,情多不忍。斜阳依旧,禹迹都无;关塞莽然,长淮望断;竹西佳处,乔木犹厌言兵;荆鄂遗民,故垒还知恨苦。望四桥之烟草,泪眼东风;消几度之斜阳,枯形阅世。凡兹丧乱,自启哀思,穷苦易工,忧患知道,盖《民劳》《板荡》之余,《哀郢》《怀沙》之嗣,所谓极其工,极其变者,岂不信哉?②

这是从词的思想内容立论,王易认为北宋词题材的社会政治价值不高,气魄不大;而南宋词,产生于河山沦陷,民族矛盾尖锐的时期,词人的作品多寓家国寄托,感情饱满,内容充实。由此来定南北宋词的优劣。可以看出,王易的"尚南"之论与四大家还是颇有差异的。

---

① 柳亚子:《我和南社的关系》,《南社纪略》,上海人民出版社,1983年版。
② 王易:《词曲史》,上海书店,1989年影印本。

第十七章　清末民初的南北宋之论

第二节　"尊北"之论

受西方学术思想影响较深,与传统词学面貌不同的王国维提出了他的尊北黜南之论,颇有与以四大家词学相对立的意味。1908年王国维的《人间词话》对南北宋的话题发表了极具个性色彩的评论,明确提出推尊北宋词,厌恶南宋词。托名樊志厚的《人间词序》说明了王国维的取向:"君之于词,于五代喜李后主、冯正中,于北宋喜永叔、子瞻、少游、美成,于南宋除稼轩、白石外,所嗜盖鲜矣。尤痛诋梦窗、玉田。谓梦窗砌字,玉田垒句。一雕琢,一敷衍。其病不同,而同归于浅薄。六百年来词之不振,实自此始。其持论如此。"并将王国维的主张与其创作的特点联系起来:"君词之体裁,亦与五代北宋为近。然君词之所以为五代北宋之词者,以其有意境在。若以其体裁故,而至遽指为五代北宋,此又君之不任受。固当与梦窗、玉田之徒,专事摹拟者,同类而笑之也。"无论这篇《人间词话序》是否出自王国维,但其准确地表达了王氏的词学思想则是毋庸置疑的。王国维在《人间词话》中对南宋词人多有批评:"南宋词人,白石有格而无情,剑南有气而乏韵,其堪与北宋人颉颃者,唯一幼安耳。近人祖南宋而祧北宋,以南宋之词可学,北宋不可学也。""诗至唐中叶以后,殆为羔雁之具矣。故五代北宋之诗,佳者绝少,而词则为其极盛时代。即诗词兼擅如永叔、少游者,词胜于诗远甚。以其写之于诗者,不若写之于词者之真也。至南宋以后,词亦为羔雁之具,而词亦替矣。此亦文学升降之一关键也。"从王国维立论的原则来看,他欣赏的情感真挚、表现自然的作品,因而具有"人工美"、带有一些雕凿痕迹的南宋词自然在黜斥之列。

胡适的词学思想深受王国维的影响,在对南北宋词的批评和取法上与王国维一脉相承,正如谷永所论:"胡氏后于先生(王国维)而推先生之波澜者也。……先生论词取五季北宋而弃南宋,今胡氏之《词选》多选五季北宋之作。"①胡适虽然不是专门的词学家,但却是对民国时期词学界产生了巨大影响的学者。胡适明确否定南宋词,但他对南北宋的时代划分又有自己的特点。胡适将唐宋词分为三个时期:唐至北宋中期为歌者之词,北宋中期至南宋中期为诗人之词,南宋中期至元初为词匠之词。在这三个时期之中,胡适最为推崇第二个时期,认为是唐宋词发展的高峰。第三个时期的词匠之词是胡适最为鄙薄的时期:"他们没有感情,没有意境,却要作词,所以只好作'咏物'的词。这种词等于文中的八股,诗中的试帖,这是一般词匠的笨把戏,算不得文学。"②胡适的南宋词的概念与南宋朝代时间的概念是有所不同的,他将南宋中期以前以辛弃疾为代表的词人归入第二个时期,并对辛弃疾给予了极高的评价:"他是词中第一大家。他的才气纵横,见解超脱,情感浓挚。"胡适所指的南宋词人是指从姜夔到张炎的清雅派词人,对词派词人抨击甚烈:"姜白石是个音乐家,他要向音律上做功夫。从此以后,词便转到音律的专门技术上去。史梅溪、吴梦窗、张叔夏、都是精于音律的人,他们都走到这条路上去,他们不惜牺牲词的内容来迁就音律上的和谐。"虽然对南宋词时代的确定有胡适自己的特点,但将姜夔、吴文英为代表的所谓"清雅词派"(或云"清空词派""典雅词派")视为南宋词的代表,并加以否定则是与王国维完全一致的。

南社领袖柳亚子也是"尊北黜南"的提倡者,他说:"在清末的

---

① 谷永:《王静安先生之文学批评》,《学衡》第64期,中华书局,1928年版。
② 胡适:《词选自序》,《胡适古典文学研究论集》,上海古籍出版社,1988年,第556页。

时候,本来是盛行北宋诗和南宋词的,我却偏偏要独持异议,以为论诗应该宗法三唐,论词是应当宗法五代和北宋的。"①"我以为唐五代的词最好,北宋次之,而南宋为最下。理由呢,是唐五代的词纯任自然,虽有辞藻,也还不至于雕琢;而一到南宋,便简直是雕章琢句的时代了。北宋处于过渡的地位,当然是比上不足,比下有余。……这是我二十五年以前的根本意见,到现在还没有多大改换。"②柳亚子所说的清末盛行南宋词,正是指四大家等人主盟的风气。虽然尚无根据证明王国维与柳亚子词学的关系,但其思想方法却具有较大的一致性。柳亚子并非词学专家,南社亦非词学流派,然而他们的观点却相当程度地代表了当时知识分子的观点。

发表第一部词史专著的胡云翼③对北宋词予以最高的评价,他在《中国词史大纲》中说:"词至北宋,已经是登峰造极的发展了。在全部的词史上,这要算是最珍贵的'黄金时代'。"④又云:

> 词体经过五代至北宋长期的发达,无论在小词方面,长歌方面,婉约的词,或是豪放的词,都有专门的作家,极好的作品。本来体格谨严的词体,描写对象又是很狭的,经过这么长期的开展,差不多开展已尽,无可发展了。

---

① 柳亚子:《我和南社的关系》,收入柳亚子著、柳无忌编《南社纪略》,上海人民出版社,1983年版。
② 柳亚子:《词的我见》,原载1932年《新时代月刊》4卷1期;《磨剑室文录》下册,第1106页。
③ 胡云翼(1906~1965),著有《宋词研究》(1926)、《词学 ABC》(1930)、《词选》(1932)、《中国词史大纲》(1933)、《中国词史略》(1933)、《词学概论》(1934)、《词学小丛书》(1936)、《唐宋词选》(1940)、《唐宋词一百首》(1961)、《宋词选》(1962)。
④ 胡云翼:《中国词史大纲》,北新书局,1933年版,第81页。

胡云翼将南宋词作为北宋词的反面加以对比：

> 北宋词既有很好的成绩，很好的作品，作为范本，南宋词人不由得便走上古典主义的路上去了。讲词派，论词体，讲求字面，讲求雕琢，尽在作法上转来转去；虽有警字警句，而支离破碎，何足名篇名家？况所谓作法之讲求，也不过以北宋名家词为摹本。是则虽有成就，无非北宋人之皂隶，更何能超北宋而上之呢？故在量的方面讲，南宋词诚然发达到极地无以复加了；若论到词的本质，则南宋词确乎是词的末运了。①

胡云翼极为推崇北宋词，并有系统的阐述。第一，北宋大家、名家辈出；第二，北宋词坛风格多样且成熟；第三，词体的题材内容得以扩展。胡云翼对南宋词的批评主要集中在模拟风气上。他对南宋人偏重字句形式忽略情感内容的倾向极为不满，认为南宋词除了朱敦儒、辛弃疾、陆游、刘过、刘克庄等人"能够用活泼的文字，来表现作者的真性情"，有可取之处，以姜夔、吴文英、史邦卿为代表的南宋词"没有内容，情感与意境都不能在乐府词里面充分的表达出来。"②可以看出，胡云翼评价优劣的标准是词中思想情感的内蕴，对偏重形式技巧的作品不以为然。当然，胡云翼对南宋的爱国词评价还是很高的，只不过南宋词的主流是姜派，从时代区分的角度，北宋还是要胜过南宋。

与胡云翼的观点相似，梁启勋亦持推崇唐五代北宋词的态度，他说：

---

① 胡云翼：《宋词研究》，巴蜀书社，1989年版，第44页。
② 胡云翼：《中国词史略》，华东师范大学出版社，2004年版，第335页。

第十七章 清末民初的南北宋之论

> 词始于唐,历五代两宋而称极盛。如唐之温庭筠、黄甫松、李白,五代如牛峤、韦庄、欧阳炯、冯延巳、牛希济、孙光宪、后唐庄宗、南唐元宗、南唐后主等,作品皆清空灵妙,格律称最高。北宋初期,如晏氏父子、范仲淹、欧阳修等,犹有五代遗风。过此以往,则渐趋柔靡,品格日下矣。①

梁启勋的观点带有尚古的意味,崇尚以《花间》、南唐为代表的初期文人的风格,称赞其为"清空灵妙,格律称最高",北宋词因为能够继承"遗风",也在肯定的范围之内。梁启勋的尚古之论又突出体现在对小令的推崇方面:

> 小令实为词之正格。字少而句简,用以写一时之感触,或一物之状态,最为自然。是以五代北宋之词,品格高尚,态度雍容,无矫揉造作之痕,亦无剑拔弩张之气。意既尽而语亦完,无事堆砌。此其所以轻清飘举,绝无烟火气也。南宋诸贤之不逮,原因虽甚复杂,但重长调而薄小令,亦重要之一因矣。②

唐五代词坛基本上是小令的天下,小令讲究短小精巧,含蓄蕴藉,富有余韵;同时唐五代的小令清新自然,没有后世词中常有的模拟造作的习气。这些确乎是唐五代北宋小令的优长所在,但如果便以此来否定后世产生的慢词长调,则不免有失片面。宋翔凤《乐府余论》云:"词自南唐以后,但有小令。其慢词盖起宋仁宗朝。中原息兵,汴京繁庶,歌台舞席,竞赌新声。耆卿失意无俚,流连坊

---

① 梁启勋:《词学》,学海出版社,2000年版,第124页。
② 梁启勋:《词学》,学海出版社,2000年版,第44页。

曲,遂尽收俚俗语言,编入词中,以便伎人传习,一时动听,散播四方。其后东坡、少游、山谷辈相继有作,慢词遂盛。"夏敬观说:"慢词始盛于耆卿,大成于清真。"①慢词长调在北宋时期已经全面盛行,并取得了令人瞩目的成就。梁启勋指出南宋词人"但重长调而薄小令",是符合实际的,然而将慢词长调盛行视为南宋词弊病所在,则未免有以偏概全之嫌。梁启勋的这种认识很容易使人联想到云间词派,尤其是蒋平阶的复古之论。

梁启勋对南宋词予以否定,主要在于南宋词的模拟和堆砌风气:

> 南宋称极盛,然而极盛亦即衰落之起点。南宋诸贤,自觉循轨以进,难迈前人。刻意欲觅新途径,而不能辟新意境。循至末叶,徒事堆砌,已成弩末。②

此论很能切中南宋词的弊病要害。整体来看,南宋词人因循多于开创,模拟多于创新。这是词史乃至整个文学史具有普遍性的现象。

第三节 不分轩轾之论

随着近代西方学术思想的引进,西方的文学研究理念、方法也在民国时期的词学界得到借鉴,词学研究开始呈现迥异于传统的新气象,在关于南北宋词的认识上,也面貌一新,尝试运用文学进

---

① 夏敬观:《映庵词评》,《词学》第五辑,华东师范大学出版社,1986年版。
② 梁启勋:《词学》,学海出版社,2000年版,第5页。

化论、社会批评、文化交流影响等方法进行阐释,自然新见迭出,在理论的深度和广度上迈越前人。

除了一些固守师承或持论偏激者外,大多数民国词学家并不偏取北宋或南宋,而是具体分析,指出南北宋词各自的优长和缺陷。这一点与常州词派词家的态度有相近之处,但在深层的思想方法上还是有显著的不同。刘麟生说"我们对于南北宋的优劣,不必为肯定的批评,见智见仁,是在读者。"①反对意气行事,强加轩轾,要客观分析。如陈钟凡《中国韵文通论》第八章《论唐五代及两宋词》说"(词)至两宋而派别分歧。或以气胜,或以情胜,或以格胜,要皆异曲同工,各臻极诣"②,又具体进行了对比分析:

> 词至北宋而体制日盛,至南宋而流变益繁。北宋人世际清明,故雍容揄扬,词旨和宛;南宋时逢忧攘,故语多寄托,感慨遥深。以处境不同,致粗细、精浑、疏密、隐显,各有风格。斯宜分别立论,诚难强为轩轾也。③

从社会环境对词风的影响立论,认为北宋社会安定、南宋时局多艰,因而"各有风格",不能以高下论。

薛砺若《宋词通论》第四章《北宋与南宋词风的一般比较和观察》将北宋和南宋的差异分为三个方面:"时代背景不同""文学上的自然趋变""'应歌'与'应社'两大主流"。在"时代背景不同"方面分析云:

---

① 刘麟生:《中国诗词概论》,世界书局,1933年版,第141页。
② 陈钟凡:《中国韵文通论》,上海中华书局,1927年版,第285页。
③ 陈钟凡:《中国韵文通论》,上海中华书局,1927年版,第290~291页。

> 北宋因有长期的承平,故其词风所表现自有一种宽舒中和的音调与色彩。这种歌声正足以代表一个升平享乐的时代。自汴京失陷,迁都临安以后,外受强邻侵逼,内则权奸当路,凡是热心祖国过于激烈的人,都遭杀身窜谪之祸。所以他们的词中,多半是抒写他们内在的痛愤。到了末期,更是国破家亡,敛迹消声,故其词中,亦隐露凄恻之意和沦落之感。若与北宋承平盛世相较,显然有一种不同的色彩与声调了。譬如同属一物,同系一境,自北宋人看来,都欣欣有自得之趣,感着共生之乐;而自南宋人看来,则觉触目伤怀,对景增痛了。①

指出北宋词的风格是"宽舒中和的音调与色彩",南宋词多"凄恻之意和沦落之感",并从社会状况、环境氛围、时代精神分析南北宋词不同风格产生的原因。时代精神对词人可以产生深刻的影响,这种影响可以反映在作品的题材、主题的不同,相比较而言,北宋词题材狭窄,南宋词较为广阔:

> 北宋词所描写的范围很狭,他们所写的不过是春愁、闺情、别绪、羁怀和简单的写景作品而已,……除王安石、苏轼、毛滂等极少数的人有点异样外。……但我们若取南宋词来一读,我们觉得词学的领域,并不以描写春愁闺情别绪为中心,尽可向外开展,可以用来写前代的英雄美人事迹,凡古今盛衰之迹、兴亡之感,也都可写入词中。其他如记游、记事、赠别、庆吊、以及花鸟虫鱼宫室玩好服饰等,凡可用诗与散文写出者,均可一一倚声制为新词了。其范围之广阔,远非北宋人所

---

① 薛砺若:《宋词通论》,上海书店,1985年版,第42页。

第十七章　清末民初的南北宋之论

能臆想得到的事。①

在"文学上的自然趋变"方面又分为三点：自然的抒写与刻意的雕琢、小令与慢词、描写的内容。其"自然的抒写与刻意的雕琢"分析道：

> 北宋词无论是抒情或写景，总是很自然的，质朴的，真实的。比方同是写美人的，北宋人则谨写她全部的姿态和风神，南宋人则偏从她的眉眼上，指甲上，甚至于纤足上作一种局部的机械的描写，因为写得太机械了，太琐碎了，实在是难于着笔，于是不得不专藉古典的烘衬和辞彩的藻绘，大作其无病呻吟的文章了。结果是愈写愈机械，愈写愈古典，简直将一位活活的美人，写得像一座石像或木偶了。②

指出在描写方式上，北宋、南宋也有不同的特点。薛砺若对于南北宋词的分析十分客观，他赞扬南宋词题材上的开拓却不满其刻意雕琢的描写；他欣赏北宋词的自然浑涵却指责其题材上的促狭柔靡，各有优劣高下。

刘麟生的观点与薛励若相似，认为两宋词各有千秋：

> 北宋词与南宋词同为词的极盛时期，其中也少有出入，自大体言之，北宋词较为含蓄冲和，比较可以接近唐五代词的作风。南宋词清新刻露，较多斧凿之痕，但是因为南渡偏安的关系，南渡词人多发挥他们家国之感，所以时有悲痛苍凉的作

---

① 薛砺若：《宋词通论》，上海书店，1985年版，第50页。
② 薛砺若：《宋词通论》，上海书店，1985年版，第48页。

风,不完全偏重于生活上的享乐与个人的情绪了。①

北宋词长处在于"含蓄冲和"的风格,短处为多偏于个人享乐或个人情绪,较为单薄;南宋词多家国兴亡之感,内容厚重,但时露雕琢斧凿之痕。

龙榆生指出北宋词与南宋词有"趣"和"深"的不同特点。《中国韵文史》第十二章《南宋词之典雅化》从词乐音律的角度对产生南北宋词不同特点的原因加以分析:

> 宋室南渡,大晟遗谱莫传;于是音律之讲求,与歌曲之传习,不属之乐工歌妓,而属之文人与贵族所蓄之家姬;向之歌词为雅俗所共获听者,至此乃为贵族文人之特殊阶级所独享;故于辞句务崇典雅,音律益究精微;此南宋词之所以为深,而与北宋殊其归趣者也。②

指出从北宋到南宋,词乐音律从社会各阶层走向贵族文人独专,势必走向精致雅化,同时也失去了北宋词的自然之趣。这是洞悉词史发展的深刻之论。

对于清人南北宋之争中的弊病,民国学者也进行了分析,指出清人的弊端有三。

第一,缺乏科学的态度。清代词学一直被宗派所笼罩,宗派的偏见往往使分析失去了客观性。前文引龙榆生《两宋词风转变论》指出清人讨论问题往往挟宗派意气,个人的好恶也是影响客观性的重要因素,如唐圭璋所说:

---

① 刘麟生:《中国诗词概论》,世界书局,1933年版,第141页。
② 龙榆生:《中国韵文史》,上海古籍出版社,2002年版,第102页。

第十七章　清末民初的南北宋之论

> 世之尚北宋者,往往抹杀南宋;尚小令者,往往忽视慢词;尚自然者,往往轻视凝练。不知一时代有一时代之所胜,一体有一体之所胜。学南宋者,固不可不上窥北宋,学北宋者,亦不可不涉猎南宋,环境各异,作风各异,而其价值亦各异也。①

指出论者的喜好也是不能全面认识两宋词的原因,是丹非素,偏好此而否定彼,难免偏颇。

第二,清人争论尊北崇南,话题虽在南北宋,而矛头指向却在现实词坛。这一点民国的词学家也已洞察。刘永济《词论》卷上通论第五《风会》论及前人南北宋词之争的原因:

> 大抵古人立言,多在救时弊,南宋之末,词尚雕缋,故玉田非之以质实;明季词多浮采,故竹垞救之以清空;浙中诸子之弊也,故有止庵、蕙风之论;而静安之言,又为近世词学梦窗者之药石也。②

正因为是将尊南崇北作为批评现实的手段,所以对北宋或者南宋的优劣长短并未十分在意,现实的功利性影响了分析的科学性。

第三,研究方法的缺陷。刘永济指出了前人分析视角的单一和偏颇:

---

① 唐圭璋:《论梦窗词》,《词学论丛》,上海古籍出版社,1986年版,第982页。
② 刘永济:《词论》,上海古籍出版社,1981年版,第56页。

> 自来论者未能通明,故多偏主,或依时序为分别,或以地域为区划,或据作家为权衡。依时序为分别,故有初、盛、中、晚之论,有南北宋之说。①

清人往往偏执于某一角度,未能全面加以考察,因而往往顾此失彼。研究方法的缺陷还体现在对南北宋词的时代划分不尽合理。薛砺若云:

> 以前研究词学的人们,对于宋词时间划分问题,都是分为北宋南宋两个部分的。即一般人谈起宋词来,也毫不思索的称之为"北宋词"与"南宋词"。其实,这北宋南宋的术语,只能用在政治史上,若用在词学史上,不独太感笼统与模糊,而且是一种很不自然的分解。②

历史学的划分和文学史学的划分有同有异,如果胶柱于历史学的划分,而不注意文学史的特性,不免失之刻板简单。赵尊岳指出:"实则但以作法门径之不同,而始有南北宋界限之说,非真断代有以限之也。"③对于南北宋既要注意差异,更要从一体、一贯的发展眼光去认识,这样才能得出正确合理的结论。

晚清至民国时期南北宋词之辨是词坛上引人注目的论题,也是此一时期文学思想嬗变的组成部分。纵观词学史,此一时期的各种认识皆能从前代找到渊源,好似传统批评理论的再现,如王国维推北宋之前与云间词派一致,民国词学家持南北宋各有优劣者

---

① 刘永济:《词论》,上海古籍出版社,1981年版,第55页。
② 薛砺若:《宋词通论》,上海书店,1985年版,第31页。
③ 赵尊岳:《填词丛话》卷四,《词学》第五辑,华东师范大学出版社,1986年版。

多引常州词派的周济、陈廷焯的说法,其实则蕴含有许多具有新时代特质的内涵,如王国维及不少民国词学家具有西学的背景,其论说中融入了新的思想方法。民国时期词学家的观点直接影响到我们今天对南北宋词的认识。考察一下当代文学史教科书或者词史、词学史专著中有关南北宋词的阐述,绝大多数可以在民国词学家的论说中找到出处。甚至可以说,我们今天的词史观主要是建立在民国词学家的基础之上的。

第十八章　清人对唐宋词风格流派的划分

清人对唐宋词风格流派的划分是清代词学史上的重大课题之一。清代词学家对唐宋词史上的风格流派给予了高度的关注,他们根据自己的分析体会,同时也结合现实词坛的状况对唐宋词史上的风格流派予以辨析。相当深刻地揭示了唐宋词风格流派的源流特色,对我们今天认识唐宋词流派,以及欣赏、研究唐宋词人、词作都有很大的助益。当代学者对此问题业已给予了关注,如吴熊和教授《唐宋词通论》、刘扬忠教授《唐宋词流派史》[①]都曾进行了专门的阐述。

第一节　词学史上的两派说

严格地说,清代以前尚无成熟的词学理论流派。晚唐、五代、两宋,词坛繁盛,异彩纷呈。宋人已注意到不同的风格特色,开始辨体式,析正变。词论中已有"花间体""南唐体""柳永体""东坡

[①]　吴熊和:《唐宋词通论》,浙江古籍出版社,1989年修订版;刘扬忠:《唐宋词流派史》,福建人民出版社,1999年版。

第十八章 清人对唐宋词风格流派的划分

体""易安体""稼轩体"等一些体式名称,南宋汪莘把苏轼、朱希真、辛弃疾的不同词风概括为宋时词风的"三变"。① 南宋时评词者论析词学源流时也曾有"词章之派"的说法。这些议论已含有流派分析的因素,但尚不是成熟的流派批评认识。②

明代开始区分以风格为特征的"体",张綖区分"词体大略有二:一体婉约,一体豪放"。清初王士禛在引用此语时改"体"为"派":"张南湖论词派有二:一曰婉约,一曰豪放。"③标志着认识上从风格到流派的变化,从此婉约(婉丽、婉媚)、豪放(豪宕、慷慨)的二派之说形成。此说在清代最为流行,如陆荩思说:"词有两体,闺襜之作,宜于旖旎,登临赠答,则又以豪迈见长,此秦柳之于苏辛,并足千古也。"④《四库全书总目提要》将"自晚唐五代以来,以情切清丽为宗"列为一派;将苏轼词列为另一派:"诗家之有韩愈,遂开南宋辛弃疾一派。"⑤又如周大框说:"词家两派,秦柳、苏辛而已。秦、柳婉媚,而苏、辛以宕激慷慨变之,近于诗矣。"⑥都是张綖之说的延续。晚清沈祥龙则分别追溯了二派的源流特点:

> 唐人词,风气初开,已分二派。太白一派,传为东坡,诸家以气格胜,于诗近西江。飞卿一派,传为屯田,诸家以才华胜,

---

① 汪莘:《方壶词·自序》,《彊村丛书》。
② 参阅刘扬忠:《唐宋词流派史》,福建人民出版社,1999年版。
③ 张綖语见《增正诗余图谱》明刊本及万历二十九年游元泾校刊本。王士禛语见《花草蒙拾》,《词话丛编》,中华书局,1986年版,第685页。参阅王水照:《唐宋文学论集》,齐鲁书社,1984年版,第297页。
④ 陆荩思:《百名家词钞》评姜垚《柯亭词》,《续修四库全书》上海古籍出版社,1995年版。
⑤ 《四库全书总目提要》卷一九八集部词曲类。
⑥ 谢章铤:《词话纪余》引,《赌棋山庄全集·稗贩杂余》卷三。

于诗近西昆。后虽迭变,总不越此二者。①

在区别二派的基础之上,又分析各自创作特点:豪放派"以气格胜",婉约派"以才华胜"。所谓气格指阳刚劲健的精神,清初沈雄引苏轼评秦、柳句:"山抹微云秦学士,露花倒影柳屯田。"之后又说:"微以气格为病",即评秦、柳缺乏阳刚之气。应该说婉约、豪放二派的分法,虽然难免笼统之失,但还是基本上反映了唐宋词史的实际面貌,因而赢得了后世习词、治词者的普遍认同。

需要补充说明的是,在区分婉约、豪放二派(体)之后,人们对待二派的态度并不一致。张綖在提出二体之分后,又说:"词体以婉约为正,故东坡称少游今之词手;后山评东坡词虽极天下之工,要非本色。"持扬婉约抑豪放的态度。明代的王世贞更是将这种态度发挥到极端:"词须宛转绵丽,浅至儇俏,挟春月烟花于闺襜内奏之,一语之艳,令人魂绝;一字之工,令人色飞,乃为贵耳。至于慷慨磊落,纵横豪爽,抑亦其次,不作可耳。作则宁为大雅罪人,勿儒冠而胡服也。"②明代的许多词论家持论与王世贞相似,如徐师曾《文体明辨序论》、何元朗《草堂诗余序》所述。清代的王士禛的态度却与明人不同,他强调:"词家绮丽、豪放二派,往往分左右袒。予谓:第当分正变,不当分优劣。"③应该说王士禛的态度是更为可取的,因而也得到了后世清代词论家的广泛认同。

在清代二派划分的论述之中,浙西词派的说法比较特殊。浙西派中后期词论家吴锡麒云:

---

① 沈祥龙:《论词随笔》,《词话丛编》,中华书局,1986年版,第4049页。
② 王世贞:《艺苑卮言》,《词话丛编》,中华书局,1986年版,第385页。
③ 王士禛:《香祖笔记》卷九,《四库全书》。

第十八章　清人对唐宋词风格流派的划分

> 词之派有二：一则幽微要眇之音，宛转缠绵之致，夐虚响于弦外，标隽旨于味先，姜、史共渊源也，本朝竹垞继之，至吾杭樊榭而其道盛；一则慷慨激昂之气，纵横跌宕之才，抗秋风以奏怀，代古人而贡愤，苏、辛其圭臬也，本朝迦陵振之，至吾友瘦铜而其格尊。……岂得谓姜、史之清新为是，苏、辛之横逸为非？①

此论仅从南宋词着眼，并且主要是从清初词派的源流立论。南宋的姜夔、张炎至清代的朱彝尊、厉鹗为一派，即清雅派；宋代的苏轼、辛弃疾至清代陈维崧为一派，即豪放派。这里没有提到传统的以温、韦、二主、晏、欧、秦、周为代表的婉丽派。其原因并非不承认此派，只是仅从南宋立论，话题没有涉及而已。比吴锡麒略晚的凌廷堪将南宋词分为"清空""豪迈"二派：

> 填词之道，须取法南宋。然其中亦有两派焉，一派为白石，以清空为主，高、史辅之，前有梦窗、竹山、西麓、虚斋、蒲江，后则有玉田、圣与、公谨、商隐诸人，扫除野狐，犹禅之南宗也。一派为稼轩，以豪迈为主，继之者龙洲、放翁、后村，犹禅之北宗也。②

此语与吴锡麒所论相同，亦仅论南宋。吴锡麒、凌廷堪此语的背景是，浙西派推崇南宋的主张已经风靡词坛，但吴、凌二人看到人们提到南宋时往往只注意到姜、张的清雅词派，甚至将姜、张与南宋画等号，这正是浙西词派发展到中后期所产生的弊病。为了

---

① 吴锡麒：《董琴南楚香山馆词钞序》，《有正味斋全集》卷八。
② 张其锦：《梅边吹笛谱序》引，《清名家词》，上海书店，1980年版。

纠正这种认识上的错误,他们认为有必要加以澄清。

晚清时有人将词派分为"滑调"和"涩调"二派。此由夏敬观的记述可见:

> 乾嘉时词,号称学稼轩、白石、玉田,往往满纸皆此等呼唤字,不问其得当与否,遂成滑调一派。吴梦窗于此等处多换以实字,玉田讥为七宝楼台,拆下不成片段,以为质实,则凝涩晦昧。其实两种皆北宋人法,读周清真词,便知之。清真非不用虚字勾勒,但可不用者即不用。其不用虚字,而用实字或静辞,以为转接提顿者,即文章之潜气内转法。今人以清真、梦窗为涩调一派。①

此语记述的是由浙西派转向常州派过程中的现象。南宋张炎的《词源》十分推崇姜夔的"清空",反对吴文英的"质实"。浙西词派倡导南宋的姜夔、张炎,以"清空"为旗帜。然而至后期追随者失却了清空的思想品格,片面追求语言技巧,如刻意地在词句的转换处用虚字呼唤,等等,因而被称为"滑调一派";晚清词坛风气发生了很大的变化,吴文英成为人们学习的典范,以前被人摒弃的"质实""晦涩"却成为人们竞相追捧的方法,将词句转换处的虚字都用作实字,读起来颇有晦涩之感,成为所谓"涩调一派"。这里的二派说从清代乾嘉时期的词坛上溯至宋代,将姜张和周吴分成"滑""涩"二派。

---

① 夏敬观:《蕙风词话诠评》,《词话丛编》,中华书局,1986年版,第4592页。

第十八章 清人对唐宋词风格流派的划分

第二节 清人的三派说

三派的分法是清人的创造,也是对词体风格、词学流派认识的重要贡献。分为三派的认识也有一个过程。清初汪懋麟说:

> 予尝论宋词有三派:欧、晏正其始,秦、黄、周、柳、姜、史、李清照之徒备其盛,东坡、稼轩放乎其言之矣。其余子,非无单词只句,可喜可诵,苟求其继,难矣哉。①

汪懋麟三派的划分标准并不一致。"正其始"与"备其盛"是从发展的角度说的,"放乎其言"又是从风格的角度说的。汪懋麟的三派其实还是两派。

清代三派说的真正价值是对姜、张派有了深刻认识之后。康熙年前期,朱彝尊大力彰扬姜夔、张炎清雅词的独特审美价值,逐渐得到词坛的广泛认同。从此"清雅"(清空、澹雅)与传统的"婉丽""豪放"成鼎足而三的风格形态和流派。顾咸三云:

> 宋名家词最盛,体非一格。苏、辛之雄放豪宕,秦、柳之妩媚风流,判然分途,各极其妙。而姜白石、张叔夏辈,以冲淡秀洁得词之中正。②

分为"雄放豪宕""妩媚风流""冲澹雅洁"三派。王鸣盛的说法也十分接近:

---

① 汪懋麟:《棠村词序》,《清名家词》,上海书店,1980年版。
② 高佑釲:《湖海楼词序》引,《清名家词》,上海书店,1980年版。

北宋词人原只有艳冶、豪荡两派。自姜夔、张炎、周密、王沂孙方开清空一派,五百年来以此为正宗。①

之后蔡宗茂又表述为"姜张之格""苏辛之气""周柳之情"的三派:

词盛于宋代。自姜、张以格胜,苏、辛以气胜,秦、柳以情胜,而其派乃分。然幽深窅眇,语巧则纤;跌宕纵横,语粗则浅;异曲同工,要在各造其极而已。②

所谓"格""气""情"颇能概括三派各自的创作特点。应予注意的是,以上的三派说主旨都在于推崇姜、张的清雅词风、词派,这是浙西词派词学观念的反映。浙西词派兴起于清初康熙前期,为了振起明代以来词坛的颓势,提出了倡南宋、尚姜张、主清雅的词学主张,并揭示出姜、张清雅词派独特的审美价值。浙西词派经朱彝尊、厉鹗、王昶、吴锡麒、郭麐等人的不断发展完善,在康、雍、乾、嘉四朝一直居于词坛主流地位,姜张清雅派的也成为习词者普遍推崇的典范。

与浙西词派相比,晚清刘毓盘的三分法则有所不同:

苏词盛而柳词微,铁板铜琶,晓风残月,纤秾修短,划若鸿

---

① 王鸣盛:《鬟垞山人词集》评语,《赌棋山庄词话》续编四引,《词话丛编》,中华书局,1986年版,第3549页。

② 蔡宗茂:《拜石山序词序》,《清名家词》,上海书店,1980年版。

第十八章 清人对唐宋词风格流派的划分

沟。周邦彦出,乃调停于两派之间,而一轨于正。①

苏轼的豪放、柳永的婉丽之外的第三派,用周邦彦取代姜夔。这样划分看似简单,实有词学思潮的背景。在传统的观念之中,周邦彦往往与柳永或秦观并称为"周柳""周秦",是婉丽词派的一员。自从周济提出"问涂碧山,历梦窗、稼轩,以还清真之浑化"之后,周邦彦以集大成者和词坛"老杜"的地位受到普遍推崇。刘毓盘将周邦彦推为第三派,并肯定其"一轨于正",正是周邦彦地位变化的写照,也是常州词派词学观的反映。

晚清四大家之一的朱祖谋亦将宋代词派分为三派:

> 两宋词人,约可分为疏、密两派,清真介在疏密之间,与东坡、梦窗分鼎三足。②

即是苏轼的疏派、吴文英的密派和周邦彦的中间派。这种划分与一般词论家的分法有很明显的不同:一是从疏密的角度分,这是一个新的视角;二是将前人视为豪放派典型的苏轼而不是前人常说的与吴文英相对立的姜夔作为疏派的代表。朱祖谋作这样的划分应该是针对晚清的词坛情形而发。晚清词坛流行学习吴文英词,以晦涩为尚。朱祖谋洞察其弊,意欲有所补救,又不能走上浙西词派推崇姜夔的老路,于是一面将苏轼作为疏派提出来,一面将对吴文英影响很大的周邦彦从密派中分离出来。意在告诉习词者,宋词典范不仅吴文英一家。此说体现了晚清四大家对常州词

---

① 刘毓盘:《辑校冠柳集跋》,《唐五代宋辽金元名家词集六十种辑》,民国铅印本。
② 朱祖谋:《朱评清真词》,唐圭璋《宋词三百首笺注》引,中华书局,1958年版,第86页。

派的观点有所扬弃、有所发展的特点。

蔡嵩云则仅就南宋末年的词坛分派：

> 宋末词风，除稼轩外，可分二派：导源白石自成一体者，东泽、竹山、中仙、玉田诸家，皆其选也；导源清真而各具面目者，梅溪、梦窗、西麓、草窗诸家，皆其选也。①

分为学稼轩派、学白石派和学清真派。宋末词家因袭多于创新，各有师承形成流派。蔡嵩云的这种分法得到了学界的认同，如今各类词史著述皆如此划分。

第三节 清人的四派说及其他分法

清代还有四派的划分，王士禛、郭麐、周济都曾提出划分四派的主张，各家有不同的词学标准和目的，因而划分的形态也不一样。王士禛的四派说是以作者的身份结合性情来划分的：

> 有诗人之词，唐蜀五代诸人是也；有文人之词，晏、欧、秦、李诸君子是也；有词人之词，柳永、周美成、康与之之属是也；有英雄之词，苏、陆、辛、刘是也。②

王氏将词体分为诗人、文人、词人、英雄四类。"诗人之词"指唐五代词，此时诗词并未严格划清，如张志和、刘禹锡、白居易的《渔歌子》《竹枝》《杨柳枝》《拜新月》等调，既可视为诗，又被视为

---

① 蔡嵩云笺释：《乐府指迷笺释》，人民文学出版社，1981年版。
② 王士禛：《倚声集序》，《渔洋山人文略》卷三。

第十八章　清人对唐宋词风格流派的划分

词,正如清初人先著《词洁·发凡》说:"唐人之作,有可指为词者,有不可执为词者。若张志和之《渔歌子》、韩君平之《章台柳》,虽语句声响居然词令,仍是风人之别体",即是诗人之词的说明。"文人之词"的欧阳修、晏殊、晏几道、秦观、李清照等人皆具文人雅士的气质,词中多呈现文雅精致的特点。"词人之词"是从作者擅长音律的特点来划分,柳永、周邦彦、康与之诸人词宫调律吕谐婉,流行于歌妓之口;"英雄之词"是由作品所体现出来的风格气质划分的,苏轼、陆游、辛弃疾、刘过都是以豪放词而闻名的,抒发性情无所羁绊,意境开阔,气象宏大。细加分析,王氏的划分标准并不完全一致,却也道出了各体的特点。

郭麐的四派划分是以风格为标准:

> 词之为体,大略为有四:风流华美,浑然天成,如美人临妆,却扇一顾,花间诸人是也。晏元献、欧阳永叔诸人继之。施朱傅粉,学步习容,如宫女题红,含情幽艳,秦、周、贺、晁诸人是也,柳七则靡曼近俗矣。姜、张诸子,一洗华靡,独标清绮,如瘦石孤花,清笙幽磬,入其境者,疑有仙灵,闻其声者,人人自远。梦窗、竹屋,或扬或沿,皆有新隽,词之能事备矣。至东坡以横绝一代之才,凌厉一世之气,间作倚声,意若不屑,雄词高唱,别为一宗。辛、刘则粗豪太甚矣。其余幺弦孤韵,时亦可喜。溯其派别,不出四者。①

郭麐的四派是在浙派三派划分的基础上,将传统的婉丽派一分为二,把花间词人和晏、欧等北宋初期词人与秦、周、贺、晁、柳区

---

① 郭麐:《灵芬馆词话》卷一,《词话丛编》,中华书局,1986年版,第1503页。

分开来。其区分的标准为是否天然,一派是"浑然天成",擅长"境由情生,辞随意启,天机偶发,元音自成"①的小令,一派是"施朱傅粉",多写铺陈渲染、精心布局的慢词长调,这种分法是郭麐的创造。郭麐是浙西词派的"殿军",他所在的时期,浙派末流的弊端愈发显现,特别是因追摹姜(夔)、张(炎)、朱(彝尊)厉(鹗)而走向了偏颇的极端,郭麐曾斥这种词作为"词妖"②。郭麐论词对风格的态度较为宏阔,将浙派独取的姜、张清雅一派,扩大为四派,虽然他仍将姜、张一派特意标出,称为"词之能事备",评价最高,但他毕竟已将其他三派纳入了可取风格的视野之中了。郭麐如此划分词派是与他对词体发展史的认识相联系的,他曾描述词史的发展:

> 词家者流,其源出于国风,其本沿于齐梁,自太白以至五季,非儿女之情不道也。宋立乐府,用于庆赏饮宴,于是周、秦以绮靡为宗,史、柳以华缛相尚,而体一变。苏、辛以高世之才,横绝一时,而奋末广愤之音作。姜、张祖骚人之遗,尽洗秾艳,而清空、婉约之旨深。自是以后,虽有作者,欲离去别见,其道无由。③

这里的词派划分与上引《灵芬馆词话》卷一之语基本相同。郭麐认为各体风格皆是词史发展到一定阶段的产物,皆有前后传承的内在联系,因而各体风格自然具有自身的特点及价值。由此认

---

① 陈子龙:《幽兰草词序》,《安雅堂稿》卷三。
② 郭麐:《灵芬馆词话》卷二:"倚声家以姜、张为宗,是矣。然必得其胸中所欲言之意,与其不能尽言之意,而后缠绵委折,如往而复,皆有一唱三叹之致。近人莫不宗法雅词,厌弃浮艳,然多为可解不可解之语,借面装头,口吟舌言,令人求其意旨不得。此何为者耶? 昔人以鼠空鸟即为诗妖,若此者,亦词妖也。"《词话丛编》,中华书局,1986年版,第1524页。
③ 郭麐:《无声诗馆词序》,《灵芬馆集杂著》卷二。

第十八章　清人对唐宋词风格流派的划分

识词体风格显然比其他浙派词论家独崇一体的认识高出一筹。郭麐还作有《词品》十二则,列出了词体风格的十二种形态:幽秀、高超、雄放、委曲、清脆、神韵、感慨、奇丽、含蓄、逋峭、秾艳、名隽。这是郭麐宏通的词体风格观的又一例证。

常州词派的周济著有《宋四家词选》,名为"四家",其实所选词人并不限于四家,而是以四家作为典型代表,其他唐宋词人分别附庸其下,实际上就是四个流派。在《宋四家词选目录序论》中周济阐明了四派的特点:

> 清真集大成者也。稼轩敛雄心,抗高调,变温婉,成悲凉。碧山餍心切理,言近旨远,声容调度,一一可循。梦窗奇思壮采,腾天潜渊,返南宋之清泚,为北宋之秾挚,是为四家,领袖一代。余子荦荦,以方附庸。①

周济划分的四派,并不像其他词学家划分词派的平行模式,而是着眼于发展的历时线性模式,是其特有的词统概念。周济强调:"问涂碧山,历梦窗、稼轩,以还清真之浑化",并做了详细的阐发:

> 学者务逆而溯之。先之碧山餍切事物,言今指远,声容调度,一一可循。学者所由成章也。继之以梦窗,奇思壮采,腾天潜渊,使夫柔情憔志皆有瑰伟卓荦之观,斯斐然矣。进之以稼轩,感慨时事,系怀君国,而后体尊。要之以清真,圭方璧圆,琢磨谢巧,夜光照乘,前后举澈,能事毕矣。

---

① 周济:《宋四家词选目录序论》,《词话丛编》,中华书局,1986年版,第1643页。

学词由深寓寄托的王沂孙词入门,经过吴文英高妙的想象和文采的熏陶,加上感受辛弃疾心系国家命运的精神升华,最后达到浑化无迹周邦彦词的至高境界。此又与周济由有寄托入、再由无寄托出的主张相一致。

周济四家、四派的划分也是针对词坛的弊端而提出的。他在《宋四家词筏序》中指出:

> 近世之为词者,莫不低首姜、张,以温、韦为缁撮,巾帼秦、贺,筝琶柳、周,伧楚苏、辛。一若文人学士清雅闲放之制作,唯南宋为正宗,南宋诸公又惟姜、张为山斗。呜乎,何其陋也!词本近矣,又域其至近者可乎?宜其千躯同面,千面同声,若鸡之哑哑,雀之足足,一耳无余也。①

他认为词坛之"陋"的原因在于受浙西词派末流的影响,独尊南宋姜、张,而造成"千躯同面,千面同声"。为救此弊,必须让习词者了解词体词派的多样性,并确定一条融汇各派优长的词统道路,也就是他自己所说的"康庄"②。周济的四家虽然各有特点,亦可以视为四派,但由于四家又构成了一种线性的词统,又有其内在的贯通性,亦即具有内在的某种共性,因而与一般的风格流派有着很大的差异。这是周济四家说的特性所在。

除了以上的二、三、四派的划分之外,清代还有其他的分法,较为特殊的有陈廷焯的十四派之说:

---

① 周济:《止庵文》,《常州先哲遗书补编》。
② 周济:《宋四家词选目录序论》,《词话丛编》,中华书局,1986年版,第1646页。

第十八章 清人对唐宋词风格流派的划分

唐宋名家,流派不同,本原则一。论其派别,大约温飞卿为一体,(原注:皇甫子奇、南唐二主附之。)韦端已为一体,(原注:牛松卿附之。)冯正中为一体,(原注:唐五代诸词人以暨北宋晏、欧、小山等附之。)张子野为一体,秦淮海为一体,(原注:柳词高者附之。)苏东坡为一体,贺方回为一体,(原注:毛泽民、晁具茨高者附之。)周美成为一体,(原注:竹屋、草窗附之。)辛稼轩为一体,(原注:张、陆、刘、蒋、陈、杜合者附之。)姜白石为一体,史梅溪为一体,吴梦窗为一体,王碧山为一体,(原注:黄公度、陈西麓附之。)张玉田为一体。①

析体论派的盛行,表明清人对词体特征和词史发展认识的深入,同时也折射出清代词学流派理论的进步。

综合来看,清人对唐宋词风格流派的划分,每一种分法都体现了清人对词体风格、词史流派不同的体认。概括起来有以下特点。

第一,清人对唐宋词风格流派的划分,既有对明人划分的继承,也有自己的独创。清人继承了明人的二派分法并深入探索其特性,在此基础上又发展为三派、四派分法,尤其是对姜张清雅词派的揭示,对唐宋词的风格流派是一个重要贡献。

第二,既有纯粹关照唐宋词史的划分,也有由今及古的溯源划分。清人的划分有着眼于唐宋词史的客观状况的学术划分,意在学习、借鉴;更多的则是根据现实词坛的需要,将唐宋词派与当代词派结合起来考察,追溯当代词坛风格流派的源头,古为今用,最终作用于当代。

第三,既有横向平行划分,也有纵向线性划分。唐宋词史上的

---

① 陈廷焯:《白雨斋词话》卷八,《词话丛编》,中华书局,1986年版,第3962页。

风格流派有共时并存的，也有历时发展的，清人已经清晰地认识到这种特点。特别具有意义的是，清人从习词的系统立论，按照阶段分设词派，已经不仅仅是风格的区分了。

清人对唐宋词风格流派的划分对后世产生了深远的影响。进入民国之后，词学家对唐宋词史上的流派分析依然很有兴趣，除了沿袭清人之说外，也有一些提出新意的分法。如刘麟生的《中国诗词概论》(1933年版)将宋词分为婉约、豪放和闲适三大流派，所谓"闲适派"与清人所说的"清雅派"相近。刘大杰的《中国文学发展史》(1949年版)则将姜夔为代表的词派成为"古典词派"。不难看出，"闲适""古典"较之"清雅"，措辞的褒贬色彩已有变化，已经打上了时代的烙印，这种变化颇发人深思。应该看到，民国乃至当代的词学著作对唐宋词风格流派的认识，都是在清人的基础之上有所发展的。

第十九章 晚清四大家推尊吴文英

清代词学流派各领风骚,风气数变,每次词学风尚的变化往往有一位或数位唐宋词人被推举,并成为一代风尚的旗帜。如阳羡派的辛弃疾,浙西派的姜夔、张炎,常州派的温庭筠、周邦彦等。号称晚清四大家的王鹏运、朱祖谋、郑文焯、况周颐推尊的是南宋词人吴文英。四大家曾长期校勘整理梦窗词集,对梦窗词的思想意义、艺术价值进行了深入的阐发,并有意用梦窗词的特殊风格影响、改变现实词坛的风气,"以梦窗词转移一代风会"①。受四大家的影响,当时几乎所有词学家都参与了讨论,一时间,梦窗词风成为议论最多的话题,吴文英成为最受尊崇的典范。四大家推举吴文英的努力成为晚清词坛最为引人注目的现象,也是词学史上最后一次大规模的思潮演变。

吴文英和晚清四大家都一直是学术研究的热点,然而发生在晚清词坛的这场"以梦窗词转移一代风会"的思潮,却似乎没有引起研究者的注意,各种批评史和词史著述,极少涉及于此。本文认为无论从思潮规模、理论深度、影响力度以及在当代的借鉴意义等各方面来看,这场词坛思潮均值得高度重视。

---

① 钱仲联:《改正梦窗词选笺释原序》,上海人文印书馆,1933年版。

第一节　词学史上的梦窗词论

吴文英在南宋末曾名显一时，褒贬不一。誉之者因其"深得清真之妙"①而给予很高的评价，有："前者清真，后有梦窗"②之评。宋末词学家对梦窗词也不乏批评。张炎《词源》一方面称梦窗词"善于炼字面"，并称"格调不俗，句法挺异，俱能特立清新之意，删削靡曼之词，自成一家，各名于世。"一方面又批评梦窗词"质实"："词要清空，不要质实。清空则古雅峭拔，质实则凝涩晦昧。姜白石词如野云孤飞，去留无迹。吴梦窗词如七宝楼台，眩人眼目，碎拆下来，不成片段。此清空质实之说。"③张炎论词推崇姜夔的"清空"，对以密丽质实为特色的吴文英词颇持异议。不仅张炎有此评，甚至曾得吴文英"作词之法"、对吴文英推崇备至的沈义父也批评梦窗词"其失在用事下语太晦处，人不可晓。"④以今人研究来看，吴文英词意象奇特浓密且时空多加转换跳跃，使事用典冷僻而又赋予独特的阐释，语言艳丽又深加锻炼雕琢，语句转折汰去前人用虚字而使气息流转的方法而代之以实词，因而读梦窗词往往会有晦涩难懂之感。张炎、沈义父对吴文英的批评对后世影响甚大，对梦窗词无论贬抑或褒扬，莫不从所谓"质实""晦涩"入手。

明代，吴文英几乎不为人知，其原因有二。其一，吴文英的词集明代几于不传，《梦窗词甲乙丙丁稿》至明末才为毛晋发现刊

---

① 沈义父：《乐府指迷》，《词话丛编》，中华书局，1986年版，第278页。
② 尹焕语：《中兴以来绝妙好词》卷十引，中华书局，1958年版。
③ 张炎：《词源》卷下，《词话丛编》，中华书局，1986年版，第259页。
④ 沈义父：《乐府指迷》，《词话丛编》，中华书局，1986年版，第278页。

第十九章　晚清四大家推尊吴文英

刻。① 而明代最为盛行的词选本《草堂诗余》中未及收录吴文英词。② 文本传播的因素直接影响了人们对梦窗词的了解和认识,从明代的词学文献看,词论家极少有评论梦窗词者,③更谈不上对梦窗词的深入认识了。其二,明代及清初词风推崇唐五代北宋,对南宋词人多不在意。因而梦窗词往往为人所轻视。最有代表性的言论如明末清初的尤侗所云:"词之系宋,犹诗之系唐也。唐诗有初、盛、中、晚,宋词亦有之。唐之诗,由六朝乐府而变;宋之词,由五代长短句而变。约而次之,小山、安陆,其词之初乎;淮海、清真,其词之盛乎;石帚、梦窗,似得其中,碧山、玉田,风斯晚矣。"④论唐诗分初盛中晚实有崇"盛"轻"中晚"之意,以此论词,将梦窗词列于"晚",显然有轻视之意。

清朝康熙年间,随着词学中兴局面的形成,词家对许多词学问题开始了反思,对南北宋词的评价和取法亦是讨论最为集中的问题。对包括吴文英词在内的南宋词风有了新的认识。如邹祗谟称梦窗等人的长调:"丽情密藻,尽态极妍。要其瑰琢处,无不有蛇灰蚓线之妙,则所云一气流贯也。"⑤浙西派以推崇南宋为旗帜,又十分重视格律,因而吴文英词常被人提及。然而此时吴文英仅作为

---

① 明万历年间太原张廷璋藏有旧钞本,未曾示人,直至清初由张学象夫人录出。参阅饶宗颐《词集考》卷六,中华书局,1992年版。
② 宋翔凤:《乐府余论》:"《草堂诗余》,宋无名氏所选,其人当与姜尧章同时。尧章自度腔,无一登入者,其时姜名未盛,以后如吴梦窗、张叔夏俱奉姜为圭臬,则《草堂》之选,在梦窗之前矣。"《词话丛编》,中华书局,1986年版,第2500页。
③ 仅有杨慎《词品》转述前人二则。参阅杨慎:《词品》,《词话丛编》,中华书局,1986年版,第650页。
④ 尤侗:《词苑丛谈序》,王百里《词苑丛谈校笺》,人民文学出版社,1998年版,第3页。
⑤ 邹祗谟:《远志斋词衷》,《词话丛编》,中华书局,1986年版,第650页。

姜夔一派的"羽翼"而出现。朱彝尊云:"词莫善于姜夔,宗之者张辑、卢祖皋、史达祖、吴文英……皆夔之一体。"①朱彝尊之后,形成了有关清雅词派的认识:即以姜夔为宗主,包括吴文英在内的南宋词人为成员的有别于北宋以前词风的词学流派。这种认识成为浙西词派的传统核心认识②,随着浙西词派的兴盛,吴文英亦逐渐为人所知。

嘉道之后,随着社会动荡加剧,士人心态也产生了急剧的变化,对词的态度从玩赏品味转向寄托幽深的思想情感。词家对古代典范词人、词作的选择也随之发生了变化,吴文英词又被重新认识。张惠言以"意内言外"论词,首开常州词派的法门。但他认为吴文英词缺点在于"枝而不物",而列为批评的对象。对于张惠言的批评,周济并不赞同,认为"皋文不取梦窗,是为碧山门迳所限耳。"指出"梦窗思沈力厚","梦窗立意高,取径远,皆非余子所及。"进而提出了"问涂碧山,历梦窗、稼轩,以还清真之浑化"③的学词途径。由此,吴文英成为四大家之一而区别于其他唐宋词人,被推至最为显著的地位,成为常州派"意内言外"比兴寄托的词学理论系统的一部分。正是由于周济的推扬,改变了人们对梦窗词的传统认识,并由推崇梦窗而开辟了晚清词坛新的风尚。正如饶宗颐先生所说:"自周济标举四家,并谓:'梦窗奇思壮采,腾天潜渊,返南宋之清泚,为北宋之秾挚。'于是风气转移,梦窗词与后山诗并为清季所宗,如清初之家白石而户玉田矣。"④

① 朱彝尊:《黑蝶斋诗余序》,《曝书亭集》卷四十。
② 参见杜诏:《山中白云词序》、李调元:《雨村词话序》、张其锦:《梅边吹笛谱序》。
③ 周济:《宋四家词选目录序论》,《词话丛编》,中华书局,1986年版,第1643页。
④ 饶宗颐:《词集考》,中华书局,1992年版,第226页。

第十九章 晚清四大家推尊吴文英

如前所述,吴文英词在南宋末年已有晦涩之评,在人们的认识中,晦涩成为梦窗词风格的代称,清人亦是如此,如彭孙遹《金粟词话》说梦窗词"雕缋满眼"。王时翔说"吴梦窗之奇丽而不免于晦。"①谢章铤说:"吴梦窗失之涩。"②皆将"晦涩"视为梦窗词的弊病所在。"涩"作为文学范畴最早出现于诗文批评。唐代皎然《诗式》云:"诗有二要:要力全而不苦涩,要气足而不怒张。""涩"是作为诗歌的弊病提出来的。然而也有一些作家为追求独特的艺术风格,特意求"涩",如唐代"元和以后,为文章则学奇诡于韩愈,学苦涩于樊宗师。"③词体本为乐歌,以歌喉谐畅婉转为美,"涩"自然与词体不合,因而在词学批评中,"涩"一直是作为受到指责的弊病出现的,张炎、沈义父对梦窗词"晦涩"的批评即是例证,此种认识明代以后一直继承,如明人俞彦《爰园词话》说:"遇事命意,意忌庸陋、忌袭。立意命句,句忌腐、忌涩、忌晦",④清人吴衡照《莲子居词话》卷一说:"词忌雕琢,雕琢近涩,涩则伤气",⑤皆视"涩"为作词的禁忌。

时代不同,审美取向亦发生变化。清代中后期,在新的词学形势下,一些过去被置于摒弃之列的词学风格,重新得以启用并被赋予新的意义,"晦涩"即是一例。常州派词人对"涩"进行了新的诠释。包世臣云:

> 声之得者又有三:曰清、曰脆、曰涩。不脆则声不成,脆矣

---

① 王时翔:《别花人语序》,《小山诗文全稿·文稿》卷二。
② 谢章铤:《赌棋山庄词话》卷十,《词话丛编》,中华书局,1986年版,第3470页。
③ 李肇:《国史补》下,上海古籍出版社,1979年版。
④ 俞彦:《爰园词话》,《词话丛编》,中华书局,1986年版,第400页。
⑤ 吴衡照:《莲子居词话》,《词话丛编》,中华书局,1986年版,第2403页。

而不清则腻,清矣而不涩则浮。屯田、梦窗以不清伤气;淮海、玉田以不涩伤格,清真、白石则能兼三矣。①

这是词学批评中最早从正面提出"涩"的用例。尤其值得注意的是批评张炎"以不涩伤格",颇有意味。张炎与姜夔合称"姜张",是浙西词派的词学典范。姜张词以"清空"为人称道,而与"清空"相对的"质实"则恰恰是"涩"的原因。联系包氏所云"清矣而不涩则浮",实是批评张炎是清而浮,而要用"涩"加以补救。周济对"涩"也有新的体认,据潘祖荫为周济《宋四家词选》作的序中提到,周济曾作有《论调》一书,"以婉、涩、高、平四品分之"。② 可见,周济是将"涩"作为词体的一种值得肯定的艺术风格来认识的。周济《柳下词序》云:"木君(周青)蹇于遇,居恒愁苦,怨抑悒然不可以终日。故其词多酸涩之味,思力沈挚,求诸古人往往而合也。"此处所用之"涩",与思想情感的深沉执着相联系,是以"涩"肯定其词风格的用法。周济对梦窗词的提倡,以及对以梦窗词为特征的"涩"的内涵的重新体认,对晚清四大家有重要的影响。

第二节 晚清重新认识梦窗词

周济将吴文英列于宋词四家之一,不仅改变了梦窗词长期不为人所重的局面,而且使浙派以来将梦窗视为白石羽翼的认识得到改观。在周济等人的基础之上,进一步把梦窗推向词学极致地位的还是被誉为晚清四大家的王鹏运、朱祖谋、况周颐等人。吴熊

---

① 包世臣:《月底修箫谱序》,《艺舟双楫》一。
② 潘祖荫:《宋四家词选序》,周济:《宋四家词选目录序论》附录,《词话丛编》,中华书局,1986年版,第1658页。

第十九章 晚清四大家推尊吴文英

和先生曾指出:"清末崇尚梦窗词之风转盛。王鹏运、朱孝臧、郑文焯、况周颐为晚清词坛四大家,于梦窗词皆寝馈甚深,倡导甚力。"①况周颐说:"近十数年,学清真、梦窗者尤多"②,确是当时词坛的状况。

晚清四大家弘扬倡导吴文英词,首先从整理、校勘、研究、评论梦窗词入手。四大家经手的《梦窗词》有多种刊本。计有"一校本"《梦窗甲乙丙丁稿》:王鹏运、朱祖谋合校,历时一载,刊于光绪二十五年(1899)。"二校本":王鹏运逝世后,朱祖谋致力续校,1908年刊行无著庵本。"三校本"《彊村丛书》本:朱祖谋从张元济涵芬楼获明万历中太原张廷璋所藏旧抄本《吴梦窗词集》(一卷本)钩稽异同,订补毛晋本达二百余事,刊于《彊村丛书》。"四校本"《彊村遗书》本:朱祖谋此后继续校订增补,务求精审。朱氏殁后,收入《彊村遗书》。在王、朱校梦窗词的过程中,师事王、朱的况周颐也曾参与其事。③ 此外郑文焯手校、手批的《梦窗词》有四、五本之多。王鹏运、朱祖谋以毕生精力研治梦窗词,王鹏运自命寓所为"校梦龛",可见于梦窗词所付之心力。王鹏运还为校《梦窗词》特地制定了著名的校词五例:正误、校异、补脱、存疑、删复,开创了近代词籍校勘之学。朱祖谋前后校勘有梦窗词集四个刊本,还著有《梦窗词集小笺》。郑文焯研治梦窗词十余年可谓殚精竭虑,著有《梦窗词校议》④《梦窗词跋》⑤二篇。今存杭州大学的郑文焯《手批梦窗

---

① 吴熊和:《郑文焯手批梦窗词》,《文史》第四十一辑。
② 况周颐:《蓼园词选序》,《蕙风词话广蕙风词话》,中州古籍出版社,2003年版,第499页。
③ 赵尊岳:《蕙风词史》云:"半唐校刊《梦窗词》,先生(况周颐)助成之。"
④ 郑文焯:《梦窗词校议》,《大鹤山人词话》,南开大学出版社,2009年版。
⑤ 郑文焯:《梦窗词跋》,《大鹤山人词话》,南开大学出版社,2009年版。

词》"历时十余年,题识几遍","郑文焯一生校勘梦窗词的心血,可谓尽萃于此了"①。四大家对吴文英词集做了大量文献整理工作,为进一步阐发梦窗词的意义,提高吴文英在词史上的地位,打下了基础。正如龙榆生所指出的:"(梦窗词)即经半塘之校勘,先生(按:朱祖谋)复萃精力与此,再三覆校,勒为定本,由是梦窗一集,几为词家之玉律金科,一若非浸润其中,不足与于倚声之列。"②四大家中尤以朱祖谋于梦窗词提倡最力、研治最工。朱祖谋《梦窗词稿序》说:"梦窗词品在有宋一代,颉颃清真。近世柏山刘氏独论其晚节,标为高洁。"这是针对前人批评吴文英"晚节颓唐"的反驳③。在当时,词界朋友甚至将朱祖谋视为吴文英的化身。④ 朱祖谋还用《梦窗词》作为指导学生词学入门的教材,朱氏弟子杨铁夫曾记述朱祖谋指导其读吴文英词的经历:

> 呈所作,无褒语,止以多读梦窗词为勖。始未注意也。及后每一谒见,必言及梦窗,归而读之,如入迷楼,如航断港,茫无所得。质诸师,师曰:"再读之。"如是者又一年,似所悟又有进矣。师于是微指其中顺逆提顿转折之所在,并示以步趋之所宜从。又一年,加以得海绡翁所评清真、梦窗词诸稿读之,愈觉有得。⑤

坚持不懈独重梦窗,并导之以由浅入深,细加体察,以发掘梦

---

① 吴熊和:《郑文焯手批梦窗词》,《文史》第四十一辑。
② 龙榆生:《晚近词风之转变》,《同声月刊》第一卷第三号。
③ 《四库全书总目提要·梦窗稿提要》:"有寿贾似道诸作,殆亦晚节颓唐,如朱希真、陆游之比。"
④ 王鹏运:《彊村词原序》:"世人知学梦窗,知尊梦窗,皆所谓但学兰亭面者。六百年来真得髓者,非公更有谁耶。"
⑤ 杨铁夫:《改正梦窗词选笺释原序》,上海人文印书馆,1933年版。

窗词的精髓所在。朱祖谋还曾以似梦窗来夸奖后学,如评陈洵词云:"神骨俱静,此真能火传梦窗者。"①凡此种种,皆可见朱祖谋对梦窗词的重视。

四大家力推吴文英,不仅是将梦窗词风作为自己词学思想的体现,而且将吴文英作为词人的典范,标立为学习的楷模。师事朱祖谋的陈洵受乃师影响,在周济提出的王、吴、辛、周四家词统的基础上,进一步提出尊梦窗为师,将吴文英与周邦彦并尊,提高吴文英在词史上的地位:

> 周止庵立周、辛、吴、王四家,善矣。惟师说虽具,而统系未明。疑于传授家法,或未洽也。吾意则以周、吴为师,余子为友,使周、吴有定尊,然后余子可取益。于师有未达,则博求之友。于友有未安,则还质之师。如此,则系统明,而源流分合之故,亦从可识矣。②

这样,在清代继辛弃疾、姜夔、张炎、温庭筠、周邦彦之后,吴文英亦被推上至尊的地位。吴文英的被推尊标志着词学新时期的到来。

第三节 改变词风的意图

四大家之所以独重吴文英,是因为他们对吴文英的词有特别的发现和独特的认识。朱祖谋曾指出:"梦窗系属八百年未发之疑。"③此话不仅是说梦窗词语言难懂、旨意难明,还指历代对梦窗

---

① 朱祖谋:《彊村老人评词》,《词话丛编》,中华书局,1986年版,第4379页。
② 陈洵:《海绡说词》,《词话丛编》,中华书局,1986年版,第4838页。
③ 朱祖谋:《朱彊村致夏承焘函》,1929年11月,《文献》第七辑。

词的误解、曲解。因而解读梦窗词,阐发其意义,确立其价值则成为四大家研治梦窗词的目标。

第一,揭示梦窗词的比兴寄托及其意义。前人论梦窗词多从语言风格和意象着眼,如沈义父说"用事下语太晦",张炎说"如七宝楼台,眩人眼目,碎拆下来,不成片断"皆是。自清初以来,对梦窗词多有肯定,但仍不出前人的范围。如宋征璧称其"能叠字"①,邹祗谟《远志斋词衷》称"融篇炼句琢字之法,无一不备"。即使是特别标举吴文英的常州派诸词家,亦不过突出其境界和立意,如周济说:"梦窗奇思壮采,腾天潜渊","梦窗立意高,取径远"②。而四大家论梦窗词则从词的思想内容立论,指出其词中的寄托之意。况周颐云:

> 词之极盛于南宋也,方当半壁河山,将杭作汴,一时骚人韵士,刻羽吟商,宁止流连光景尔?其荦荦可传者,大率有忠愤抑塞,万不得已之至情,寄托于其间,而非"晓风残月"、"桂子飘香"可同日而语矣。梦翁怀抱清夐,于词境为最宜,设令躬际承平,其出象笔鸾笺,以鸣和声之盛,虽平揖苏、辛,指麾姜、史,何难矣。乃丁世剧变,戢影沧洲,黍离麦秀之伤,以视南渡群公,殆又甚焉。③

"黍离麦秀之伤"之论,发前人所未发,况氏指出世事剧变的外

---

① 田同之:《西圃词说》引,《词话丛编》,中华书局,1986年版,第1458页。按:徐釚《词苑丛谈》卷四所引宋征璧之语无此语。

② 周济:《宋四家词选目录序论》,《词话丛编》,中华书局,1986年版,第1644页。

③ 况周颐:《历代两浙词人小传序》,《蕙风词话广蕙风词话》,中州古籍出版社,2003年版,第446~467页。

部环境与梦窗独特的性情怀抱的内因相结合成就了梦窗词的独特风格,确为有见之论。

历代词评家多有将吴文英与周邦彦进行对比者,如宋代沈义父、尹焕之言已见前引,后世亦不乏此比。但多从语言风格进行比较,如《四库全书总目提要》说"其天分不及周邦彦,而研炼之功则过之。"四大家亦将周、吴进行比较,但考察的角度有所变化,结合周、吴所处的时代立论。如郑文焯云:

> 当此世变,宜以奇情慷慨,以写余哀。如清真《西平乐》《瑞鹤仙》《浪淘沙》诸慢曲,其时或值方腊之乱,其词颇多峻切之音。即梦窗亦感触时事,不尽自组丽中来。①

从感触时事的角度指出梦窗对清真词的继承,较之前人从字面比较周、吴无疑要深刻。朱祖谋《梦窗词稿序》亦云:

> 梦窗词品在有宋一代,颉颃清真。近世柏山刘氏独论其晚节,标为高洁。……乐笑翁题《霜花腴》卷后云:"独怜水楼赋笔,有斜阳,还怕登临。愁来了,听残莺啼过柳隐。"古之伤心人别有怀抱,读梦窗词当如此低回矣。

与朱祖谋关系密切的张尔田在为朱祖谋的《彊村语业》写的序中作了进一步的阐发:"曩者半塘翁固尝目先生词似梦窗。夫词家之有梦窗,亦犹诗家之有玉溪。玉溪以瑰迈高材,崎岖于钩党门户,所为篇什幽忆怨断,世或小之为闺帏之言。顾其他诗'如何匡

---

① 郑文焯:《论词书》,《大鹤山人词话》,南开大学出版社,2009年版,第289页。

国分，不与素心期。'又曰：'夕阳无限好，只是近黄昏。'岂与夫丰艳曼睩竞丽者。窃以为感物之情，古今不易，第读之者弗之知尔。"朱祖谋曾说："浣花、玉溪于诗，犹清真、梦窗于词。"①将吴文英比李商隐，唐末比宋末，将词人置于当时风雨飘摇、感时伤怀的环境中体察其风格，确为认识梦窗词别开生面。

第二，对吴文英词的风格特征予以新的阐释。后人论及梦窗词往往受张炎"质实"和沈义父"用事下语太晦"说的影响。四大家对梦窗词用力甚深，因而对梦窗词不易为人体察的艺术匠心和独特手法多有发现，概括起来约有两个方面：其一，力为破梦窗词晦涩难懂的陈言。明晰梦窗词的意绪脉络是理解梦窗词的关键，朱祖谋《梦窗词跋》云：

> 君特以隽上之才，举博丽之典，审音拈韵，习语古谐，故其为词也，沉邃缜密，脉络井井，绵幽抉潜，开径自行，学者非造次所能陈其意趣。

前文引杨铁夫之语提到朱祖谋教导学梦窗词时，提示"顺逆提顿转折之所在"，见出对梦窗词研析之细，正缘于此，故能透过晦涩的表象发现"沉邃缜密，脉络井井，绵幽抉潜，开径自行"的深层特质。杨铁夫《吴梦窗词选笺释自序》也说："梦窗诸词，无不脉胳贯通，前后照应，法密而意串，语卓而律精。而玉田七宝楼台之说，真矮人观剧矣。"洞悉梦窗词的意绪脉络后，自然不觉其晦涩。明了梦窗词语言的出处亦是破晦涩说的重要内容。王鹏运《梦窗词稿跋》说："梦窗以空灵奇幻之笔，运沉博绝丽之才，几如韩文、杜诗，

---

① 严几道：《与朱彊村书》引，《彊村老人评词》附录，《词话丛编》，中华书局，1986年版，第4384页。

第十九章 晚清四大家推尊吴文英

无一字无来历。"梦窗词语言多有出处,从积极的方面看,可使意象更加丰富,又可增加语言的表现力。但如不了解语言的出处,自然感觉难懂。郑文焯亦说:"其取字多从长吉诗中得来,故造语奇丽。世士罕寻其源,辄疑太晦,过矣。"①

其二,区别并认识梦窗词的表象和内涵。况周颐《蕙风词话》卷二用"密"与"厚"论说之:

> 近人学梦窗,辄从密处入手。梦窗密处,能令无数丽字,一一生动飞舞,如万花为春,非若雕䃅蹙绣,毫无生气也。如何能运动无数丽字,恃聪明,尤恃魄力。如何能有魄力,唯厚乃有魄力。梦窗密处易学,厚处难学。②

"密"与张炎所说的"质实"相近,主要表现在意象、用典和语言上。吴文英的地位提高之后,一些人追摹梦窗词风。然而仅袭外表,未得真谛,即如夏敬观《忍古楼词话》所说:"不善学者,但于字句求之,失之远矣。"况周颐指出梦窗词的外表的"密"与其内涵的"厚"相联系,绝非摹仿语言的密实者所可得。况周颐《蕙风词话》卷二进一步指出:

> 重者,沉著之谓。在气格,不在字句。于梦窗词庶几见之。即其芬菲铿丽之作,中间隽句艳字,莫不有沉挚之思,灏瀚之气,挟之以流转。令人玩索而不能尽,则其中之所存者厚。沉著者,厚之发见乎外者也。欲学梦窗之致密,先学梦窗

---

① 郑文焯:《郑校梦窗词跋》,龙榆生《唐宋名家词》引,上海古籍出版社,1980年版,第293页。
② 况周颐:《蕙风词话》,《词话丛编》,中华书局,1986年版,第4447页。

之沉著。即致密、即沉著。非出乎致密之外,超乎致密之上,别有沉著之一境也。梦窗与苏、辛二公,实殊流而同源。其所为不同,则梦窗致密其外耳。其至高至精处,虽拟议形容之,未易得其神似。颖慧之士,束发操觚,勿轻言学梦窗也。

"厚"是"沈著"的外现,况周颐指出,"沈著"即建立在深厚感情之上的寄托,梦窗词的致密是以思想感情为基础的,由此揭示出梦窗词的真正价值所在。况周颐弟子赵尊岳对梦窗词中语言的外表与情意的内涵的关系做了进一步阐发:

用字研炼,首推梦窗。梦窗有真情真意,以驱策此若干研炼之字面。又全篇气机生动,使实字不致质滞,此大笔力也。何易语此,盖能使流走之气机与研炼之字面相表里,始足与言炼字之法。彼临渴掘井,觅致若干蓄艳之字而又不善位置者,在在且有金沙入眼之弊,何止拆将下来,不成片段乎?此梦窗之所以难学也。①

有了真情真意之根本,"研炼"的语言方能灵动;而不善学梦窗者,语言"质滞",乃因缺少真情真意所致。与况周颐所说的意旨相同,陈洵《海绡说词》则用"涩"与"留"加以表述:

以涩求梦窗,不如以留求梦窗。见为涩者,以用事下语处求之;见为留者,以命意运笔中得之也。以涩求梦窗,即免于晦,亦不过极意研炼丽密止矣,是学梦窗,适得草窗。以留求梦窗,则穷高极深,一步一境,沈伯时谓梦窗深得清真之妙,盖

---

① 赵尊岳:《填词丛话》卷三,《词学》第四辑,华东师范大学出版社。

第十九章　晚清四大家推尊吴文英

于此得之。

陈洵认为，由"涩"入手，仅能看到语言形式的表象；由"留"入手，则能洞悉融立意于其中的高妙境界。

第三，"以梦窗词转移一代风会"，此语是钱萼孙（仲联）先生对朱祖谋研究梦窗词的用心所在的揭示，同时也准确地概括出四大家力推梦窗词的意义。清代中期，自浙派盛行以后，几乎家祝姜、张，户尸朱、厉。由于对所谓"醇雅""清雅"的偏颇追求，浙派末流逐渐演化为空疏浮滑，即金应珪《词选后序》所指出的"游词"："规模物类，依托歌舞，哀乐不衷其性，虑叹无与乎情，连章累篇，义不出乎花鸟，感物指事，理不外乎酬应。虽既雅而不艳，斯有句而无章。"无病呻吟，空洞无物。与四大家同时的谭献《复堂词话》曾说："词尚深涩，而频伽（按：指浙派"殿军"郭麐）滑矣。"可见浙派末流弊端在"滑"已是时人之共识。浙派末流的弊端，日益引起人们的反感。正是在此种词学背景之下，四大家全力推扬吴文英，意欲以梦窗词风改变词坛风气。四大家之前，周济已流露出以梦窗之"涩"补救浙派末流浮滑的意识，周济曾引良卿之语曰："梦窗非无生涩处，总胜空滑。"①为了改变以往人们对"涩"的片面认识，四大家对"涩"这一范畴又进行了重新阐释，况周颐《蕙风词话》卷五云：

> 涩之中有味、有韵、有境界，虽至涩之调，有真气贯注其间。其至者，可使疏宕，次亦不失凝重，难与貌涩者得道耳。

况氏认为传统认识中的"涩"不过是"貌涩"，有真气贯注其间

---

① 周济：《介存斋论词杂著·词辨自序》，《词话丛编》，中华书局，1986年版，第1633页。

的"涩"方是至境。蔡嵩云《柯亭词论》进一步解释说:"词中有涩之一境。但涩与滞异,亦犹重大拙之拙,不与笨同。""涩"成为体现新的审美价值的范畴运用于词学批评之中。王鹏运称赞吴文英词:"檀栾金碧楼台好,谁打霜花稿。"①这里王氏重提张炎"七宝楼台"之说,但已是反其意而用之了。四大家还常以"涩"作褒扬之词,如王鹏运评论南宋人袁去华词云:"宣卿词气清而笔近涩,词笔最忌留不住。"②王鹏运在创作中用"涩体"实践其理论,《半塘定稿》《绮寥怨》小序说:"用美成涩体以写呜咽",其努力可见。四大家对梦窗词风以及对"涩"的重新体认,得到了词坛的广泛认同,作为审美范畴的"涩"不仅具有正面的色彩,而且可以用作革除时弊的武器,如蒋敦复《芬陀利室词话》卷三说:"勿专学玉田,流于空滑,当以梦窗救其弊"。③ 孙麟趾《词迳》说:"梦窗足医滑易之病","石以皱为贵,词亦然。能皱必无滑易之病,梦窗最善此。"④沈泽棠也说:"(梦窗词)词境幽涩,正足以药剽滑之弊。"⑤

在四大家的积极倡导之下,晚清的词坛风气发生了巨大的变化,吴文英词成为词人效法的典范,"几若梦窗为词家韩、杜。"⑥然而其弊随之而来,张尔田指出:"近之学梦窗者,其胸中本无真情真景,而但摹仿字面,那得不被有识者所笑乎?"⑦批评近人学梦窗词

---

① 王鹏运:《虞美人》《题校梦庵图》,《半塘定稿》,《清名家词》,上海书店,1980年版。
② 况周颐:《历代词人考略》卷二十六引,全国图书馆文献缩微复制中心2003年影印版。
③ 蒋敦复:《芬陀利室词话》卷三,《词话丛编》,中华书局,1896年版,第3671页。
④ 孙麟趾:《词迳》,《词话丛编》,中华书局,1986年版,第2553、2556页。
⑤ 沈泽棠:《忏庵词话》,《中国韵文学刊》,1995年1期。
⑥ 沈曾植:《海日楼丛钞》《菌阁琐谈》附录一,《词话丛编》,中华书局,1986年版,第3613页。
⑦ 张尔田:《与龙榆生论词书》,《同声月刊》第一卷第三号。

第十九章　晚清四大家推尊吴文英

仅摹仿语言形式,未得根本。与之而来的是词坛风气崇尚生涩,冒广生批评晚清词坛风气云:"光宣以降,为长短句者,务填难调,用涩字,以诘曲聱牙相号召。读之终卷,无可上口者。此所谓以艰深文浅陋也。"①龙榆生亦指出:"自晚清以迄民国,周(邦彦)、吴(文英)之学大行,于是倚声填词者往往避熟就生,竞拈僻调,而对宋贤习用之调,排摈不遗余力,以为不若是不足以尊所学而炫其能也。……其流弊所极则一词之成,往往非重检词谱,作者亦几不能句读,四声虽合,而真性已漓。"②甚至出现了"宁晦无浅,宁涩无滑,宁生硬无甜熟,炼字炼句,迥不犹人"③的风气,以往被黜斥的晦涩竟成了人们争相追摹的词坛时尚。这种矫枉过正的现象却是四大家所始料未及的。

四大家中王鹏运过世较早,进入民国之后,朱祖谋以年辈高、造诣深而为词界推为领袖。朱祖谋以推梦窗而著称,因而学梦窗者往往提及朱氏。有鉴于此,龙榆生特意辨析:"彊丈之翼四明,能入能出,晚岁于坡公尤为笃嗜。梦窗佳境,岂俗子所知,浮藻游词,玩之空无所有,强托周吴以自矜声价,其病亦复与伧俗相同。"④指出朱祖谋虽推崇吴文英,但绝不是为学而学,更不以此自限。追摹者不能达到朱氏的境界,自然盲入狭隘之途。民国之后,国家内忧外患,新思想、新潮流兴起,旧派文人逐渐退出文学舞台,清人所热衷的话题如南北宋之争、崇姜张尚周吴等均不再为人提及。然而晚清四大家所掀起的这场词学风潮作为旧时代词坛的压轴戏仍会给我们不少启发,自有其价值所在。

---

①　冒广生:《定巢词序》,《冒鹤亭词曲论文集》,上海古籍出版社,1992年版,第494页。
②　龙榆生:《晚近词风之转变》,《同声月刊》,第1卷第3号。
③　蒋兆兰:《词说自序》,《词话丛编》,中华书局,1986年版,第4625页。
④　龙榆生:《今日学词应取之途径》,《词学季刊》,第二卷第二号。

第二十章　郑文焯论柳永词

柳永是北宋著名词人,又是饱受争议的人物。其词"大得声称于世",受到市井细民的热烈欢迎,但也遭到士大夫阶层的激烈批评。在千年词学史上,柳永是受到非议最多的词人,与其他一些词史上的大词人,如温庭筠、苏轼、周邦彦、姜夔、吴文英等,毁誉褒贬有起有伏的经历相比,柳永则一直备受批判而少有赞誉之辞。然而在晚清,这种单边批评的情况却发生了变化,晚清四大家之一的郑文焯对柳永词予以高度的关注,加以细致的研究,并给予很高的评价。郑文焯的柳永之论,是晚清词学史上的一道特殊景观,也是柳永词接受史上的重要事件。它引发人们对柳永词进行重新认识、重新评价,对现代词史的研究也有重要启迪和借鉴的意义。郑文焯的词学理论近些年来逐渐为研究者所重视,林玫仪、卓清芬、曾大兴的研究论著可谓代表。① 本章拟从郑文焯《手批乐章集》和郑氏其他词学文献中有关柳永词的评论入手,探讨郑氏论柳的内

---

① 参阅林玫仪《晚清词论研究》第七章《郑文焯》(台湾大学中文研究所博士论文,1979年);林玫仪《郑文焯之词学理论》(载《词学考诠》,联经出版事业公司,1987年版);卓清芬《清末四大家词学及词作研究》第三章《清末四大家的词论》(国立台湾大学文史丛刊,2003年版)。曾大兴《"晚清四大家"中的一个另类——郑文焯的词学主张》(《苏州大学学报》,2008年,第4期)。

涵、原因以及所产生的影响等问题,以期对这一晚清词学史的重要学案有更深入的认识。

第一节　词学史上的黜柳论

虽然词学史上对柳永词也有一些赞誉之辞,如陈振孙说柳词"音律谐婉,语意妥帖,承平气象,形容曲尽"①,明代王世贞称为"词之正宗"②,但远没有贬斥的声音宏大而持久。概括起来,词学史上对柳永及其词作的批评有以下三个方面。

第一,人品和词品卑下。宋人陈振孙说:"其词格固不高,……若其人则不足道也。"②对柳永词的内容和创作态度予以批评。清人邓廷桢说:"《乐章集》中,冶游之作居其半,率皆轻浮猥亵,取誉筝琶。"③此与清人董士锡所说"以其鄙曼之辞,缘饰音律以投时好"④意思相近,皆指柳永为迎合受众而作词的态度。与北宋士大夫雅士以表现自己的情志的作词态度相比,柳永作词多以受众的喜闻乐见为创作目的,因而其词具有明显的商品特点。清人陈锐《褒碧斋词话》中说:"屯田词在小说中如《金瓶梅》。"樊增祥说柳词"半为郑声,导元人之末流,入《桑中》之鄙语,准诸宣圣,放之为宜。"⑤指柳词与雅词相对立的俗文学特点。概而言之,论者认为柳词乃媚俗而作,格调低下,对后世产生了很坏的影响。

第二,语言俚俗尘下。南北宋之际李清照评柳永词"词语尘

---

① 陈振孙:《直斋书录解题》卷二十一,上海古籍出版社,1987年版,第618页。
② 王世贞:《艺苑卮言》,《词话丛编》,中华书局,1986年版,第385页。
③ 邓廷桢:《双砚斋词话》,《词话丛编》,中华书局,1986年版,第2528页。
④ 董士锡:《餐华吟馆词叙》,《齐物论斋文集》卷二。
⑤ 樊增祥:《东溪草堂词选自叙》,《樊山集》卷二十三。

下"①是这类批评的代表。柳词多用市井俚语,与当时词坛文人词的雅致语言格调迥异。严有翼评柳词"彼其所以传名者,直以言多近俗,俗子易悦故也。"②徐度说:"(柳)词虽极工致,然多杂以鄙语,故流俗人尤喜道之。"③柳永使用俚俗语言也是为下层受众易于理解而有意为之。清人宋翔凤《乐府余论》云:"耆柳失意无俚,流连坊曲,遂尽收俚俗语言,编入词中,以便伎人传习。一时动听,散播四方。"④语言的俚俗使柳词赢得了广泛的受众,同时也招致士大夫雅词阵营的激烈排斥。

第三,批评柳词"无韵"。如北宋人李之仪说柳词:"铺叙展衍,备足无余,形容盛明,千载如逢当日。较之《花间》所集,韵终不胜。"⑤吴曾《能改斋漫录》卷一六将张先与柳永相比,称"子野韵高,是耆卿所乏处"。所谓"韵",指文艺作品所产生的联想、感发和回味,即古人所谓"弦外之音""言外之意""味外之旨"。有无"韵味"乃雅俗之辨的重要分野。柳永词在表现手法上和作词的章法上迎合下层市民俗众的接受习惯,叙述描写直观浅露,不求含蓄蕴藉,不设比兴寄托。王灼《碧鸡漫志》卷二说:"柳耆卿《乐章集》,世多爱赏该洽,序事闲暇,有首有尾。"⑥柳词叙事、言情皆有这种特点,如宋征璧云:"词家之旨,妙在离合,语不离则调不变宕。情不合则绪不联贯。每见柳永,句句联合,意过久许,笔犹未休,此是其

---

① 李清照:《词论》,《苕溪渔隐丛话》后集卷三十三引。
② 严有翼:《艺苑雌黄》,《苕溪渔隐丛话》卷三十九引。
③ 徐度:《却扫编》卷五,《宋元笔记小说大观》,上海古籍出版社,2001年版。
④ 宋翔凤:《乐府余论》,《词话丛编》,中华书局,1986年版,第2499页。
⑤ 李之仪:《跋吴思道小词》,《姑溪居士文集》卷四十。
⑥ 王灼:《碧鸡漫志》卷二,《词话丛编》,中华书局,1986年版,第84页。

病。"①柳永常常在词中不厌其详地抒情,唯恐受众不为感染。清人钱裴仲《雨华庵词话》说:"柳词与曲,相去不能以寸。且有一个意或二三见,或四五见者,最为可厌。"②即是指此类作品。很显然,柳永这类以铺叙见长的词较适合文化修养不高、无须以想象填补审美接受空白的读者,而对文人士大夫来说,了无余味,甚至生厌。

对柳词的批评还往往延伸到柳词对词坛的影响上,论者将词坛某些时期出现的淫靡风气归罪于柳永。如邓汉仪认为清初词坛出现侧艳之风的原因是"今人顾习山谷之空语,效屯田之靡音,满纸淫哇,总乖正始。"③浙派先导的曹溶针对词坛弊端提出"豪旷不冒苏、辛,秽亵不落周、柳"④的创作理路,将柳词与"秽亵"等同。被尊为常州词派宗主的张惠言在《词选序》批评柳永词"荡而不反,傲而不理,枝而不物",张氏的《词选》里未给柳永词留下位置,柳词一首未选,对柳词持排斥态度。

如果我们对清代的词学史加以考察就可以发现,清代前后占据词坛中心的几个流派都曾推举一位或数位唐宋词人作为学习的典范和追摹的对象,如浙西词派之于姜夔、张炎,常州词派之于温庭筠、周邦彦,晚清四大家中的王鹏运、朱祖谋之于吴文英。而柳永在清代二百余年的词学史上从来没有得到词坛主流的肯定,反而,词论家的抨击、词选家的排斥造成了习词者对柳永这位北宋大词人的陌生,晚清的陈锐感慨道:"言清空者喜白石,好秾艳者学梦

---

① 沈雄:《古今词话·词品》下卷引,《词话丛编》,中华书局,1986年版,第850页。
② 钱裴仲:《雨华庵词话》,《词话丛编》,中华书局,1986年版,第3012页。
③ 邓汉仪:《十五家词序》,《四部备要》。
④ 曹溶:《古今词话序》,《词话丛编》,中华书局,1986年版,第729页。

窗,谐婉工致,则师公瑾、叔夏。独柳三变,无人能道其只字已。"①柳永这个曾经在词的体制形式上具有开创之功、赢得当时受众空前欢迎、在词史上产生了巨大影响的词人,在千年之后竟然几乎被人遗忘,岂不哀哉!

　　值得注意的是,从清代中后期常州词派的周济之后,对柳永的评论逐渐发生了一些变化。周济说:"耆卿为世訾謷久矣,然其铺叙委婉,言近意远,森秀幽淡之趣在骨。耆卿乐府多,故恶滥可笑者多,使能珍重下笔,则北宋高手也。"②"清真词多从耆卿夺胎,思力沉挚处往往出蓝。然耆卿秀淡幽艳,是不可及。后人摭其乐章,訾为俗笔,真瞽说也。"③周济对柳永的这种"有保留的肯定"与以往的"一边倒"式批评相比已经有了很大改观,对当时及后世关于柳永的认识产生了重要的启示。周济之后刘熙载、陈廷焯、冯煦对柳永的评论也很有特点。刘熙载《词概》云:"耆卿词细密而妥溜,明白而家常,善于叙事,有过前人。"陈廷焯《云韶集》卷二云:"清秀是柳词本色"。冯煦《蒿庵论词》云:"耆卿词,曲处能直,密处能疏,奡处能平,状难状之景,达难达之情,而出之以自然,自是北宋巨手。"④刘熙载所云"妥溜",陈廷焯所云"清秀",冯煦所云"自然",从不同的角度对柳词以往不被论者所发现的特点予以揭示,这些对郑文焯论柳颇有启发。

----

① 陈锐:《裒碧斋词话》,《词话丛编》,中华书局,1986年版,第4197页。
② 周济:《介存斋论词杂著》,《词话丛编》,中华书局,1986年版,第1631页。
③ 周济:《宋四家词选目录序论》附:《雨霖铃》(寒蝉凄切)眉批,《词话丛编》,中华书局,1986年版,第1651页。
④ 冯煦:《蒿庵论词》,《词话丛编》,中华书局,1986年版,第3585页。

第二节 郑文焯论析柳永词

郑文焯对柳永词有过深入细致的研究,在其手批《乐章集》上可见圈点遍布,批语满卷,对柳词的艺术特点和成就颇有发现。在与当时词界朋友的书札中亦有大量有关柳永的评论,对柳永词的成就和影响做了深入的阐述。郑文焯对词坛过分贬抑柳永的状况十分不满,他说:

> 柳三变乃以专诣名家,而当时转述其俳体,大共非訾,至今学者,竟相与咋舌瞠目,不敢复道其一字。①

指出柳永作为宋词的名家受到贬黜,从而造成柳词不为人所知的现状是极不正常的。郑文焯对柳词的肯定从宋人以来已有的正面定评入手,如柳永创制慢词长调,善于铺叙、音律谐婉,等等,郑文焯说耆卿词"绸缪宛转,百变不穷",对柳永慢词在词学史上的意义作出高度评价:

> 盖自南唐二主及正中后,得词体之正者,独《乐章集》可谓专诣已。以前此作者,所谓长短句,皆属小令。至柳三变乃演赞其未备,而曲尽其变,讵得以工为俳体而少之?尝论乐府原于燕乐,故词者,声之文也,情之华也,非娴于声,深于情,其文必不足以达之,三者具而后可以言工,不其难乎?求之两宋,

---

① 郑文焯:《论词书》,《大鹤山人词话》,南开大学出版社,2009年版,第296页。

清真外微耆卿其谁欤？①

郑文焯高度评价柳永，肯定了其打破了小令一统词坛的贡献，认定柳词为五代之后"词体之正"，肯定了柳永开创宋调的首功。还认为柳永创作的情深声娴、曲尽其变的慢词是词坛的一大进步。在此基础上郑文焯将柳永与周邦彦并立为最具词体特性的代表，指出柳永词具有的独特的艺术特色和极高的造诣，充分肯定了柳永在词史上的地位。

此外，郑文焯对柳词的探研颇具独见，发前人所未发，概括起来主要有三个方面。

第一，骨气神韵寄托。如前文所述，前人评柳永词多指斥其词格不高，缺乏韵致。郑文焯则说："耆卿词以属景切情，绸缪宛转，百变不穷，自是北宋倚声家妍手。其骨气高健，神韵疏宕，实惟清真能与颉颃。"②又说："盛藻缤纷，奈人寻味，以意高，故辞不必工，此屯田所以夐绝也。""骨气高健，神韵疏宕"，"意高"诸语，显然是针对前人贬斥柳词的翻案之论。前人对柳永的批评主要集中在"俗"，对其人品词品的斥责也主要聚焦在此。虽然柳永的《八声甘州》曾被苏轼评为"不减唐人高处"③，但仍不能改变学词者对柳永的整体印象。郑文焯为重树柳永的形象，对柳永的更多作品重新分析评价，在《手批乐章集》中结合柳词《曲玉管》《雪梅香》《戚氏》《玉蝴蝶》等作，指出俱能兴象高远而气势劲健。郑文焯进而指出

---

① 郑文焯：《手批乐章集》，《大鹤山人词话》，南开大学出版社，2009年版，第17页。
② 郑文焯：《手批乐章集》，《大鹤山人词话》，南开大学出版社，2009年版，第17页。
③ 赵令畤：《侯鲭录》卷七引，《宋元笔记小说大观》，上海古籍出版社，2007年版。

柳词的"寄托":

> 柳词浑妙深美处,全在景中人,人中意,而往复回应,又能寄托清远。达之眼前,不嫌凌杂。诚如化人城郭,唯见非烟非雾光景。殆一片神行,虚灵四荡,不可以迹象求之也。①

这里所说的寄托,并非专指家国君臣之义的政治寄托,而是情感意绪的升华熔铸。郑氏指出,柳词中情象交融,寄寓之情浑化无迹,乃更高层次的寄托。郑文焯从品格境界的角度对柳词的阐发,对重新认识柳词有根本的意义。

第二,章法语言。前人批评柳词:"铺叙展衍,备足无余",即指柳词的章法多平叙,缺少起伏和传神之笔,这是柳词俚俗论的主要根据之一。郑文焯精研柳词,发现柳永"词之命意所注,确有层折"②。"作者着意机栝转关处",用笔精妙,"真词中之眼,如画龙点睛,神观超越,使观者目送其破壁飞去而已,乌得不惊叹叫绝!"③郑文焯此言不仅驳斥了柳词章法缺少变化的陈言,并已超越章法分析,上升到艺术境界的层面。前人认为柳俗的表现又在于词语俚俗,柳词"词语尘下","不知书者尤好之",不如"多用唐人诗语檃括入律"④的词作文雅。郑文焯对此说大不以为然,通过深研柳词,指出柳词熟于历代典籍,学力深厚,如说:"柳、吴则取字至

---

① 郑文焯:《手批乐章集》,《大鹤山人词话》,南开大学出版社,2009年版,第18页。
② 郑文焯:《论词书》,《大鹤山人词话》,南开大学出版社,2009年版,第296页。
③ 郑文焯:《手批乐章集》,《大鹤山人词话》,南开大学出版社,2009年版,第18页。
④ 陈振孙:《直斋书录解题》卷二十一,上海古籍出版社,1987年版,第618页。

博。近考屯田于二谢诗极多运用。"①又如在批校柳永词《郭郎儿近》中"畏景"时注云:"柳词恒见原于《文选》,耆卿取字不仅在温、李诗中,盖熟于六朝文,故语多艳冶,无一字无来处。"②柳词"不独声律之空积忽微,以岁世绵邈而求之至难。即文字之托于音,切于情,发而中节,亦非深于文章,贯串百家,不能识其流别。"③郑氏指出柳词语言亦有"来历",多从古代大家、名家的经典作品之中化用借鉴,说明柳永决非不知书的市井词人,其文学修养与所谓文雅词人不相伯仲。这是改变柳词"俚俗"形象的重要之论。

第三,以柳比周,指出柳乃周之源。在词学史上"周柳"常常并称,如清初西泠词人毛先舒说:"宋词人并称周柳。"④周邦彦在词学史上地位显赫,从南宋至清末一直是词学的典范。清真词在南宋中后期就备受推崇,刊本最多,更不乏心仪追摹者。在明代最为流行的《草堂诗余》中,周邦彦的词被收入的数量第一,因而知名度也最高。清代的两大词派皆推崇周邦彦:浙西词派厉鹗称周邦彦词"婉约隐秀,律吕谐协,为倚声家所宗"⑤,常州词派周济将"清真之浑化"作为最高目标。郑文焯将柳永与周邦彦相提并论,自然可

---

① 郑文焯:《论词书》,《大鹤山人词话》,南开大学出版社,2009年版,第279页。

② 郑文焯:《手批乐章集》,《大鹤山人词话》,南开大学出版社,2009年版,第24页。

③ 郑文焯:《论词书》,《大鹤山人词话》,南开大学出版社,2009年版,第296页。

④ 毛先舒:《词辩坻》,孙克强辑《毛先舒〈词辩坻〉汇辑》,《词学》第十七辑,华东师范大学出版社,2006年版。另如刘克庄《跋刘叔安感秋八词》:"叔安刘君……周柳、辛陆之能事庶乎其兼之矣。"《丛书集成初编》一五六九《后村题跋》卷二,中华书局,1985年版。清初周在浚《借荆堂词话》:"周、柳之纤丽。"曹溶《古今词话序》:"秽亵不落周、柳。"晚清陈廷焯《白雨斋词话》卷五:"品论古人得失,欲使苏辛、周柳两派同归。"

⑤ 厉鹗:《吴尺凫玲珑帘词序》,《樊榭山房文集》卷四。

第二十章　郑文焯论柳永词

以起到推尊柳永地位的作用,郑文焯云:"屯田则宋专家,其高浑处不减清真,长调尤能以沈雄之魄、清劲之气,写奇丽之情,作挥绰之声,犹唐之诗家,有盛晚之别。"①以盛唐比柳,以晚唐比周,不仅有渊源承继关系,柳又胜周一筹。郑文焯指出柳永乃清真之源,学习清真词必须上溯柳词:

> 盖能见耆卿之骨,始可通清真之神。不独声律之空积忽微,以岁世绵邈,而求之至难。即文字之托于音,切于情,发而中节,亦非深于文章,贯串百家,不能识其流别。②

> 近索词境于与耆卿、清真清空雄浑之间,益叹此诣精微,不独格律之难工,即著一字、下一语必有真情景在心目中,而后倾其才力以赴之,始能令人歌泣出地,若有感触于境之适然,旁皇四周,如吾胸中所欲言者。太白所谓"眼前有景道不得",可知即景生情,人皆具此意识界,只是眼前难得写真之笔。③

柳与周皆以精于声律著称,郑文焯指出识别声律有深、浅之别,深层的认识由音识情,进而理解感情所由产生,方是深刻的理解,在此方面周、柳造诣极高,而欲通晓周邦彦的高妙又必须从柳永入手。郑氏又说:

---

① 郑文焯:《论词书》,《大鹤山人词话》,南开大学出版社,2009年版,第219页。
② 郑文焯:《论词书》,《大鹤山人词话》,南开大学出版社,2009年版,第296页。
③ 郑文焯:《手批乐章集》,《大鹤山人词话》,南开大学出版社,2009年版,第209页。

学者能见柳之骨,始能通周之神,不徒高健可以气取,淡苦可以言工,深华可以意胜,哀艳可以情切也。必先能为学人词,然后可语专诣,知此盖寡。词虽小道乎? 亦难已。①

指出周、柳词境界苍浑、意诣精微,非寻常词人所能相比。只有认识到柳永对周邦彦的影响,方能理解高健、淡苦、深华、哀艳之所从来,识得柳骨方能进窥周神。郑文焯以柳比周,进而指出柳永乃周邦彦之源,甚至有高出周词之处的论说,将柳永置于一流典范大词人之列,在当时有振聋发聩的意义。

第三节 郑氏翻案论的意义

郑文焯为何对柳永作出如此高的评价? 究其原因,既出于郑文焯针对词坛现实除弊纠偏的意图,也是郑文焯深研柳词,探得柳永词心的结果,当然还有郑文焯因偏爱而失之偏颇的因素。

首先,郑文焯推扬柳永是对词坛现实所存弊端的拨正,正如晚清四大家的王鹏运、朱祖谋、况周颐等人标举吴文英是为了"以梦窗词转移一代风会"那样,郑文焯推举柳永则是为了纠正学习梦窗词而产生的新的偏颇。

晚清王鹏运、朱祖谋等人为了纠正浙派末流空疏浮滑的弊病,提出了以"涩"医"滑"的主张,并祭出吴文英词作为"涩"的楷模。此论得到了词坛的广泛响应,如孙麟趾《词迳》说:"梦窗足医滑易之病。""石以皱为贵,词亦然。能皱必无滑易之病,梦窗最善此。"

---

① 郑文焯:《手批乐章集》,《大鹤山人词话》,南开大学出版社,2009年版,第18页。

沈泽棠也说："（梦窗词）词境幽涩，正足以药剽滑之弊。"①一时间梦窗词成了作词者效仿的典范，"涩体"大为流行。然而由于众多习词者缺乏深邃思致和运笔才力，学梦窗仅能得其表面，词坛创作"宁晦无浅，宁涩无滑，宁生硬无甜熟，炼字炼句，迥不犹人"②甚为盛行。这种现象引起了有识词学家的批评，如张尔田说："近之学梦窗者，其胸中本无真情真景，而但摹仿字面，那得不被有识者所笑乎？"③冒广生也批评道："光宣以降，为长短句者，务填难调，用涩字，以佶屈聱牙相号召。读之终卷，无可上口者。此所谓以艰深文浅陋也。"④郑文焯对词坛盛行学梦窗词所带来的雕琢晦涩之弊有着清晰的认识，他指出："梦窗词高隽处固足矫一时放浪通脱之弊，而晦涩终不免焉。"⑤因而，郑氏对梦窗晦涩之作不甚推崇，这与时人尊崇梦窗词的风气大相径庭。郑氏又指出："今之学梦窗者，但知于字面雕润，而俭腹羌无故实，绝无蕴藉之功，故藻馈皆俗；虽有妙义，而辞不足以达之。""梦窗词自玉田有七宝楼台之喻，世俗恒以恢奇宏丽目为惊采绝艳，学之者遂致艰涩，多用代字雕润，甚失梦窗精微之旨。"⑥对梦窗词本身晦涩的弊病以及学梦窗带来的弊端都有清晰而深刻的认识。郑文焯对当时被目为"梦窗化身"的朱祖谋的晦涩词作也表达了不满，他在与夏敬观的通信中论及此时说："近得沤公和梦窗《江南春》一解，苦为韵缚，未尽能

---

① 沈泽棠：《忏庵词话》，《中国韵文学刊》，1995年1期。
② 蒋兆兰：《词说·自序》，《词话丛编》，中华书局1986年版，第4625页。
③ 张尔田：《与龙榆生论词书》，《同声月刊》，第一卷第三号。
④ 冒广生：《定巢词序》，《冒鹤亭词曲论文集》，上海古籍出版社，1992年版，第494页。
⑤ 郑文焯：《梦窗词跋二》，《大鹤山人词话》，南开大学出版社，2009年版，第305页。
⑥ 郑文焯：《手批梦窗词》，《大鹤山人词话》，南开大学出版社，2009年版，第118页。

事。比来颇觉其作意略晦涩,好为人所难能。"①在与朱祖谋本人的通信中,也针对朱氏的词作指出"煞句举典,微嫌与上句未融贯,用意亦晦。"朱祖谋是清末民初词学泰斗,词坛之执牛耳者,在当时正以校勘并推崇《梦窗词》而闻名大江南北。朱祖谋词在追摹梦窗的风气中,亦不免染上晦涩之弊。正是在这种背景下,郑文焯特别推崇将柳词不事雕饰、疏宕虚灵的作词之法:

> 近拟专意柳之疏夐,周之高健,虽神韵骨气不能遽得其妙处,尚不失白石之清空、骚雅。②

> 耆卿词以属景切情,绸缪宛转,百变不穷,自是北宋倚声家妙手。其骨气高健,神韵疏宕,实惟清真能与颉颃。

> 柳词浑妙深美处,全在景中人,人中意,而往复回应,又能寄托清远。达之眼前,不嫌凌杂。诚如化人城郭,唯见非烟非雾光景。殆一片神行,虚灵四荡,不可以迹象求之也。③

郑文焯认为柳词具有疏夐、神韵疏宕、虚灵四荡的特征,并将此作为针砭词坛弊端的药石,以期对崇拜晦涩的词风作出矫正。虽然郑文焯对柳永词的褒扬不免有过誉之嫌④,但其以空灵救晦涩的意图还是值得肯定的。

其次,郑文焯推扬柳永还是其不立宗派转益多师词学主张的具体实践。清代词史可以说是一部流派史,从明末清初起,词学流

---

① 郑文焯:《论词书》,《大鹤山人词话》,南开大学出版社,2009年版,第226页。
② 郑文焯:《论词书》,《大鹤山人词话》,南开大学出版社,2009年版,第257页。
③ 郑文焯:《手批乐章集》,《大鹤山人词话》,南开大学出版社,2009年版,第18页。
④ 参阅薛瑞生:《乐章集校注·前言》,中华书局,1994年版,第25页。

第二十章 郑文焯论柳永词

派如云间词派、阳羡词派、浙西词派、常州词派等此伏彼起,一直占据着词坛的中心。文学流派本具有审美理想、理论主张较为一致的特性,体现出流派的趋同性和凝聚性;而身处词派之中的词家又往往将这种趋同性和凝聚性加以强化,以至不免染上了固执己见、党同伐异的习气。郑文焯对这种积弊是有着深刻的认识的。他在《查莲坡蔗塘未定稿序》中提倡"诗不可以无体,但不当有派"。在致张尔田的论词手札中提出词的创作不可立宗派:

> 凡为文章,无论词赋诗文,不可立宗派,……作词犹戒此二弊:一由蔽所希见,一由予智自雄。……然则今之妄托苏辛,鄙夷秦柳者,皆巨怪大谬,岂值一哂耶?①

郑氏认为以宗派之眼观词史上诸家词必是眼界狭仄,这样在创作时很难取众家精华为己所用。词学研究同样如此,一旦研究视野为宗派所限,则必然排斥不为己派所纳的词人,这样的研究与评论也必然是片面和不客观的。清代的词学流派具有一个共同的特点,即各派往往都推举一位或数位唐宋词人作为本派的词学典范和旗帜,并且在风格特点或者断代方面具有很强的选择性,如阳羡派之于辛弃疾,浙西派之于姜夔、张炎,常州派之于温庭筠、周邦彦,晚清四大家除郑文焯之外的三家推举的是南宋词人吴文英。与推崇特定对象相伴而来的还有排他性,即对其他唐宋词人很少学习,甚至不屑一顾。郑文焯对吴文英也曾给予较高的评价,但是却反对独尊吴文英,而主张转益多师。郑文焯在词学领域涉猎广泛,批校整理过的词籍我们知道的就有《花间集》、柳永《乐章集》、

---

① 郑文焯:《论词书》,《大鹤山人词话》,南开大学出版社,2009年版,第222页。

苏轼《东坡乐府》、周邦彦《清真集》、姜夔《白石道人歌曲》、吴文英《梦窗词》、张炎《词源》、周密《绝妙好词》等，郑文焯对温庭筠、柳永、苏轼、周邦彦、姜夔、吴文英等均有很高的评价①，然而郑文焯对唐宋词人的赞誉推举并非出于流派的意识，而是从词人词作本身的特点出发，摒弃了以往乃至当代词学流派出于流派理念的选择性。由此可见，对柳永的推誉正是郑氏不立宗派思想的实践。

第三，郑文焯与柳永经历相似，感同身受，这是郑文焯推柳永的情感基础。林玫仪教授曾指出郑文焯特别推尊柳耆卿的原因有三：第一，（二人）都是仕途失意，赍志以殁；第二，都是妙通音律精研乐理；第三，佗傺潦倒，窭困贫乏。此论甚是。郑文焯科举之途十分坎坷，中年以后颇为潦倒，如他自己所形容的："少壮飘零南遁，以笔札自给，萧然三十余年，……坐是寂寞，垂老无依。先公自

---

① 如郑文焯评温庭筠："宋人诗好处，便是唐词。然飞卿《杨柳枝》八首，终为宋诗中振绝之境，苏、黄不能到也。唐人以余力为词，而骨气奇高，文藻温丽。有宋一代学人，专志于此，骎骎入古，毕竟不能脱唐、五代之窠曰，其道亦难矣！"郑文焯：《评花间集》，龙榆生《唐宋名家词选》引，上海古籍出版社，1980年版，第12页。郑文焯评苏轼："读东坡先生词，于气韵、格律并有悟到空灵妙境，匪可以词家目之，亦不得不目为词家。世每谓其以诗入词，岂知言哉！董文敏论画曰：同能不如独诣，吾于坡仙词亦云。"郑文焯：《手批东坡乐府》，龙榆生《唐宋名家词选》引，上海古籍出版社，1980年版，第109页。郑文焯评周邦彦："美成隶事属辞，有羚羊挂角之妙。盖托诸隐秀以伤其不遇也。《宋史·文苑传》谓其以诸生献赋，一命为正，五岁不迁。词意悲感，或当其浮沉时耶。昔人称杜诗无一字无来历，吾谓读者亦当不放过清真一字，清真固词之老杜也。"郑文焯：《论词书》，《大鹤山人词话》，南开大学出版社，2009年版，第287页。郑文焯评姜夔："余平生慕尧章之为人，疏古冲澹，有晋宋间风，又能深于礼乐，以敷文博古自娱。当时名公硕儒贤之过之者，既众且笃矣！"郑文焯：《瘦碧词自序》，《大鹤山人词话》，南开大学出版社，2009年版，第315页。郑文焯评吴文英："君特为词，用隽上之才，别构一格，拈韵习取古谐，举典务出奇丽，如唐贤诗家之李贺，文流之孙樵、刘蜕，锤幽凿险，开迳自行，学者匪造次所能陈其细趣也。"郑文焯：《郑校梦窗词跋》，龙榆生《唐宋名家词选》引，上海古籍出版社，1980年版，第293页。

第二十章　郑文焯论柳永词

关中罢抚,归橐惟法书名画数箧,已复典质殆尽,故山荒落,无尺寸田宅以自存,离乱中更无家归得,生平简淡,久孤于世,不欲危身以治生,所倚恃者,惟良师益友,倾助以义"①,可见郑氏飘零无依,穷孤度日之悲境。这种境遇让他的词别有一种怀抱,他在《念奴娇》(己酉除夕)中写道:"谁分有恨生涯,伤心余事,作江南词客。只道东风能换世,肠断故园消息。"在《庆春宫》(冬绪羁吟)中又道:"一生怊怅,拼与江南,空老兰成。"郑氏在词中寄托了自己的羁旅江南、客居空老的苦情。浸满心头的这些情愫让他在阅读柳永时别有一种感慨,他在致朱祖谋的信中说:

> 《避暑语录》云:柳永屯田员外郎死,旅殡润州僧寺,王和甫为守时,求其后不得,乃为出钱葬之。词人固甘于寂寞,而身后至无以归骨,亦可哀也已。②

在批校《乐章集》时,他亦一再强调"柳卒于润州,周卒于处州,一客一官,虽涯分有异,固潦倒江南以终则一也"③,对屯田客死润州,而为"无后之鬼"表示了极大的悲慨。考较柳、郑二人生平遭际,确有相类之处,自然同病相怜。郑文焯推己及人,从柳词中体验出了才人迟暮、坎壈羁旅的凄恻悲苦情感。可以说二人境遇的相似,心境的相通更容易让柳永走进郑文焯的词学世界。

无论是对柳永词的特异认识,还是对现实词坛的作用,郑氏之

---

① 郑文焯:《论词书》,《大鹤山人词话》,南开大学出版社,2009年版,第230页。
② 郑文焯:《论词书》,《大鹤山人词话》,南开大学出版社,2009年版,第290页。
③ 郑文焯:《手批乐章集》,《大鹤山人词话》,南开大学出版社,2009年版,第17页。

论都显得十分引人注目。客观而论,郑文焯论柳词难免有因偏爱而导致过誉的偏颇,例如说柳词"骨气高健,神韵疏宕",与我们看到的柳词中大量市井词的平俗风格并不一致,尤其与柳永为数不少狎妓词的亵玩风格更是相去甚远。郑文焯论柳词的重要价值在于对柳永在词史上的重要作用和意义的揭示,将几乎被人遗忘的柳永词重新展示在世人面前,并将柳永推尊到一个自诞生以来从未有的高度,这对柳永来说是大幸,对词史与词学史来说也同样具有重要意义。自此,柳永作为词史上的一个里程碑的形象逐渐清晰,特别是后来者循郑文焯之评论对柳永在词史上的意义的论述也渐趋客观。① 当代各种文学史、词史著作也多能正确认识柳永在词史上的地位以及柳词的深远影响,其间所受郑文焯论柳翻案之论的影响也是显而易见的。

---

① 夏敬观云:"耆卿写景无不工,造句不事雕琢,清真效之,故学清真词者,不可不读柳词。耆卿多平铺直叙,清真特变其法,一篇之中,回环往复,一唱三叹,故慢词始胜于耆卿,大成于清真。"夏敬观:《映庵词评》,《词学》第五辑。蔡嵩云云:"柳词胜处,在气骨,不在字面。……周词渊源,全自柳出。其写情用赋笔,纯是屯田家法。特清真有时意较含蓄,辞较精工耳。细绎《片玉集》,慢词学柳而脱去痕迹自成家数者,十居七八。"蔡嵩云:《柯亭词论》,《词话丛编》,中华书局,1986年版。陈匪石云:"盖耆卿之不可及者,在骨气不在字面,彼嗤为纤艳俚俗者,未深得三昧也。"陈匪石:《宋词举》卷下,《词话丛编》,中华书局,1986年版,第144页。

第二十一章　况周颐的唐宋词史观

唐宋词已成为后世的典范,对唐宋词史的关注和论析一直是词学史上的重要论题。清朝词学家对唐宋词普遍存有崇敬的心理,但在尊崇和倡导某一时期和某一风格的具体对象上,清代各派又各有不同的主张,因而形成了贯穿有清一代的南北宋之争。云间派尚南唐北宋,浙西派倡南宋,常州派复又以北宋为旨归。崇北尊南甚至成为清代词学家表明流派身份的徽记。况周颐对唐五代两宋词的特点有深刻的认识,对前辈词学家南北宋之争的得失以及对南北宋的取法等问题皆有自己的认识。

作为晚清四大家之一的况周颐对唐宋词史有过系统的研究,他曾在搜集整理唐宋词人的文献资料方面下过很大的工夫,况周颐的《历代词人考略》和《宋人词话》论及的唐宋词人有六百八十多人①,《历代词人考略》存目另有宋代词人四百七十八人,可知况周

---

① 《历代词人考略》三十七卷,收唐宋词人五百六十三人;《宋人词话》收宋代词人一百八十一人(附论三人),两书重收六十余人,去其重收六百八十多人。关于《历代词人考略》、《宋人词话》的作者及二书之间的关系,参阅孙克强《小议〈历代词人考略〉的作者及学术价值》,载《文学遗产》,1997年第2期;林玫仪《况周颐〈宋人词话〉考——兼论此书与〈历代词人考略〉之关系》,载台湾《传承与创新——中央研究院中国文哲研究所十周年纪念论文集》,中央研究院中国文哲研究所,1999年版。

颐研究过的唐宋词人数量超过一千一百人。况周颐研究涉及的唐五代词人数量之多、文献之全面丰富可谓前无古人。况周颐一生撰写有多种词话,其中多有论述唐宋词人和词史的内容①,尤其是其晚年具有总结意义的《蕙风词话》卷二集中评论唐五代两宋词。况周颐论唐宋词史有许多十分精彩的见解,对后世认识唐宋词史颇有助益;况周颐的唐宋词史观亦是况氏词学理论的重要组成部分,考察况氏的唐宋词史观对深入了解其重、拙、大思想亦有重要意义。

第一节 论唐五代词

唐五代是词史的第一个高峰期,中晚唐词人、西蜀《花间》词人、南唐词人皆为后世所推重,后世词家往往视为典范。作为文人词的源头,唐五代词理应受到重视,但在况周颐之前,论词者对唐五代词的认识存有两种偏颇的倾向。其一,以复古的心态盲目崇拜。如云间词派的蒋平阶、沈亿年称:"词虽小道,亦风人余事,吾党持论,颇极谨严,五季犹有唐风,入宋便开元曲。故专意小令,冀复古音,屏去宋调,庶防流失。"②重源轻流,刻意复古。其二,对唐五代词随意阐释,以服务于自己的词学主张,如张惠言《词选》中对温庭筠等人的词作进行了牵强附会的阐释,作为提倡"意内言外"、比兴寄托的工具。

况周颐则是运用历史发展的眼光,从诗词递变的角度认识唐五代词的特点。况周颐指出,中晚唐时期诗与词具有风格相似的

---

① 参阅孙克强辑考:《蕙风词话广蕙风词话》,中州古籍出版社,2003年版。

② 蒋平阶、沈亿年:《支机集·凡例》《词学》第二辑,华东师范大学出版社。

特点:"唐贤为词,往往丽而不流,与其诗不甚相远。"①所谓"丽",是指词的艳情题材。唐词中的意境"晚唐人诗集中往往而有",唐人诗亦"直是《花间》丽句"。况周颐进一步指出造成风格相似的原因是时代使然,他指出:"盖词学寖昌,其机郁勃,弗可遏矣","当时风会所趋,不期然而自致此耳。"②将词风的形成与时代"风会"、时代精神联系起来考察,况周颐眼光高出前人。当代学者缪钺教授也曾就此议论:"中国诗发展之趋势,至晚唐之时,应产生一种细美幽约之作,故李义山以诗表现之,温庭筠则以词表现之。体裁虽异,意味相同,盖有不知其然而然者。长短句之词体,对于表达此种细美幽约之意境尤为适宜,历五代、北宋,日臻发达,此种意境遂几为词体所专有,义山诗与词体意脉相通之一点,研治中国文学史者亦不可不致意也。"③况、缪二人皆洞悉在中晚唐时期,时代精神催生了诗和词的时代风格,这是十分精彩的论断。

况周颐对花间词人评价很高,他认为"《花间》高绝",五代词"能沉至",有"艳骨"。他曾用"大"和"重"来评价花间词人欧阳炯的《浣溪沙》词:

> 《花间集》欧阳炯《浣溪沙》云:"兰麝细香闻喘息。绮罗纤缕见肌肤。此时还恨薄情无?"自有艳词以来,殆莫艳于此矣。半塘僧骛曰:"奚翅艳而已?直是大且重。"苟无《花间》词笔,

---

① 况周颐:《蕙风词话》卷二,《词话丛编》,中华书局,1986年版,第4423页。
② 况周颐:《历代词人考略》卷一,全国图书馆文献缩微复制中心,2003年影印版。下引《历代词人考略》均只于文中注明卷数。
③ 缪钺:《论李义山诗》,《诗词散论》,上海古籍出版社,1982年版,第34页。

孰敢为斯语者？①

况周颐词学理论的核心及最高评价标准是重、拙、大，这里用"大""重"来评价花间词人欧阳炯的《浣溪沙》，可谓无以复加。值得注意的是，况周颐并没有否认这首词的"艳"，也就是说，在况周颐的评价标准中，艳与其重、拙、大是不矛盾的，况周颐对这首词的赞赏之处是情感的表现。况周颐说的"大"就是"大气真力"②，即以质直之笔写深挚之情，词的内容虽"艳"，但情感真挚无所顾忌，所以为"大"。

值得注意的还有况周颐"苟无《花间》词笔，孰敢为斯语者"的说法，所谓"《花间》词笔"指的是在《花间集》产生的时代出现的特定的"词笔"，与后世模仿花间词的"词笔"是有着根本不同的。况周颐认为，花间词是不易学，甚至不能学的。这种看法在《蕙风词话》中还有多次表述：

> 《花间》至不易学。其蔽也，袭其貌似，其中空空如也，所谓麒麟楦也。或取前人句中意境而纤折变化之，而雕琢、勾勒等弊出焉。以尖为新，以纤为艳，词之风格日靡，真意尽漓，反不如国初名家本色语，或犹近于沉著、浓厚也。庸讵知《花间》高绝，即或词学甚深，颇能窥两宋堂奥，对于《花间》，犹为望尘却步耶。③

---

① 况周颐：《蕙风词话》卷二，《词话丛编》，中华书局，1986 年版，第 4424 页。
② 况周颐：《蕙风词话》卷一，《词话丛编》，中华书局，1986 年版，第 4413 页。
③ 况周颐：《蕙风词话》卷二，《词话丛编》，中华书局，1986 年版，第 4423 页。

强调《花间》词的"高绝"不易学,如果执意要学只能是"袭其貌似,其中空空如也",甚至走入下道,"以尖为新,以纤为艳,词之风格日靡,真意尽漓"。与此形成比较的是,况周颐认为两宋词,甚至清初"名家本色语"较《花间》更容易学习。况周颐又说:

> 唐五代词并不易学。五代词尤不必学。何也?五代词人丁运会,迁流至极,燕酣成风,藻丽相尚。其所为词,即能沉至,只在词中。艳而有骨,只是艳骨。学之能造其域,未为斯道增重。矧徒得其似乎?其铮铮佼佼者,如李重光之性灵,韦端己之风度,冯正中之堂庑,岂操觚之士能方其万一?自余风云月露之作,本自华而不实。吾复皮相求之,则嬴秦氏所云甚无谓矣。①

况周颐认为五代词高妙不可企及,李后主的"性灵"、韦庄的"风度"、冯延巳的"堂庑"都是五代词的杰出代表。五代词高妙杰出,是当时特殊的社会历史条件使然,后世习词者已经没有了那种特殊的条件,所以无论如何也无法学得真谛,勉强学之,也不过是皮相而已。

将况周颐的唐五代词史观放置清代词学史上考察,其独特性显而易见:既是对云间词派复古论的反拨,也是对常州词派词学理论的修正。张惠言在《词选序》中极为推崇晚唐温庭筠的词:"温庭筠最高,其言深美闳约",周济《介存斋论词杂著》承继其观念:"皋文曰:'飞卿之词,深美闳约',信然。飞卿酝酿最深,故其言不怒不慑,备刚柔之气。针缕之密,南宋人始露痕迹。《花间》极有浑厚气

---

① 况周颐:《蕙风词话》卷一,《词话丛编》,中华书局,1986年版,第4418页。

象,如飞卿则神理超越,不复可以迹象求矣。然细绎之,正字字有脉络。"张惠言、周济等人都对以温庭筠为代表的《花间》词人推崇备至,视为学习的楷模,提倡由《花间》词学习寄托的方法。张、周之论存在深层的理论缺陷,从《花间》词的实际来看,原本没有政治寄托,正如卢冀野所云:"溯源温、韦者,亦即附会温、韦之间,以为悉祖《离骚》。试问飞卿、端己之生平,果曾遭际何种奇冤极祸,一如屈大夫者耶? 抑言之可以造于境遇之外,而情之可以真于摹拟之中耶?"①如果说花间词中寓有一些词人的身世之感,那也不过是男女情爱相思离别的题材内容所附带的一抹色彩而已,达不到所谓的寄托的层面。况周颐清楚地认识到这一点,所以他称赞花间词的是"性灵""风度""堂庑",即与时代气氛熏染而成的表现当时词人的特殊性情的"艳骨"。况氏云:"五代人词清艳兼擅,近人但学其艳,且犹失之肤浮。(五代词人)则其秀在骨,其艳入神,卷中最佳之句也。"(卷六)如果不是身处当时的社会环境是模仿不成的。总之,况周颐与张惠言、周济等常州派词人一样对《花间》词评价仍然很高,但是已经剔除了其中牵强附会的内容,又将《花间》词风格气度作为不可企及的标本,可以欣赏却不提倡学习和模仿,这样的认识克服了前人的弊端,将五代词、《花间》词定位于恰当的历史位置之上。

第二节　论南北宋词

南北宋之争是清代词学最热门的话题之一,云间词派极赏南唐北宋词的自然蕴藉;浙西词派瞩目于南宋词的清空醇雅,常州词

---

① 卢冀野:《温飞卿及其词余论》,见《温韦冯词新校》,上海古籍出版社,1988年版,第122页。

第二十一章 况周颐的唐宋词史观

派兼赏两宋,重心则在北宋之前,以比兴寄托为旨归。各派旨趣不同,却有一个共同的特点:偏好某种时代风格,其目的却在于阐发自己的词学观点,古为今用。况周颐对南、北宋词的不同风格和艺术成就有着深刻的认识,与前贤的立论方法皆有不同,况周颐注重的是两宋词各自的时代风格特征和审美价值,重在史的考察。

先来看况周颐对北宋词的分析评论。况周颐对北宋词评价甚高,他对北宋词的欣赏主要体现在其风格特点和词中意境的表现。在《历代词人考略》中指出许多北宋词人具有此种特点,如评杨适词:"落落清疏渐近沉著,自是北宋风格。"(卷十二)评李之仪词:"综论姑溪词格,其清空婉约,自是北宋正宗。"(卷十五)评胡松年词:"意境清疏,尤是北宋风格。"(卷二十一)评邓肃《栟榈词》:"新声振绮,好语如珠,寓北宋之轻灵。"(卷二十四)评欧阳澈词:"轻清婉丽,雅近北宋。"(卷二十四)此外,在评论南宋人词时也注意到其继承和体现出的北宋风格,如评戴复古词:"清丽芊绵,未坠北宋风格。"(卷三十一)评王炎《双溪诗余》:"疏俊处雅有北宋风格。"(卷三十一)评杜旟词:"清新流丽,雅近北宋。"(卷三十三)

况周颐对北宋词的风格特点加以概括:"北宋人词,大都清空婉丽"(卷七),"北宋人词以淡胜"(卷十五)。况周颐特别推崇北宋人深静的词境:

> 词境以深静为至。韩持国《胡捣练令》过拍云:"燕子渐归春悄。帘幕垂清晓。"境至静矣,而此中有人,如隔蓬山。思之思之,遂由浅而见深。盖写景与言情,非二事也。善言情者,但写景而情在其中。此等境界,唯北宋人词往往有之。①

---

① 况周颐:《蕙风词话》卷二,《词话丛编》,中华书局,1986年版,第4425页。

深静是一种高妙的词境,词境由景和情结合而成,深静的词境是情由景出实现的,景之静谧映衬出情之深切。况周颐所指出的北宋词的特点是词体发展时代的产物,北宋时词体经历了唐五代的成熟发展期,迎来了又一个高峰,流畅自然,情景天成为其基本特点,既洗刷了晚唐五代词的秾艳,也没有后来南宋词的沉重和雕绘。况周颐特别强调北宋词"罗罗清疏却按之有物,此北宋人所以不可及也。"(卷七)"北宋人手高眼低,其自为词诚复乎弗可及。"①"北宋群贤作词诚未易企及"(卷十),"北宋词不易学"②。况周颐认为北宋词高妙的特点由时代造成,失去了时代的滋养很难复制这种高妙。

再来看况周颐论南宋词。况周颐将南宋词风概括为"沉著""凝重",如评吕圣求词:"沉著停匀,自是专家之作,唯风格渐近南宋耳。"(卷二十三)评袁宣卿词:"研练而非追琢,凝重而能骞举,在南宋词人中,不失其为上驷也。"(卷二十六)评赵虚斋词:"沉著中饶有精采,……在南宋名家中庶几上驷矣。"(卷三十七)与其论北宋词单纯从风格意境的角度评论不同,况周颐论南宋词还多从词的思想立意着眼,认为"南宋遗民,寄托遥深,音节激楚"③,南宋词人多于词中寄托家国之思。

况周颐常将南北宋词的风格进行对比:"北宋人词大都清空婉丽。……意境沉著,实滥觞南渡。"(卷七)"北宋庶几醇雅,南宋更

---

① 况周颐:《蕙风词话》卷一,《词话丛编》,中华书局,1986年版,第4418页。
② 况周颐:《织余琐述》,《蕙风词话广蕙风词话》,中州古籍出版社,2003年版,第180页。
③ 况周颐:《蕙风词话》卷三,《词话丛编》,中华书局,1986年版,第4477页。

第二十一章 况周颐的唐宋词史观

进于厚矣。"(卷六)"清空婉约,自是北宋正宗,而渐近沉著,则又开南宋风会矣。"(卷十五)况周颐还以朱淑真与李清照作比说明北、南宋词风的不同:"以词格论,淑真清空婉约,纯乎北宋;易安笔情近浓至,意境较沉博,下开南宋风气。非所诣不相若,则时会为之也。"①总体来看,况周颐概括南北宋词各自特点为:北宋词"清疏""清空",南宋词"沉著""厚"。况周颐认为从寄托的角度看,南宋胜过北宋;但北宋词也有高出南宋之处,如周邦彦词"愈朴愈厚,愈厚愈雅,至真之情,由性灵肺腑中流出,不妨说尽而愈无尽。南宋人如姜白石,……庶几近似,然已微嫌刷色"②。在艺术表现方面,北宋词"恰合分际,不犯刻露,南宋人逊北宋人如此。"③认为南北宋词各有所长,各呈其美。

况周颐从词体风格发展史的角度立论,将唐五代词、北宋、南宋的主体风格分别概括为"流丽""清空"和"沉著"。然而每个时期又有一般和特殊,即后世所谓主流的"正体"和支流的"非正体",况周颐在分析前代对后代的影响时同时注意到"正体"和"非正体"的不同影响,这种影响可分为三类。

其一,论唐词五代词对北宋词的影响,此又分为两种情况。一种是唐五代词风的"正体"对北宋词人的影响,况氏云:"唐贤为词,往往丽而不流,与其诗不甚相远。刘梦得《忆江南》云:'春去也,多谢洛城人。弱柳从风疑举袂,丛兰褒露似沾巾。独坐亦含颦。'流

---

① 况周颐:《蕙风词话》卷四,《词话丛编》,中华书局,1986年版,第4497页。
② 况周颐:《蕙风词话》卷二,《词话丛编》,中华书局,1986年版,第4428页。
③ 况周颐:《蕙风词话》续编卷二,《词话丛编》,中华书局,1986年版,第4562页。

丽之笔,下开北宋子野、少游一派。唯其出自唐音,故能流而不靡。"①指出唐人刘禹锡词所体现出的唐词"流丽"的风格特点为北宋的张先、秦观所继承;张、秦词的流丽与北宋"清空"的一般风格不同,成为北宋词人的"非正体"。另一种是五代的词风对北宋"正体"的影响,况氏云:"(李珣)词清疏之笔,下开北宋人体格"(卷五引),指出五代李珣词有"清疏"的特点,本为唐五代词中的"非正体",却对北宋词产生影响,是北宋主流风格"清疏"的先河。

其二,论五代词对南宋词的影响,况氏云:五代李德润词"有以质胜者,《西溪子》云:'归去想娇娆。暗魂消。'《中兴乐》云:'忍孤前约,教人花貌,虚老风光。'宋人唯吴梦窗能为此等质句,愈质愈厚,盖五代词已开其先矣。"(卷五)南宋吴文英词的"质""厚"可以从五代李德润词中找到源头。

其三,论北宋词人对南宋词人的影响,况氏云:"尝观北宋人词,大都清空婉丽。昌图《临江仙》过拍云:'回头烟柳渐重重。淡云孤雁远,寒日暮天红。'意境沉著,实滥觞南渡风格。"(卷七)又云:李之仪词"渐近沉著,则又开南宋风会矣。"(卷十五)陈师道词"或浑成而调高,或质朴而味厚。……渐近致密,为后来梦窗一派之滥觞。"徐昌图、李之仪、陈师道皆为北宋词人,却有"意境沉著"的特点,在北宋虽为"非正体",却"实滥觞南渡风格","开南宋风会",影响到南宋词风的形成。

由以上可见,况周颐将唐五代词两宋词看作是一个既有区别又相互联系的整体,摒弃了前人割裂看待厚此薄彼的陋习。在此思想基础之上,况周颐提到师法对象时往往称"规模两宋"②,两宋

---

① 况周颐:《蕙风词话》卷二,《词话丛编》,中华书局,1986年版,第4423页。
② 况周颐:《蕙风词话》卷一,《词话丛编》,中华书局,1986年版,第4410页。

第二十一章　况周颐的唐宋词史观

并提,两宋并重。况周颐曾以历代书法名家比喻两宋词人:

> 碧山乐府如书中欧阳信本,准绳规矩极佳。二晏如右军父子,贺方回如李北海,白石如虞伯施,而隽上过之,公谨如褚登善,梦窗如鲁公,稼轩如诚悬,玉田如赵文敏。①

以上提到的词人中二晏、贺铸为北宋,王沂孙、姜夔、周密、吴文英、辛弃疾、张炎为南宋,皆为学习的典范,论及的两宋词人没有高下之分。况周颐晚年本计划编选一部唐宋词选:

> 蕙风欲评选《十四家词》,便深造者,与《三百首》相辅而行。……十四家之目:曰温飞卿、曰李后主、曰晏氏父子、曰欧阳文忠、曰苏文忠、曰柳耆卿、曰周清真、曰李易安、曰辛稼轩、曰姜白石、曰吴梦窗、曰刘须溪、曰元遗山。备选三家:曰冯正中、曰秦少游、曰贺方回。盖从严格,故如右三家,犹为备选云。②

从入选的词人来看,北宋与南宋数量相等,由此亦可见其取向。况周颐曾以两宋词为例谈学习、借鉴前人的途径和方法:

> 两宋人宜多读、多看,潜心体会,某家某某等处,或当学,或不当学,默识吾心目中。尤必印证于良师友,庶收取精用闳之益。……善变化者,非必墨守一家之言。思游乎其中,精骛

---

① 况周颐:《香海棠馆词话》,龙榆生《唐宋名家词选》引。按:此则不见《蕙风丛书》本《香海棠馆词话》。
② 况周颐:《餐樱庑漫笔》,《申报》,民国十四年二月十三日。

乎其外，得其助而不为所囿，斯为得之。当其致力之初，门径诚不可误。然必择定一家，奉为金科玉律，亦步亦趋，不敢稍有逾越。①

况周颐反对以宗派的标准看待两宋词。他没有像以前的一些词派那样对南宋、北宋厚此薄彼，偏于一端，而是充分注意各自的特点，各取其长。赵尊岳《蕙风词话跋》引述况周颐论词径曰："唐五代至不易学，天分高不妨先学南宋，不必以南宋自画也。学力专不妨先学北宋，不必以北宋鸣高也。词学以两宋为指归，正其始毋歧其趋可矣。"②主张习词者可以根据自身的条件，选择由南宋或北宋入手，可见其对两宋没有轩轾之见，这与以前词学家要么尊南宋，要么尚北宋的偏执态度相比，显得十分宏通。赵尊岳概括况周颐的词学特点云："举《花间》之闳丽，北宋之清疏，南宋之醇至，要于三者有合焉"③，合乎实际并十分有见的。

值得注意的是，况周颐论两宋词时还将眼光投向两宋词风对后世的影响，特别是对清代词学的影响。在清代词学史上，浙西词派继云间词派之后，一举改变了清初的词坛风气，之后，历康、雍正、乾、嘉四朝而不衰，声势甚大。浙西词派是以倡南宋，尊姜（夔）张（炎），尚清空而闻名的。在况周颐看来，浙西派虽有积极的一面，但也存在严重的弊端，况氏云："自容若而后，数十年间，词格愈趋愈下，东南操觚之士，往往高语清空，而所得者薄；力求新艳，而其病也尖。微特距两宋若霄壤，甚且为元明之罪人。筝琶竞其繁

---

① 况周颐:《蕙风词话》卷一,《词话丛编》,中华书局,1986年版,第4417页。
② 赵尊岳:《蕙风词话跋》,惜阴堂丛书本《蕙风词话》卷后。
③ 赵尊岳:《蕙风词史》,《词学季刊》,第一卷第四号,1934年。

响,兰荃为之不芳。"①况氏所云浙派求清空而流于薄,求新艳而堕入尖,皆为切中浙派要害之言。况周颐又说:"康熙中……词格纤靡,实始于斯。自时厥后,有若浙西六家,是其流弊所极。轻薄为文,每况愈下。于斯时也,以谓词学中绝可也。"②浙西派中后期,词家多重形式轻内容,视词体为文人之雅玩成为风气,况周颐所指出的"轻薄为文"确为浙派症结所在。况周颐进一步分析浙西派的弊端,指出浙派盲目追摹南宋是其弊端产生的原因。其一在于偏嗜南宋,眼界狭窄,况氏云:"论词以两宋为集大成,而北宋尤多高手,以凝重写端庄。国初浙西诸派,但事结藻韵致,已落下乘"③,认为两宋不可偏废,北宋词更应在取法之列,浙派置北宋"凝重写端庄"的优长而不顾,专取南宋,专注于"结藻韵致",取法乎下,结果只能落得下乘。其二在于学习南宋未得真谛,况氏举南宋词人李祁的例子云:"李萧远词以轻倩胜,……《点绛唇》后段云:'碧水黄沙,梦到寻梅处。花无数。问花无语。明月随人去。'意境不求甚深,读者悦其幽静。竹垞《词综》首录此阕,盖此等词固浙西派之初祖也。"(卷二十三)朱彝尊选编的《词综》卷十选录李祁(萧远)词三首,第一首就是《点绛唇》。况氏认为这首词轻倩、幽静,但意境不深,不仅不能体现南宋词沉著的特点,而且在李祁的词中也不是上乘之作,然而朱彝尊偏偏将此词置于首位,反映了其偏好"轻倩"的风格取向,说明浙派立派之初方向已经有了偏颇。况周颐在《词学讲义》中对朱彝尊为代表的浙西词派的发展进程和利弊得失进行了分析:

---

① 况周颐:《蕙风词话》卷五,《词话丛编》,中华书局,1986年版,第4520页。
② 况周颐:《词学讲义》,《况周颐词话五种(外一种)》,浙江古籍出版社,2014年版,第278页。
③ 况周颐:《餐樱庑漫笔》,《申报》,1926年3月17日。

> 金风亭长《江湖载酒》一集,虽距宋贤堂奥稍远,而气体尚近沉著。就清初时代论词,不得不推为上驷。其《历朝词综》一书,以轻清婉丽为主旨,遂开浙派之先河,凡所撰录古昔名人之作,往往非其至者。操觚之士,奉为圭臬,初程不无歧误,抑亦风气使然矣。①

指出朱彝尊在康熙初年提倡南宋,实际含有改朝换代隐痛的因素,正如朱氏《江湖载酒集》中《解佩令·自题词集》所说:"十年磨剑,五陵结客,把平生、涕泪都飘尽。老去填词,一半是空中传恨",多受南宋张炎词的影响,所以朱词"气体尚近沉著",可"推为上驷"。然而朱彝尊编辑的《词综》一书的宗旨出现了偏颇,"轻清婉丽为主旨",偏离了南宋"沉著"的方向,造成了浙派追随者的歧途。

况周颐对浙派的批评不免有些过苛,但大体反映了浙派成就和弊病的真实情况。从况周颐的词学主旨、唐宋词史观以及对浙派的批评来看,可谓逻辑严谨,环环相扣。

第三节 南宋词与梦窗词

由上文可见,况周颐对两宋词未有轩轾,更没有像云间或浙西的词家那样厚此薄彼。然而,在当时词坛上却有人认为况周颐是尚南宋的,如谭献《复堂词话》说:"临桂况夔笙舍人周颐……锐意为倚声之学。与同官端木子畴、王幼遐、许玉瑑唱和,刻《薇省同声

---

① 况周颐:《词学讲义》,《况周颐词话五种(外一种)》,浙江古籍出版社,2014年版,第278~279页。

集》,优入南渡诸家之室。"这一说法参证于况周颐的词论同样可以得到证实。况氏云:"作词有三要,曰重、拙、大。南渡诸贤不可及处在是。"①况周颐本人也明确提出以南宋为宗:

> 周保绪(济)《止庵集·宋四家词筏序》以近世为词者,推南宋为正宗,姜、张为山斗,域于其至近者为不然。其持论介余同异之间。张诚不足为山斗,得谓南宋非正宗耶。②

况氏此语表明了对周济之说的异议。所谓"同",为对张炎词的鄙薄;"异"为仍以南宋为正宗,与周济否定南宋的正宗地位之论相左。况周颐还认为南宋是词的极盛时期:"词权舆于开天盛时,寖盛于晚唐五季,盛于宋,极盛于南宋。"③如何看待况周颐的"尚南"之论,是认识况周颐唐宋词史观的关键所在。

况周颐推南宋为"正宗",是与他对南宋词的认识,以及他赋予重、拙、大尤其是"重"的内涵密切关联的。况氏云:"重者,沉著之谓。"④如前所述,况周颐对南宋词特点的概括也是"沉著"。由此看来,况周颐提出"尚南"是因为南宋词"寄托遥深""沉著",更为合乎其重、拙、大的原则。综而论之,况周颐认为唐五代词的流丽华艳是不可学的,北宋词的清空疏淡是不易学的,南宋词的沉著寄托不仅是可以学的,而且又具有现实的针对性和推广的必要性。与

---

① 况周颐:《蕙风词话》卷一,《词话丛编》,中华书局,1986年版,第4406页。
② 况周颐:《蕙风词话》卷二,《词话丛编》,中华书局,1986年版,第4448页。
③ 况周颐:《词学讲义》,《况周颐词话五种(外一种)》,浙江古籍出版社,2014年版,第277页。
④ 况周颐:《蕙风词话》卷一,《词话丛编》,中华书局,1986年版,第4406页。

此问题相联系,况周颐对南宋词人吴文英的独特认识,以及意图利用吴文英词风作用于现实词坛,才是他"尚南"的根本原因所在。

况周颐对吴文英推崇备至,《蕙风词话》中已有多处论及。概括起来,况周颐对吴文英的评论有两个方面:其一,认为梦窗词体现了"重、拙、大""厚""沉著":

> 重者,沉著之谓。于梦窗词庶几见之。即其芬菲铿丽之作,中间隽句艳字,莫不有沉挚之思,灏瀚之气,挟之以流转。令人玩索而不能尽,则其中之所存者厚。沉著者,厚之发见乎外者也。欲学梦窗之致密,先学梦窗之沉著。即致密、即沉著。非出乎致密之外,超乎致密之上,别有沉著之一境也。①

"重者,沉著之谓。在气格,不在字句",是对况氏词学核心范畴"重、拙、大"之"重"的诠释。此句在《蕙风词话》卷一曾出现过,卷二这里加以重申。况氏认为梦窗词是"沉著"的体现者,可见其推重。况氏认为梦窗词不仅具有"芬菲铿丽""隽句艳字"的"致密"外表,更重要的是内在有"沉挚之思,灏瀚之气,挟之以流转",这正是"沉著""厚"的体现。这段话与其说是况氏在阐发自己的独特发现,不如说是对古今论者非议梦窗词"晦涩"的反驳。

其二,认为梦窗词有寄托,况氏云:

> 词之极盛于南宋也,方当半壁河山,将杭作汴,一时骚人韵士,刻羽吟商,宁止流连光景云尔?其荦荦可传者,大率有忠愤抑塞,万不得已之至情,寄托于其间,而非"晓风残月"、

---

① 况周颐:《蕙风词话》卷二,《词话丛编》,中华书局,1986年版,第4447页。

第二十一章 况周颐的唐宋词史观

"桂子飘香"可同日而语矣。梦翁怀抱清夐，于词境为最宜，设令躬际承平，其出象笔鸾笺，以鸣和声之盛，虽平揖苏、辛，指麾姜、史，何难矣。乃丁世剧变，戢影沧洲，黍离麦秀之伤，以视南渡群公，殆又甚焉。①

此从时代背景与风格的关系论梦窗词，况周颐认为梦窗所处的时代与北宋柳永"晓风残月"、谢逸"桂子飘香"词升平景象的时代背景完全不同，梦窗词的"厚""沉著"，乃建立在南宋世事剧变的历史背景之上，是"黍离麦秀"的寄托。

况周颐对吴文英的推崇明显受到晚清四大家中的王鹏运、朱祖谋的影响，并与王、朱二人一起意欲用梦窗词的独特风格改变词坛风气。

吴文英词在南宋末年已有晦涩之评，沈义父批评梦窗词"其失在用事下语太晦处，人不可晓"②，张炎说吴文英词"质实则凝涩晦昧"，"如七宝楼台，眩人眼目，碎拆下来，不成片段"③。在人们的认识中，晦涩成为梦窗词风格的代称。清人对吴文英的认识亦是如此，如彭孙遹《金粟词话》说梦窗词"雕缋满眼"。王时翔说："吴梦窗之奇丽而不免于晦。"④谢章铤说："吴梦窗失之涩。"⑤皆将"晦涩"视为梦窗词的弊病所在。

清代中期，自浙派盛行以后，几乎"家祝姜、张，户尸朱、厉"。由于对南宋的极端倡导，对所谓"醇雅""清雅"的偏颇追求，浙派末

---

① 况周颐：《历代两浙词人小传序》，《蕙风词话广蕙风词话》，中州古籍出版社，2003年版，第446～447页。
② 沈义父：《乐府指迷》，《词话丛编》，中华书局，1986年版，第278页。
③ 张炎：《词源》卷下，《词话丛编》，中华书局，1986年版，第259页。
④ 王时翔：《别花人语序》，《小山诗文全稿·文稿》卷二。
⑤ 谢章铤：《赌棋山庄词话》卷十二，《词话丛编》，中华书局，1986年版，第3470页。

流逐渐演化为空疏浮滑,即金应珪所指出的"游词":"规模物类,依托歌舞,哀乐不衷其性,虑叹无与乎情,连章累篇,义不出乎花鸟,感物指事,理不外乎酬应。虽既雅而不艳,斯有句而无章。"①无病呻吟,空洞无物。与四大家同时的谭献曾说:"词尚深涩,而频伽(按:郭麐)滑矣。"②可见浙派末流弊端在"滑"已为时人所认识,并日益引起人们的反感。正是在此种词学背景之下,周济曾提出以梦窗之"涩"补救浙派末流浮滑的意识:"梦窗非无生涩处,总胜空滑。"③王鹏运、朱祖谋和况周颐意欲以梦窗词风改变现实的词坛风气。王鹏运称赞吴文英词:"檀栾金碧楼台好,谁打霜花稿。"④这句话是针对南宋张炎之说而发的。张炎《词源》卷下曾云:"梦窗词《声声慢》云:'檀栾金碧,婀娜蓬莱,游云不蘸芳洲。'前八字恐亦太涩。"这里王氏重提梦窗这首《声声慢》词和张炎的"七宝楼台"之说,但已是反其意而用之了。王鹏运还常以"涩"作褒扬之词,如评论南宋人袁去华词云:"宣卿词气清而笔近涩,词笔最忌留不住。"(卷二十六引)在创作中用"涩体"实践其理论,《半塘定稿》《绮寮怨》小序说:"用美成涩体以写呜咽",其努力可见。

况周颐为了改变以往人们对梦窗词及"涩"的不良认识,对"涩"这一范畴又进行了重新阐释:

  涩之中有味、有韵、有境界,虽至涩之调,有真气贯注其

---

① 金应珪:《词选后序》,《词话丛编》,中华书局,1986年版,第1618页。
② 谭献:《复堂词话》,《词话丛编》,中华书局,1986年版,第4009页。
③ 周济:《介存斋论词杂著》,《词话丛编》,中华书局,1986年版,第1633页。
④ 王鹏运:《虞美人》《题校梦庵图》,《半塘定稿》,《清名家词》,上海书店,1980年版。

间。其至者,可使疏宕,次亦不失凝重,难与貌涩者道耳。①

况氏认为传统认识中的"涩"不过是"貌涩",是词创作的弊端;而有真气贯注其间的"涩"是词境高妙的表现,所以"有味、有韵、有境界"。蔡嵩云进一步解释说:"词中有涩之一境。但涩与滞异,亦犹重大拙之拙,不与笨同"②,"涩"进而成为体现新的审美价值的范畴运用于词学批评之中。为了改变人们对吴文英词晦涩的印象,况周颐还着力对梦窗词的"琢""琱璃"进行辨析:"词太做,嫌琢;太不做,嫌率。欲求恰如分际,此中消息正复难言。但看梦窗何尝琢,稼轩何尝率,可以悟矣。"③"近人学梦窗,辄从密处入手。梦窗密处,能令无数丽字,一一生动飞舞,如万花为春,非若琱璃蹙绣,毫无生气也。如何能运动无数丽字?恃聪明,尤恃魄力。如何能有魄力?唯厚乃有魄力。梦窗密处易学,厚处难学。"④在况周颐看来梦窗词根本不"琢",梦窗词外表"密处",不仅不是"琱璃"的晦涩,而是"厚",因为有了"厚"的实质,"能令无数丽字,一一生动飞舞,如万花为春"。

王鹏运、况周颐对梦窗词风以及对"涩"的重新体认,得到了词坛的广泛认同,作为审美范畴的"涩"不仅具有正面的色彩,而且可以用作革除时弊的武器,如蒋敦复说:"勿专学玉田,流于空滑,当

---

① 况周颐:《蕙风词话》卷五,《词话丛编》,中华书局,1986年版,第4527页。
② 蔡嵩云:《柯亭词论》,《词话丛编》,中华书局,1986年版,第4906页。
③ 况周颐:《蕙风词话》卷一,《词话丛编》,中华书局,1986年版,第4408页。
④ 况周颐:《蕙风词话》卷二,《词话丛编》,中华书局,1986年版,第4447页。

以梦窗救其弊。"①孙麟趾说:"梦窗足医滑易之病。""石以皱为贵,词亦然。能皱必无滑易之病,梦窗最善此。"②沈泽棠也说:"(梦窗词)词境幽涩,正足以药飏滑之弊。"③"以梦窗词转移一代风会"④,此语是钱仲联先生对朱祖谋推举梦窗词用心所在的说明,其实也准确地概括出了况周颐力推梦窗词的意义。

况周颐的"尚南"之论与他推重的"重""沉著"相联系,也与他体认的梦窗词的"厚""涩"相联系,针对词坛现实,需要用南宋、吴文英作为武器加以改变。换言之,从词史的角度看,两宋各有特点,不分高下;从作用于现实的角度看,南宋词更为有效。

况周颐的唐宋词史观表现在对唐宋各个时期基本特点的概括,表现在对词史发展嬗变规律的把握,还表现在将词史与时代背景联系考察。其唐宋词史观有三点值得注意。

第一,况周颐唐宋词史观乃其词学理论的重要组成部分,由此可以更准确地理解其重、拙、大的内涵。由梦窗词到南宋词再到重、拙、大,对其词学理论系统的认识更为丰富完整。

第二,况周颐对唐五代词特点的阐述是对常州词派词学理论偏颇的矫正,既继承了比兴寄托的内核,又对比兴寄托的学习对象加以调整。这一点对我们认识况周颐乃至晚清四大家与常州词派的关系具有重要意义。赵尊岳曾对王鹏运的词学特点有精辟的阐述:"光绪中叶,半唐老人藻耀广右,……其自为词,冲澹沉著,未尝墨守常州宗派。然不能以其他宗派衡论半唐词也。光、宣两朝,一二名流与半唐琴筑同声者,亦于常州词派为近。其能遗世独立,以

---

① 蒋敦复:《芬陀利室词话》卷三,《词话丛编》,中华书局,1986年版,第3671页。
② 孙麟趾:《词迳》,《词话丛编》,中华书局,1986年版,第2556页。
③ 沈泽棠:《忏庵词话》,《中国韵文学刊》,1995年1期。
④ 钱仲联:《改正梦窗词选笺释原序》,上海人文印书馆,1933年版。

其性情襟抱,本自轶伦,又深之以学问,故能入乎常州派中,出乎常州派外。"①这段话也可以移评况周颐的词学特点。包括况周颐在内的四大家渊源于常州词派,但并不以此自限,对于其他流派的词学理论也无门户之见,从而博收约取,取精去芜,后出转精。

第三,况周颐对南宋词人(特别是吴文英)的一些认识受王鹏运、朱祖谋的影响又有发明创见,如认为吴文英词"厚""重""致密""沉着",深寓寄托。整体来看其认识不乏独特之见,也有深文周纳之病。

况周颐是晚清著名的词学家,其词学建树甚为为人推重,其晚年自订之《蕙风词话》被晚清词学大师朱祖谋誉为"自有词话以来无此有功词学之作"②。然而研究者对《蕙风词话》乃至对况周颐词学的研究很少注意到其唐宋词史观,究其原因在于《蕙风词话》中有关唐宋词的论述文字较少。其实况周颐对唐宋词史有过深入系统的研究,在其《蕙风词话》之外的词学著述如《历代词人考略》《宋人词话》中对唐宋词人、唐宋词的分期以及各时期的特点等重要问题有相当丰富的论述。本文则以况周颐全部词学文献(特别是近年来新发现的况周颐词学文献)为基础,对其唐宋词史观进行考察,以期丰富对况周颐词学乃至晚清词学的研究。

---

① 赵尊岳:《蓉影词跋》,惜荫堂民国十一年铅印本。
② 龙榆生:《词学讲义跋》引,载《词学季刊》创刊号。

第二十二章　清人论词绝句的唐宋词史观

清代是词学批评的高峰时期,批评的文体样式也较为多样,用诗词等韵文形式表达词学思想或进行词学批评是清代常见的样式。这其中又以论词绝句最为突出,清人论词绝句多以组诗形式出现,从篇幅上看,既有数首一组,也有鸿篇巨制;从创作情形来看,有来往应酬、信手而作,也有精心结构、细密安排。从评论对象来看,有专论某人、某题,也有分论诸人、诸题从而总体构成系统。这些论词绝句是清代词学家进行词学批评的重要载体,其中包含着对于唐宋词史及相关问题的理解,通过清代论词绝句组诗的解读,有助于丰富我们对唐宋词史及词学史的认识。

第一节　对词史的构建

民国之前无词史专著。尽管在众多的词话里不乏对某个朝代词的发展历史的概括,但限于词话表达的方式,这种方式只能是片段式的,难有一种比较宏通的概括。清人的论词绝句以组诗形式出现,不少绝句都在数十首之数,按照时间先后排列,不仅具有清晰的史的线索,并且又对词人的特征加以评价,这使得论词绝句更

第二十二章　清人论词绝句的唐宋词史观

具有词史价值。这些论词组诗或对唐五代以来的历代词人；或对某一时期的词人，如唐宋词人、当代词人；或对某一类别词人，如女性词人；某一地区词人，如岭南词人、江浙词人，分别进行评论，构建出了简明的词通史、唐宋词史、地域词史、当代词史、女性词史，体现了对特定词人的评价和对词史发展的认识。

清代不少论词绝句有着开阔的视野，尝试对历代词人进行总结，体现了构建词史通史的意识，郑方坤①的《论词绝句三十六首》梳理了从唐代直至当时的代表词人，评价他们的词风、词学，为我们勾勒了一部历代词史。三十六首绝句自然无法囊括词史上的所有词人，但是历代重要的词家也大都进入了他的视野。在评述这些词人时，郑氏或是论词人在词史上的地位，如评李白"却向词林作初祖，心伤暝色入高楼"，高度肯定李白千古作词之祖的地位。或是把握词人的内在情感，如评岳飞"最是鄂王写哀愤，欲将心事付瑶琴"，对岳飞词作思想主旨准确定位。或是对词人创作风格加以评价，如评黄庭坚"纵笔俳谐怪黄九，早将院本漏春光"，黄庭坚词风一个重要的方面就是艳冶俚俗，郑氏抓住这一词风立论，凸显山谷在词史上的位置。或是关注词人对词学的贡献，如评周密云："《草堂》册子较《花庵》，错杂薰莸总不堪。别采蘋洲帐中秘，不妨高阁束双函。"自注云："《草堂词》最劣最传，《花庵》虽较胜，然亦雅郑更唱也。蘋洲周氏《词选》，近藏书家有存者。"郑氏没有评价周密词作，而是对其所选《绝妙好词》给予高评，并肯定其在词学史上的重要地位。像评万树《词律》、评徐釚《词苑丛谈》都是从词人的词学贡献入手的。

---

① 郑方坤(1693～?)，字则厚，号荔乡，福建建安人。著有《蔗尾诗集》、《青衫词》等。

按照时间顺序勾勒简明历代词史的还有汪筠①的《读〈词综〉书后二十首》《校〈明词综〉三首》,沈道宽②《论词绝句四十二首》,朱依真③《论词绝句二十二首》等,都具有这种词史通史的特征。

在清人眼中,唐宋词是他们摹法的对象,对唐宋词人的研论,是他们的着力之处。因此,清代论词绝句中对唐宋词史的构建也显得颇为成熟。其中以谭莹④的《论词绝句一百首》最具代表性。谭莹的《论词绝句一百首》实有一百〇一首,专论唐宋词人,大多为一人一首,有些重点词人则一人二首,所评人数达八十五人之多。可以说是一部唐宋词史的扫描。下面是所论唐宋词人名单:

李白、白居易、张志和、韩翃、韩偓、孟昶、李璟、李煜、和凝、韦庄、宋徽宗、宋高宗、寇准、晏殊、林逋、韩琦、范仲淹、司马光、宋祁、欧阳修、柳永、张先、晏几道、苏轼、黄庭坚、秦观、晁补之、张耒、贺铸、毛滂、王诜、舒亶、王安石、王观、聂冠卿、蔡挺、苏过、谢逸、周邦彦、徐伸、万俟雅言、吕滨老、王安中、曾觌、詹天游、赵鼎、向子諲、叶梦得、陈与义、朱敦儒、张孝祥、辛弃疾、赵彦端、刘过、陈亮、张镃、陆游、廖莹中、俞国宝、黄机、刘克庄、卢祖皋、姜夔、戴复古、高观国、史达祖、张辑、吴潜、吴文英、万孝迈、黄昇、蒋捷、张炎、陈允平、徐照、周密、孙惟信、王沂孙、李南金、文天祥、陈参政、李清照、朱淑真、郑文妻孙氏、严蕊。

---

① 汪筠(1715~?),字珊立,浙江秀水(今嘉兴)人。有《谦谷集》。其《读〈词综〉书后二十首》见《谦谷集》卷二。

② 沈道宽(1772~1853),字栗仲,浙江鄞县人,寄籍顺天大兴。有《话山草堂杂著》。其《论词绝句》四十二首见《话山草堂诗钞》卷一。

③ 朱依真(生卒年不详),字小岑,广西临桂人。有《九芝草堂诗存》、《纪年词》等。其《论词绝句》二十二首见况周颐《餐樱庑词话》引。

④ 谭莹(1800~1871),字兆仁,别字玉生,广东南海人,著有《乐志堂集》三十三卷,诗集十二卷,续集一卷。诗集中有《论词绝句一百首》、《三十六首专论岭南人》和《四十首专论国朝人》,见《乐志堂诗集》卷六。

第二十二章　清人论词绝句的唐宋词史观

由此名单可以看出,唐宋词史上的重要词人网罗殆尽,甚至一些我们今天可能会忽略的词人也在其视野当中。可见谭莹对唐宋词的阅读面十分广泛,对唐宋词史的把握也相当全面。《论词绝句一百首》中对一些词人的审美价值及其在词史上的地位的认识颇有见地。其八评韩偓云:

香奁语艳无人俪,奈仅生查子一词。

韩偓是晚唐著名诗人。流传下来的词仅有《生查子》等零星篇章,但其诗集《香奁集》如严羽《沧浪诗话·诗体》所说:"香奁体,韩偓之诗,皆裾裙脂粉之语。"南宋张侃说:"偓之诗淫靡,类词家语。前辈或取其句,或剪其字,杂于词中。"①可见韩偓的诗歌是后世词家借鉴、采摘的对象。谭莹将韩偓置于词史之中加以考察,颇有眼光。在评论苏轼时谭莹比较全面地认识苏词风格,既推崇其"大江东去""海雨天风"②的壮观,也肯定了"杨花点点离人泪"的婉约。在论张炎词时,谭莹抓住了张炎"王孙憔悴"的身份和其"悲凉激楚"的风格特征,并将张炎与李商隐相比,将宋末比唐末,揭示出张炎末世的思想和时代特征。

另外如华长卿《论词绝句》③论及唐宋词人五十三人,其中唐代词人六人,五代词人十二人,两宋词人二十八人,江昱《论词绝

---

① 张侃:《拙轩词话》,《词话丛编》,中华书局,1986年版,第194页。
② 陆游:"昔二作七夕诗,率不免有珠栊绮疏惜别之意。惟东坡此篇,居然是星汉上语。歌之曲终,觉天风海雨逼人,学诗者当以是求之。"《跋东坡七夕词》,《放翁题跋》。
③ 华长卿(1804～1881),原名长楙,字枚宗,号梅庄,直隶天津人。有《梅庄诗钞》《黛香馆词钞》。其《论词绝句》见《梅庄诗钞》卷五。

句》十八首①从唐五代论至南宋末,对著名的词人的成就和影响皆加以评析,亦可视为一部简明的唐宋词史。在这些论词绝句中,论者对唐宋词史及词人十分熟悉,同时也注意到了一些重要词人在词史发展中的作用和意义。

这些论词组诗在对词史进行描述时有着强烈的时间观念,词人的时代先后顺序非常分明,同时对这些词人又按照朝代排列,有着清晰的词史分期;观察论词绝句所论词人可以得知,词史大家在论词组诗中得到了充分的重视。把论词绝句构建的词史与我们今天对词史的相关认识联系起来便会发现,我们今天的词史框架在论词绝句中都有表现。论词组诗为我们勾勒了词史的概貌。合观这些组诗,我们可以梳理出他们对词史演进的认识。

第二节 论唐五代北宋词史

对于词的起源,即词论家所认定的词的源头来自何处,在诸多论词绝句中都有表达。沈初《编旧词存稿作论词绝句十八首》②云:

南朝乐府最清妍,建业伤心万树烟。
谁料简文宫体后,李王风致更翩翩。

他把南朝宫体与南唐词风联系起来,认为它们在风格上具有

---

① 江昱(1706～1775),字宾谷,号松泉,江苏仪征人。有《松泉诗集》、《梅鹤词》等。其《论词绝句》十八首见《松泉诗集》卷一。
② 沈初(1729～1799),字景初,号云椒,一号萃岩,浙江平湖人。有《兰韵堂诗集》。其《编旧词存稿作论词绝句十八首》见《兰韵堂诗集》卷一(《南窗集》上)。

第二十二章 清人论词绝句的唐宋词史观

一定的渊源。沈道宽论云："六朝词客最多情,一语从教百媚生。可惜清新庾开府,词坛未获主齐盟。"称六朝诗人为"词客",已然把他们与词人身份联系,其判断的标准就是婉媚多情的风格。后来王僧保①则说："消息直从乐府传,六朝风气已开先。审声定律心能会,字字宫商总自然。"也认为六朝开词之风气,不过他关注声律宫商的自然。以今人的观念来看,南朝乐府只能算是在风格上与五代词风有相近之处,尚不可明确论定其为词史源头,词史真正的起点在唐五代。然而这些《论词绝句》为词体探源,构筑词史的意图还是十分明确的。

唐代词坛,作者寥寥,诸多绝句将目光放在李白、白居易、刘禹锡、韩偓、温庭筠等身上。李白往往被作为词之开山,其创作获得高度肯定。郑方坤以李白为"千古填词之祖"。华长卿也云："乐府遗音久寂寥,谪仙新体创唐朝。词家鼻祖传千载,合祀骚坛永不祧。"认为李白有创体之功,为词坛不祧之祖。陈澧②则对李白对后世的影响进行评论：

> 月色秦楼绮思新,西风陵阙转嶙峋。
> 青莲只手持双管,秦柳苏辛总后尘。

李白词不仅有"悲壮"者,而且有"流丽"者,他不仅对苏辛有影响,秦柳的婉丽风格也曾受其影响,其词史意义可见。对另外几位唐代词人,沈道宽论刘、白云："中唐刘白导词源,五季风流格律存。踵事增华夸丽藻,可将大辂笑椎轮。"白居易是中唐诗人中填词较

---

① 王僧保(1792～1853),字西御,号秋莲子,江苏仪征人。有《词林丛书》。其《论词绝句》三十六首见况周颐《餐樱庑词话》引。

② 陈澧(1810～1882),字兰甫,号江南倦客,广东番禺人。有《东塾集》《忆江南馆词》等。其《论词绝句》六首见《陈东塾先生遗诗》。

多的，他和刘禹锡"依曲拍为句"①，开创了文人填词的新时代，沈氏的认识无疑是正确的。

温庭筠是花间鼻祖，论者对此高度肯定。郑方坤云："新声古意爱西昆，锦瑟华年最荡魂。为少《金荃》词一卷，当今此事合推袁。"注云："温、李齐名，温实不及李，李不作词，而温为花间冠冕，古人善于用长如此。"以温为"花间冠冕"，其在词史上的地位可见。沈初对温庭筠的评论则着眼于晚唐诗风和词风的比较：

助教新词菩萨蛮，司徒绝调醉花间。
晚唐诗格无过此，莫道诗家降格还。

温庭筠曾官国子助教，毛文锡曾官司徒，二人皆为晚唐人，又皆为《花间》词人。沈初认为晚唐诗风秾纤婉丽，与晚唐兴起的词体风格十分相似，或可以说，词体风格的形成与当时的诗风有一定关系。应该说这是十分深刻的认识。当代学者李泽厚指出"盛唐以其对事功的向往而有广阔的眼界和博大的气势，中唐是退缩和萧瑟，晚唐则以其对日常生活的兴致，而向词过渡。"②古今人的阐述可以相互发明。

对于五代词人，论者更多地将热情放在南唐词上。南唐二主及冯延巳词对北宋晏、欧有着重要影响，江昱对这一点有着明确的认识：

临淄格度本南唐，风雅传家小晏强。
更有门墙欧范在，春兰秋菊却同芳。

---

① 刘禹锡《忆江南》二首自注："和乐天春词，依《忆江南》曲拍为句。"
② 李泽厚：《美的历程》，安徽文艺出版社，1999年版，第154页。

第二十二章 清人论词绝句的唐宋词史观

晚清冯煦①说:"词至南唐,二主作于上,正中和于下,诣微造极,得未曾有。宋初诸家,靡不祖述二主,宪章正中,譬之欧、虞、褚、薛之书,皆出逸少。"②冯氏之论足可与江昱所论相呼应。后主李煜的词更是成为论者关注的对象,论者对后主词的内涵及词风开拓都有论评。汪筠云:"南唐凄惋太痴生,吞吐春风不自明。一拍一杯还一梦,直他亡国为新声。"汪氏指出了后主前后期作词之变化,亡国以后乃是别为"新声"。王国维云:"词至李后主,而眼界始大,感慨遂深,遂变伶工之词而为士大夫之词。"③说得更为深刻,但二人都对李后主词风格在词史上的突破予以肯定。

北宋是词史的一个高峰时期,词体在体裁、题材、风格等方面演进之迹非常明显。在体裁上长调慢词大兴,在题材上到了"无事不可入,无意不可言"的程度,在风格上婉丽之外别生豪放,可以说是词的大发展、大变化的时期,也是词史纷繁复杂的时期。

宋词发展到了苏轼,词体出现了重要的开拓与革新,苏轼把词引向了更为宽阔的生活,在词中更加充分地表达士大夫的情感。清代论词诗对这一位词史上里程碑式的人物给予了充分的关注,郑方坤说:

坡公余技付歌唇,摆脱秾华笔有神。
浪比教坊雷大使,那知渠是谪仙人。

清代论词诗还注意到苏词改变以往秾丽华腴词风而代之以超

---

① 冯煦(1843~1927),字梦华,号蒿庵,江苏金坛人。有《蒿庵词》、《蒿庵论词》。其《论词绝句》十六首见《蒿庵类稿》卷七。
② 冯煦:《蒿庵论词》,《词话丛编》,中华书局,1986年版,第3585页。
③ 王国维:《人间词话》,《词话丛编》,中华书局,1986年版,第4242页。

逸清旷的风格特征。华长卿论云："逼人海雨激天风,推倒词坛一世雄。洗尽绮罗儿女态,铜琶高唱大江东。"高度评价了苏轼豪放词风一洗绮罗香泽的意义。苏轼以其豪放词风开一代风气,后世词论者亦多注意这一点。王僧保论云：

慷慨黄州一梦中,铜弦铁板唱坡公。
何人创立苏辛派,两字粗豪恐未工。

高度评价了苏词在词史中树立"苏辛派"的巨大功绩。对于苏词风格的问题,谭莹有很好的评价："海雨天风极壮观,教坊本色复谁看。杨花点点离人泪,却恐周秦下笔难。"注意到苏词既有豪壮的一面,又有婉丽的一面,比较全面地认识了苏轼词风。江昱说：

一扫纤秾柔软音,海天风雨共阴森。
分明铁板铜琶手,半阕杨花冠古今。

苏轼有一首著名的《水龙吟·杨花词》,赢得后世的高度赞誉。江昱指出,苏轼才情横溢,虽以豪放著称,但其婉约之作亦为绝妙好词。冯煦论苏轼又云：

大江东去月明多,更有孤鸿缥缈过。
后起铜琶兼铁拨,莫教初祖谤东坡。

此首绝句与上引江昱诗有异曲同工之妙。苏轼不仅有"大江东去"(《念奴娇·赤壁怀古》)的豪放,还有"孤鸿缥缈"(《卜算子·黄州定惠院寓居作》)式的凄清,兼擅多种风格。后世有些人模仿苏轼的豪放词,未得其精神,却招致了粗豪叫嚣的批评。

第二十二章　清人论词绝句的唐宋词史观

到了周邦彦时,北宋词史已进入尾声,周氏具有结前启后的词坛地位。周邦彦在词乐的发展、长调技巧的改进、善于融化前人诗句等方面将词的演进向前再推一步。论者于周氏在词史演进上表现出的这些特点也有所涉及。如汪筠、谭莹之论即是如此:

　　知音尽妙数清真,换骨能将古句新。
　　风月漫夸天上有,莺花长发意中春。

（汪筠）

　　敢说流苏百宝装,唐人诗语总无妨。
　　移宫换羽关神解,似此宜开顾曲堂。

（谭莹）

二人关注的就是周氏精通音乐,善于创制新声,以及善于融化唐人诗语,开创富艳典丽的语言风格。周邦彦在词史上的重要意义还在于对南宋词坛创作的影响,于此点,江昱论曰:"词坛领袖属周郎,雅擅风流顾曲堂。南渡诸贤更青出,却亏蓝本在钱塘。"正如李慈铭所说"至钱唐周美成邦彦出,而《片玉》一集,遂为天下所宗。"[1]尤其在南宋,周邦彦成为词家学习的典范,以至南宋有:"近时宗词者,只说周美成"[2]的说法。江昱这里充分肯定了周邦彦词对南宋词坛的影响。

---

[1] 李慈铭:《越缦堂读书记》,上海书店出版社,2000年版,第912页。
[2] 陈模:《论稼轩词》,《宋金元词话全编》,凤凰出版社,2008年版,第1451页。

第三节 论南宋词史

"靖康之变"结束了北宋的统治,赵宋政权失去了北方的国土。国破家亡的悲愤,流离失所的凄苦,都进入了词人的作品之中。对于这一段充满血泪的词史,清人的论词绝句多有涉及,如郑方坤论岳飞云:"故山松竹梦难寻,半壁东南已陆沉。最是鄂王写哀愤,欲将心事付瑶琴。"注云:"伤和议已成,举朝无与同恢复之志也。"他把岳飞报国无路的悲慨作为主要的评论点。另如谭莹论张孝祥云:"红罗白匹总无嫌,想亦无心学子瞻。至使魏公缘罢酒,一腔忠愤洗《香奁》。"首先指出张孝祥词作抒发忠愤之情的特点,同时谭莹还认识到为了表达这样的情感,自然会用像苏轼那样豪壮的词风而洗却香艳,因此南宋初期词坛兴起了一股激昂壮烈的豪宕词风。正是在这样的时代背景及词坛风气影响下,辛弃疾以文为词,将狂放的豪气与粗犷刚性的美感引入词体,完成了词史中"英雄之词"的构筑。辛词的这种剧烈变化自然会在论词绝句中得到体现,如郑方坤就高度评价了辛弃疾豪放词的价值,他说:

稼轩笔比镆铘铦,醉墨淋浪侧帽檐。
伏枥心情横槊气,肯随儿女斗秾纤。

自注:"稼轩长才,遘斯末运,具《离骚》之忠愤,有越石之清刚,如金筛成器,自擅商声,枥马悲鸣,不忘千里而陋者。顾于音响声色间,掎摭利病,无乃斥鹖之视鹍鹏矣乎!"稼轩词笔如利剑,刚性十足,挥毫泼墨,抒写壮志难酬的悲愤,这样的词作,风格自然清刚,超越了写儿女之情的秾纤之词。稼轩挟其英雄豪气登上词坛,与晚唐以来的绮靡婉媚姿态形成了鲜明的对照,可以说郑方坤捕

第二十二章　清人论词绝句的唐宋词史观

捉到了稼轩词在词史演进中的剧变的表象及实质。

辛弃疾词的独特价值并不仅仅是豪放词的创作,而是如陈廷焯所说"于雄莽中别饶隽味。"①沈道宽所论即于此着眼:

> 稼轩格调继苏髯,铁马金戈气象严。
> 我爱分钗桃叶渡,温柔激壮力能兼。

高旭②亦论及此特点:"稼轩妙笔几于圣,词界应无抗手人。侠气柔情双管下,小山亭酒倍酸辛。"苏轼开拓词的领域,无意不可入,无事不可言,确是词体的进步。但是,词的发展的关键在于怎样能够既扩大题材又能保持词体要渺凄迷之特美,辛弃疾词则是成功的典范。他的豪放词大都刚柔相济,缪钺先生说:"稼轩作壮词于其所欲表达之豪壮情思之外,又另造一内蕴之要渺词境,豪壮之情,在此要渺词境之光辉中映照而出,则粗犷除而精神益显。"③这正是辛弃疾与其他写"豪气词"者的主要区别。冯煦说:"摧刚为柔,缠绵悱恻,尤与粗犷一派,判若秦越。"④高旭的评论亦具有如此见识。

南宋词在辛派词人鼓荡之时,还有另一种声音,那就是姜夔低抑伤感、风格清雅的词风。姜夔就以这种词风区别于婉丽、豪放二派,成为词史上的"第三派",郑方坤正是从这个角度评论的:

---

① 陈廷焯:《白雨斋词话》,《词话丛编》,中华书局,1986年版,第3916页。
② 高旭(1877~1925),字天梅,号剑公,别号自由斋主人,江苏金山(今属上海)人。有《天梅遗集》。其《论词绝句》三十首见《南社》第二集《磨剑室诗集》。
③ 缪钺:《论辛稼轩词》,《诗词散论》,上海古籍出版社,1982年版,第75页。
④ 冯煦:《蒿庵论词》,《词话丛编》,中华书局,1986年版,第3592页。

> 红牙铁板尽封疆，墨守输攻各挽强。
> 莫向此间分左袒，黄金留待铸姜郎。

自注云："东坡问幕士云：我词比柳何如？对曰：柳郎中词只好十七八女郎，执红牙拍，歌'杨柳岸，晓风残月'；学士词须关西大汉持铁绰板，唱'大江东去'。姜尧章所著石帚词，戛玉敲金，得未曾有。"郑方坤此诗从词体、词派的角度立论，婉丽（红牙）、豪放（铁板）在词史上各擅胜场，也各有弊端。姜夔清雅词风问世，于两派之外独树一帜，意义非凡，他准确把握了姜词在词史演进上的意义。

南宋张炎《词源》评姜夔词云："姜白石词如野云孤飞，去留无迹；……不惟清空，又且骚雅，读之使人神观飞越。"指出了白石词独特的审美价值。姚锡均①即以此立论：

> 飞行绝迹定谁俱，七宝楼台密不疏。
> 区别梦窗和白石，一饶秾致一清虚。

张炎将姜夔词风概括为清空，吴文英为质实，姚氏此诗乃称扬张炎之说。谭莹《论词绝句》有两首称颂姜夔：

> 石帚词工两宋稀，去留无迹野云飞。
> 旧时月色人何在，戛玉敲金拟恐非。

> 前无古更后无今，可向尊前一集寻。

---

① 姚锡均(1893～1954)，又名鵷雏，字宛若，江苏松江(今上海)人。有《苍雪词》。其《示了公论词绝句》十二首见《南社》第十八集。

第二十二章 清人论词绝句的唐宋词史观

> 锦瑟未知终不信,小红低唱有余音。

谭莹承张炎之论,对白石亦极为推崇,于"词工两宋稀","前无古更后无今"的评语可见。南宋诗人范成大称赞姜夔的诗"有裁云缝月之妙手,敲金戛玉之奇声",明代的毛晋将此说移评姜夔词①,谭莹对此并不认同,大概他认为"敲金戛玉"与"去留无迹"的清空不相符合。

张炎是宋末元初的大词人,与姜夔并称为"姜张"。一般人论张炎往往着眼于张炎所推崇的"清空",如厉鹗说:"玉田秀笔溯青空,净洗花香意匠中。羡杀时人唤春水,源流故自寄闲翁。"周之琦②却对此论不以为然:

> 但说清空恐未堪,灵机毕竟雅音涵。
> 故家人物沧桑录,老泪禁他郑所南。

郑思肖《玉田词题辞》云:"吾识张循王孙玉田先辈,喜其三十年汗漫南北数千里,一片空狂怀抱,日月化雨为醉。"③南宋末年的舒岳祥《赠玉田序》对张炎词风有一则评论:"宋南渡勋王之裔子玉田张君,自社稷变置,凌烟废堕,落魄纵饮,……笑语歌哭,骚姿雅骨,不以夷险变迁也。其楚狂欤?其阮籍欤?其贾生欤?其苏门

---

① 毛晋:《白石词跋》,《宋六十名家词》,上海古籍出版社,1989年版,第211页。
② 周之琦(1782~1862),字稚圭,号耕樵,一号退庵,河南祥符(今开封)人。有《心日斋词》。其《题心日斋十六家词》十六首见《心日斋十六家词录》下卷附。
③ 郑思肖:《玉田词题辞》,《山中白云词》,中华书局,1983年版,第164页。

啸者欤？"①张炎的词风与其亲身经历的家国之痛有着深刻的联系。由此看来，周之琦的"但说清空恐未堪"还是相当有见识的。程恩泽②的《题周稚圭前辈〈金梁梦月词〉》其三论张炎的词学渊源更是眼光独具：

涩体清真掩抑弦，飞腾石帚五通仙。
君能并作洪炉铸，更把余金范玉田。

张炎崇尚"清空"，反对"质实"，而吴文英质实的源头正是周邦彦。以此观念来看张炎很难与周邦彦相联系。而程恩泽此诗将周邦彦词概括为"涩体"，白石词的"清空"与清真词相反而又相成。进一步认为两种不同体性的词结合起来，造就了张炎的词风。这种见解出乎意外，又颇合乎辩证艺术的道理和张炎创作的实际，确是深刻之见。

北宋灭亡之后，金与南宋并立，词史的演进亦花开两朵，南北各有其独胜之处，金词在北宋词的基础上延续发展。由北宋入金的词人开启金代词风。华长卿云：

吴郎乐府名天下，江北争传人月圆。
底事乌衣新燕子，不来王谢旧堂前。

所论为有"国朝第一手"之称的吴激，吴激不得已而仕金，其词的一个重要特征就是抒发故国沦亡的悲慨，《人月圆》词正是其中

---

① 舒岳祥：《赠玉田序》，《山中白云词》，中华书局，1983年版，第165页。
② 程恩泽(1785～1837)，字云芬，号春海，安徽歙县人。有《程侍郎遗集》。其《题周稚圭前辈〈金梁梦月词〉》八首见《程侍郎遗集》卷六。

的代表作,遍传天下,故清代叶申芗评其为"有故宫黍离之悲,南北无不传诵焉。"①金词在词史演进上最典型的倾向是对苏轼词的效法,不管是金初的蔡松年,金中期的赵秉文,还是金元之际的元好问,都是学习苏词的大家。厉鹗②云:"中州乐府鉴裁别,略仿苏黄硬语为。若向词家论风骚,锦袍翻是让吴儿。"虽然他对中州仿苏黄词风不推崇,但还是明确指出了中州乐府对苏轼词风的弘扬。朱依真论元好问云:"儿女痴情迥不侔,风云气概属辛刘。遗山合有出蓝誉,寂寞横汾赋雁丘。"元好问论词推崇苏、辛,其云:"乐府以来,东坡为第一,以后便到辛稼轩。"③他的创作亦学苏辛而有独得,所以朱依真云其气概近辛,而又能青出于蓝。

受时代学术观念所限,清人不可能按现代"史"的理论体系和框架结构撰写词史,这一局限在论词绝句中同样体现。然而清人却将对"史"的把握体现在对个体词人的评论上,正像将珍珠串成项链。清人的论词绝句通过对一些大词人的评论,对词史的发展嬗变的关键环节发表自己的看法,体现了对词史演进历程的把握。从清人的许多论词绝句组诗来看,较为明晰的词史演进脉络已经展现出来,这不能不说是论词绝句对词史研究的贡献。毋庸置疑,清代论词绝句不仅是清代词学批评理论的重要组成部分,而且在构建词史,把握词史演进规律方面皆有重要意义。

---

① 叶申芗:《本事词》,《词话丛编》,中华书局,1986年版,第2374页。

② 厉鹗(1692~1752),字太鸿,号樊榭,又自号南湖花隐,浙江钱塘(今杭州)人。有《樊榭山房集》。其《论词绝句十二首》见《樊榭山房诗集》卷七。

③ 元好问:《遗山乐府序》,《宋金元词话全编》,凤凰出版社,2008年版,第1815页。

附　录

《花间集》现代意义读本的奠基之作
——试论华钟彦《花间集注》编撰特点及学术价值

　　《花间集》是第一部文人词作总集,在《云谣集》被发现之前,一直被认为是词家之祖,故为历代词家所重。自宋以来,《花间集》刊刻不断,而且在明清时期还形成了两个《花间集》出版、评论的高潮。从《花间集》的文本类型来看,明代汤显祖、杨慎均有评点本行世,但《花间集》的注释本在民国之前却一直没有出现。运用现代学术意识,把《花间集》当作经典学术文本来研究,更是要等到20世纪三十年代华钟彦《花间集注》和李冰若《花间集评注》的出版。华氏《花间集注》是《花间集》最早的注本,注释精详,考证翔实,特别是对文意的疏通,方便了读者的阅读,在艺术审美鉴赏方面多有发明,不仅在《花间集》的传播和接受上做出了重要贡献,而且《花间集注》本身已成为学术范本,其中许多精辟的见解和科学的方法,值得我们研究和借鉴。

一、《花间集注》的现代学术意义

在词学史上,对《花间集》和花间词的解读大体可以分为三种模式:模拟借鉴的范本、发表词学见解的载体、学术研究的对象。三种模式所体现出的词学观念不同,解读方法不同,产生的效果也不同。分述如下。

第一,将《花间集》作为模拟借鉴的范本。此种模式以学习创作为目的,将《花间集》视为词体本色当行的典范。从时间来看,从五代至清代中期主要是这种模式。在《花间集》编成之时,欧阳炯《花间集叙》即概括出了《花间集》婉丽的风格特点:"绮筵公子,绣幌佳人,递叶叶之花笺,文抽丽锦;举纤纤之玉指,拍按香檀。"并说明《花间集》的编纂是为了给"公子""佳人"提供欣赏娱乐的歌本:"庶使西园英哲,用资羽盖之欢;南国婵娟,休唱莲舟之引。"①此后,《花间集》的婉丽风格成为后世追摹的典范,正如南宋陈振孙《直斋书录解题》对《花间集》的评议:"此近世倚声填词之祖也。诗至晚唐五季,气格卑陋,千人一律,而长短句独精巧高丽,后世莫及,此事之不知晓者。"②两宋时期普遍将《花间集》词视为词体本色当行的典范,这种观念一直影响到整个明代乃至清代初中期。明代"永乐以后,南宋诸名家词,皆不显于世,惟《花间》《草堂》诸集盛行"③,足可见当时词坛《花间集》盛行的状况。清初毛先舒《正续花间集叙》云:"乐府清商、相和诸曲,促节繁音,荡涤心志,缘情绮丽之风,谁其嗣之,不得不奉《花间》为正始,乃笃论也",视《花间

---

① 华钟彦:《花间集注·原叙》,商务印书馆,1937年增订版,第1页。
② 陈振孙:《直斋书录解题》,上海古籍出版社,1987年版,第614页。
③ 王昶:《明词综序》,《万有文库》,商务印书馆,1937年版。

集》"绮丽之风"为词之正体。王士禛《花草蒙拾》云:"《花间》字法,最著意设色,异纹细艳,非后人篆组所及。""或问《花间》之妙,曰:'蹙金结秀而无痕迹。'""异纹细艳","蹙金结秀",正是指花间词秾艳密丽的风格。可见,明清人多将花间词风的婉丽绮艳作为词体当行的正宗和典范①,学习《花间集》的目的在于填词创作。

第二,将《花间集》作为发表词学见解的载体。此种模式赋予《花间集》的重要词人(如温庭筠等)词作以特殊的阐释,表达自己的词学主张。此种模式主要表现在清代中后期常州词派的词学中。张惠言《词选》收录了一些《花间集》的作品,每首附以比兴寄托之说,皆视为有家国、君臣内容的政治作品,如张惠言《词选序》中称"温庭筠最高,其言深美闳约",又评温飞卿《菩萨蛮》(小山重叠金明灭):"'照花'四句,离骚初服之意。"张惠言的这种认识得到了常州词派词学家如周济、陈廷焯等人的普遍认同。但这种牵强附会的解释也招致了后世许多非议。②张惠言等人用比兴寄托解说花间词,其实是为了表达他们对词体的认识,将过去一直视为小道、卑体的词提尊其地位,作为政治教化的工具。

第三,将《花间集》作为学术研究的对象。随着时间的推移,在人们的观念中,《花间集》已经从或是艳体歌词或是政治教化作品逐渐回归文学本位,演变为经典文学文本。从晚清开始,对《花间集》进行校勘、注释、鉴赏,《花间集》成为学术研究的对象和教科书。此种模式又演绎出三种《花间集》的读本,一是注重文字校勘,

---

① 当然,在词学史上也有对《花间集》的批评之音,如陆游:《花间集跋》云:"《花间集》,皆唐五代时人作。方斯时,天下岌岌,生民救死不暇,士大夫乃流宕至此。可叹也哉!或者,出于无聊故耶!"䥽阳居士《复雅歌词序略》对花间词人予以批评:"温、李之徒,率然抒一时情致,流为淫艳秽亵不可闻之语"。这些批评作为主流观念的对立面,声音是十分微弱的。

② 参阅孙克强:《清代词学》第十章《常州派词学》,中国社会科学出版社,2004年版。

为读者提供更为可靠的文本为目的。晚清四大家之首的王鹏运将《花间集》收入《四印斋所刻词》中,并撰写跋文考述其版本源流。其后李一氓的《花间集校》(1958年版),亦属此类。二是着重于评,以表达著者对花间词的认识为目的,以李冰若的《花间集评注》为代表。三是以解释词句、疏通意旨兼及鉴赏者,以教学或普及推广为目的。华钟彦先生的《花间集注》正是此种读本的开山之作、典范之作。

从《花间集》文本的接受来说,前两种模式属于古典形态,以自我的感受和见解为出发点,以别人接受自己的影响为目的,主观性和感发性为其特点。第三种模式属于现代意义模式,其特点是:一方面以客观认识文本为原则,一方面充分注意受众的接受能力,华先生正是对这两方面的强调使之呈现出学术的现代意义。如果进一步考察,属于现代意义的第三种模式的华氏的《花间集注》,其现代性无疑更为突出。

二、《花间集注》的特点

1935年是《花间集》的传播接受史上具有划时代意义的一年。此年出版了两部《花间集》的注本:一部是李冰若先生的《花间集评注》(开明书店),一部是华钟彦先生的《花间集注》(商务印书馆),这两部书的出版标志着《花间集》没有注释本的历史的结束,同时标志着《花间集》现代研究形态的开始。这两部注本各有特点:李著的特点在简注之外汇辑历代评论,同时将自己评《花间集》之语以《栩庄漫记》之名录入书中。可以说李著着重在"评",长于批评,尤其是《栩庄漫记》因评论之精彩而颇受研究者好评。而华钟彦先生《花间集注》则有两大特点:一是具有明确的读者对象,为学词者提供能够理解的读本;二是文字理解与美学鉴赏相结合,开《花间集》赏析之先河。这两点突破了以往《花间集》的接受模式,使华氏《花间集注》成为第一部具有现代学术意义的文本。概括起来《花间集注》有以下三个重要特点。

第一,明确的普及、教学目的。《花间集》在民国之前一直没有普及意义的注本,究其原因,一是词为小道,文人不屑为注;二为在古人看来,词本浅显易懂,无需注释。但事实并非如此,随着时代的变迁,语言有很大变化,历代名物的名称也有所转变,顾随先生提到:"五代词人之作,本不以隶事为工,似亦无需于笺注。然又有不尽然者。花间一集,简古精润,事长则约之使短,意广则渟之使深,及夫当时之服饰、习语、风俗、地域,在其时固人人口熟而耳习之者,千百年后,时移事改,诵读之下,顿觉格格不相入。"①华钟彦先生其《自叙》里阐明了为《花间集》作注的原因:"乡者余读花间集,心爱好之,南北舟车,未尝去箧。客春以斯集教于河北女师学院,诸生皆乐于讽咏,惟其遣事摛词,苦难畅晓,匈余注之。"②说明了为《花间集》作注的直接缘由就是教学的需要,目的是解难释疑。

可以与《花间集注》相比较的是李冰若的《花间集评注》的注释,李著注典虽多,疏通文意却较少,虽富赡广博,但校注简单,严格意义来说,它偏于"资料汇编"性质,有利于做专门的研究运用,但对于初学词者仍有不少疑难困结,难免吃力艰涩之感。李冰若还以《栩庄漫记》名义撰写多条评语,仍然延续的是传统评词方式,为词话性质,批评理论价值高,但对理解文字词章作用有限。而华著"本注于词句艰涩,意难洞晓者,一一疏通。读者或可免冥思苦索之劳"。③ 用注释把字词加以解释,典故予以揭示,文意进行疏

---

① 华钟彦:《花间集注·顾叙》,商务印书馆,1937年增订本,第1页。
② 华钟彦:《花间集注·自叙》,商务印书馆,1937年增订本,第1页。
③ 华钟彦:《花间集注·发凡》,商务印书馆,1937年增订本,第7页。

通,切实解决了读者面临的阅读困难,很大程度上帮助读者对《花间集》作品的理解和认识。《花间集》重又成为意脉畅通,优美精妙,余韵悠扬的美文。而这点是李氏《花间集评注》所不能达到的。

第二,现代编纂体例。《花间集注》全新的编撰意图决定了全新的编撰体例,《花间集注》运用现代学术框架创建了比较科学的体例。

首先,华先生自制《发凡》,详细介绍了此次为注的原因及意义,"花间为词中总集之始,唐五代名作之汇归也",华先生认为《花间集》不仅保存了一代词学文献,而且认为"两宋词家,若周、柳、秦、姜、张之伦,莫不导源于是,自来论者推为上选,取而注之,亦示初学先河后海取法乎上之意。"①认为读者阅读《花间集》有取法乎上之作用。

其次,著者于十八位词人之下各附小传,勾稽词人生平事迹,将《花间》词人置于特定的历史环境之中,以期让读者达到以词逆志、知人论世的目的。

再次,《花间集注》对出现的词牌进行了精密考订:词牌之他名、所属宫调、别体、字数、词牌产生之源、词牌之本事,等等,论点鲜明,论据充分,体现了一代词家的严谨态度和科学方法,这是以前词话性质的评点本所难以攀升的高度。华先生于每首词下,先是根据各本作校。华先生不仅仅是列出异文,并根据词意考证哪个版本用的正确或是最好;接着对字、词、句作注,细究字、词、句之含义,扫除读者的文字障碍,并疏通章法,以期让读者得到一个全面、客观而深刻的认识。本书虽曰《花间集注》,其实却是集校、注、析、证为一体的良本。

第三,主旨的把握与美学鉴赏。《花间集注》注重全书和篇章

---

① 华钟彦:《花间集注·发凡》,商务印书馆,1937年增订本,第1页。

主旨的把握,尤其在词作艺术的赏析上见解精妙,使《花间集》这部古代经典在新时代焕发出活泼的生命力。

在《花间集》主旨上,华先生认为"其中美人香草,十九寓言。取径欲微,陈义至广。"①这个观点总体来说还是比较客观的,华先生引谢章铤《赌棋山庄词话》自注曰:"诗多男女之咏何也?曰:夫妇人道之始也,故情欲莫过于男女,廉耻莫大于中闱,礼义养于闺门者最深,声音发于男女者易感。故凡托兴于男女者,和动之音,性情之始,非尽男女之事也。"《花间集》中诸家作品,虽以极写艳情,但往往寓含托兴之意,词人的身世之感、世事之忧,乃至于家国之慨隐寓词中。这正是我国自《诗经》《楚辞》以来形成的风雅传统表现方式的延续与发展。华先生所谓"美人香草,十九寓言"与宋代鲖阳居士、清代张惠言解词的方法是有根本区别的。具体来说就是既注意揭示词中的言外之意、韵外之致,又决不流于微言大义、牵强附会。可以说,《花间集注》的阐释审慎而客观,体现了华先生严谨的学术科研态度,也正是如此,《花间集注》对后世的影响才如此深远。

《花间集注》的另一大特点是对词作艺术的鉴赏,如举温庭筠《更漏子》第一首"惊塞雁,起城乌,画屏金鹧鸪"之例说明:"词虽明显,意实难通。解家往往含糊其词,打诨过去,不知三句皆承上文漏声而来,言漏声迢递,非但感人也,即征塞之雁,闻之则惊,宿城之乌,闻之则起,其不为感动者,惟画屏上之金鹧鸪耳,以真鸟与假鸟对比,衬出胸中难言之痛也。"②又如释韦庄《浣溪沙》(夜夜相思更漏残)中"忆来唯把旧书看,几时携手入长安?"云:"相思之极,唯

---

① 华钟彦:《花间集注·发凡》,商务印书馆,1937年增订本,第1页。
② 华钟彦:《花间集注·发凡》,商务印书馆,1937年增订本,第7页。

有看旧时书字而已!焉得携手而同回长安耶?"①在字词、名物解释的基础之上,揭示词的意境和情感特点,凡此种赏析全书多有,有课堂教学之痕迹。从阐释方法来看,乃将古人的评点与现代的意象、章法分析相结合。半个世纪之后诗词鉴赏热兴起,《花间集注》实开先河。

三、严谨的学术态度

《花间集注》虽以教学普及为目的,但仍体现了严谨的治学态度,在版本目录、文字音韵校勘、名物考证等方面具有较高的学术水准。

《花间集注》以玄览斋巾箱本为蓝本,以影宋晁本及毛本、清王氏四印斋本为副本,按陈振孙《直斋书录解题》原录、毛氏汲古阁重刊宋本,据《花间集》原来面目,把巾箱本十二卷改回十卷,又根据《尊前集》《词综》《词谱》《词律》《历代诗余》《全唐诗》诸刻本加以校订,体现了著者对文献的熟练掌握和审慎校订的态度。

《花间集注》作注时引书颇广,经史子集无所不用,但注中征引最多的还是唐末五代人的诗、词,特别是大量的"用《花间集》中作家的诗词作品证《花间集》的作品",颇具特色,具有开创性。这里面涉及词籍注释的特殊性的问题,唐宋人受诗词之别观念的影响,填词时具有与诗不同的理念和手法。今人若用古诗去释典、解词,结果可能与词之本意相距更远;而若用与《花间集》时代相近的唐末五代的诗词作注,或可直击词之本意,有事半功倍之效。《花间集注》较多地引用了唐五代的诗、词,这样的结果,有利于疏通词意,使读者认识词的本意,深化对词的本体、风格、内容、艺术手法

---

① 华钟彦:《花间集注·发凡》,商务印书馆,1937年增订本,第44页。

的认识。

斟酌各说审慎裁定是《花间集注》的重要特点。《花间集》距今已千年有奇,许多名物今人已不知所云,或者解说纷纭。《花间集注》遇此情况采取了审慎的态度,往往并陈诸说,再加研探。如温庭筠《菩萨蛮》第一首:"小山重叠金明灭"句,"小山"释为"屏山",又加注:"金,日光也。屏山之上,日光动荡,故明灭也",并用温庭筠诗为证。完成此说后又介绍了另外一种说法:"或曰:小山,谓发也。金,钿铒之属",并举陈陶诗和陆游诗为证。二说并陈,既有自己的看法,又给读者留有余地。

《花间集注》较多征引前人的研究成果,进而去粗取精,去伪存真。如温庭筠《菩萨蛮·水晶帘里玻璃枕》一词,张惠言认为"江上以下,略叙梦境。人胜参差,玉钗香隔,梦亦不得到也。"①华先生指出"按实非是,……江上二句,乃叙时景,谓初春破晓时候也。故下文有藕丝人胜之句。"又如韦庄《菩萨蛮·洛阳城里春光好》,夏承焘先生认为此词作于洛阳。华先生指出"窃恐非是,二句云:'洛阳才子他乡老',其非在洛阳作甚明。参看俞平伯先生《读词偶得》。"②皆是对前人的观点提出商榷,自己的意见或出于对原作的贯通解析,或借鉴近人的研究成果加以推论,言之有据,态度审慎。

华钟彦先生精通音律,因而对词调的考订是《花间集注》的一大亮点,而且考证翔实,议论精辟。华先生特别注意到词的音乐特性,对词牌宫调进行了深入的探讨,并取得了相当大的成就。

《花间集注》出版之后受到各阶层读者的欢迎。至今仍是《花间集》流传最广、影响最大的文本。

李冰若先生的《花间集评注》也于1935年出版,按李冰若先生

---

① 华钟彦:《花间集注·发凡》,商务印书馆,1937年增订本,第2页。
② 华钟彦:《花间集注·发凡》,商务印书馆,1937年增订本,第47页。

的自序,李先生于1931年就已经完稿,然杀青之作久未付梓,延拖四年,方有开明书店出版,且此书出版后不久,抗日战争爆发,传播的不够广泛。作者在颠沛流离中客死他乡,在当时影响较小。新中国成立以来评本、注本数量颇多,有二十余种,但真正有影响力的不是很多,最好的校本是1958年由人民文学出版社出版的李一氓先生的《花间集校》,作者还在后记中较详细地阐述了《花间集》版本源流、诸刻得失,并附有宋、明、清各主要版本的题记或序跋,以及宋代以来有关书目对《花间集》的著录情况,从版本、校勘的角度看确属最为精良完善。可惜李一氓先生认为《花间集》不可注,亦不用注,这样自然影响到李氏《花间集》校本的传播。

《花间集注》出版之后,因其读者针对性强、语句阐释明了以及高妙的鉴赏艺术这些现代性的构成意义,遂产生了较大的影响。《花间集注》民国二十四年(1935)由上海商务印务馆首版,1936年再次印刷,1937年增订再版,1938年第四次印刷,短短四年时间一版再版,在现代所谓畅销书产生之前,且作为深具学术价值的作品,很是引人注目,足可说明《花间集注》在当时被人们广泛接受。20世纪五十年代之后,《花间集注》的影响未曾稍减,不仅在大陆地区再版数次,而且在台湾于1992年由天工书局加以翻印。

二十世纪后期出版了一些《花间集》新的注本,如萧继宗的《评点校注花间集》(台北学生书局1977年版)、李谊的《花间集注释》(四川文艺出版社1986年版)、沈祥源傅生文合著的《花间集新注》(江西人民出版社1987年版)、陈庆煌《花间集》(金枫出版公司1987年版)、王新霞的《花间词派选集》(首都师范大学出版社1993年版)、毕宝魁王素梅合著的《花间集注》(春风文艺出版社1995年版)、房开江注崔黎民译的《花间集全译》(贵州人民出版社1997年版)、朱恒夫的《新译花间集》(台北三民书局1998年版)、顾农徐侠的《花间派词传》(吉林民众出版社1999年版),等等,这些注本无一例外将华氏《花间集注》列入重要参考文献,有些注释甚至是直接搬用。应该说上述新注不乏后出转精之处,但从原创意义上论,华氏《花间集注》当仁不让。

华先生的《花间集注》具有较高的学术价值,在《花间集》的传播和接受上做出了突出贡献。以今天的学术眼光来看,不仅《花间集注》中的文本理解和认识应为接受和利用,而且其中重要的治学方法和态度更应为我们借鉴。

后　记

本书是我有关唐宋词学史研究的专题论集。

从20世纪90年代起我先后在河南大学、南开大学以及台湾的中央大学为本科生、硕博士生开设"词学研究""唐宋词史""唐宋词学思想史"等课程。教学与研究相辅相成，授课的同时对唐宋词学一些论题进行了研究。1998年申报并获批国家社科基金项目"宋代文艺思想研究"，主持整体项目之外还担任了其中"宋代词学思想研究"子课题的任务，唐宋词学专题的研究得以拓展和深化。在教学以及完成基金项目最终成果《唐宋词学》的同时，时有心得，遂即撰写为单篇论文发表，历时二十余年，发表论文二十余篇。以下是已经发表的论文篇目：

试论《草堂诗余》在词学批评史上的影响和意义，《中国韵文学刊》，1995年，第2期

清代词学的南北宋之争，《文学评论》，1998年，第4期

柳俗新论，《河南大学学报》，2000年，第6期

白石词在词学史上的影响和意义，《中国韵文学刊》，2000年，第2期

浙西词派倡南宋评议，《宋代文学研究丛刊》[台湾]，第九辑，丽文文化出版公司，2004年

唐宋人的诗词之辨,《中州学刊》,2005年,第5期

韩偓诗歌对词体的影响(与陈丽丽合撰),《汕头大学学报》,2005年,第5期

词体绮艳风格的形成,《中国中世文学研究论集》,上海古籍出版社,2006年

梦窗词在词学史上的意义,《文学遗产》,2006年,第6期

以梦窗词转移一代风会——晚清四大家推尊吴文英的词学主张及意义,《宋代文学研究丛刊》[台湾],第十四辑,丽文文化出版公司,2007年

词学史上的清空论,《文学遗产》,2009年,第1期

清人对唐宋词风格流派的划分及其意义,《文艺理论研究》,2009年,第1期

简论常州词派的南北宋之辨,《政大中文学报》[台湾],2009年,第11期

清代论词绝句的词史观念及价值,《学术研究》,2009年,第11期

晚清及民国词学家的南北宋之论,《汉语言文学研究》,2010年,第1期

《乐府指迷》的理论价值及其词学史意义(与刘少坤合撰),《徐州师范大学学报》,2011年,第1期

谢章铤论析南北宋之争(与杨娜合撰),《兰州大学学报》,2011年,第6期

况周颐的唐宋词史观,《江海学刊》,2012年,第1期

晚清词学史上的柳永翻案之论(与杨传庆合撰),《学术研究》,2012年,第10期

宋初词坛沉寂原因新探,《文学遗产》,2013年,第5期

唐宋词兴盛原因新论,《社会科学战线》,2014年,第12期

清真词在词学史上的影响和意义(与张海涛合撰),《文艺研究》,2015年,第4期

宋代词学与诗学,《中国社会科学》,2016年,第2期

试论唐宋词坛词体观念的演进——以《花间集叙》《词论》《乐府指迷》为中心,《文学遗产》,2017年,第2期

以上论文的研究特点是偏重于唐宋词人、唐宋词学典籍以及其他唐宋词学专题的接受研究,即注重考察其在词学史上的地位和影响。从内容上看,可以分为两大类:唐宋词学思想与批评理论研究和清人论析唐宋词研究。本书内容乃以以上已经发表的关于唐宋词史、词学批评史论文为基础的整理文本,根据内容分为上下两编。原则上保持原刊发论文的面貌,又加以删减整理。原刊发论文由于刊物格式要求不同,发表时间不同,以及单篇论文内容系统性的要求所造成的各篇论文之间存在的部分引文或表述重复的现象,现在合为一书,有必要加以调整:一是统一格式的调整,主要是统一注释格式;二是对各章节标题的调整;三是对部分章节重复的引文和表述的删减调整。由于从论文到专著历时较长,各专题又各有指向,难免造成本书各章节之间的不协调,甚至矛盾的地方。这是需要予以说明的,并请方家批评指教。

感谢张惠民教授赐序,感谢张云鹏教授对本书出版的鼎力支持。

2017年4月于南开大学